马克思主义人文学导引

张 方 / 著

社会科学文献出版社
SOCIAL SCIENCES ACADEMIC PRESS (CHINA)

目　录

引　言

“人文学”也就是“人文科学”或“人文学科”，在英文里是同一个词，即 the humanities。那么，什么是“人文学科”呢？它的来由是什么？有人这样解释：

> 在中世纪，人文学科这一术语用以区别研究人的学科与研究神的学科。数学、科学、艺术以及哲学属于人文科学，它们都与人有关。而神学及其相关学科则属于研究神的学科，它们与上帝有关。如今这一区分不再像过去那么重要。今天我们将人文学科视为人类创造活动与研究的宽泛领域，有别于数学与“硬”科学，主要因为在人文学科中，严格的客观或科学标准通常不占主导地位。[①]

这说的是，“人文科学”成立于中世纪，是与有关神的学问相区别的学科设置。之后，它的含义逐渐偏向于以人类精神为重点的研究领域。

关于“人文学”，也有这样的解释：

> 人文学从人文主义（humanism）一词而来，事实上该词一度表示对“伟大的艺术家、作家和哲学家作品的研究”。在15世纪文艺复兴（字面意思是“再次诞生”）期间，一次艺术和哲学的革命横扫西欧。这次运动主要激发了对古希腊和罗马文化——在罗马沦陷一千年里一直没有加以考察的文化——重新产生兴趣。那时，人们相信只有通过研究古典艺术、文学和哲学，一个人才能成为一个完整的人。因此这

---

① 〔美〕F. 大卫·马丁、李·A. 雅各布斯：《艺术中的人文精神》，缑斌等译，中国人民大学出版社，2015，第3页。

些学科就变成了人们所知的人文学。[①]

这是从文艺复兴时期兴起的“人文主义”或“人道主义”解释“人文学”的来由和内涵，重点放在了与人类精神关系密切的艺术、文学和哲学上，这跟“人文学”在近代以来的发展状况更为相近。今天，我们仍然用“人文科学”或“人文学”来标识某一类学科；这类学科，大都以人类思想的发展为背景，以培育人的精神为目的，有较强的非功利性和较少的硬性规定，包括哲学、文学、艺术、历史、宗教以及伦理学等，它们跟自然科学（如数学、物理、化学等），社会科学（如社会学、政治学、法学、经济学等）和应用科学（如机械工程、生物工程、计算机和互联网等）分门别户，自成一系。由此而观，所谓“人文科学”或“人文学”，是关于人性、人心和人格的学问，或者说是“使人成为人”的学问。这个意义上的“人文学”，类同于19世纪德国哲学家费尔巴哈所设想的“新哲学”，它的目的是用艺术、哲学、宗教以及科学去培育“真正的人”，因为，“艺术、宗教、哲学或科学，只是真正的人的本质的现象或显示。人，完善的，真正的人，只是具有美学的或艺术的，宗教的或道德的，哲学的或科学的官能的人”。[②] 现如今，艺术、哲学、伦理、宗教等，已经成为培养健全人格的重要学习途径，也是“人文科学”或“人文学”的重要组成部分。

说到这里，就不得不正视一个许多人尤其是人文学领域工作者都不愿看到的现实，那就是“人文学科”在大学教育中不断被冷落和边缘化（除了艺术）。曾几何时，中文、哲学、历史等专业都是“显学”，是考生们的首选专业。但如今，青年学子们大都把目光投向了更加实际的应用学科，如金融、管理、法律等。原因显而易见，就是商品经济的牵引和物质利益的驱动；简单地说，就是“人文科学”的知识在经济社会及物质追求中没有或少有用武之地。以往的“读书无用论”改头换面，成为“读人文学之

---

① 〔美〕理查德·加纳罗、特尔玛·阿特休勒：《艺术：让人成为人》，舒予、吴珊译，北京大学出版社，2012，第3页。

② 〔德〕费尔巴哈：《未来哲学原理》，洪谦译，三联书店，1955，第77~78页。

书无用论”。这种情形，也影响到大学里人文学科的选才、教学和研究。比如，中文、历史、哲学等“老”学科经常要靠调剂才能招满学生；大学里为学生开设的人文讲座要靠点名或打卡才能保证听课率；人文学科课题经费相对其他学科常常显得“囊中羞涩”，等等。对此，已经有许多专家学者都看出了问题并表达了忧患甚至危机意识，有人指出“人文水平不强的大学很难成为一流”，有人告诫“放任人文学科萎缩，社会将付出沉重代价”，更有人疾呼“我们已经到了最需要人文学科的时刻”。应当说，这些意见都是很有见地的。一个通俗的道理是，大学教育应当首先培养出“人”，然后才谈得上培养“人才”。也就是说，“人”是“才”之本，先成“人”再成“才”，是人生的正道；而育“人”的任务，主要是由各人文学科或者说是“人文学”来承担的。这在中国是自古以来的教育传统；而在西方，自“学院”或“大学”成型后，就把“人文”当作必不可少的基础教育，比如“中世纪的大学——巴黎大学、博洛尼亚大学和牛津大学，通常有4个学院：文学院、医学院、法学院和神学院。文学院被视为入门学院，在文学院成绩合格的学生才有资格继续到另外一个‘高等学院’深造”。[①] 可见，关乎人的精神和人格的人文教育，从一开始就是高等教育的门槛和基石。之所以如此，至少有如下几个理由。

其一，大学培养的人才，应当是具有较高精神境界的人，而不是只埋头于物质生活的人。人的幸福不仅取决于物质生活，还取决于精神生活，甚至可以说主要是取决于精神生活。这当然不是说，人们可以放弃对物质生活的追求而生活在空想和幻想的世界里，而是指，人们在基本的物质生活得到保障后，要尽可能地享受精神生活带来的愉悦，甚至在物质生活相对贫乏的情况下，也能够创造美好的精神生活。为此，一个人在接受高等教育时，就应当追求高尚的精神生活并具备相应的能力。这种追求及能力，离不开人文学的培育。

其二，大学培养的人才不是谋生的工具，而是正确使用工具的人；也就是说，大学教育教给学生谋生手段的同时，更需要给予正确的谋生观念

① 〔英〕阿利斯特·麦格拉斯：《基督教神学导论》，赵城艺、石衡潭译，北京联合出版公司，2017，第109页。

和方法。二者的关系，如同中国古代思想里的“道”和“技”。国内外都不乏大学生学成之后，在社会上利用所学知识从事不法甚至犯罪活动的事例。这类事例，在一定程度上表明人才培养的失败。责任固然不完全在教育本身，但也应当促使反思大学教育自身：为什么会出现“道”与“技”的分离？当一个人被培养成为彻头彻尾的工具时，会出现怎样的恶果？在这里面，人文学的缺位或人文教育的薄弱是否会使人才培养事与愿违？

其三，大学教育要培养“完整”的人，就应当具有完备的学科体系，从各个方面给学生以教益。这里面对精神和心灵的培育又是核心的工程。无论是什么性质的大学或学院，最基本的人文学课程都不能缺失。综合大学自不必说，就是技术和应用型的专科大学或学院也要在基础教育中尽可能齐备和多样地设置人文学科的课程和讲座。这一点，世界各国的大学已经形成共识，国内各大学尤其是人文学科师资力量较强的一流大学，都能够集各类人文学科名师名家，面向全校开设丰富多彩的“通识课程”或“博雅课程”，足以见“人文学”在整个大学教育体系中所起的至关重要的作用。

其四，一个知名大学的影响和口碑不仅体现在它取得的成就，还在于它积淀下来的人文精神。这种人文精神当然来自大学的教学理念、学术精神以及名师名家，同时也来自它的人文教育所形成的环境和留下的传统。时下国内大学里人文和艺术教育非常普遍，甚至许多理工科大学都设有人文学院和艺术学院，这对于培育并弘扬大学的人文精神十分有益，同时也说明一所好大学的品质和名声，在相当程度上是来自人文精神的。

明确了人文学科在大学教育里的重要性，还要考虑如何将各类人文学科的教学富有成效地加以实施。在这方面，各学校都可以根据自身的条件和需求加以设计，但也需要解决一个经常出现的矛盾，那就是各人文学科及专业知识的内容无限和学生用以学习人文知识的时间有限。随便翻开一所大学的“通识”或“博雅”课程目录，就可以看到所设课程琳琅满目，如哲学、艺术（各类艺术）、文学（各国文学、各体文学或文学史）、历史、伦理学以及宗教学等，有十几或几十甚至上百门课程供学生选修。但实际情况是，一名学生，尤其是非人文学科专业的学生，由于时间和精力所限，所能够选择的课程不能太多，因而很难总揽人文学科的全貌。虽说大学生对人文学科的课程，可根据各人兴趣和条件加以选择，但如果能够在有限的时间里对各人文学科做整体的把握，总是有益的；而且有一个整体的知识背景，也有助于对各类人文学科相关知识的理解和汲取。为此，有人就尝试设置一门将各人文学科的内容加以精选、提炼并整合的“人文学”课程。比如有从国外引进的《人文学通识》，其内容包括人文学科的文学、美术、音乐、戏剧、歌曲、舞蹈和电影等，以及作为人文学主题的宗教、道德、幸福、爱、生死观、自由等。这实际上是将各人文学科的基础知识和基本观念浓缩为一门课程，便于学生既全面又精准地了解人文学科的要义。而这个意义上的“人文学”是狭义的，可以当作一个课题或一门基础课程。显然，在中国的大学里，建设这样一门基础课程也是有益的和必要的，它与各人文学科的专题课程并行不悖，甚至可以当作各门专题性人文学科课程的“导引”。本书的初衷也在于此，即通过对各个人文学科的融会贯通，搭建“人文学”的构架并进行专题研究，进而建构一门关于“人文学”的通识课程。

但是，建构这样一门“人文学”通识课程，并没有现成可以依循的规范和体例。上面提到的国外的教材，也只是一家之言，并没有成为通例。究竟该如何构建“人文学”课程体系并设置怎样的目标？这是个颇费思量的事情，或许需要许多人的共同研究并达成共识才能有可行的方案，这恐怕需要相当时间的理论探讨和教学检验。本书所做的只是最初的探索，为今后的工作打开思路并提供案例。笔者的看法是，这门课程的建立，既要有核心观念，又要有内在逻辑，还要有各个人文学科概貌及相互间的关系。要达到此目的，还有许多工作要做，比如认真遴选出作为课程支撑的核心概念或范畴；要精心设计课程框架、结构并正确把握其内在联系；要有各人文学科的专家对相关内容进行认证和把关，等等。这些显然非一己之力能够胜任，只能有待于“人文学”课程受到相当重视后，由专家团队协作完成。为此，本书选择了较为谨慎的“折中”方法，尝试挑选若干人文色彩较浓的“大观念”加以阐述，然后对主要的人文学科加以简介。两方面内容相互交叉并相辅相成，以期勾画出“人文学”这门课程或学问的轮廓并突出其重点。至于这门课程或学问的目的，可以概括为“两面四点”。“两面”，即提高人文素养和丰富人文知识；“四点”，即思想、情怀、品位和涵养。具体说来，所谓“思想”，是指通过“人文学”提升思想境界，树立正确的世界观和人生观；所谓“情怀”，是指通过“人文学”培育对理想和梦想的追求，以及对世界、人类和社会的“人文关怀”；所谓“品位”，是通过“人文学”更新对生活的感受，并形成超凡脱俗的价值观念；所谓“涵养”，是指通过“人文学”将各类人文学科知识融化到心性和修养中去，并造就健全和优雅的人格。下面再对“四点”略作阐发。

关于思想。宽泛地说，每个人都有自己的“思想”，而一个受过高等教育的人，更应当形成正确的思想观，这是人生道路上不可缺少的指南。固然，不能指望每个人都成为思想家，但要求每个有相当知识水平的人有自己的“思想”，并非过分的事情。有知识而无思想，知识就可能失效或者偏向，譬如一个走出大学校门的“高才生”，如果没有正确的思想去引领，就可能使自己的知识和才能成为危害社会及其自身的力量。而“人文学”的一个重要作用，就是帮助青春年少的学子们汲取人类思想的精华，形成正确的世界观和人生观，从而将自己的能力和才华融入人类进步事业，并从人生的“正道”上获得成功和喜悦。那么思想是什么呢？从历史看，是在人类发展进程中产生过较大影响和积极作用的观念和理论；在现实中，则多体现在国家、政党的纲领以及相关的理论体系和意识形态中。当然，具体到每个人，其“思想”未必是一套套的大道理，而更可能是较为具体的信仰和信念。

关于情怀。如前所述，大学培养的人才不应当是单纯的工具或所谓“单面的人”，而应当是“完整的人”。而所谓“完整的人”理应是有情感、有关怀的人。当代大学生学成之后，都要走向社会，进而融入社会，这就需要具备爱心，作为连接自己和他人、群体、社会的纽带。在哲学以及人本主义心理学中，爱，既是一种能力，也是一门艺术（如弗洛姆所著《爱的艺术》）。大而言之，社会的进步需要爱去呵护；小而言之，个人的幸福需要爱去滋养。正因如此，在古往今来的人文思想里，爱都是备受推崇的主题，如柏拉图讲“爱欲”（“厄洛斯”），孔子讲“仁”（“己所不欲，勿施于人”），基督教讲“爱邻如己”，佛教讲“慈悲”等，都主张人与人之间应该以爱相待。的确，在人的一生中，爱始终是一门学问，要好好地去体悟和实践。从大的方面看，要爱祖国、爱人民、爱社会、爱生命；从小的方面看，要爱家庭、爱亲友、爱工作（爱岗敬业）、爱环境以至于爱（护）动物和植物。所有这些，常被称作“人文关怀”，表明了爱是一种体现人的本性及情操的品质，当然应为“人文学”所注重；也就是说，“人文学”要着力培育人所特有的爱的情怀。我们常感慨，当今社会，人与人之间的情感越来越淡漠，关系也越来越紧张。我们经常可以看到，当今社会，“非爱”情绪弥漫，碰瓷、医闹、讹诈，以至于为发泄对社会的不满而对无辜的学生甚至儿童举起屠刀。撇开其他原因不论，当事人内心缺少或没有爱，是重要的动因。没有爱，人性就会丧失，良知就会泯灭，人格就会扭曲；如果听之任之，最终难免引发反社会甚至反人类的恶性事件。从这一点看，爱的情怀无论是对个人还是对社会都十分重要，而“人文学”也应当以培育人的爱心为重要使命。

关于品位。品位来自价值标准，但这不是普通的价值观问题，而是生活中人们在对客观事物尤其是文化艺术对象加以鉴赏和品评时所体现出来的眼界和修养。“人文学”有责任向人们推介优秀的文化艺术作品，以此培养优雅和高尚的精神境界。这也是幸福生活的一个重要来源。当代教育，越来越看重审美和艺术，不是当作点缀或辅助，而是当作人格健康成长不可或缺的养分。也就是说，人的本性应当包含着审美和艺术，而一个不懂得审美和艺术的人就不能说是一个情感健全的人。这意味着审美和艺术不仅是用来消遣的，还应该具有更广泛而深刻的社会作用；从事审美和艺术鉴赏活动，也不仅仅是茶余饭后的闲情逸致，更体现着人性、人心乃至于人生。由此看来，一个健全的社会，应当充盈着优秀的文艺作品；而这个社会里的人，也应当喜爱并欣赏优秀的文艺作品，以提高做人的“品位”。显然，艺术对于培育“完整的人”具有特殊的功效。正是基于这一点，“人文学”始终重视艺术，而在人文学科里面，各艺术门类也占据了相当比重，其目的在于让人们通过艺术鉴赏获得美的享受，进而使生活更加鲜活。

关于涵养。涵养来源于知识，但不是对知识的简单获取和储藏，而是对知识的领悟和转化。中国传统思想里有“养气”之说。所养之气，就是一种为士大夫所欣赏并追求的人格和精神。这在今天，应当是“人文学”

的目标，就是说，“人文学”的课程应当在传授知识的同时，提升人们的精神境界，也可以说是将各类有益的人文知识化作人们的精神境界。由“人文学”培育出的人的涵养，不是一般意义的学养、修养、素养或养成，更不是走样或变味的老到、老诚或世故，而是一种具有远大理想、深切关怀和优雅品位的崇高境界。当然，这种境界的造就不能只靠书本和讲堂，还要经过丰富的生活实践。

要实现“两面四点”的目标，需确立必要的原则。第一，必须坚持马克思主义的立场、方法和观点，这是本书写作的基础和出发点，对所有重大问题的介绍和阐述，都以马克思主义思想作为评判标准和分析方法，都依据马克思主义经典作家的重要论述。第二，着眼中国特色社会主义的伟大实践。党的十九大提出了习近平新时代中国特色社会主义思想，这是我们从事一切工作的理论基础和行动指南；“人文学”研究及课程建设当然要以这一思想为主导，弘扬民族精神和时代精神，加强爱国主义、集体主义和社会主义教育，为践行社会主义核心价值体系而努力。第三，要充分吸取古今中外一切进步的思想观念和理论学说，尤其要深入挖掘中华传统优秀文化蕴含的思想观念、人文精神和道德规范，不忘本来、吸收外来、面向未来，为人们提供社会主义先进文化的精神指引。第四，要切合生活实际，用丰富的事例和浅近的叙述为人们面对生活、感受生活并创造生活提供切实的帮助。总之，要在有限的篇幅之内，尽可能为马克思主义人文学的建立和建设多做些探索和尝试。

第一章　审美

“审美”一词源自西方美学，而西方的“美学”是从哲学中分离出来的一门学问，其本义是“关于感性知识的学问”（鲍姆加通），有别于18世纪欧洲大陆哲学专注于“理性”而忽略人的感官及感性认识的路数。在汉语里，“审美”和“美学”的意思不太一样。通常，美学表示一门学问，包含观念、范畴和理论体系；而审美是美学里的核心问题，同时也表示一种能力。作为问题，审美就是美的本质和美学的核心；而作为能力，则是人们把握美的事物或事物之美的潜质和可能。我们把审美当作人文素养的组成部分，重点是放在了后一层意思。这个话题的头绪很多，为明晰起见，不妨借助美学思想史和艺术理论史上一些重要的理念予以阐述。

一　理念

人类对美的感受和创造由来已久，大抵与艺术的起源同时，考古学已经发现了史前甚至旧石器时期的雕像及壁画（据考古学家测定，发现于奥地利维林多夫山洞的女性圆雕，距今已3万多年；发现于西班牙阿尔塔米拉山洞窟里的野牛壁画，距今也有1.7万年）。但是，人们对美和艺术的理论探讨却要晚得多。在西方，缘起于哲学思想已经相当发达的古希腊，其中柏拉图的“理念说”对后世美学和艺术理论影响巨大。

“理念说”是一种本质论或“本体论”。它认定，我们眼见的现实世界是不真实的，只是一种表象或假象，真实的东西是隐藏于表象背后的理念（也译作“理式”）。理念是世界的本体，世界是理念的现象；理念是世界的模式，世界是理念的形状；理念是世界的源头，世界是理念的产物。总之，理念是“一”，世界是“万”；理念在先，世界在后。以人而论，是先有“人”的理念或模式，才有了各种肤色、长相和性情的芸芸众生；以物而论，是先有“物”的理念或模式，才有了各种模样、质地和色彩的洋洋大观。普通人只能通过双眼看到万事万物的表象，唯有“爱智”的哲学家才能够凭借对“灵魂”的回忆，透过表象看见世界背后的理念，那是人生在世所能得到的最大幸福。

柏拉图没有直接说过“美在理念”，但他跟学生讨论美是什么问题时，反复强调美不是具体的事物；又以床为例，认为画家笔下的床跟理念中的床隔了两层，言下之意，美的根源正在理念。证之以古希腊时期的艺术，则艺术家们的创作也是以理念为终极追求的，就是说，要努力呈现出那种尘世中根本不存在的形而上的美。传说古希腊画家宙克西斯要画海伦（就是那位以美貌引起特洛伊战争的绝世美女）的像，需要找多个美女作模特，“于是克罗顿的公民通过决议，把当地的姑娘聚在一起，让这位画家随意挑选。他选了五个人，因为他要这幅美的画像具有种种的美”①。这种美，是美到极致，非某个具体的美人所能具有。今天我们看古希腊人创作的雕像，也有这种感受；维纳斯也好，阿波罗也好，诸神也好，英雄也好，都远超俗世，让人感觉是美的极致，美的典范。

柏拉图的理念之说代代相传，到了黑格尔那里，就演化成了一个经典的美学定义：“美就是理念的感性显现。”② 意思是，当世界背后的理念（也叫“绝对精神”）以具体可感的形象呈现出来，就成了美的对象。这个定义，在文学艺术界有着广泛的共鸣，如德国“狂飙突进”运动的诗人和批评家弗·施勒格尔说：“诗的本分是再现永恒的东西，亦即在所有时间和所有地方都有意味和美感的东西。”③ 所谓“永恒的东西”虽然来自“泛神论”，但与理念仍是血亲。又如英国“湖畔派”诗人柯勒律治说：“艺术家必须模仿事物内在的东西，即通过形式、形象以及象征向我们言

---

① 〔古罗马〕西塞罗：《论取材》，载《欧美古典作家论现实主义和浪漫主义》（一），杨绛译，中国社会科学出版社，1980，第72页。

② 〔德〕黑格尔：《美学》第一卷，朱光潜译，商务印书馆，1979，第142页。

③ 〔德〕弗·施勒格尔：《古今文学史演讲集》，载〔英〕拉曼·塞尔登编《文学批评理论——从柏拉图到现在》，刘象愚、陈永国等译，北京大学出版社，2000，第17页。

说的东西，那就是自然精神。”“画像并非与实际中的人物相似，而是与回忆中的人物相似。”[①] 这跟“灵魂对理念的回忆”何其相似！还有俄国民主主义批评家别林斯基所说：“用言辞、声响、线条和色彩把大自然一般生活的理念描写出来，再现出来：这便是艺术的唯一而永恒的课题。”[②] 这是他早年的文学观，来自黑格尔美学；后来提出的“典型”说，也是从理念脱胎而来。可见，从德国古典美学到浪漫主义和现实主义文艺思想，理念都深深地植根其中，成为一种起着主导作用的美学观。再往后，进入 20 世纪，虽说各种美学思想和文艺思潮层出不穷，但理念的影响仍延绵不绝。仅以在中国现当代声势颇大的现实主义创作方法以及相应的美学观和文艺观而论，核心观念是典型，其内涵诸如“个性与共性统一”“特殊与一般的统一”以及“偶然与必然的统一”等，仍与理念之说一脉相承。

那么，“理念说”影响如此巨大深远，原因何在？又有多少可取之处呢？在我看来，重要原因及最大的可取之处就在于理想。如果理念是世界的范本，就一定高于现实，至少是现实的精粹和别样。我们在自然中访寻美，那一定不是普通的自然，而是造化的“神秀”；我们在生活中发现美，那也不是普通的生活，而是人生的诗意。至于艺术之美，更是人的理想通过物质载体的典型体现，比如徐悲鸿笔下的马、齐白石笔下的虾、李太白笔下的月夜、王摩诘笔下的空山、施耐庵笔下的英雄好汉、曹雪芹笔下的“妹妹”“哥哥”……总之，美的事物总是符合人的理想或实现人的理想。若不是这样，审美的动力何在？人们又何必放下眼前的事务，把目光和心思投向别处呢？从这一点看，美的事物的确散发着理想之光的某种“神性”，只是我们不必真的把它当神并陷入不可知论罢了。杜甫诗曰：“此曲只应天上有”（《赠花卿》）；车尔尼雪夫斯基认为美的生活是“我们在那

① 〔英〕柯勒律治：《论韵文或艺术》，载〔英〕拉曼·塞尔登编《文学批评理论——从柏拉图到现在》，刘象愚、陈永国等译，北京大学出版社，2000，第 22 页。

② 〔俄〕别林斯基：《文学的幻想》，载《别林斯基选集》第一卷，满涛译，上海译文出版社，1979，第 21 页。

里面看得见依照我们的理解应当如此的生活”。[①] 而毛泽东提出文艺作品应当“比普通的实际生活更高，更强烈，更有集中性，更典型，更理想”。[②] 虽表述不一，却都肯定了美的对象是存在于理想之中。

当然，对于“理念说”，我们也不必信奉过甚，尤其其中包含的“模式”是很有问题的。作为美的对象的特性的理想，其实是人的理想，而不是什么先天存在的理念。这种理想一定来自社会和历史的进程，从而具有时代、种族和文化的差异，不能归于一宗。柏拉图所标榜的模式，是出于他本人或他那个时代的希腊人的理想，而不可能是永恒和唯一的。马克思称赞古希腊艺术和史诗“就某方面说还是一种规范的和高不可及的范本”[③]，也只是表明每个时代的艺术因其特殊的社会条件，不可为后世所重复，类乎中国文论里“一代有一代之文学”的说法；况且，马克思评价的范围主要是在欧洲古典艺术，并不涉及东方。如果我们全盘接受柏拉图的“模式”论，那问题就大了。试问，柏拉图理想中的人的模式能代表全人类吗？古希腊雕塑所展现的人像和人体之美就一定是全世界各个民族的人们的典范吗？其实早在柏拉图之前，就有人说过：“埃塞俄比亚人说他们的神皮肤是黑的，鼻子是扁的；色雷斯人说他们的神是蓝眼睛、红头发的。”[④] 这并非玩笑话。每个民族的神如此，每个民族的理念也是如此。如果简单地追随并崇拜古希腊所谓“永恒”的模式，那显然就陷入了“欧洲中心主义”的泥潭；假如把此类观点延伸到人类学，更可能产生“种族优越”和“种族歧视”的问题。可笑的是，我们有些研究古希腊艺术的学者大肆宣扬古希腊雕塑所表现的人体美是全人类的最高理想。这种盲目崇拜很可能是在给自己挖坑，不仅于理不通，也有违我们应当坚守的“文化自信”。

---

① 〔俄〕车尔尼雪夫斯基：《艺术与现实的审美关系》，周扬译，人民文学出版社，1979，第6页。

② 《毛泽东选集》第三卷，人民出版社，1991，第861页。

③ 《马克思恩格斯选集》第二卷，人民出版社，1995，第29页。

④ 〔古希腊〕克塞诺芬尼：《讽刺诗》，载北京大学哲学系外国哲学史教研室编译《古希腊罗马哲学》，三联书店，1957，第46页。

二　形式

形式作为美的对象的特征，很直观也很显著。这里，我们要把握三个要点。其一，美的对象之所以为美，一定要有某种感性的呈现，因而也必定具有某种形状、形象或形式。其二，审美的感受是从外观开始，并相当程度停留在外观；形式是美的对象的最直接也最重要的因素，少了它，审美无从谈起。其三，美的对象作用于人的情感，一定要通过形式，否则很难产生“审美的”情感。

当然，并不是任何有形式的事物或任何事物的形式都称得上美，只有给人的感官带来愉悦的形式才能产生美感。这里面的奥秘何在呢？历史上有许多思想家、艺术家曾对此探讨，并提出各种各样的观点；各种艺术流派也用创作实际体现出对形式美的喜好的推崇。

古希腊思想家毕达哥拉斯提出了有名的“黄金分割律”，即事物形状的长与长（一条线的全长和长段）或长与宽（长段与短段）形成一定比例，就能使人感觉是美的，这个比例是0.618。据说这个比例是由最美的人体比例推断出来的，即下身与身长之比等于上身与下身之比；直到今天，身材之美的标准或挑选舞蹈演员的外在标准，仍与此相仿。至于长与宽的比例，无论是人或物，太细长或太粗矮，都有碍观瞻。以建筑为例，人们公认巴黎圣母院的正立面最能体现古典之美，因为它最符合黄金分割律，故被称作“凝固的音乐”。

17世纪英国经验主义思想家们在谈及美的问题时，也十分注重形式，多有人将形式当作美的本质，并从人的感官愉悦出发，指出形式之美的种种表现。比如博克认为美的对象有这样一些特征：“比较地说是小的”“是光滑的”“各个部分的方位要有变化”“这些部分不能构成棱角，而必须溶为一体”“要有娇柔纤细的结构”“它的颜色要净洁明快，但不能强烈夺目”，以及适宜、变化、一致、单纯、错杂等。① 又比如荷加斯认为“蛇形

---

① 〔英〕博克：《关于崇高和美的观念的根源的哲学探讨》，孟纪青、汝信译，载古典文艺理论译丛编辑委员会编《古典文艺理论译丛》第五册，人民文学出版社，1963，第59页。

线”是线条里最美的形状：“从迂回曲折的林间小径、曲折蜿蜒的河流和下面我们将会看到的所有主要是由我称之为波状线和蛇形线构成其形状的对象上，眼睛也会感到同样的满足。我把形体的复杂性确定为构成形体的线条的这样一种特色：它迫使眼睛以一种爱动的天性去追逐它们，这个过程给予意识的满足使这种形式堪称为美。”① 这些观点都认定形式是美感的来由，从而也说明美的本质在于形式。

18 世纪欧洲古典主义艺术崇尚理性和法则，并在各个领域把形式的精确、严谨和规范推向极致，如戏剧的“三一律”（时间、地点和行动的一致），绘画的造型和构图，音乐的和声、对位、复调等；理论上的总结则有法国批评家布瓦洛的《诗的艺术》。19 世纪文学创作中的唯美主义具有强烈的形式倾向，象征主义诗歌也是通过语言形式去暗示某种象征意义。进入 20 世纪，艺术形式遭受到剧烈的冲击和破坏，然而打破形式的却仍然是形式，比如立体主义绘画用几何图形取代传统的造型，并认定这样做才更接近事物的本质。此后，形式的翻新层出不穷，而每一种新的文艺思潮或流派出现，都离不开形式上的创新或“革命”，对旧观念的颠覆最终还是要体现在形式之上。这也就意味着，艺术终究离不开形式，而审美（也包括“审丑”）亦当如此。

那么，形式对于审美来说，为何就这样如影随形、难舍难分呢？这也许可以借用 20 世纪文论里“俄国形式主义”的理论来解释。其中有个观点叫“陌生化”，说是人们在日常生活中对天天接触的寻常事物已经失去了新鲜感，视而不见、习焉不察；而当有事物的形态与惯常所见不同，或被人为地赋予某种特殊的形式时，就会引来人们好奇的目光，进而引发陌生的感受，这种“陌生感”就是审美意识。而艺术家的任务，就是要用奇特的形式唤起人们对世界的新的体验。“形式主义”理论这样概括审美和艺术的本质是否全面尚待讨论，但审美必须以形式为中介却是不可否认的。以我们自己的生活为例，凡能引起美感的对象不都以形式吸引人的眼球吗？而人们不是也经常通过赋予形式而获得美感的愉悦吗？我们住房要装修，穿衣要剪裁；坐有坐相，站有站相，照相时还要摆一个姿式，都是

① 〔英〕威廉·荷加斯：《美的分析》，杨成寅译，人民美术出版社，1984，第 35 页。

在自觉或不自觉地趋向形式。放眼望去，我们在生活中无时无处不接触到形式：室外的建筑、道路、天桥、绿植，室内的装饰、家具、摆件、用品，如此等等。总体看来，现代都市生活中，事物的功能总是和形式形影不离，就像一辆轿车的流线型外观，除了要符合空气动力学，还要符合美学，既好用，又好看。在社会主义新农村建设中也十分注重“形式感”，那些借助旅游和文化致富的“示范村”里，他们的规划和设计是有意识地让人感受到视觉上的愉悦的。而这一切都说明一个道理：艺术之美，美在形式；生活之美，亦离不开形式。

三　距离

这个观点与形式之间有着内在联系，是 19 世纪瑞士心理学家爱德华·布洛提出来的。他给审美设定了一个条件：“美，最广义的审美价值，没有距离的间隔就不可能成立。”[①] 这“距离”二字是什么意思呢？他进一步解释道：“是距离使得审美对象成为‘自身目的’。是距离把艺术提高到超出个人利害的狭隘范围之外，而且授予艺术以‘基准’的特质。”原来，所谓“距离”，说的是审美的非功利性，也就是和实际功用拉开距离。这其实是承袭了康德美学的观点。康德说过：“每个人必须承认，一个关于美的判断，只要夹杂着极少的利害感在里面，就会有偏爱而不是纯粹的欣赏判断了。人必须完全不对这事物的存在存有偏爱，而是在这方面纯然淡漠，以便在欣赏中，能够做个评判者。”[②] 这就是“距离”或“心理距离”的实质。它指的是，面对审美对象，要保持超然的态度，克制占有的欲望，否则，无论面对多么美妙动人的对象，都不能说是审美。王国维先生特别用一个“观”字表达了美的本质，如“观者不欲，欲者不观”。审美是“观照”，而不是一般的看，尤其不能用觊觎的眼光去看。距离是功利与非功利，也即审美与非审美的分水岭。

非功利的审美态度既体现在生活当中，也体现在文学艺术当中。就

---

① 〔瑞士〕爱德华·布洛：《心理距离》，载北京大学哲学系美学教研室编著《西方美学家论美和美感》，缪灵珠译，商务印书馆，1980，第 278 页。

② 〔德〕康德：《判断力批判》上卷，宗白华译，商务印书馆，1964，第 41 页。

生活而言，应当承认，普通人的日常生活绝大部分是功利性的，诸如吃饭穿衣、挣钱养家，以及交际应酬、婚丧嫁娶等。在从事这些关乎生计的活动时，人们多数时候并不奢谈审美，或者只是流露出“无意识”的审美意识。但这只是生活的一面。从另一面看，当人们解决了温饱问题，有一定的经济条件和闲暇时间时，就自觉或不自觉地进入审美的情境了。不仅如此，对于那些富于审美情怀的人来说，即便是面临生活的窘境，也会想方设法去接近美和艺术。曾有这样的报道说，苏联解体后，一些因社会保障骤减而陷于困顿的退休老人穿着正装在剧院门口彬彬有礼地乞讨，再用讨来的钱去买票看一场歌剧或舞剧。再如，印度百姓酷爱电影，有穷人为观看一场电影不惜卖血，用得来的钱去买票。更加极端的例子见于“原始”部落，据记载，当达尔文随“小猎犬号”军舰作环球科学考察时，曾造访荒岛上的土著，“将一段红布送给一个翡及安的土人，看见那土人不把布段作为衣着而和他的同伴将布段撕成了细条缠绕在冻僵的肢体上面当作装饰品”①。可见审美是人的天性，可以也应该超乎功利目的之上，而一旦超越了功利目的，生活也就变得空灵而超脱，有了情调和意味。当然也有相反的情况，就是生活好了，有钱了，拿“审美”来附庸风雅、装点门面，比如“土豪”们花天价买来名人字画，或是为了炫耀财富，或是为了获取财富。凡此，与其说是“审美”，不如说是“反审美”，只能当作印证“距离说”的反面典型。

至于艺术创作中的非功利性，表现最为突出的是19世纪文学中的唯美主义。唯美主义作家把美作为唯一的和至高无上的理想，拒斥一切“有用的”也就是有功利性的东西，并且把话说到极端。比如法国诗人戈蒂叶宣称：“我宁可不要土豆也不放弃玫瑰花。”“只有毫无用处的东西才是真正美的。”② 爱尔兰作家王尔德说：“一切艺术都是相当不实用的。”③ 其用意无非是尽可能地把审美和生活拉开距离。倒是法国象征主义（也跟唯美

① 〔德〕格罗塞：《艺术的起源》，蔡慕晖译，商务印书馆，1984，第42页。

② 伍蠡甫：《欧洲文论简史》，人民文学出版社，1985，第336页。

③ 〔爱尔兰〕王尔德：《道连·格雷的画像序》，载《王尔德作品集》，黄源深等译，人民文学出版社，2000，第4页。

主义有亲缘关系）诗人波德莱尔的一段话令人深思："有不少女人令人想去征服她们、玩弄她们；可是，这位女性却使人产生这样的欲望：想在她的凝视之下慢慢死亡。"[①] 的确，欲望和审美的差别往往就在这一念之间。

当然，唯美主义作家和诗人把审美和艺术的非功利性说到绝对并推向极致，实际只是一厢情愿并且是镜花水月，无论是现实生活还是艺术创作中都难以寻觅，也难以企及。生活中我们观赏美的对象，很难不掺杂一点私情，很难完全不受非审美因素的影响，也很难长久地保持"纯粹"。比如，一幅名画挂在家中观赏是审美，而当因生计问题把它出售或拍卖，也就从审美转向了功利。又比如，青年人从恋爱到结婚，将梦中情人变成生活伴侣，也是渐渐从审美向功利（伦理）转化的。如此等等，生活中的审美要想做到绝对的非功利，委实不易。艺术也是一样，有的艺术形式或体裁较容易走向唯美或纯美，有的却很难。前者如风景画、音乐小品、抒情诗和抒情散文等；后者如交响乐、风俗画、长篇小说以及电影等，这类艺术作品的内容和思想占有很大比重，而且不乏"功利"目的，想做到"唯美"几乎是不可能的。所以，唯美主义虽然尖锐地揭示了审美的非功利性，却也有矫枉过正之嫌。正确的理解应当是既要充分认识到非功利性作为审美和艺术的本质特征，同时又要考虑到审美和艺术创作的非功利性与功利目的在实际中的碰撞、矛盾与交融。

附带一提，距离之说，除了心理距离及非功利性的含义外，也有实际空间距离的含义。中国古代的画和诗都很看重空间距离，如绘画理论强调"远"字，有"高远""深远""平远"等说法（郭熙《林泉高致》）。诗歌理论也指出诗境因"远"而得，如明代诗人和文学批评家谢榛说："凡作诗不宜逼真，如朝行远望，青山佳色，隐然可爱，其烟霞变幻，难以名状。及登临非复奇观，惟片石数树而已。远近所见不同，妙在含糊，方见作手"（《四溟诗话》卷三）。此所谓"含糊"之妙，正是拉开空间距离所得到的效果。再如所谓："行人莫讶频回首，家在凝岚一点中"（贯休《马

---

① 〔法〕波德莱尔：《巴黎的忧郁 · 作画的欲望》，载《恶之花　巴黎的忧郁》，钱春绮译，人民文学出版社，1991，第471页。

上作》），以及“今日忽从江上望，始知家在画图中”（郭六芳《舟还长沙》）。这“频回首”和“江上望”，都是拉开了空间距离后产生的效果。不唯风景，对一些视觉艺术作品的欣赏也需拉开距离，比如大幅的绘画，近看只有笔墨或笔触，远看才有画面和意境。其他如雕塑、建筑以及戏剧、舞蹈等，我们观赏时都愿意有个适中的位置，距离太近，审美的情境就容易被破坏，太远，容易减弱观赏功效。然而距离远近跟观赏者个人趣味和习惯也有关系，这些都需因地、因事、因时而制宜，不能刻舟求剑。国画大师黄宾虹先生有一段话，把观人、观画、观景的“距离感”都讲到了，可看作对“距离说”的“中国式”解读：

> 目视之物，必距离相当，而后明断。远近之差，则以物之形状大小为准。览人气色，察人神态，犹须数尺之外。今夫山水，大物也。逼而视之，石不过一纹一理，树不过一枝半干，何有于峰峦气势？何有于疏林密树？何有于烟云出没？此郭河阳之说，亦极寻常之理。“不识庐山真面目，只缘身在此山中”，对天地间之山水，非百里外莫得梗概，观缣素上之山水，亦非凭几伏案所能仿佛。①

空间距离之外，时间也能够为审美创造条件。一件普通的器物，原本就是个用品，但放上几百年甚至数千年，就变得饶有兴味，成为玩赏甚至审美的对象。比如新石器时代的陶罐，并没有太高的工艺水平，但在今人眼里，却成为“艺术品”，原因就在于时间拉开了距离，而距离生成美感。王国维对这种现象曾加以研究，名之为“古雅”。而从心理学角度看，则是因为时间越是久远，就越能淡化功利关系。当然，这里面也有因年代而形成的“文物”价值，但这已经不是审美的问题了。

四 移情

在审美活动中，人们会产生一种愉快的体验。这种体验是类属于情感的，从而表明审美和情感不能分离。我们很难想象会有一种冷冰

---

① 黄宾虹：《观画答客问》，载《黄宾虹谈艺录》，河南美术出版社，2007，第247页。

冰的、毫不动情的审美体验，也很难想象面对美的对象，一个懂得审美的人会心如枯井、面若冰霜。所以，我们说情感是审美的本质属性，当无疑义。

然而，这只是泛泛之论。进一层看，审美活动中的情感究竟由何而来？审美对象的情感究竟是客观的还是主观的？这些问题就不能够用“本质”和“特性”之类的判断一带而过，而要用特殊的方法加以分析。在这方面，探索较深且影响较大的，是源于 19 世纪后半叶德国心理学里的“移情”说。

“移情”说是实验心理学对审美心理研究的成果。心理学家通过观察发现，人们从审美对象感受到的情感特征，实际上是人们自己内心产生的情感在对象上的投射；对象本身只是客体，并无情感的表现。比如，我们看杨柳在微风中飘拂，似乎在表达某种依依惜别的柔情，实际上是自己睹物生情，并把情感投射到杨柳身上；我们看到大海波涛汹涌，似乎在表达某种不可遏止的激情，实际上是自己观海动情，并把情感投射到波涛上面。又比如歌里唱道：“怒吼吧，黄河”，实则黄河并没有怒吼，而是歌唱者内心发出的吼声，并把它当作了黄河的怒吼；诗里写道：“造化钟神秀”，实则大自然并不会钟情于某座山峰，而是诗人心里把“神秀”赋予了他钟爱的山峦，如此等等。对艺术作品的感触也是如此。绘画、音乐、语言、文字（书法）及舞姿等，本身只是物理现象，而不是情感本身，如果说它们表达了情感，那也只是观赏者体验到的情感投射到艺术作品上去了（这里不谈作者的“表现”）。所以说，审美对象的情感是由观赏者转移过去的，只不过观赏者在审美的情境中大多浑然不觉，误以为是对象本身所有。这也正是“移情说”的代表人物、德国心理学家里普斯所说的“移情作用所指的不是一种身体感觉，而是把自己‘感’到审美对象里面去”[①]。我国美学家朱光潜先生的解释更为通俗易懂，他说：“什么是移情作用？用简单的话来说，它就是人在观察外界事物时，设身处在事物的境地，把原来没有生命的东西看成有生命的东西，仿佛它也有感觉、思想、

---

① 〔德〕里普斯：《论移情作用》，载古典文艺理论译丛编辑委员会编《古典文艺理论译丛》第八册，朱光潜译，人民文学出版社，1964，第 52 页。

情感、意志和活动，同时，人自己也受到对事物的这种错觉的影响，多少和事物发生同情和共鸣。"① 这个解释稍嫌简单，因为"移情"不光是把"原来没有生命的东西看成有生命的东西"，比如我们观看演员的表演，就不是面对"原来没有生命的东西"。更合理的解释是，作为审美对象的演员，只是客体或"物"，人们从他或她的表演中所体验的情感，实际上是自身情感的投射或转移。

那么，人们在观赏审美对象时产生的情感又是由何而来或怎样生成的呢？对此，"移情说"也有解释，认为情感不单是一种心理活动，也伴随着生理的感应和运动，这就是所谓"内模仿"。最经典的例子是观看古希腊建筑的"多立克"式石柱。这种石柱很高，看上去是等围圆柱，实则下面较上方稍粗，因而近看有一种向上升腾的感觉。其实这种感觉是身体内部对升腾之势的模仿，故称"内模仿"。在观赏各种审美对象时，身体都会或轻或重，或弱或强地产生"内模仿"，而这种"内模仿"正是情感产生的动力。的确，在观赏那些运动态势较强的审美对象尤其是艺术作品时，我们能够明显感受到身体内部产生的"模仿动作"，比如看书法里的草书、舞蹈里的现代舞、雕塑里的人体，尤其是动作影片里的打斗，就能够真切感受到"内模仿"的存在，不仅心理紧张，甚至伴随着心跳的加速和呼吸的急促。但是，"内模仿"的状态何以能够给人带来审美的愉悦呢？在这方面，"格式塔"或"完形"心理学又有说法。

历史上，"完形"心理学的出现，是对经验主义哲学和心理学的矫正。经验主义认为知觉及意识只是各种表象的集合，而"完形"心理学却认为，当各种表象构成知觉并形成意识之后，就产生了一种新质，这种新质是单个表象没有的，也不是来源于各个表象的相加。比如我们看风景，有蓝天、白云、远山、树木、河流等，这些要素整合在一起会形成一个画面（知觉），进而油然产生一种情调或意义。这种情调或意义并非风景所固有，也不是映入眼帘的各个景物所单独具有，而是人的知觉将所获得的单个表象加以整合后"创造"出来的，即所谓"整体大于部分之和"。人的心理天然地具有这种"完形"能力，能够在一刹那间将眼前所见各种景物

① 朱光潜：《西方美学史》下卷，人民文学出版社，1979，第597页。

整合成景象，并生成新的意义。反过来说，如果人心没有这种“完形”能力，那在认知上就有问题了，至少在理解和判断上有了障碍，更不要说情感的产生了。在“完形”心理学的基础上，美学家们又进一步提出了“异质同构”理论，说是在人的内心深处潜藏着各种各样的形式或结构，当潜在的形式或结构与知觉获得的形式或结构相互契合时，就会产生一种情感的反应，这也就是美感的来由。比如我们看杨柳依依会产生惜别或怜爱之情，那是因为我们内心深处有一种类似杨柳拂动的无形之“形”。这两种“形”虽质地不同，结构却是一样的，两相呼应，便催生出审美的情感。

由“完形”心理学派生出的审美心理学及其对于美的本质的认识，在近现代美学里影响很大，代表人物如英国的浮龙·李、贡布里希，美国的阿恩海姆等，都是很有名望的大家。但此派美学研究多侧重视觉艺术，得出的美学理论是否通用于其他艺术，还很难说。现实中能够引起人们“内模仿”并与人心“异质同构”的事物比比皆是，但未必都能够唤起审美的情感。这些问题都不是实验心理学或格式塔心理学能够彻底解决的。因此，用“移情”及“完形”之说去解释审美的本质，还只是美学研究的众多视角中的一种，虽有成效却还有待充实和完善。

五 直觉

就西方思想的认识论而言，人类把握真理的方式主要有两种。一是理性的，通过先验的“公理”推导出结论；二是经验的，通过对大量事物的归纳而最大限度接近事物真相。除此之外，还有一种认识真理的方式，叫作“直观”，是从事物外表或形象而直接抵达本质和真相。这种认识方式多为“诗人哲学家”及其“诗性哲学”所重，既用来把握世界的本体，也用来说明审美和艺术的性质与作用。比如叔本华就认为，审美和艺术是通过表象直观意志，唯天才得以胜任；又认为音乐打破了所有物质形态的限制，与意志合为一体，因而在各类艺术中最为高贵。谢林也认为，人类思维的最高和终极方式是通过想象力去直观事物本质的“诗性思维”。

进入20世纪，意大利哲学家和美学家克罗齐提出了著名的“直觉”说。他把人类活动分成物理的、道德的、功利的和逻辑的，进而又指出还有一种活动跟上述各类截然不同，那就是审美和艺术创造。前人对审美和艺术活动与物理的（科学）、道德的（伦理学）、功利的（经济学）和逻辑的（哲学）活动之区别都有论述，克罗齐的独到之处是揭示出审美和艺术的所谓“非物理性”。这是什么意思呢？原来，克罗齐认为审美和艺术创造是人们通过“直觉”能力去观照事物，从而在脑海里形成“意象”。至此，审美活动已经完成，艺术创作也已经完成，之后是否将完成了的意象付诸物质形态就无关紧要甚至是画蛇添足了。因此，在克罗齐看来，审美和艺术是同一的（审美活动就是艺术创作），过程和结果是同一的（脑海里的意象就是完成了的作品），创作和欣赏也是同一的（二者同时进行，也同时中止）。这一切都在瞬间完成，即所谓“直觉”。“直觉即抒情”“直觉即艺术”是克罗齐对艺术本质的判断，也是对审美本质的判断。

克罗齐的审美和艺术理论有着明显的偏颇，尤其让艺术家们难以接受，因为他让艺术创作的过程及其结果毫无价值，也毫无意义了。以此类推，“艺术家”这个头衔也大可以取消，只留下“直觉家”就行。这当然是不成立的。别的不说，审美活动的主要对象是艺术作品，没有了这些作品，直觉和意象由何而生？是所谓“皮之不存，毛将焉附”。然而换个角度看，就审美和艺术的本质而言，克罗齐的理论又有其深刻之处。毕竟审美和艺术创作的重心与根本在“心”而不在“物”，或如古人所说，在“道”而不在“技”。“技”可以习得，而“道”只能感悟。也可以说，直觉在先，行为在后；意象在先，形象在后。审美和艺术创作的“原质”在于内心的直觉和意象，外在的物态化行为及其结果只是去追随并实现内心的直觉和意象。就此而言，我们可以说审美和艺术的本真在直觉，而所谓“创作”，跟内心的直觉及意象是有距离的。我们从这里就可以领会中国古代一位文学批评家刘勰的感叹，他说：“方其搦翰，气倍辞前；暨乎篇成，半折心始”（《文心雕龙·神思》）。就像球王贝利说他最精彩的进球是“下一个”一样，艺术家距离他最好的作品只能是无限接近，因为“最好的”一定是在内心形成而未经赋形的直觉和意象。

正因如此，审美和艺术创作跟其他活动的一个重要区别是看重“悟性”。这个“悟性”就是克罗齐说的直觉，当然也可以追溯到先前的各种“直观”之说，尤其是康德所说的“天才”。一个人对审美和艺术有没有“悟性”，往往决定了他在艺术道路上能走多远。生活中，我们在众多学习艺术的孩子的身上可以察觉“悟性”的高下，这种“悟性”不是简单地凭借用功或苦练就可以获得。克罗齐说：“我们每个人实在都有一点诗人、雕刻家、音乐家、画家、散文家的本领；但比起戴着这些头衔的人们，那就太少了；正因为这些人所具有的虽是人性中一些最平常的倾向和能力，却到了一个极高的程度。”① 这种能力不是通过训练能够获得的，而主要源于先天，或如康德所说，就是一种“天才”——“天才”给艺术制定法则。传说美国小提琴大师耶胡迪·梅纽因于20世纪80年代初来中国演出并访问，在参观某音乐学院时，亲耳聆听孩子们在琴房里练琴，由衷赞叹说：“我从每个窗口里都看见一个天才。”可不是吗，那些孩子是从成千上万个学琴的孩子里挑选出来的“神童”，也就是克罗齐所说的某种天赋达到“一个极高的程度”的人。可见，审美和艺术以“直觉”能力为条件，这种能力存在于每个人心中，只不过在天才艺术家心中特别发达。也正因为如此，生活中每个人都能感受美并欣赏艺术，但并不是每个人都能成为艺术家尤其是“天才艺术家”。毕竟，高度发达的“直觉”能力在人类心智中还是稀缺的。

六　自然

自然，是中国传统思想中的一个观念，不是专讲美学的，却成为审美和艺术观念的渊源。

中国古代没有美学这门学问，也没有我们今天所理解的“美学”这个概念。可是，在哲学、伦理学以及艺术批评中，蕴藏着丰富的美学思想。这些美学思想散落在各个领域的方方面面，但追根溯源，却能够归为若干个原初的观念，“自然”便是其中之一。这个观念的成立，在老子哲学，所谓：“人法地，地法天，天法道，道法自然”（《老子》二十五章）。此处的“自然”，并不是位居“道”之上的另一个概念，而是表明“道”的性质：“道”是最高的存在，它的运动无须外力，自然而然。这个意思被庄子继承过去，扩展到对人的理解，即主张人性自由舒展，不受外物的拘

---

① 〔意〕克罗齐：《美学原理　美学纲要》，朱光潜译，人民文学出版社，1983，第18页。

役，如《庄子》里“庖丁解牛”“郢人运斤”“解衣盘礴”等寓言故事所表达的意思。以后的审美和艺术观念顺着这个思路又衍生出新的思想，大致体现在这样几个方面。

其一，是对自然风景的审美意识的觉醒。人与大自然的关系在很长时期都是功利的：既恐惧又敬仰，既抵御又利用。由于这种心态，人们在自然环境中劳作、生存，却无暇观赏和享受大自然的风景。然而，当历史发展到某个阶段，人与自然的关系开始由功利向审美转移，使得人们真切感悟并主动亲近和发现大自然的美，如同刘勰所说的：“物色相召，人谁获安”（《文心雕龙·物色》）。在中国，从文学和艺术创作看，这种情况明显而普遍地出现在魏晋之际，表现为文人士大夫们对自然之美有了强烈的感受和浓厚的兴趣。景物在诗歌里不再只是作为“比兴”的手法，而有了独立的价值；山水在绘画里也不再只是作为陪衬的背景，而处在更加显眼的位置。至迟到了东晋时，游山玩水已经蔚为风气。《世说新语》里有许多这样的记载，如“简文入华林园，顾谓左右曰：‘会心处不必在远，翳然林水，便自有濠、濮间想也，觉鸟兽禽鱼自来亲人。’”“顾长康从会稽还，人问山川之美，顾云：‘千岩竞秀，万壑争流，草木蒙笼其上，若云兴霞蔚。’”“王子敬云：‘从山阴道上行，山川自相映发，使人应接不暇。若秋冬之际，尤难为怀’”［以上均见（南朝宋）刘义庆《世说新语·言语》］。可见当时文人对自然风景情有独钟。有这样的情怀，山水诗和山水画理所当然地蔚然兴起了。现代国画大师潘天寿先生认为中国古代山水画萌生于晋室东迁之后，因为“长江流域，原为老庄思想浸淫之地，人民群趋于爱自然之风尚。兼以山川景物之优秀，擅自然之至美，南下诸汉人，顿得此新环境，所谓对景生情，自足激动江山风物之雅兴，以促山水画之萌起”①。这正表明了那时候文人对自然景观的审美意识的觉醒。

其二，是人性的发展以及对人的品评，在一个特定的历史时期大幅度趋向自然，并成为后世文人津津乐道的气质和风韵，这就是所谓“魏晋风度”。其代表性人物有“竹林七贤”，行为表现则有“兴尽而返”：“王子猷居山阴，夜大雪，眠觉，开室命酌酒，四望皎然。因起彷徨，咏左思

---

① 潘天寿：《中国绘画史》，上海人民美术出版社，1983，第28页。

《招隐》诗，忽忆戴安道。时戴在剡，即便夜乘小船就之，经宿方至，造门不前而返。人问其故，王曰：‘吾本乘兴而行，兴尽而返，何必见戴！’”（《世说新语·任诞》）“纵酒放达”：“刘伶恒纵酒放达，或脱衣裸形在屋中。人见讥之，伶曰：‘我以天地为栋宇，屋室为裈衣，诸君何为入我裈中！’”（《世说新语·任诞》））“终无他意”：“阮公邻家妇，有美色，当垆酤酒。阮与王安丰常从妇饮酒。阮醉，便眠其妇侧。夫始殊疑之，伺察，终无他意”（《世说新语·任诞》）。可见，那时候文人的生活是多么任性而旷达，既“狂”且“狷”，为后人树立了率性、“风流”的风范。

其三，是艺术创作中崇尚顺乎自然的创作方法。《庄子》里“庖丁解牛”的寓言给后世美学和文艺思想以很大启迪，其中描述的“游刃有余”的境地常被后人作为例证，说明艺术创作要在观察仔细且经验丰富的前提下，胸有成竹，一气呵成。如苏轼称，好的文章“大略如行云流水，初无定质，但常行于所当行，常止于所不可不止，文理自然，姿态横生”（《答谢民师书》）。又称为文须“出新意于法度之中，寄妙理于豪放之外。所谓游刃余地，运斤成风”（《书吴道子画后》）。说明为文之道在于运心，心到手到，不假思索，便是好文章，用不着步步为营，锱铢必较。

其四，是对艺术作品的评价偏重清新自然的风格。艺术作品总会呈现出某种风格，排除艺术水平的高下不论，大体可分为两类，一类浑然天成，一类精雕细琢。在古人眼里，前者总是更受青睐。钟嵘《诗品》曾载有逸闻：“汤惠休曰：‘谢诗如芙蓉出水，颜诗如错采镂金。’”这种审美观具有相当的代表性。后来李白标榜“清水出芙蓉，天然去雕饰”（《经乱离后天恩流夜郎忆旧游书怀赠江夏韦太守良宰》），杜甫夸赞李白“清新庾开府，俊逸鲍参军”（《春日忆李白》）都是著名的例子。此外，中国古代诗论和画论中往往以超妙淡远为特征的“逸品”居于最上等，其批评标准也是“清空”高于“质实”，“化工”高于“画工”。俱可见古人论艺，艺术作品的风格本身就存在着高下之分，以“出水芙蓉”和“清新俊逸”为美的“自然派”占了上风。

其五，是偏爱艺术境界中的“无我之境”。“境界”是中国古典美学思想和艺术批评的核心范畴，但理论上的总结却是由王国维完成的。王国维将境界一分为二，标明“无我之境”和“有我之境”，并认为前者优于后者。这实际上也是传承了古代文人和艺术家看重自然的美学观，其根源可以追溯到庄子提出的“物化”和之后的“虚静”说。这要求艺术家最大限度地忘掉自身，融入客观事物中去，从而以最为纯粹也最为自然的心态去观照对象，如王国维所说：“无我之境，以物观物，故不知何者为我，何者为物”（《人间词话》）。这种境界历来被看作中国古典艺术的极致。

总之，以“自然”为美的观念在中国古代艺术创作和批评中产生了重大而深远的影响，甚至决定了中国古典艺术的走向。比如，为什么中国古代山水诗和山水画如此发达？为什么在古代画家眼里写意的审美价值远高于写实？为什么传世的音乐名曲多以山水为题？为什么园林艺术深受文人士大夫喜爱？这些都跟“自然”的美学观息息相通。所有这些，表达出来的是一种以自然为美的观念，或者说，古人从“自然”里发现了美的本性。若参照西方美学，则与席勒所说的“素朴”颇为相似，那是与文明相对的自然，是体现生命力和创造力且不受外力干扰的永恒之美：“在它们身上，我们喜爱默默创造的生命，自发的平静创造，遵循自己法则的存在，内在的必然性，自身的永恒统一。”①

七　传神

中国传统美学思想和艺术理论中，还有一个很重要的也是根本性的观念，叫作“传神”。这是中国古典艺术一个本质特征，也是破解中国传统艺术奥秘的关键。不弄懂这个奥秘，我们就很难了解中国传统艺术的许多问题，比如为什么文学领域里抒情诗特别发达？为什么绘画没有遵循“焦点透视”而取法“散点透视”？为什么雕塑艺术在塑造人物（除去佛教造像）和动物形象时重神态而轻造型？为什么戏曲表演能够自由地打破时空的限制？这一切都能够从传神的审美中找到答案。张大千先生在谈论画中国画的方法时说：“古人谓遗貌取神，故领悟神韵为作画第一要旨。”② 诚为至理名言，

---

① 〔德〕席勒：《论素朴的诗与感伤的诗》，张玉能译，载童庆炳、曹卫东编《西方文论专题十讲》，高等教育出版社，2005，第 22 页。

② 《张大千谈艺录》，河南美术出版社，2007，第 55 页。

其实哪一门中国古典艺术不是以“传神”为第一要旨呢?

“神”的概念在中国传统思想里出现得很早。《周易》所谓“阴阳不测之谓神”,表明了“神”是一种微妙难察的东西。汉代思想有了“形”“神”之别,大体上是把“神”放在主导地位,称为“君”。佛教传入,又强化了超脱于物质之上的精神性的“神”,于是有了“神灭”与“神不灭”的争论。到了东晋,一位大画家将“传神”的说法引入艺术创作,即《世说新语·巧艺》所载顾恺之的话:“四体妍媸,本无关于妙处,传神写照,正在阿睹中。”从此,“传神写照”就成为审美和艺术思想里重要的观念,并为后人所传承和光大,既体现在艺术创作,也体现在理论和批评。宋代苏轼写过一首著名的谈论形神问题的诗,其中有这样的话:“论画以形似,见与儿童邻。赋诗必此诗,定非知诗人”(《书鄢陵王主簿所画折枝二首》)。这个观点引出了延续几代人的争论,但总体上艺术家和批评家的意见是重神轻形的。这说明,以“传神”为美在中国传统美学思想里已经根深蒂固了,虽说理论上没有专门的论著去做系统的总结分析,但文艺创作实践却把这种观念演示得相当精彩;或者说,文艺作品的精彩之处告诉我们“传神”为美。

比如,诗歌艺术中的“诗眼”,最著名的句例是王安石的“春风又绿江南岸”。其实,有“眼”之诗句又何止于此,举凡诗词名句都不乏“诗眼”。王国维举“红杏枝头春意闹”和“云破月来花弄影”为例,说这两句诗因为用了“闹”和“弄”而“境界全出”(《人间词话》),其实以古人的眼光看,这“闹”和“弄”正是“诗眼”所在。

小说创作里的“传神”也不乏其例。章回小说里最常用的手法是“白描”,而“白描”的妙处就是用简单的文字去传达人物或景物的神韵。如《水浒传》里林冲草料场遇险一段,就因“白描”而精彩纷呈。其中最为批评家们所激赏的是对雪的描写,从“正是严冬天气,彤云密布,朔风渐起,却早纷纷扬扬卷下一天大雪来”,到“那雪早下得密了”,到“大雪下的正紧”,再到“看那雪,到晚越下的紧了”,高潮时是“那雪越下的猛”,寥寥数笔就“传神写照”了一场大雪。句中描摹雪的几个字,如“卷”“密”“紧”“猛”等十分精妙,清代批评家金圣叹有批语曰“妙绝”或“写雪妙绝”,可见跟“诗眼”的功效异曲同工。其他手法还有用于人物刻画或故事叙述的实写和虚写、正写和侧写以及“不写之写”等，也都是“传神”妙笔。

绘画里的“传神”之法很多，最具代表性的莫过于“空白”。中国画与西洋油画不同，不需要将画面填满，未画之处并非白纸，而是整个画面的有机组成部分，其效用并不比已画的部分低。所以古人说：“空白，非空纸，空白即画也”（张式《画谭》）。又说：“无画处皆成妙境”（笪重光《画筌》）。就山水画而言，空白之处多为烟云，而烟云正是山水的神韵所在，如所谓“画家之妙，全在烟云变灭中”（莫是龙《画说》）。现代绘画大师朱德群曾对西方人解释中国画里的“空白”。他说中国画讲究“虚实相生”，空白是“虚”，里面有一种神秘感，是用来表现意境的，“在这方面，中国人比西方人表现得更加巧妙，更加聪明”①。这实际上也就是“传神”的功效。烟云之外，其他如花鸟画的“没骨”，人物画的写意，也都是因“传神”而生，为“传神”所用。

中国古典音乐里“传神”的典型体现，一是“余音”，二是“停顿”。“余音绕梁，三日不绝”是对音乐效果的最高评价。这一效用尤以古琴发挥得最好，所谓“高山流水遇知音”的情韵，就是要从古琴那悠长渐远的余音中去体味的。这种效果“在听觉审美上，也是一种‘写意’，并且由于心理展开上的思绪万千，还是一种比中国画更为写意的听觉审美意象”②。“传神”之美，尽在其中。“停顿”的效果是“此时无声胜有声”，停顿处与有声处是不可分割的整体，且极富蕴含。比如二胡独奏曲《二泉映月》里有长短不一的休止符，演奏时表现为断断续续的停顿，这无声的停顿与奏响的音符一道，抒写出空旷清幽的意境和无边无际的愁怨。

中国古典戏曲中也有许多“传神”之处。仅以演员表演为例，除演唱外，还要通过眼神、手指、台步、水袖、身段等去表达人物的内心，实际上也是“传神”的运用。所以说，一个好的戏曲演员要浑身都是戏。反映生活方面则多采取“虚拟”的手法，用徒手的动作去表现关门、上马、划船等，活灵活现，较之实写又别有一番风味。

---

① 吴钢：《世界名画家全集·朱德群》，河北教育出版社，2009，第140页。

② 修海林、李吉提：《中国音乐的历史与审美》，中国人民大学出版社，2008，第42页。

总而言之，中国传统艺术所运用的手法和所产生的效用，虽千姿百态且千头万绪，却都有一个共同的渊源和一个共同的理想，那就是“传神”。从这一点看，“传神”是一个具有普遍性和共生性的审美观念。

八 “人的本质力量的对象化”

这是马克思早年论著《1844年经济学哲学手稿》中的一个著名论断，而这部在马克思身后发现的手稿中，有若干重要论断对20世纪马克思主义哲学、美学研究产生了很大影响；其核心观念则是“劳动”。是劳动使人学会了运用工具，并在工具的制造和使用中发现并确认自我，从而与动物日益区分开来。在这一过程中，审美的意识也逐渐萌生。比方说，原始人知道了借用石头作为砸碎硬物的工具，为了更便利地使用，人们不断对这“工具”进行改进，从而有了“斧”的雏形。在运用—改进、再运用—再改进的循环往复中，石斧不仅更加实用，而且外观也逐渐好看起来。当原始人发现了外观的变化并产生快感，进而主动改造石斧，使外观更加好看，这就意味着审美意识的出现；如果再进一步，专门制造漂亮的石斧用于展示，就是原始的艺术创作了。这个过程就是“人的本质力量的对象化”过程，是合目的性（为生产目的而制造石斧）与合规律性（为提高效率而改进石斧）相统一的过程。因此，人与动物完全分离的重要表现之一，是人“也按照美的规律来塑造”，这就是马克思所说的：

> 动物只是按照它所属的那个物种的尺度和需要来进行塑造，而人则懂得按照任何物种的尺度来进行生产，并且随时随地都能用内在固有的尺度来衡量对象；所以，人也按照美的规律来塑造物体。[①]

据此，我们可以说：人，从劳动中诞生；审美的人，也从劳动中诞生。具体说来，劳动不仅创造了审美的客体——如人类早期的艺术产品，更重要的是创造出审美的主体，即能够感受和欣赏美的人。由此，人的心胸和视野得到极大扩展，不但能够看见自己所创造物品的美，还能够以此

---

① 〔德〕马克思：《1844年经济学哲学手稿》，刘丕坤译，人民出版社，1979，第50~51页。

类推，发现社会和自然中的美。这时候，人与自然的关系发生了深刻变化，由敌对到敬畏再到亲近，自然不仅是改造和利用的对象，也成为观赏和表现的对象。在这里存在着两对关系的统一：一是过程与结果的统一，就是人从劳动产品看到了自身留下的印迹，或者说是自身的力量，是所谓“人的本质力量的对象化”；二是主体和客体的统一，就是改变了人与自然及社会的关系，从而创造出能够欣赏美的人，是所谓“自然的人化”。审美意识就是从这两对关系的辩证统一中不断产生并发展的。

这样看来，审美意识产生的动因是因劳动所促成的人对自身力量的发现和确认，实际上也是人性的解放和自由。劳动是一种“二律背反”的人类行为，一方面，它沉重而艰辛，会给人的肉体和精神带来压力和痛苦；另一方面，它又因为其过程及成果显示人的力量而给人带来喜悦，并使人的意识得到进化，精神得到升华。在这既痛且喜的进程中，人与动物逐渐分离，并且最终以能够“按照美的规律来塑造”的意识和能力成为真正意义上的人。

当然，马克思论证这个问题是着眼于人类进化的原始时期。进入阶级社会后，情况就要复杂得多。关键仍在于劳动，而阶级社会的劳动对人的影响发生了质变，它对绝大多数劳动者所施加的是剥削和压迫，对劳动者身心所产生的是束缚和摧残。这种转变，卢梭在马克思之前就曾经描述过，他把这种状况归结为私有制的出现：

> 当人们满足于自己的粗陋的小屋的时候；当人们还满足于用荆刺和鱼骨缝制兽皮衣服、用羽毛和贝壳来装饰自己、把身体涂上各种颜色、把弓箭制造得更为精良和美观、用石斧作渔船或某些粗糙的乐器的时候；总之，当他们仅从事于一个人能单独操作的工作和不需要许多人协助的手艺的时候，他们都还过着本性所许可的自由、健康、善良而幸福的生活，并且在他们之间继续享受着无拘无束自由交往的快乐。但是，自从一个人需要另一个人的帮助的时候起；自从人们觉察到一个人据有两个人的食粮的好处的时候起；平等就消失了、私有制就出现了、劳动就成为必要的了、广大森林就变成了须用人的血汗来灌溉的欣欣向荣的田野；不久便看到奴役和贫困伴随着农作物在田野

中萌芽和滋长。[①]

在这种情况下，劳动走向它自身目的的反面，成为所谓“异化”劳动。通俗地说，劳动者通过劳动创造出劳动产品，原本是为了生活得更好，有更多的条件去享受生活。而实际情况恰恰相反，劳动者创造出的产品成为一种“异己力量”，不但不能为劳动者所拥有，反而使劳动者更加困苦。这就是马克思所说的：“劳动为富人生产了珍品，却为劳动者生产了赤贫。劳动创造了宫殿，却为劳动者创造了贫民窟。劳动创造了美，却是使劳动者成为畸形。劳动用机器代替了手工劳动，同时却把一部分劳动者抛回到野蛮的劳动，而使另一部分劳动者变成机器。劳动生产了智慧，却给劳动者生产了愚钝、痴呆。”[②] 这样一种“异化劳动”的结果是使作为劳动主体的人被“物化”，成为“物”或“商品”，如“西方马克思主义”创始人、匈牙利思想家卢卡奇所说：“工人的劳动力和他的人格的分裂，他由人变为‘物’，变成在市场上被反复出售的物体。”[③] 显然，这种境遇给劳动者审美意识提供发展机遇的可能极小，使审美和艺术回归绝大多数人的本性的可能极小；不仅如此，还可能使审美和艺术产生“异化”，为商品和金钱所奴役。亦如马克思、恩格斯所说，在资本主义社会，“资产阶级抹去了一切向来受人尊崇和令人敬畏的职业的灵光。它把医生、律师、教士、诗人和学者变成了它出钱招雇的雇佣劳动者”[④]。

基于这种认识，马克思认为，人的解放是无产阶级的历史使命，其要义正如人本主义思想家弗洛姆所阐述的那样，是“希望人类从隶属、异化和经济奴役的锁链中解放出来”。[⑤] 这种解放既包括物质上的解放，也包括

---

① 〔法〕卢梭：《论人类不平等的起源和基础》，李常山译，商务印书馆，1962，第120～121页。

② 〔德〕马克思：《1844年经济学哲学手稿》，刘丕坤译，人民出版社，1979，第46页。

③ 〔匈〕乔治·卢卡奇：《历史和阶级意识》，张西平译，重庆出版社，1989，第110页。

④ 《马克思恩格斯选集》第一卷，人民出版社，1972，第253页。

⑤ 〔美〕弗洛姆：《在幻想锁链的彼岸》，张燕译，湖南人民出版社，1986，第13页。

精神上的解放，二者不可或缺，并且只有得到精神上的解放，人才可以说是真正意义上的人。

> 共产主义是私有财产即人的自我异化的积极的扬弃，因而是通过人并且为了人而对人的本质的真正占有；因此，它是人向自身、向社会的即合乎人性的人的复归，这种复归是完全的，自觉的和在以往发展的全部财富范围内生成的。这种共产主义，作为完成了的自然主义=人本主义，而作为完成了的人道主义=自然主义，它是人和自然界之间、人和人之间的矛盾的真正解决，是存在和本质、对象化和自我确证、自由和必然、个体和类之间的斗争的真正解决。①

到那个时候，甚至连社会分工也不存在了，人的精神追求可以打破任何界限去加以实现，如马克思和恩格斯所描述的：

> 而在共产主义社会里，任何人都没有特定的活动范围，每个人都可以在任何部门内发展，社会调节着整个生产，因而使我有可能随我自己的心愿今天干这事，明天干那事，上午打猎，下午捕鱼，傍晚从事畜牧，晚饭后从事批判，但并不因此就使我成为一个猎人、渔夫、牧人或批判者。②

这样的生活当然是无比美好的生活，过上这种生活的人当然是本质得到实现、心性得以自由的人。而马克思主义美学思想的核心就是人的精神的解放。这个观点在20世纪“西方马克思主义”思想中也得到特别强调，如德国哲学家、法兰克福学派重要人物之一的马尔库塞所说：“美学形式是一个既不受现实的压抑，也无须理会现实禁忌的全新的领域。它所描绘的人的形象和自然的形象，是不受压抑性的现实原则和规范的拘束的，是真正致力于追求人的实现和人的解放，甚至不惜以死为代价。”③ 显然，审

① 〔德〕马克思：《1844年经济学哲学手稿》，刘丕坤译，人民出版社，2000，第81页。

② 《马克思恩格斯选集》第一卷，人民出版社，1972，第37~38页。

③ 〔英〕麦基编《思想家》，周穗明、翁寒松译，三联书店，1987，第72页。

美在人类生活中不是枝叶，而是根本；不是可有可无，而是必定如此。

马克思主义美学思想不仅是一种理想，而且在过去和今天都有着很强的现实意义。如今，人类文明进入现代或后现代社会，物质财富较以往有了亿万倍的增长，世界范围内也有更多的人过上了富足的生活，但是阶级依然存在、贫富依然悬殊、全人类的物质解放尚在努力、精神解放任重道远，并且"异化劳动"仍未灭绝。因此，马克思提出的课题仍值得我们深思，消灭"异化劳动"，使人的精神得到完全解放，依然是全人类的历史使命。

回到审美的话题，"人的本质力量的对象化"的论断阐明了美的本质的最重要的内涵。由此我们得知，审美意识一定是产生于劳动，推而广之，则是以劳动为核心的一切社会实践活动。由于劳动，人类发现了自身的力量，并在合目的性与合规律性统一的实践中产生了审美意识，进而产生的是能够从事创造和鉴赏活动的审美能力。康德当作审美本质的"判断力"或"鉴赏判断"与此相仿，但他把这种能力视为先天赋予，而没有分析劳动和社会实践，这是他美学思想的缺失。今天，我们探求审美能力的本质，要紧扣马克思基于辩证唯物主义和历史唯物主义提出的"人的本质力量的对象化"的命题。

至于马克思在《1844 年经济学哲学手稿》里提出的"异化"问题，也值得我们深入思考。人的本性是趋向自由的，当然这不是什么"绝对自由"，而是在一定社会历史条件下的自由，如同孔子所讲"从心所欲，不逾矩"（《论语·为政》）。人性的自由体现在精神生活的方方面面，其中审美活动是重要的内容，它影响到生活的质量甚至人格的健全。审美给人以精神上的愉悦，并且这种愉悦是超乎功利从而也是更加纯粹的。因此，审美意识在人的精神生活中占有重要地位，也对人心的走向产生重要影响。如同马克思所说："按照美的规律来塑造"，人也应当按照美的规律去生活。当年，德国诗人和思想家席勒说："只有当人游戏时，他才完全是人。"[①] 他所说的"游戏"，略同于审美。因此也可以说，只有当人审美时，他才是完全的人。

---

① 〔德〕席勒：《审美教育书简》，冯至、范大灿译，北京大学出版社，1985，第80页。

要言之，自由是人的本性，人与动物的区别在于自由。对人而言，精神生活比物质生活更自由；在精神生活中，审美比道德和宗教更自由。所以，近代以来，从王国维、蔡元培等先哲提倡“以美育代宗教”，到现在整个社会上审美和艺术教育蔚然成风，都是为了张扬人的自由的本性，从而更加丰富和美化人的精神生活。现如今，随着社会的进步以及人们物质生活水平的提高，美育或艺术教育已经越来越普遍和流行。在中国，绝大多数生活在城市中的孩子从小就会接受艺术教育，学习一种甚至几种艺术已经是很普通的事情。而在中小学教育中，艺术课程也占有一定比重。这一切都会对整个民族的人心和人格产生积极作用。它得之于社会进步，体现了社会进步，反过来又会促进社会进步。可见审美的本质在人，其目的也在人，这是我们从马克思主义学说来把握审美和艺术本质的最重要的着眼点。

九　关于“丑”

美和丑，既相互对立，也相互关联，还相互转化，二者的关系要分层来理解。

生活中的丑可分为两种情况，一种丑在外观，另一种丑在内涵。前一种情况跟审美有关，但不宜过分强调。此所谓“美丑”，是看生活中人或物的外貌是否符合由历史和文化积淀而形成的审美标准或理想。比如人有美丑之分，当然也有人或者说大多数人是不美不丑的，这是自然地或由遗传形成的美丑，除非出于某种职业考虑的需要，如演员、模特、空姐等，是不宜经常拿出来说事的。这方面的评价在一定程度上受社会习俗和伦理道德的制约，我们可以夸赞某人长得很美，但不能轻易说某人长得很丑，即便他或她长得确实不那么好看。自然界的事物也是一样。比如动物，有的让人见了产生爱心及美感，如所谓“漂亮的宠物”；有的让人见了讨厌甚至恶心，如老鼠、蟑螂等。又如石头，普通的大都不好看或很平常，而高级的石头如玉、翡翠等，就显得与众不同，给人以美感。至于内涵之美，在人，主要体现在气质和精神；在物，主要体现在它与人类生活中文化品位和审美意识的关系。这方面的内容不同于道德评价，道德意义上的美和丑类同于好坏或善恶，不属于“审美”的范畴。

艺术中的丑也可以分为两种情况，一种是将生活中的丑艺术化，使之转化为美的对象；另一种是对丑或恶的形态加以强化，使之产生特殊“美感”。前一种情况十分常见，如生活中“人人喊打”的老鼠，在齐白石笔下十分生动可爱；这时候，人们看到的不是老鼠本身，而是老鼠的形式（笔墨及其意趣），也就是说，生活中的丑被转化为艺术丑，而艺术丑就是审美的对象。中国古典戏曲里的丑角也很能说明这一特征。丑角在戏里的作用是插科打诨，其貌不扬且举止乖张，但优秀的表演艺术家却能够将这看似丑陋的角色表演得出神入化且赏心悦目，这便是以艺术表现化丑为美的典型事例。后一种情况比较特殊，是艺术作品以精湛的手法将丑陋或丑恶的东西表现得入木三分，甚至令人不寒而栗，所产生的不是通常意义上的美感，而是发自灵魂的恐惧和震颤，同时还有对艺术家描写或表现的高超艺术技巧的叹服。文学创作中，如陀思妥耶夫斯基在《罪与罚》里对犯罪心理的描写，王尔德在《莎乐美》里对女主人公残酷心理的刻画。表演艺术中，如我国著名演员陈强饰演的恶霸地主黄世仁，演出时曾引得看戏的战士怒火中烧，几乎向他开枪射击；而美国电影《沉默的羔羊》里著名影星霍普金斯饰演的嗜人血的心理医生，他那阴森的眼光让人见了毛骨悚然。要注意的是，这后一种对丑或恶的表演及表现需要把握好分寸。有些文学家和艺术家自觉或不自觉地抱着欣赏甚至赞美的态度去表现恶，尽管达到很高的艺术水平，却也容易引来道德层面的非议。毕竟文学艺术之美是以优美和崇高为主，丑恶或病态的表现不应当喧宾夺主，更不应当取而代之。而且文学艺术无论怎样特殊，都还要在社会中传播，还要对社会人心起到积极和正面的作用，因此，在处理美与丑、善与恶的关系时就要考虑到社会效益，而不能一味地强调艺术表现的特殊性。所谓“恶之花”，可以用来表达思想和艺术，但面对广大人民群众尤其是青少年受众时，艺术家们还是应当具有相当的责任感，让审美和艺术中的丑和恶为彰显真善美服务，而不是相反。

意大利美学家艾柯把丑分为三类：“丑的本身、形式上的丑，以及艺术对这两者的刻画”①。他所说的“丑的本身”，是指与美的观念相对的丑；

---

① 〔意〕翁贝托·艾柯编著《丑的历史》，彭淮栋译，中央编译出版社，2010，第20页。

形式上的丑，是指生活中引起人的生理或心理反感的丑——这两者都存在于自然和社会当中，略同于“生活丑”。而“艺术对这两者的刻画”则是艺术家对自然或社会中丑的对象的刻画，是“美的创造”，略同于我们所说的“艺术丑”。

十 结语：美从何处寻

美学家宗白华先生的《诗》，第一句是：“诗从何处寻?”对于审美来说，要解决的首要问题便是“美从何处寻?”——不是生活中具体的美的事物，而是使美的对象之所以为美的那个“本质”。这是一个千古之谜，迄今为止还没有人能够彻底解开这个谜，各方面的意见也都只是走在通往美学终极目标的路上，差别只在于距离目标的远近而已。今天我们讨论这个问题，并不指望就能抵达终点，也不必过多纠缠于各家学说且非要弄出个是非曲直。如开篇所述，我们只是借历史上重要的美学观念来打开思路，为的是从多个方面接近并认识审美，进而为提高自身的审美能力及人文素养提供帮助。以此而论，我们对历史上种种美学观念及思想匆匆巡礼并简要分析，到此也就足矣。归结起来，有这么几个要点值得记取。

美是理想的，它引导人的视线和心灵超越俗世的生活，去追寻理想之光。

美是新颖的，它用千变万化的形式作用于人的感官，使人对自然、社会和人生保持新鲜和别样的感觉。

美是超然的，它要摆脱人们与生俱来的占有欲望和形形色色的低级趣味，去进行纯粹的观赏和互动。

美是情感的，它要求人们将自己的情感和对象的情韵融为一体、相互往来，并发自内心地去感受和感动。

美是直观的，它要求人们透过形式和形象直接领悟观念和思想，而拒绝逻辑和理性的分析判断。

美是自然的，大自然的美景固然是自然的，而一切人为的审美对象也都应以自然天成为风尚，矫情和做作不是审美的正道。

美是自由的，它一定有益于人们天性的舒展和精神的升华，并为人类生活开辟新的境界。

再为概括，是三个关键词。

一是“生命”，美是对生命意义的肯定和张扬。

二是“形式”，美是对事物形式的观照和创造。

三是“自由”，美是对现实生活的扬弃和超越。

无论如何，我们掌握一些有关审美的知识是为了在生活中发现并享受美，从而使人生更加澄明和美丽。俗话说：“大千世界，美不胜收。”又说：“爱美之心，人皆有之。”这两句话是有逻辑关系的：没有“爱美之心”，哪来的“美不胜收”呢？我们讲“审美”，就是为了激发那颗人人都有且具有无限潜能的“爱美之心”。尼采曾说过一句意味深长的话：“只是作为审美对象，人世的生存才有充足理由。”① 现如今，相似的见解或判断又被许多从事教育和艺术工作的专家学者提了出来，有人甚至把“爱美之心”或者说是审美能力提到了极高的位置，认为若非如此，则是患上了无可救药的“绝症”。话虽苛刻，却也未必是危言耸听。假如这个世界上的人们都不感受、发现进而创造美，人类的生活该是多么枯燥？假如生活中的人们果真不对美的事物产生兴致，那么生活本身还有什么趣味？当然，从积极的一面看，假如人人都爱美，世界和生活就一定会温情脉脉、春光明媚，真与善也一定会相约而来。

拓展阅读

〔德〕马克思：《1844年经济学哲学手稿》，刘丕坤译，人民出版社，1979、2000。

朱光潜：《西方美学史》，人民文学出版社，1979。

李泽厚：《美学四讲》，三联书店，1989。

〔美〕凯·埃·吉尔伯特、〔德〕赫·库恩：《美学史》，夏乾丰译，上海译文出版社，1989。

〔意〕翁贝托·艾柯编著《美的历史》，彭淮栋译，中央编译出版社，2007。

① 〔德〕尼采：《自我批判的尝试》，载《悲剧的诞生——尼采美学文选》，周国平译，三联书店，1986，第275页。

第二章　境界（上）

“境界”一词来自古代汉语，但它成为一个用于文艺评论及其他学术领域的术语却是受了外来文化的影响，具体说就是佛教。起先，“境”指疆域，“界”指界限，意思都很实。佛教传入后，用“境界”表达其思想，含义发生了很大变化。佛教世界观否认外界的客观存在，认为一切事物都缘于“心照”，即“心之所游履攀缘者，谓之境”。这样，“境”或“境界”的意思就由实而虚，由客体转向主体，偏重于人的心理或精神活动。①这也就给文艺批评的借用提供了条件。至迟初唐时期，就有评论家用“境”或“意境”评诗，之后该术语日益广泛运用于诗论、文论以及乐论、画论。近代王国维撰《人间词话》，以“境界”为最高标准论词，并注入西方文艺美学思想，使这个传统文论观念成功转型，进入现代文艺批评领域。今天，“境界”一词不仅在文艺批评，而且在人文科学和社会科学的各个领域被人们广泛使用，甚至日常生活话语里也时有出现，可见它有相当的亲和力与生命力，值得我们倍加重视。

以下，我们就以“境界”为纲目，谈谈有关审美、艺术、生活和人生的话题。

一　境界与美

我们从美学意义上的境界说起，但要从中国传统思想的大背景中追寻根源，其中关系最为密切的三个观念是道、气、人。

（1）境界源于道。道作为思想观念很早就已产生，但成熟于老子，演

---

① 关于“境界”受佛教影响而拓展内涵，参见李建中主编《中国文化：元典与要义》，北京师范大学出版社，2016，第679～681页。

化出“道家”。在《老子》一书中，道被当作万物之始和万物之母，既是宇宙的来由和根本，也是事物运动的法则。道，隐藏在万事万物背后，是看不见，摸不着的，但它却对事物运动产生着决定作用，无处不在。天有天道，人有人道，“得道者多助，失道者寡助”（《孟子·公孙丑下》）。所以，人类社会的一切事物都须顺道而行，否则便难逃厄运，即所谓“顺之者昌，逆之者亡”。从积极的方面看，人们从事任何活动都得主动地摸索事物背后的道，如能得道，所从事的活动不仅顺畅高效，而且能够给人带来精神上的愉悦，《庄子·养生主》里讲的“庖丁解牛”的故事就是用来阐明这个道理。当庖丁把牛的筋骨肌理弄得一清二楚，又经过反复实践，宰牛这件事就不再是一件技术活儿，而成为愉快的表演了：运刀的动作像舞蹈，发出的声响跟音乐一样好听（“合于《桑林》之舞，乃中《经首》之会”）。可见，得道的结果是在精神层面发生作用，这已经约略有“境界”的意思了。

道的观念对中国古代思想影响很大，其说不止于道家，儒家、法家、墨家等都有其道，如孔子曾说：“本立而道生”（《论语·学而》）。又说：“吾道一以贯之”（《论语·里仁》）。可见儒家也重道，但儒家之道与道家之道的着眼点不太一样。道家看重的是“天道”，即事物的规律；而儒家看重的是“人道”，即人伦的秩序。就境界的思想根源而言，道家的影响更大一些。按老子的说法，举凡自然和社会的万千气象，无一不是道的体现。生活中的种种事物也都存在着道，人们举手投足，就会有得道和失道、顺道和逆道的区别。比如走路，出左脚时伸右手是自然的，是顺乎道；而左手左脚同时出是不自然的，是逆乎道，除非喜剧表演的需要，人们通常不会这么走路。当然，走路的姿势得当还只是一般性或低层次的顺道。而某些事情，人们通过长期实践而深刻认识其内在规律，并不断丰富其精神内涵，便由技进乎道了。如喝茶有“茶道”

花道：插花艺术

(也叫“茶艺”),下棋有“棋道”(跟“棋艺”的意思不同),插花有“花道”,教书有“师道”,写字有“书道”,谈玄有“味道”,以至于做人有“人道”,等等。以“道”为名,就表明此事非同寻常,大有“形而上”的意味,如《周易·系辞上》所说:“形而上者谓之道。”这种旨趣深刻影响了我们的近邻日本和韩国,他们的本土体育项目多有以“道”为名,如柔道、空手道、跆拳道等;而日本的书法更是继承了中国唐代以前的传统,至今称为“书道”。

综上,“道”是中国古代哲学思想和艺术思维的根源,它使人们的心智脱离实际事物本身而进入思辨或想象的空间,如古人所说的“神超形越”。这也是境界的根本属性。

(2)境界生于气。“气本象形字,其本训为云气”,“气”字的原形象“云”,表示“云气”,后用来表示气息。[①] 人以气息为生命体征,气止则人亡,所以“气”又用来表示生命。汉语里表示生命状态的词语常常与气相连,如气色、气度、气质、气势、气韵等。在老子思想里,气与道是一件事情,是“用”与“体”、“有”与“无”之别。道是本体,是看不见、摸不着且不可言说的,气是道的运动所体现出的功能,它给万事万物赋形并注入生命。老子曾把世界比喻成一个大的风箱,因为有气,才有了生命及其运动。在《庄子》中,气的概念多少有些神秘色彩。它处于生命的最高层,超越了感觉、知觉、思维、想象等心理功能,即所谓:“无听之以耳而听之以心,无听之以心而听之以气”(《庄子·人间世》)。笔者理解,庄子所说的“气”实际上是指生命,所谓“听之以气”,用今天的话说,就是用生命去感悟。这个意思还可以用一个现代的术语去比拟,那就是“心灵”。所谓“心灵”,既不在大脑,也不在心脏,而是全部身心协同作用而形成的“生命场”。这种“生命场”就是境界的来源,或者说,境界就是“生命场”的生成及生命力的释放。

(3)境界本于人。既然是生命,当然关系到人。一切境界都是因为和人产生联系才称其为境界的,纯粹客观的事物无境界可言。说境界本于人,有两层意思,一是被视作有境界的事物一定要体现人的精神,由人创

---

① 郭绍虞:《照隅室古典文学论集》,上海古籍出版社,1983,第115页。

造的事物自不必说，就是自然界非人力所为的景观，也是因为与人的内心具有“同构”关系并引发“移情”，才有条件生成境界；二是境界一定是在与人的关系中构成的，即所谓“境因人而生”，具体而言则是眼观为境、情感为境、心照为境。中国古代诗学里以“情景交融”为境界生成的基本条件，就说明了这个道理。这一点，诗人在创作中往往有所表白，如：“此中有真意，欲辨已忘言”（陶渊明《饮酒》），“相看两不厌，只有敬亭山”（李白《独坐敬亭山》），“我见青山多妩媚，料青山见我应如是”（辛弃疾《贺新郎·甚矣吾衰矣》）等都是。若从美学的角度看，境界的本质也在于“人的本质力量的对象化”。

（4）境界的特征：“无”和“远”。我们说境界是一种精神，或者说境界是生命力的体现，这就意味着，境界的实质在虚不在实，它不属于物（对象或实体），而属于心。这跟审美的本质是一样的。以艺术作品为例，它之所以成为审美的对象，所达到的艺术水平固然重要，但更重要的是作品进入观赏者的视域后在人的内心引起的反应。同理，艺术作品的境界也是在心物交流中产生的，它已经脱离了物态化的作品本身，而成为一种精神现象，就像音乐之美不在人或乐器发出的声响，而是声响唤起的心境；绘画之美不在笔墨色彩，而是笔墨色彩给人带来的遐想。这种超越了物质存在的束缚的东西就是境界，老子所说“大音希声，大象无形”（《老子》）就是这个意思，苏轼《琴诗》所谓：“若言琴上有琴声，放在匣中何不鸣？若言声在指头上，何不于君指上听？”也说明这个道理。正因如此，境界的生成就可以且必须打破物质载体的束缚而无限地延展和扩张，用中国古代文论命题解说，即“象外之象”“言外之意”“味外之旨”“韵外之致”；用现代文艺理论术语解说，即在有形中见无形，在有限中见无限。要之，境界在空间和时间上都是无限的。一首古诗，我们可以终生吟咏，而每次吟咏又都有新的感受。这就是诗的境界。一部《红楼梦》，至今已不知被多少人读、多少人说，但仍是意犹未尽，这是小说的境界。一支乐曲，听了无数遍还被它深深吸引，而且每次聆听都伴随着新的情感和遐想，这是音乐的境界。如此等等。艺术作品的境界一定是无边无际、无穷无尽的。总之，审美和艺术的境界以“无”和“远”为主要特征，而且是因“无”生“远”。究其原因，则在于境界是本于人心的创造和再创造。

二 艺术境界

在中国传统文艺思想中，“境”或“境界”有多重意义，涉及文学艺术的多个方面，有论艺术想象，如：“思与境偕”（司空图《与王驾评诗书》）；有论创作方法，如：“目击其物，深穿其境”（托名王昌龄《诗格》）；有论艺术风格，如：“取境偏高，则一首举体便高；取境偏逸，则一首举体便逸”（皎然《诗式》）；有论作品构成，如：“无画处皆成妙境”（笪重光《画筌》）；有论批评标准，如：“有境界则自成高格，自有名句，”（王国维《人间词话》）等。我们在这里不去讨论各种理论和学说，而只关注文艺创作中的一个有特点也有趣味的现象——取境。这个现象很可能就是境界之说得以发扬光大的根本，而取境成为风尚，又与中国传统文艺创作中山水诗和山水画特别发达有关。

自魏晋起，文人逃离俗世而寄情山水就已经成为风气，并且一发而不可收。这一趋势不仅深深影响到中国古代文人的趣味、情怀甚至人格，也深深影响到中国古代文学艺术的个性、风貌和理想。一个重要的例证就是，山水诗和山水画在艺术领域占有崇高的地位并取得很大的成就。境界之所以成为古代文艺美学的核心范畴，也与此深有关系。理论上的概括来自创作实践的总结：在山水诗和山水画的创作实际中，都存在一个“取境”的步骤或问题，这也是“境界”之说的出发点。

（1）寻访。寻访就是寻找佳境和胜境。一般说来，优秀的艺术家对素材并不十分挑剔，再普通的对象在他们那里都能妙手回春、点石成金。但以山水诗和山水画的创作而言，自然界的景观毕竟是有等差的，好的风景更能够使人动心不已，激发出创作热情。因此，艺术家们往往不惜远足甚至踏破铁鞋去寻访最美的风景，也因而有了“谢公屐”（谢灵运）和“搜尽奇峰打草稿”（石涛）的佳话。在唐诗里，我们就能读到诗人寻访佳境且寻得佳境后愉快心情的表白，如：“天涯游胜境”（齐己《渚宫自勉二首》），“凤辇寻佳境”（郑谷《乾符丙申岁奉试春涨曲江池》），“远游凌绝境”（杜甫《秋日夔府咏怀奉寄郑监李宾客一百韵》）等。古代诗人和艺术家为寻境而遍游名山大川，堪称壮举，因此也称作“壮游”。要知道，大山大河非但不易跋涉，而且潜藏着诸多风险，但自然景观对诗人和艺术家形成的强烈诱惑远远超过了困难的阻碍，因而有了形形色色的寻境之举，并一代又一代传承下来。直到当代，画家刘海粟年逾八十仍坚持每年一次登临黄山并泼墨挥毫。这些都是寻境的典范，从中可见诗人和艺术家隐含在境界背后的对艺术的执着与付出。

（2）登临。中国古代很早就有登高的习俗，起初可能是原始宗教祭祀，比如祭祀活动在山顶上进行，可离天帝更近一些。但随时间推移，宗教活动不断世俗化、日常化，登高就不仅局限于祭祀了。以普通人的体验而论，站在高处远望，景色壮观，心情舒畅，进而感到精神境界的提升。唐诗有云："因高见远境"（崔国辅《石头滩作》），又云："胜境宜长望"（范朝《题石瓮寺》），还有"会当凌绝顶，一览众山小"（杜甫《望岳》）。都表明登高望远，满目皆境，这是最令文人墨客兴高采烈的事情。为登高，最经常的去处当然是高山，此外还有高楼。中国古代的名楼大都与著名诗人结缘，如黄鹤楼与崔颢，岳阳楼与杜甫，滕王阁与王勃，鹳雀楼与王之涣等。可以说，登高而赋是中国古代艺术精神的一个写照，动因则是对境界的追寻。

（3）取景。寻境是为了取境，取境则先需取景。古人对于取景十分讲究，具体说来又可以分为生活和艺术两个层面。生活中的取景，是撷取自然景色之佳者，如所谓"张泉石云峰之境极丽绝秀者"（托名王昌龄《诗格》）。人的双眼犹如取景框，在大自然中寻觅、发现、定格，有时还运用一些令人称奇的手段，如清代文人李渔，发明所谓"便面"，就是人在船舱中，舱板两侧各开一扇窗户，当人"坐于其中，则两岸之湖光山色、寺观浮屠、云烟竹树，以及往来之樵人牧竖、醉翁游女，连人带马尽入便面之中，作我天然图画。且又时时变幻，不为一定之形。非特舟行之际，摇一橹，变一像，撑一篙，换一景，即系缆时，风摇水动，亦刻刻异形。是一日之内，现出百千万幅佳山佳水，总以便面收之"（李渔《闲情偶寄·居室部》）。再如园林，就是将自然山水移缩到庭院里，取奇石为山，取清泉为水，取树木为林，取花草为圃。再比如，古代文人只要有条件，居所的门窗总是设法取景的，如杜甫诗句："窗含西岭千秋雪，门泊东吴万里船"（杜甫《绝句》）。在建筑艺术上，这是"借景"。凡此种种，俱可见古代文人生活中，取景乃是常事，因为取景，而营造出生活的境界。而对于诗人和艺术家来说，取景的效用就不仅在生活，还在于创作。因此，所取之景不但入眼，还得入心，进而入诗、入画。诗人和艺术家面对所取之景，不仅是观赏，还得用心去感召、构想、熔铸，直到生成艺术意象，如陆机说："情曈昽而弥鲜，物昭晳而互进"（《艺文类聚·杂文部二》），刘勰说："写气图貌，既随物以宛转；属采附声，亦与心而徘徊"（《文心雕龙·物色》）都是这个意思。

取境的途径还有许多，但目的只有一个，那就是艺术境界的创造。也就是说，大自然的山山水水经过艺术家的慧眼和匠心独运而进入诗歌或绘画作品，这是一个由物象到意象再到形象的过程。将这一过程串联起来的就是境界，而艺术创作的实质也就是将自然之景转化为诗歌或绘画之境。

三　自然境界

前面讲艺术境界的"取境"，实际上已经说明了自然景观何以能够成为审美境界的原因。有关论述不再重复，只是举一个具体的事例，以期把这个问题拓展和深化一下。这个事例就是我们天天都能看见的云。

在百科辞典里，对云的解释是这样的：太阳照在地球的表面，水蒸发形成水蒸气。当水汽过于饱和，水分子就会聚集在空气中微尘的周围，由此形成了水滴或冰晶。它将阳光散射到各个方向，就产生了云的外观。

云为什么会有颜色呢？科学的解释是：云的厚薄决定了颜色。很厚的云，太阳和月亮的光线很难透射，看上去是黑色的；稍薄一些的云，看起来是灰色的；很薄的云，光线容易透过，就呈现出白色。日出和日落时，由于太阳光线斜射，要穿过很厚的大气层，空气中的分子、水汽和杂质使得光线的短波部分大量散射，而红、橙色的长波部分却散射得不多，所以云呈现红色或橙色。此外，构成云的水滴或冰晶还会在光线通过时产生棱镜的折射作用而形成霞光和彩虹。

这些解释都是对的，但跟我们所说的境界却没有多大关系。我们把云当作观赏对象时，不会去考虑它的物理性质，更不会去查百科辞典，而是随眼望去，为天上流云奇特的外观、色彩和变幻而感动。在艺术家尤其是画家眼里，天上的云彩更是婀娜多姿、风情万种。19 世纪英国风景画家约翰·康斯太勃尔以擅长画云而闻名，传说他要花很多时间和精力去研究云，常常“在旷野里一坐就是几个小时，迅速画着头顶云彩的千姿百态”①。而“在绘制云彩习作的过程中，康斯太勃尔并不要我们去关注气象，积雨云的确切性质不是问题所在。相反，他想强调每天在我们上空上演的无声戏剧的情感意味，让我们能更容易地感受到这一点，鼓励我们赋予它所应得的重要地位”②。其实，这种事例在艺术创作中并不罕见。在中国古代，画家们对云也情有独钟。在中国古代山水画里，云的作用非常重要，是画境的重要来源。画天，如果无云，就显得空荡；画山，如果无云，就显得浅露；画水，如果无云，就显得干枯；画人，如果不在云中，就少了些逸气。所谓“无画处皆成妙境”，这“无画处”往往就是画中之云。所以古人又说：“山无烟云而不秀”，“山无烟云如春无花草”。由此可见，画家眼里的云就是境界。云烟千变万化，境界也气象万千：云烟空，境界是色；云烟动，境界是静；云烟晦，境界是明；云烟遮，境界却是远。在艺术家的观照下，云的境界是无穷无尽的。

绘画如此，诗歌亦然。中国古代有“诗中有画，画中有诗”的名言。且不说诗与画在创作方法和审美特征上如何相通，就从观云和写云这件事情看，诗人与画家也是心有灵犀的，同样是寓目寄心，生出美妙的心境和诗境。日本著名汉学家小川环树就写论文专门论述“上古和中古的中国诗人眼里的风与云”，因为“在日复一日映入我们眼帘的天象中，再没有像云那样时时刻刻变化无穷的了”。③ 正因如此，在中国古典诗词中，写云之句车载斗量、数不胜数。如陶渊明《停云》：“霭霭停云，濛濛时雨”，谢灵运《石壁精舍还湖中作》：“云霞收夕霏”，谢灵运《登江中孤屿》：“云日相辉映”，谢朓《之宣城郡出新林浦向板桥》：“云中辨江树”，吴均《山中杂诗》：“云从窗里出”，崔颢《黄鹤楼》：“白云千载空悠悠”，李白

① 〔英〕蒂凡尼·瓦特·史密斯：《心情词典》，庄逸、赵丽娟、刘硕译，江苏凤凰文艺出版社，2016，第1页。

② 〔英〕阿兰·德波顿、约翰·阿姆斯特朗：《艺术的疗效》，张帆译，广西美术出版社，2014，第12页。

③ 〔日〕小川环树：《风与云——感伤文学的起源》，载《风与云——中国诗文论集》，周先民译，中华书局，2005，第1页。

《望终南山寄紫阁隐者》："有时白云起，天际自舒卷"，李白《独坐敬亭山》："孤云独去闲"，李白《关山月》："苍茫云海间"，杜甫《江亭》："云在意俱迟"，杜甫又《江汉》："片云天共远"，王维《终南别业》："坐看云起时"，王维《观猎》："千里暮云平"，高适《别董大》："千里黄云白日曛"，王昌龄《从军行七首·其四》："青海长云暗雪山"，白居易《白云泉》："云自无心水自闲"，李贺《雁门太守行》："黑云压城城欲摧"，杜牧《将赴吴兴登乐游原一绝》："闲爱孤云静爱僧"，柳永《夜半乐·冻云黯淡天气》："冻云黯淡天气"，柳永《佳人醉·暮景萧萧雨霁》："云淡天高风细"，张先《天仙子·水调数声持酒听》："云破月来花弄影"，苏轼《新城道中二首》："岭上晴云披絮帽"，秦观《满庭芳·山抹微云》："山抹微云，天连衰草"，秦观《鹊桥仙·纤云弄巧》："纤云弄巧，飞星传恨"，李清照《渔家傲·天接云涛连晓雾》："天接云涛连晓雾"等，足以见诗人对云的观照之频繁、体察之细腻、喜爱之深切、刻画之入神。在诗人心目中，天上的云不再是一种自然景观，而是触动情感并寄托心灵的境界。

诗画之外，其他艺术形式或体裁也都跟云有着各种各样的联系，这里不展开介绍。通过这些事例，我们可知，云这种自然景观如何成为审美对象以及人们心中的境界，而它的意义和作用则体现在以下几个方面。

一是审美的自觉。人对自然风景的纯粹观赏是美感发展到较高程度的结果，也是审美意识走向自觉的重要标志。它的效用是，人的感官从本能的束缚中解放出来，心灵从物欲的束缚中解放出来，精神从理性的束缚中解放出来，个性从伦理的束缚中解放出来。同时，又由于包含艺术实践在内的各种实践活动，人具有了捕捉大自然的色与相的意识。在这种意识中，云彩不再是一种物理现象，而是因"自然的人化"产生的审美对象，而能把云当作纯粹的审美对象，也是人类审美意识跃升的体现。

二是情感的投射。天空的流云有美丽的外观，美丽的外观唤起美好的情感。看云的人和所看的云产生共鸣，融为境界，这是"移情"所致，是云的形式跟人的内心之间的"同构"效应。云本无情，因人的观望而有情；情本无形，因云的折射而有形。正如刘勰所说："情往似赠，兴来如答"（《文心雕龙·物色》）。

三是心灵的游戏。云是流动的，变幻出迷人的景象；内心是活泼的，寻觅着美丽的幻影。当目光凝视着流云，心灵便开始了游戏，这是追逐无穷变化的游戏，心灵因此而赏玩着色与相、光与影、运动与静止、雍容与轻灵等各种妙趣。心随云动，如泰戈尔所说，它是“在山峰的心上游戏，生出种种美丽的变幻”①。

四是思想的象征。在艺术创作中，云作为意象，既表达情感，也承载思想；既用作比喻，也用作象征。以中国古典诗歌为例，云的意象常用来寄托高远的情怀，表示自在、惬意、高雅、淡定、超然等。因此，云的意象不仅美丽，而且深刻；不仅舒展，而且内敛；不仅缘情，而且言志；不仅是审美的对象，而且是寓意的寄托。美学家和诗人宗白华先生深情地说：“白云流空，便是思想片片。”②

五是精神的净化。将白云衬以蓝天，便引发辽阔、纯净的感受；将白云衬以山林，便唤起幽远、静谧的心境。朝霞满天，令人心旷神怡；落日余晖，令人心醉神迷；天高云淡，令人心驰神往；云破月来，令人心动不已……种种景象都使人暂时离开俗世，暂时忘却烦忧。

六是境界的升华。人类进化由低级到高级，一个重要的动因（或表现）是人的眼界从地上到天上。仰望天空或遥望天际可超越物质，振奋精神，而天空的云霓使人愉悦宁静，让人想象，令人超脱。物欲因之而淡化，境界因之而生成。人生境界化作天空的流云，是诗意的“自我实现”，杜甫说：“青云动高兴”（《北征》），法国作家阿兰说：“向远处看吧”③。

七是艺术的素材。云，不仅是审美的对象，也是艺术创作的对象。如诗人咏云、画家画云，还有小说、散文里的描写，戏剧台词里的借喻、歌曲里的咏叹、乐曲的描摹、舞蹈动作的联想、电影蒙太奇的隐喻等。云作为取之不尽的素材和富有表现力的题材，使艺术家心向往之且涉笔成趣，诚如柳永词里所说：“须知此景，古今无价”（《二郎神·炎光谢》）。试看

---

① 〔印度〕泰戈尔：《飞鸟集》，郑振铎译，中国书籍出版社，2007，第117页。

② 宗白华：《流云·人生》，载《艺境》，北京大学出版社，1987，第372页。

③ 〔法〕阿兰：《幸福散论》，施康强译，上海译文出版社，2010，第125页。

一段文学描写：

> 月亮想写一本回忆录，可她没有钢笔也没有铅笔。她不得不抓了一颗彗星，用彗星的尾巴蘸点漆黑的夜空当墨水。但她也没有纸啊，她就拿云朵当纸，开始写起来。云朵常常飘走，所以常常听见月亮在问：
>
> “18 页又到哪儿去了？”
>
> 第 18 页是一朵积雨云。他飘到一个叫做摩德纳的城市上空，变成雨水落了下去。摩德纳居民看见了雨，可他们不知道这就是月亮回忆录的第 18 页。
>
> 月亮不停地写啊写啊，顽皮的风总是把纸吹走。
>
> “我把 24 页给弄丢了！”月亮又喊道。
>
> 第 24 页是一朵漂亮的火烧云。他在黄昏时跑到海洋的怀抱里，赖着不肯走了。
>
> 我有幸读过其中的几页，比如第 51 页。
>
> 第 51 页是一片像牛奶一样的乳白色云朵，上面写着：“我做了一个梦，梦见地球变成了一个火球，他的头顶上有一颗星星。”
>
> 剩下的内容我就不知道了，因为那朵云飞走了。①

可见，云在作家和艺术家笔下是怎样地奇妙无穷。不光是云，任何景物在审美和艺术的“眼睛”的注视下都会成为奇妙的景观和境界，关键要看有没有一颗爱美之心。有，则风光无限、境界无限；无，则熟视无睹、咫尺天涯。这是大自然之所以生成境界的要义所在。

四 生活境界

所谓“生活境界”，在这里特指日常生活的境界，与后面要说的“人生境界”区分开来。

前面讲自然境界，大体是人与自然的审美关系，其性质是非功利的。

---

① 〔意〕贾尼·罗大里：《一笑而过的故事》，安雨帆译，中国少年儿童出版社，2012，第 46～47 页。

而生活境界却有所不同，它具有物质和精神、功利和非功利的两重性。一方面，人的生存离不开物质材料和物质手段；另一方面，用于人生存的物质材料和物质手段在满足了人的基本需要后，还会得到不断的发展和扩充，附加了超出人的基本需要的属性，或者说是由使用价值派生出观赏和审美的价值。这时候，日常生活中的活动就不单是功利的和实用的，它具有或者说至少是包含某种品位和超越，这也就使境界的产生成为可能。

总的来说，人的日常生活是随着人类文明的进步而逐渐由低级向高级、由粗糙向精致演进的，这也可以看作由“务实”转向“务虚”，而虚的方面正是精神需求及其境界。像衣、食、住、行、用这些最基本的生存活动，起初只是消极地维持生命。随着物质生活的提高和精神生活的需要，它们逐渐从支撑生活的手段演进为创造生活的方式，逐渐超越单纯的功利目的而具有了审美和艺术的意味，由此催生出色彩斑斓的生活境界：衣着成为服饰、食物成为美食、住所成为家居、出行成为“行走”、日用成为“设计”甚至“工艺”。这样一来，人的物质生活的内容就升华到了精神层面，但这并不是说精神层面的东西可以完全置物质而不顾。事实上，人的日常生活无论怎样超越，都还受物质条件的制约，这跟艺术创作很不一样。日常生活的境界如果完全挣脱物质需求的束缚，那就不属于日常生活，而另有所归了。此外，我们说日常生活随人类文明的进步而进步，这也不是绝对的。有时候，人类文明的进步及物质生活水平的提高并没有使人们感到惬意，反而带来诸多的不如意。进而，有人开始怀念过去，从古朴甚至原始的生活方式中寻求心灵的慰藉。因此，生活境界的进化与提升是一件复杂的事情，不可一概而论。

以下，我们就以衣、食、住、行、用这五项最基本的人类生存活动来说明日常生活的境界。

（1）穿的境界。穿衣的最基本作用，一是御寒，二是蔽体。在很长的历史时期，人类穿衣只是为了这两个用途，至于什么时候开始，除了御寒和蔽体，还因为美观而穿衣，已经无法详考了。有人推测，这跟“鼻针”（用兽骨磨制的底端带孔的针）的发明有关，因为“鼻针”用来缝制，是兽皮成为衣服的关键一步。大体上，“远古时代的人类，根据实用目的的穿着，服装的变化速度缓慢；现代人则随着变化快速的时尚潮流穿着”①。就是说，人类的穿衣是由实用发展到时尚，并且越接近现代，变化的速度越快。

通常而言，衣着之美体现在这样几个方面。一是质料，不同的质料给人以不同的感受。质料的品质及价格有高低之分，但并非“高级”的质料就一定比“低级”的质料更加美观，这还要取决于其他条件。条件不同，“高级”的质量既可能高雅，也可以俗艳；“低级”的质料既可能粗俗，也可以别致。二是设计或样式，再普通的衣服也需要设计。通过设计，人的想法融入了衣服的样式之中，这是穿衣能有境界的根本原因。衣着的设计及样式受社会、时代、文化、民族、地域以及职业等多重因素的影响，并且在大众化和个性化两个维度之间摇摆。三是做工，衣服样式设计好后，还需要制作。做工的好坏直接影响到衣服的质量及美观程度，好的做工能够使质料和样式出彩，而坏的做工很容易就糟蹋了好的质料和样式。所谓“私人订制”之所以昂贵，很大程度上是因为做工的精致和独特。四是得体，这一点最重要。除去规定的制服外，再好的衣服，只有适合它的人去穿，才能穿出其品位和境界，否则会让人感到别扭，贻笑大方。进而言之，穿着的得体还要考虑到身份、场合、活动等因素，比如重要活动穿正装，日常生活穿休闲，如果倒过来，就不成体统了。

这里要特别说一下时装。时装在西方由来已久，但成为一种文化思潮，却是现代工业和经济社会的产物，与商业营销密切相关。如果说衣着是实用大于审美，服饰是实用与审美的融合，那么时装似乎是审美大于实用了。我们说衣着成为服装（或服饰）是审美，而服装成为时装则是炫美。着装要考虑气候、场合、身份以及自身条件等，时装则先行以标准化的人物（模特）在特殊场地（T 型台）展演并引领时尚。服装之美，在于得体；时装之美，在于惊艳。二者都以造型、材料、色彩为本，都有品牌效应，都追求时尚，都包含时代、文化和审美的元素，但有温和与极致、大众与小众、定型与创意之分。因此，时装是现代社会商业与艺术结合的

① 〔荷〕娜达·凡·登·伯格等：《时尚的力量》，韦晓强等译，科学出版社，2014，第 19 页。

一个标志。

（2）食的境界。所谓“美食”，其实并非与人形成了真正意义上的审美关系，因为至少从经典美学的观点看，味觉和嗅觉很难产生美感，因为它们和人的生理需求关系太近，并且很容易诱使人将其消灭掉。所以，生活中我们常说的美食或美味只是借用“美”字来表达某种享用，并不表示吃这种行为是一种审美活动。正因为如此，美食虽美，却终究没有进入美学研究的领域，它多半归属于“厨艺”或烹饪学。

但是换一个角度，从饮食活动的诸多关联去看，美食又不止于简单地为了“吃”而存在，反倒有着超出饮食的意义。这超出饮食之外或之上的意义给生活增添情调，也可视为境界。大致说来，由饮食而生成的境界体现在两个方面，一是文化，二是情感。

在文明社会里，饮食总是附着或包含着某种文化，但反过来，饮食也是文化的组成部分，我们经常说的“饮食文化”，即是饮食的文化属性及特征。

从外部关系看，饮食的文化特征体现在历史、社会、民族、地域以及民俗等多个方面。也就是说，不同的历史、社会、民族、地域以及民俗造就了不同的饮食，而不同的饮食又显现着不同的历史、社会、民族、地域以及民俗。我们经常通过一顿饭，就能“吃出”很多文化内容来。如中国“四大”或“八大”菜系，就是因历史和文化而形成，我们今天品尝起来，能从中体验出不同地域的文化，如鲁菜的典雅、粤菜的精致、川菜的爽快、淮扬菜的温润等。每个菜系里的名菜都与那个地域特殊的气候、物产、风俗以及人民的性格相关，再加上各种传说、典故及人文背景，这就给一道原本普通的菜肴赋予了许多的文化内涵。

就饮食本身而言，经过漫长的历史文化熏陶，它也增添了很多饶有兴味的内容。比如命名，有的只是根据食材和做法，一目了然；有的却来自故事传说的附会或拟物拟人的想象，如“佛跳墙”“全家福”“蚂蚁上树”“麻婆豆腐”“夫妻肺片”“青龙过海”“霸王别姬”“龙虎斗”“狮子头”等。比如色相，饮食之美，既美在味道，也美在外观，所谓“色、香、味俱全”。色相好看，不仅有助食欲，还能给人以精神上的愉悦。比如餐具，家常饭可能不太讲究，但在较高档酒店或接待重要客人时，餐具就需讲究了。不仅餐具的造型及图案要美观，而且什么菜系、什么场合以及接待怎样的客人用什么餐具，都要考虑周全。比如礼仪，多人在一起吃饭，中国人一般是围圆桌，长者或尊者坐主座，其余依次围绕。待客，有主陪、副陪之说；饮酒，有形形色色的敬酒方式。比如娱乐，古人设宴，酒席上常常会行酒令；宴席间请专人演唱或奏乐（伴宴），更增添了饮食的风雅。比如环境，正式的宴请通常要有优雅的环境，中国人往往用字画、古玩去布置餐厅或包间，与美食相映成趣。

简单而又诱人的阳春面

中国饮食文化博大精深，但普通人往往是从最普通的日常生活中去领略食的境界，这主要得益于联想和情感。中国人在重大节日时常常要吃“团圆饭”，饭的丰盛固然重要，但更要紧的是通过这顿饭融洽亲情，促进家庭的和谐与幸福。中国人重故乡，在家时对家乡饭或许浑然不觉，而当离乡背井奔波在外，一顿家乡饭就能引出浓浓的乡情。以面条为例，北京的炸酱面、上海的阳春面、广东的云吞面、武汉的热干面、重庆的小面、宜宾的燃面、山东的炝锅面、陕西的臊子面、山西的刀削面、河南的烩面、兰州的拉面、镇江的锅盖面、延边（朝鲜族）的冷面等，都是最寻常的民间饮食，也都蕴含着浓郁的乡情，久别家乡，来上一碗，就能勾起许多温馨的回忆。如果不是狼吞虎咽填饱肚子了事，而是带着某种情怀去吃，就能从中体会出别样的滋味，这也是食的境界。

总之，饮食之美，既在食之内，又在食之外；既在感官享受，更在精神愉悦。当饮食的目的不止于果腹，就不再是简单的“吃饭”，而承载着超越饮食本身的社会、文化以及审美的功能。因此，人们对饮食的要求就不仅在味道，还在想象；不仅在内容，还在形式。味美固然重要，意惬更为要紧。

（3）住的境界。荷尔德林说：“人，诗意地栖居”。如果仅用字面的意思，它也说明了一个道理，那就是人的居所应当是诗意的。要知道，现代人尤其是“城里人”的一生，大部分时光是在室内度过的。且不说一天中

1/3 的时间是睡眠，当然是在屋里，其他工作时间也大体是在室内，而且随着工业和科技的发展以及城市化速度加快，人一生待在室内的时间还会不断延长。这就对人生活和工作的室内环境提出要求，在保证必要空间的前提下，还要舒适美观。

中国历史上最典型地体现“诗意地栖居”的是园林，包括皇家园林和私家园林。所谓“园林”，是将自然界的山水搬入一个特定的和有限的空间之内，以满足居住者亲近大自然的愿望。好的园林是利用自然环境，经过巧妙设计和装点，创造出一个“笼天地于形内”（陆机《文赋》）的畅神养心的居所，如园林学家陈从周先生所说：“中国园林是由建筑、山水、花木等组合而成的一个综合艺术品，富有诗情画意。”[①] 由诗情画意的居所而体验生活的情趣和境界，也是顺理成章的事情。明代文人及建筑家计成写过一部讲园林的书《园冶》，其中有一段描述园林之美的文字，不妨分享：

> 凡结林园，无分村郭，地偏为胜，开林择剪蓬蒿；景到随机，在涧共修兰芷。径缘三益，业拟千秋，围墙隐约于萝间，架屋蜿蜒于木末。山楼凭远，纵目皆然；竹坞寻幽，醉心既是。轩楹高爽，窗户虚邻；纳千顷之汪洋，收四时之烂漫。梧阴匝地，槐荫当庭；插柳沿堤，栽梅绕屋；结茅竹里，浚一派之长源；障锦山屏，列千寻之耸翠，虽由人作，宛自天开。刹宇隐环窗，彷佛片图小李；岩峦堆劈石，参差半壁大痴。萧寺可以卜邻，梵音到耳；远峰偏宜借景，秀色堪餐。紫气青霞，鹤声送来枕上；白苹红蓼，鸥盟同结矶边。看山上个篮舆，问水拖条枥杖；斜飞堞雉，横跨长虹；不羡摩诘辋川，何数季伦金谷。一湾仅于消夏，百亩岂为藏春；养鹿堪游，种鱼可捕。凉亭浮白，冰调竹树风生；暖阁偎红，雪煮炉铛涛沸。渴吻消尽，烦顿开除。夜雨芭蕉，似杂鲛人之泣泪；晓风杨柳，若翻蛮女之纤腰。移风当窗，分梨为院；溶溶月色，瑟瑟风声；静扰一榻琴书，动涵半轮秋水，清气觉来几席，凡尘顿远襟怀；窗牖无拘，随宜合用；栏杆信画，因境而成。制式新番，裁除旧

① 陈从周：《说园》，书目文献出版社，1984，第 2 页。

套；大观不足，小筑允宜。（计成《园冶·园说》）

这简直就是一幅“文人诗意栖居图”，境界之美，灿然可观，用《红楼梦》里秦可卿的话说，是“大约神仙也可住得了”。但问题是，如此美轮美奂的居住场所总是达官贵人的专利，远非普通人所能享受。于是，又有人专为寒士设计的方案，如郑板桥说：“十笏茅斋，一方天井，修竹数竿，石笋数尺，其地无多，其费亦无多也。而风中雨中有声，日中月中有影，诗中酒中有情，闲中闷中有伴，非唯我爱竹石，即竹石亦爱我也。彼千金万金造园亭，或游宦四方，终其身不能归享。而吾辈欲游名山大川，又一时不得即往，何如一室小景，有情有味，历久弥新乎？”（《板桥题画竹石》）也就是说，将庭院略为修葺，稍加点缀，种些花草，放些石头，虽无园林之大观，也有自然之妙趣。实际上，以中国传统文人生活情况而论，像郑板桥形容的这种“小景”是占居多数的，虽为“陋室”，但并不妨碍“诗意地栖居”。

中国古典园林

这里要特别说明一点，居住的境界跟窗户大有关系。窗户的实用功能是用来透气和采光的，但除此之外，它也起到沟通人与自然并为居所营造诗情画意的作用。宗白华先生说：“窗子并不单为了透空气，也是为了能够望出去，望到一个新的境界，使我们获得美的感受。”[①] 钱锺书先生说得更妙：“窗子打通了大自然和人的隔膜，把风和太阳逗引进来，使屋子里也关着一部分春天，让我们安坐了享受，无须再到外面去找。古代诗人像陶渊明对于窗子的这种精神，颇有会心。《归去来兮辞》有两句道：‘依南窗以寄傲，审容膝之易安。’不等于说，只要有窗可以凭眺，就是小屋子也住得么？……所以，门许我们追求，表示欲望，窗子许我们占领，表示

---

① 宗白华：《中国美学史中重要问题的初步探索》，载《美学散步》，上海人民出版社，1981，第55页。

享受。”[①] 的确，窗与门的功能不同，门是用来“走”的，窗是用来“看”的。一方面，窗户将人的视线连同心情引向户外，跟自然交流；另一方面，窗户又将屋内与屋外隔开，从而拉开人与自然的距离，使境界因距离而生。与此相关的是，窗户还有一个非常特殊的功用，叫“借景”，仍如宗白华先生所说：“有了窗子，内外就发生交流。窗外的竹子或青山，经过窗子的框框望去，就是一幅画。……而且同一个窗子，从不同的角度看出去，景色都不相同。这样，画的境界就无限地增多了。”[②] 有窗如此，岂不快哉！假如没有了窗户，居住的环境差不多是一片死寂，哪里还有什么境界可言。

当今中国，园林的时代早已过去。普通人希冀的是有一套属于自己的住房，并在条件许可的情况下加以装修，配置自己心仪的家具和器物，目的是使住所美观、舒适且显示出一定的品位，此即所谓“家居”。重视“家居”不仅是在改善自己或家庭的生活条件，更是在营造自己或家庭的生活境界，是自觉或不自觉地将生活艺术化。虽说因经济条件和文化素养不同，对家居的营造有品位的高下和情调的差异，但对舒适美观的愿望却是趋同的。这也可以看作人们不满足于拥有住的空间，还追求住的境界。

（4）行的境界。物质生活水平低下时，人们出行大多是为了生计。由于交通不便，出行通常是件苦差事，要忍受披星戴月甚至风餐露宿等种种苦楚。中国古代有许多写舟车劳顿的诗篇，如李白的“蜀道之难，难于上青天”（《蜀道难》）等。不唯百姓，达官贵人乃至皇帝出行也不是好受的事情，秦始皇就连累带病，死在出巡的路上；孔夫子带着学生周游列国，也是一路栖栖惶惶。其他著名的“壮游”还有司马迁为撰写《史记》而游历天下，李时珍为修《本草纲目》而翻山越岭，徐霞客为“探索自然”而跋山涉水等，都是十分辛苦的旅行。当然，也有“三月三日天气新”之类的踏青或郊游活动，是为了娱乐而出游，但距离有限，算不上远足。

今天，随着物质生活水平提高，人们出行不仅是为了生计，还常常是

---

① 钱锺书：《窗》，载《钱锺书散文》，浙江文艺出版社，1997，第 13～14 页。

② 宗白华：《中国美学史中重要问题的初步探索》，载《美学散步》，上海人民出版社，1981，第 55 页。

为了开阔眼界。出游成为日常生活的重要组成部分，是工作和家务之外的娱乐和放松方式。由此，“行”的意义就发生了根本改变，不仅目的变了，手段也变了。时下，乘飞机或高铁观光，已经成为大多数中国民众出行便捷而又舒适的方式，亲朋好友组团的自驾游也其乐无穷。每当一年中的长假或小长假来临，全国各大景区熙熙攘攘、摩肩接踵，虽有人满为患之虞，却足见出行已成为民众生活的常态，这也是一种生活境界了。

人文内涵丰厚的庐山风景区

出游是为了观赏，观赏的对象主要有两大类，一是自然，二是人文，然而很多时候二者是交融在一起的。自然景观与境界的关系前面讲过了，这里说一下人文景观。人文景观以名胜古迹为主，名胜古迹中又以历史遗迹为主，同时包括现当代建筑及“地标”。比如来北京游玩，先要看故宫、天坛、北海、颐和园、圆明园、恭王府、雍和宫等，然后是人民大会堂、国家大剧院、“鸟巢”等。人文景观必有其人文内涵，尤其历史名胜往往具有深厚的文化底蕴，这是在游览时要特别留意的。比如庐山，其风景之美自不必说，而人文之秀也与之辉映。这里有周代匡氏兄弟结庐修道最终升天的传说，有慧远和谢灵运的行踪及其所创白莲社和净土宗，有李白的《望庐山瀑布》和苏轼的《题西林壁》，有道家神仙吕洞宾及其所居住的仙人洞，有理学家朱熹讲学的白鹿洞书院；近代以来，与庐山关联的，还有蒋介石在此发表抗战宣言，美国女作家赛珍珠在此进行创作和生活，毛泽东的著名诗作《七律·登庐山》；改革开放后，有一部以庐山风光为背景的故事片《庐山恋》，等等，都是庐山风景区的人文资源。到庐山观光的人若了解这些内容，一定会游兴大增且获益匪浅。其他名胜古迹也是如此，魅力多来自相关的历史、文化以及文学艺术、名人逸事。

当然，游览名胜古迹，要看到和知道的东西实在太多，不可能一次穷尽，而且观览者因趣味不同，所关注的对象也不同。比如喜欢历史的愿意多关注遗迹和古董，喜欢艺术的愿意多瞩目建筑和雕塑，喜欢文学的多品评诗词文章，因人而异、各取所需，也是观览的乐趣。我们在这里还要特别提到一种十分具有中国特色的人文景观——楹联。

楹联在中国传统文化中占有十分重要的地位。达官贵人及文人雅士，凡居处必有楹联。流风所及，使得各个重要的公共场所都少不了楹联，以至于举凡有名的建筑物都有与之相配的楹联。名胜古迹的楹联有许多写得非常精妙，既能概括所在之地（或物）的风物人情，又能传达所状之景或所叙之事的神韵，加之文辞优美、音调铿锵、寓意深刻，往往给名胜古迹增色添彩，引得人们驻足打量、细细品味。比如园林类：

> 台榭漫芳塘，柳浪莲房，曲曲层层皆入画；烟霞笼别墅，莺歌蛙鼓，晴晴雨雨总宜人。（杭州西湖湖心亭）
>
> 兴废总关情，看落霞孤鹜，秋水长天，幸此地湖山无恙；古今才一瞬，问江上才人，阁中帝子，比当年风景何如。（江西南昌滕王阁）
>
> 风风雨雨暖暖寒寒处处寻寻觅觅；莺莺燕燕花花叶叶卿卿暮暮朝朝。（苏州网师园）
>
> 烟水老渔情，任凭人事沧桑，且消受物外田园，眼前风景；湖山故乡好，占得天然图画，更近傍旧卢门巷，黉舍弦歌。（无锡蠡园景宜楼）
>
> 一楼萃三楚精神，云鹤俱空横笛在；二水汇百川支派，古今无尽大江流。（武昌黄鹤楼）
>
> 海水朝，朝朝朝，朝朝朝落；浮云长，长长长，长长长消。（河北山海关孟姜女庙）
>
> 一楼何奇？杜少陵五言绝唱，范希文两字关表，滕子京百废俱兴，吕纯阳三过必醉，诗耶？儒耶？吏耶？仙耶？前不见古人，使我怆然涕下；诸君试看：洞庭湖南极潇湘，扬子江北通巫峡，巴陵山西来爽气，岳州城东道岩疆，潴者！流者！峙者！镇者！此中有真意，问谁领会得来。（湖南岳阳楼）

又如寺庙类：

> 片石孤云窥色相，长溪皓月到禅心。（山西五台山清凉寺）

自在自观观自在，如来如见见如来。（浙江普陀山普济寺）

遍翻三藏，不过明心，展卷时，先要此间干净；历览群峰，由兹起步，须求向上功夫。（四川峨眉山报国寺）

绿水挂天河，溯当年未有化域，看芙蓉九朵，早教华岳齐名，谁知金粟如来即青莲居士；红尘经浩劫，欣此日重游圣境，记松叶五钗，只好烟霞相伴，始信西方活佛是东国诗仙。（安徽九华山化城寺）[①]

我们读这些楹联，既了解了历史，又欣赏了文学，还受到了启迪，何乐而不为呢？

要之，随着生活水平的提高和社会产业结构的变化，人们出行的目的、内容和方式也在悄然发生变化，由以往的为工作和生计奔波为主转为以旅行游玩为主，即所谓“旅游”。这是社会的进步，也是大势所趋。而人们的生活也随之增添了新的内容，那就是通过旅游获得精神上的享受。星云大师曾谈过“旅游的意义”：“旅游的目的不在物质，重在精神的启发，道德的修养。”[②] 这也就是我们所说的“行的境界”。

（5）用的境界。这里说的“用”，特指“日用”，主要是生活中的日用品。“用”的本义是使用和实用，其对象主要是工具，人们用它实现生活中的实际目的。但工具在使用或实用的过程中会附加上非实用的功能，因而超出了实用目的。此时，“用”的行为便发生了微妙的转化，使实用和娱乐、消遣、游戏、审美并存了。其间的关键是设计，对日用品的设计改变着生活方式，创造着生活境界。

环顾我们周围，设计无处不在，大至家具电器，小至钟表手机，这些设计既为了使用方便，也为了美观大方。这也就意味着，我们天天接触的日用品不仅和物质生活相关，同时也与精神生活产生联系。试想一下，假如家里的生活用品都设计得非常难看，虽不一定影响使用，却多少会影响到心情。20 世纪 50 年代，中国从“苏联老大哥”那里搬来一个名词“迪扎因”，出处是英语 design，从俄文绕了一圈回来，就是“设计”的意思。

① 寺庙楹联引自金实秋编著《佛教名胜楹联》（宗教文化出版社，2005）。

② 星云大师：《结缘：幸福箴言》，中华书局，2010，第 11 页。

作为“工艺美术”作品的宜兴紫砂壶

原本主要是讲如果工厂车间设计得赏心悦目，就能够愉悦精神，进而提高劳动效率，这显然是有一定道理的。居家也是一样，所用的物品好用又好看，自然有助于唤起好的心情。近代以来，日用品的设计愈发成为自觉，从创意到材料都追随时尚且日新月异。以椅子为例，在20世纪的100年里，其功能和造型就与时俱进、千变万化，有的已经作为经典而载入设计史册，如14号椅子、红蓝扶手椅、西斯卡椅子、长椅、巴塞罗那椅、“L”形腿椅、蚁状椅、兰迪椅、超级莱格罗椅、P40扶手躺椅、22号钻石椅、4867椅子、充气椅、AEO扶手椅、马车椅、S形椅子、舒心椅、“权力游戏”扶手椅等。[①] 其他日用品设计和翻新的速度及力度也与之不相上下。因此，每当我们去家具城或大商场，各种商品的样式就构成了一道琳琅满目的亮丽景观。当然，你也可能受墨子“非乐”思想的影响，反过来质问：不就是一把椅子吗？什么椅子不是坐？干吗非得那么煞费周章？这问题不是没有道理，但不符合人类生活的发展规律。事实上，日用品生产包含着设计并日益精致，就是大的趋势。除非家中赤贫，找几根木棍和木板钉在一起权当椅子凑合，大凡一个家庭里的椅子总是有模有样、有形有款的。

日用品的设计如果不断走向精致甚至极致，就会逐渐丧失其实用功能，而成为专门用来观赏的工艺品了。对此，我们也举一个特殊的例子，即中国的茶壶。茶壶是用来喝茶的，古代如此，今天亦然。但制作茶壶的人为了产品好卖，就不断在质料和外观上动脑筋，以致茶壶的模样越来越可爱。渐渐地，茶壶由作为喝茶工具的单一功能而衍生出把玩的功能；再往后，有些特别漂亮的茶壶压根就不再用来喝茶了，而专门用于观赏，茶

---

① 〔美〕凯瑟琳·麦克德莫特：《20世纪设计》，臧迎春等译，中国青年出版社，2002。

壶就成了工艺品。用它来喝茶也好，把玩也好，观赏也好，都是一种闲情雅致，显然这就有了生活的境界，如果纯用来观赏，就很接近审美了。

五　结语："思与境偕"

无论是在艺术、自然还是生活中，境界无处不在，关键在于人们要热爱生活、善待生活，并具有相应的艺术趣味和审美素养。有了善于感受艺术、自然和生活的心灵，各种佳境和胜境就不请自来，就像诗人所说"思与境偕"。上面介绍的只是艺术、自然和生活中"思与境偕"，还有更多更美的艺术、自然和生活境界在等待人们追寻、发现和体验。有境界的生活与没境界的生活是不可同日而语的。

拓展阅读

宗白华：《艺境》，北京大学出版社，1987。

赵荣光：《中国饮食文化史》，上海人民出版社，2014。

庄坚毅主编《中国旅游文化》，北京理工大学出版社，2010。

王其钧主编《中国园林图解词典》，机械工业出版社，2007。

杭间：《中国工艺美术史》，北岳文艺出版社，1994。

〔法〕凯瑟琳·施瓦布：《当代时装的前世今生》，李慧译，中信出版社，2012。

第三章　境界（下）

上一章从审美、自然和生活诸方面介绍了境界的基本内容，此外还有一个大而深的话题——人生境界，需要单独地谈论一下。

一　几家观点

关于人生境界，古今中外都有很多重要和有价值的论述。还有些言论，虽未标明是谈人生境界，但内容和实质却指向了人生境界。至于哲学、伦理学、文学以及各类艺术作品示人以人生境界，更是不胜枚举。我们这里只选取几位时间较近的中国学者和思想家对人生境界的直接论述，作为谈论这个问题的发端。

王国维在《人间词话》里说到诗人对“宇宙人生”的态度，是对其境界说的发挥，可以当作人生境界去理解。原话是：“诗人对宇宙人生，须入乎其内，又须出乎其外。入乎其内，故能写之；出乎其外，故能观之。入乎其内，故有生气；出乎其外，故有高致。”话虽浅近，道理实深；诗人如此，常人亦然。生活中经常困扰我们的不就是“入”和“出”的问题吗？不全身心地投入生活，那不是人生；投入人生过甚而不能自拔，那是人生却没有境界，人生的奥秘就在这“入”与“出”之间。王国维在其他地方还引用过古罗马一位诗人的话，大意是生活犹如一出戏，感之则悲，观之则喜，缘由也在“入”和“出”之间。我们在生活中见到太多能“入”不能“出”的人，结果整日忧心忡忡，饱受生活折磨；也看到不少执意“出”而不“入”的人，结果是“高处不胜寒”，失去了很多生活乐趣。两者都不可取，折中之道在于既“入乎其内”，又“出乎其外”。

宗白华先生把人生境界分成若干类，而把艺术境界放在了最高层。他说：“人与世界接触，因关系的层次不同，可有五种境界：（1）为满足生理的物质的需要，而有功利的境界；（2）因人群共存互爱的关系，而有伦理境界；（3）因人群组合互制的关系，而有政治境界；（4）因穷研物理，追求智慧，而有学术境界；（5）因欲返璞归真，冥合天人，而有宗教境界。功利境界主于利，伦理境界主于爱，政治境界主于权，学术境界主于真，宗教境界主于神。但介乎后二者中间，以宇宙人生的具体为对象，赏玩它的色相、秩序、节奏、和谐，借以窥见自我的最深心灵的反映；化实景而为虚境，创形象以为象征，使人类最高的心灵具体化、肉身化，这就是‘艺术境界’。艺术境界主于美。”① 这是诗人和美学家的意见，虽然对审美和艺术有所偏爱，但不是没有道理。道理就在于艺术境界最微妙也最难得，它是使一个人成为真正意义上的人的最后一步，犹如席勒所说："只有游戏才使人成为完全的人。"② 他所说的游戏就是审美，给人创造的也正是艺术境界。

冯友兰先生将人生境界由低到高，分为“自然境界” “功利境界”“伦理境界”“天地境界”，认为“一个人，因其所处底境界不同，其举止态度，表现于外者，亦不同。此不同底表现，即道学家所谓气象，如说圣人气象、贤人气象等。一个人其所处底境界不同，其心理底状态亦不同。此不同底心理状态，即所谓怀抱、胸襟或胸怀”③。他所说的人生境界就是人因思想觉悟而显现出的怀抱、胸襟或胸怀，是道德理想在生活实践中的提升和外化。

潘光旦先生认为境界与道是一体的，境界是道的体现。他说：“推而广之，道也就是人生所遭遇的一切境界，例如时空两间的境界、情理事物的境界、精神与物质的境界、个人与社会的境界、经验与理性的境界、浪漫与古典的境界、结构与功能的境界或所谓体用的境界等——人生是建筑在一切这些境界之上的；也可以说，这些境界之总和造就了人生。道就是

---

① 宗白华：《中国艺术意境之诞生》，载《美学散步》，上海人民出版社，1981，第59页。

② 〔德〕席勒：《审美教育书简》，冯至、范大灿译，北京大学出版社，1985，第79页。

③ 冯友兰：《新原人》，载《贞元六书》下，华东师范大学出版社，1996，第558页。

这个总和。”[①] 潘先生一生探求中国人的“位育”之道，即“优生”和身心的健康发展。人的一生要遭际各种各样的境界，境界就是道。把这个道引向正轨，按照生理科学、心理科学以及哲学美学的规律去指导人生，就是生活的“位育”之道。它所谓“境界”，是个中性的术语，意味着境界人人都有，但高下却不相同。

张世英先生以“境界”为其哲学思想的核心观念，认为人的本质、思维的本质以及审美、道德和历史的本质都在境界，其中最重要的是人的本质在于境界。他说：“境界乃是个人在一定的历史时代条件下、一定的文化背景下、一定的社会体制下，以至在某些个人的具体遭遇下所长期沉积、铸造起来的一种生活心态和生活方式，也可以说，境界是无穷的客观关联的内在化。……可以说，现实的人都是一个具有由客观的社会历史性和主观的创造性两者交织而成的境界的人，人就是在这样的境界中生活着、实践着，人的生活姿态和行动风格都是他的境界的表现。”[②] 张先生的思想颇受海德格尔及存在主义的影响，他认为人的本质不在于某种概念，而在于时间过程中各种境域的关联和延展，因此是开放的和无限的。正是基于这个意义，他把人生境界看作“无穷的客观关联的内在化”。

以上各家之说都有根据，也都有道理，很值得我们在探讨人生境界问题时学习借鉴。为清晰起见，我们在这里将问题梳理一下，以中国传统思想的儒、道、释三家为线索去谈论。三家思想都精深博大，我们只取其对人生理想影响较大的方面。大体上，儒家推崇中和，道家看重自然，佛家追求觉悟，我们分别从中推导出“乐境”“退境”和“空境”。

二　儒家的“乐”境

儒家的人生观是入世的，主张年少时习礼学文，成年后服务社会，可以去做官，可以搞外交，可以守宗庙，当然也可以从事教育。人生的道路

---

① 潘光旦：《说“文以载道”》，载《寻求中国人位育之道》，国际文化出版公司，1997，第 517 页。

② 张世英：《哲学导论》，北京大学出版社，2002，第 84 页。

是以进为主，以退为辅，达则“兼济”，穷则“独善”，而且无论是在顺境还是逆境之中，都要保持积极乐观的态度。现今多有学者认为儒家文化特质是因和而乐，称为“乐感文化”，这是有道理的。生活在社会中的人不仅要有外部和谐，还要有内心和谐：快乐不仅要体现在言行，还要发自心底；不仅自己快乐，还要与别人一起快乐。总之，人在生活中要从方方面面去寻求快乐，而以下这几个方面又是孔子特别强调的，因此历来为儒家思想的传人所看重。

（1）交友之乐。《论语》开篇便说道：“有朋自远方来，不亦乐乎？”（《论语·学而》）可见孔子对交友的看重，把它当作人生的一件大事和乐事；在谈到学诗的作用时，也特别强调“可以群”，“群”被后人解释为“群居相切磋”［焦循《论语集解》引孔安国注］，能够一同研习交流的人当然是好友。近人杨树达先生把这句话解释为：“同道之朋不远千里而来，可以证学业，析疑义，虽欲不乐，得乎？”[①] 是深得孔子此话用意的。人，生活在群体之中；交友，既是一种社会活动，也是一种生存方式。因友人而获得友情、友爱、友谊，生活因此而温馨，内心因此而怡然，天地不再遥远，万物皆备于我。因此古人对交友十分重视，“仁义”之“义”，就多指友人而言。有时候，朋友之间的友情甚至胜过血缘关系，是所谓的“异姓兄弟”。文人之间交友更是别开生面，不仅与生活中的人为友，还与古人为友，如孟子所说：“一乡之善士斯友一乡之善士，一国之善士斯友一国之善士，天下之善士斯友天下之善士。以友天下之善士为未足，又尚论古之人。颂其诗，读其书，不知其人，可乎？是以论其世也。是尚友也”（《孟子·万章下》）。其他还有与月亮为友，如李白诗云：“举杯邀明月，对影成三人”（《月下独酌》）。与花草为友，如中国古代文人称松、竹、梅为“岁寒三友”，也把梅、兰、竹、菊并称为“四君子”。当然还有以书为友的。法国作家蒙田曾盛赞以书为友的益处：“与书本的交往伴随着我的一生，并处处给我以帮忙。它是我在孤独中的安慰。它解除我的闲愁和烦闷，并随时帮我摆脱令人生厌的伙伴。”[②] 英国作家兰姆则把读书当作与

---

① 杨树达：《论语疏证》，上海古籍出版社，1986，第 1 页。

② 〔法〕蒙田：《蒙田随笔集》，潘丽珍等译，陕西师范大学出版社，2003，第 236 页。

他人的“神交”，在“读书漫谈”中说：“我的生活，可以说是在与别人思想的神交中度过的”[①]。在中国古代，书更是文人最寻常和最持久的朋友，正如读书人的另一个称谓——“书生”。如此等等，推而广之，天地间万事万物均可为友。因为交友，生活便充满情韵、充满生机，快乐时，有朋友分享，郁闷时，有朋友倾听。人生不再孤寂，人心不再焦虑，如英国思想家培根所说：“友谊底主要效用之一就是使人心中的愤懑抑郁之气得以宣泄弛放。”[②] 这都说明交友是乐境的重要成因。

但交友不是无限制、无原则的，而是有选择、有标准的。儒家思想提倡君子之交，认为真正的益友不仅是在社会和物质关系上交往，更需要精神和情感层面的共鸣。所谓“志同道合”，是说朋友交往要在“道”的高度上相契合，所谓“君子之交淡如水”，是说好朋友之间的关系要超然脱俗；同时又主张“择善而交”，“近朱者赤，近墨者黑”，交好友，是人生知己，交恶友，则潜藏危机。所以孔子劝人多交“贤友”：“乐多贤友，益矣”（《论语·季氏》）。又说：“友直，友谅，友多闻，益矣。友便辟，友善柔，友便佞，损矣”（《论语·季氏》）。还建议“君子以文会友，以友辅仁”（《论语·颜渊》）。文是诗书礼乐，是超脱功利目的的表达方式；朋友的“贤”和“直”，更是对自己的人生和事业多有帮助。唐太宗李世民以仗义执言的忠臣魏征为“诤友”，并说：“以人为镜，可以明得失”（《旧唐书·魏徵传》。）因此避免了许多重大过失。如果不是这样，而总是带着功利的目的去交友，不但朋友靠不住，总有一天会为昔日朋友甚至“挚友”所误。

（2）安贫之乐。人生有逆有顺，有苦有乐。能够以逆为顺，以苦为乐，便是用好的心态去创造高的境界。孔子自白：“饭疏食饮水，曲肱而枕之，乐亦在其中矣”（《论语·述而》），又夸赞弟子：“一箪食，一瓢饮，在陋巷，人不堪其忧，回也不改其乐”（《论语·雍也》），都是示人以君子之道，所谓“君子坦荡荡，小人长戚戚”（《论语·述而》）。坦荡就是

---

① 〔英〕兰姆：《伊利亚随笔》，刘炳善译，三联书店，1987，第286页。

② 〔英〕培根：《论友谊》，载《培根论说文集》，水天同译，商务印书馆，1958，第95页。

开朗，开朗就能开心；不仅顺达时高兴，逆时穷时也应怡然自得，这样方为真君子。后世文人，凡有志气者多牢记圣人教导，如陶渊明所说："先师有遗训，忧道不忧贫"（《癸卯岁始春怀古田舍》），亦如苏轼所说："愿子笃实慎勿浮，发愤忘食乐忘忧"（《代书答梁先》）。现代新儒家代表、国学大师钱穆曾告诫学生："并非住高楼华屋的便一定有高的、好的人生境界，住陋室茅舍的便没有。也许住高楼华屋，他的居住境界好，但他的人生境界并不好。或许住陋室茅舍，他的居住境界不好，而他的人生境界却尽好。"① 这实际上就是对孔子"回也不改其乐"的现代诠释。汉语里多有以"安"为宗旨的成语，如"安贫乐道""安之若素""心安理得""随遇而安""少安毋躁"等，虽说意思不一定都是积极向上的，但对于处在困境中的人来说，却有精神上的支持作用，把人心引向更高的境界。古希腊思想家伊壁鸠鲁认为，人生的幸福来自于身心的快乐，这种快乐的实质是："免除身体的痛苦和灵魂的烦恼。"② 就是说，内心的安宁可以消弭生活窘迫带来的苦恼。亦如宋代理学家程颢《秋日偶成》所赞叹的："富贵不淫贫贱乐，男儿到此是豪雄。"

（3）忘忧之乐。曹操《短歌行》中"忧从中来，不可断绝"，颇可玩味。照理说，曹操生性豁达，虽受连年征战之累，亦不至于如此感伤，何以忽生悲情？这恐怕要归因于曹操悟出了人生最本质的忧伤，他从永远悬挂在天空的明月感受到了宇宙无限而生命有限。更早的时候，孔子站在河边也发出了类似的感叹："逝者如斯夫，不舍昼夜"（《论语·子罕》）。以孔子的智慧，绝不可能是因为河水本身而感慨，他一定是感悟到了隐藏在河水背后的更深层的东西。是什么呢？是时间。孔子是由河水感受到"时间之箭"的一去不复返，从而对生命短暂发出感叹。这里面包含了巨大的悲剧意味，也成为后世诗歌的一个重要母题，如所谓"生年不满百，常怀千岁忧"（《古诗十九首》之《生年不满百》），"年年岁岁花相似，岁岁年年人不同"（刘希夷《代悲白头翁》），"人生代代无穷已，江月年年只相

---

① 钱穆：《读书与做人》，载《新亚遗铎》，三联书店，2004，第 470 页。

② 〔古希腊〕伊壁鸠鲁：《致梅瑙凯信（伦理学纲要）》，载《自然与快乐——伊壁鸠鲁的哲学》，包利民等译，中国社会科学出版社，2004，第 32 页。

似”（张若虚《春江花月夜》），对比大自然的循环往复、无始无终，人的生命如此短暂，这是人生最可悲叹之处。按照存在主义哲学的观念，人是生活在时间之中，存在的本质便是时间。能意识到时间，就能意识到人终究有一天会死去，就能意识到每个人的生存都是“向死而生”，因而生命的本质就是“畏”，而克服时间带来的恐惧便是人生的重要课题。如何克服？存在主义哲学家萨特给出的答案是自由并且负责任地“选择”，由此成为“自为的人”。而孔子提出的方案更加贴近实际和人心：一是“乐以忘忧”，他曾给自己画像：“其为人也，发愤忘食，乐以忘忧，不知老之将至云尔”（《论语·述而》）。这是告诉人们要奋发图强，在不懈的工作中忘掉自我、忘掉时间。二是“从心所欲”，他曾自述一生经历：“吾十有五而志于学，三十而立，四十而不惑，五十而知天命，六十而耳顺，七十而从心所欲，不逾矩”（《论语·为政》）。这是告诉人们要顺其自然，在不同的人生阶段去做该做的事情，使人的身心达到合规律性与合目的性的统一。其中最后一句最为后人所喜爱，成为至理名言，但各种解释似乎都不尽妥帖，倒是一位西方思想家的一段话最能成为孔子原话的注脚，这就是19世纪德国哲学家叔本华所说：“到了暮年，激情逐渐平息，使人得以平静安宁，然后，他的心灵立刻沉浸于冥想之中；理智获得了自由，一跃而居于支配地位。既然理智本质上超越了痛苦的界限，那么，一个人的言行举止只要受理智的驱使，就能得到幸福与快乐。”[①] 也就是说，“从心所欲”是人生最终和最高的境界，是经历了人生各个阶段并依靠理智而克服各种情欲后所得到的最大的幸福和快乐。

孔子提出的奋发图强和顺其自然的生活方式，在今天也有很强的现实意义。时间的长度对每个人都是一样的，但质量却因人而异。当一个人闲极无聊时，便会受到时间的煎熬和折磨，进而想去“消遣”。尤其是当代社会，人们物质生活水平提高，无须用全部精力去谋生，而有相对富裕的空闲时间，消遣就成为个人生活的重要组成部分。消遣有宜有不宜，宜者如旅游、运动等，而不宜者如酗酒、赌博、吸毒等，害人害己。

---

① 〔德〕叔本华：《劝诫与格言》，载《叔本华论说文集》，范进等译，商务印书馆，1999，第220页。

人一生中在不同的年龄阶段应当做那个年龄该做的事情，而不宜错位。时间一去不复返，错过了也就错过了。如孩童时要玩耍、要游戏，青年时要励志、要恋爱，壮年时要工作、要奋斗，老年时要休息、要沉思。如果不是“神人”或“奇人”，就既不要超前，也不要滞后，否则就跟种庄稼违了“天时”一样，是违了“人时”。现在的家庭教育往往盲目追求“超前”或“超常”，比如形形色色的“学前班”和“学前教育”，使心智未曾发育的孩童不堪重负，其实是不符合人生规律的。又如，某些人为事业而放弃或耽误了婚姻和家庭，也不宜作为正面典型宣传；即便事业成功，若因此错过了人生的“时节”，生活也未必就完满。人，倘若没有顺应人生，成就再大，也很难说是感受或创造了人生境界。人生境界在于合“理”的自由，要因时、顺势、舒适，进而求“是”，最后达到“从心所欲，不逾矩”。

（4）动静之乐。人生有动有静，大而言之，醒来为动，睡着为静。要知道，人一生有 1/3 甚至更多的时间是在睡眠中度过，而这 1/3 的时间对于生命的延续是不可或缺的。极而言之，活着是动，死去是静。有生就有死，生与死一起构成了生命和人生，或者说，死亡也是人生的一部分。再比如，日常生活中工作是动，休息是静；自然景观中流水是动，山峦是静；艺术创作中表现（演）为动，酝酿为静；政治斗争中交锋为动，韬晦为静；军事行动中进攻为动，准备为静，如此等等。人类各种行为都可以用动与静两分，因此，处理好动与静的关系，就是人类应对各种挑战必须解决好的问题。

就人生而言，处理好动与静的关系乃是生活的艺术。孔子说：“知者乐水，仁者乐山；知者动，仁者静；知者乐，仁者寿”（《论语·雍也》）。笔者以为，这段话也可以当作“互文”去解读，即知者乐水也乐山，故而既乐且寿；仁者既乐山也乐水，故而既寿且乐。唯有如此，才是完满的人生境界。人生频率在于亦动亦静，如山之巍巍、水之汤汤，调剂得当，便自得其乐。以身而言，既要运动，也要休息；以心而言，既要思考（或想象），也要摄神。只动不静，难免身心疲惫；有静无动，落得百无聊赖。疲惫折寿、无聊苦闷，唯动静得当，方可既仁且智，既寿且乐。俗话说：静若处子，动如脱兔；静时思动是躁，动时思静是惰。唯有当静则静，当动则动，才是充实而快意的人生。

进而，还可以从人生与人心以及充实与空灵这两对命题去理解动与静的关系。我们说，人生须是充实的，因而需要物质的享受和事业的成就；人心须是空灵的，因而需要轻盈的感触和超脱的遐想。换个角度看，人生须是空灵的，因而需要达观的态度和洒脱的情怀；人心须是充实的，因而需要踏实的工作和劲健的精神。以儒家思想而论，在充实与空灵之间，充实是占据主导地位的，如孟子所说："充实之谓美"（《孟子·尽心下》）。因此，乐的境界来自身心的充实。

儒家崇尚的"乐境"主要来自伦理道德的生活，或者说，是用乐观的精神和愉悦的心情把伦理道德化作生活的艺术。孔子本人对此是身体力行的，如梁漱溟先生所说，孔子在生活中的风采是"乐"："他讲话时，他的态度意味之美，心地之舒美，心境之乐，由说话之态度可以见得出。里面自得之意味，完全表出。里面意味之美，其妙无穷。"① 杜维明先生也说："他（孔子）的一举一动都是艺术，而不是道德说教。"② 正因为这样，道德生活绝不是索然无味的，若真正领悟，便可以感到极大的乐趣，亦如梁先生所说："道德诚然不是放纵浪漫；像平常人所想象的快乐仿佛都在放纵浪漫中，那自然为这里（道德）所无。然如你了解道德是生命和谐，而非拘谨守规矩之谓，则生命和谐中趣味最深最永。'德者得也'，正谓有得于己，正谓有以自得。自得之乐，无待于外面的什么条件，所以其味永，其味深。"③ 这就是说，如果真的能在道德修养中感受到无穷乐趣，那就是很高的人生境界了。

三 道家的"退"境

所谓"道家"，成于《老子》，但《老子》究竟是一部什么性质的书，

---

① 梁漱溟：《孔子人生哲学大要》，载郑大华、任菁编《孔子学说的重光——梁漱溟新儒学论著辑要》，中国广播电视出版社，1995，第 190 页。

② 杜维明：《现代精神与儒家传统》，三联书店，1997，第 45 页。

③ 梁漱溟《朝话》之"道德为人生艺术"，载《梁漱溟全集》第二卷，山东人民出版社，1990，第 90 页。

则众说纷纭。有人说是哲学书，有人说是军事书，有人说是政治书，有人说是谋略书，还有人说它是专门教授君王“南面术”，即如何驾驭臣民的书等。但不管怎样，今天我们读《老子》，主要是看重它的思想，也就是把它当作一部“思想书”去看，因为《老子》的思想在先秦诸子中是最具有哲学思辨和辩证法特征的。当然，《老子》一书中的哲学跟古希腊哲学进入纯粹抽象的领域不同，它仍然是立足于人的生活，伦理色彩也很明显。在这方面，《老子》跟其他诸子是殊途同归的，这也是中国传统思想的普遍特点。

在人生观问题上，《老子》及道家与儒、墨不同，它主张避世和退让。所谓“避”，是避锋芒、避纷争、避风险，当然在特定情况下也避乱世。因为“避”，所以生活中就得时时想到“退”，无论是退避三舍、急流勇退，还是全身而退，遇事总是以退让为上策。这让人很容易就以为《老子》思想是彻底的消极悲观。其实不然，《老子》主张的退并非一味地退让，而是包含着进取的思想，准确地说是“以退为进”。《老子》有句名言：“反者道之动”。“反”也是退，但不是一退到底，而是在迂回或蓄势。人们常说历史是螺旋式发展或所谓“退一步，进两步”，《老子》主张的“退”也有这个意思。无论如何，退不是目的，由退而进才是归宿。《老子》又名《道德经》，其中“德”的本义是“得”。道是退，那么要得到的是什么呢？这才是《老子》思想的奥秘所在。就人生而言，因为能退，生活便多了余地，事业便多了安全，心性便多了度量，朋友便多了信任；当然，最重要的是，精神便多了升华。这便是《老子》指明的人生境界，姑且称为“退境”。

（1）成功不居。老子说：“万物作焉而不辞。生而不有，为而不恃，功成而弗居。夫唯弗居，是以不去”（《老子》二章）。又说：“持而盈之不若其已；揣而锐之不可长保；金玉满堂莫之能守；富贵而骄，自遗其咎。功遂身退，天之道”（《老子》九章）。其第一段话的要义是不要占有，就是说，这天底下没有什么东西是真正可以据为己有的，今天有了，也许明天就没了；此时得到的，彼时一定会失去。第二段话的意思是，即便有了，也不要死抓住不放，更不要骄傲自满、得意忘形，那样早晚得出大事，最好的办法就是及时抽身、功成身退。显然，这些话作为人生道理主要是说给富者、贵者或如今所谓“成功人士”听的，而那些喜登龙门的新贵和一夜暴富的“土豪”也不可掉以轻心。老子虽然是在谈“天道”，但想必根据却在“人事”，这方面的事例及经验在老子之前就屡见不鲜，老子只不过是把它提升到“道”的高度。而这个“道”在老子之后的中国历史上仍百试不爽，直到今天，我们的政治、经济和社会生活中仍在上演着无穷无尽的“富贵而骄，自遗其咎”的悲喜剧。

当然，历史上正面的事例也很多，并且值得后人学习借鉴。随手在《资治通鉴》里摘出数例，比如汉代“张安世自以父子封侯，在位太盛，乃辞禄”（《汉纪》）。又比如汉太傅疏广对官至少傅的侄儿疏受说：“吾闻‘知足不辱，知止不殆。’今仕宦至二千石，官成名立，如此不去，惧有后悔”（《汉纪》）。再比如东晋重臣陶侃：“晚年深以满盈自惧，不预朝权，屡欲告老归国，佐吏等苦留之。……及薨，尚书梅陶与亲人曹识书曰：‘陶公机神明鉴似魏武，忠顺勤劳似孔明，陆抗诸人不能及也。’谢安每言：‘陶公虽用法，而恒得法外意’”（《晋纪》）。唐代名臣魏征对太宗所说：“傲不可长，欲不可纵，乐不可极，志不可满”，“念高危，则思谦冲而自牧；惧满盈，则思江海下百川”（《谏太宗十思疏》），是老子“功成而弗居”思想的另一个版本。

宦海如此，其他生活又何尝不然？曹雪芹写作《红楼梦》有多个主旨，其中之一便是通过一个大家族的衰败告诫世人，万事都要留有余地，所谓“身后有余忘缩手，眼前无路想回头”。等到走上绝路，想回头也来不及了。再看前面提到的汉代疏广，有人劝他多为子孙置产，他回答说：“吾岂老悖不念子孙哉！顾自有旧田庐，令子孙勤力其中，足以共衣食，与凡人齐。今复增益之以为赢馀，但教子孙怠堕耳。贤而多财，则损其志；愚而多财，则益其过。且夫富者众之怨也，吾既无以教化子孙，不欲益其过而生怨”（《资治通鉴·汉纪》）。清代重臣陈廷敬一生清廉，常以“我自长贫甘半饱”自励。河南巩义有个康百万庄园，主宅过厅悬挂“留余匾”上写着《四留铭》：“留有余，不尽之巧以还造化；留有余，不尽之禄以还朝庭；留有余，不尽之财以还百姓；留有余，不尽之福以还子孙。”以此为戒，康家兴盛了十二代400多年。

推开来看，不仅政治和经济生活，其他方方面面也都有进退之道。道理在于，人生有进取，也须退让。此时进，彼时退；此事进，彼事退，相辅相成，相得益彰，二者原本是系于一体，不可分离的。老子说："进道若退"（《老子》四十一章）。禅诗亦云："后退原来是向前"（契此和尚《插秧歌》）。若只知进而不知退，一味用强，一味豪取，不但内心紧张、焦虑，且可能盛极而衰、泰极否来。明白这个道理，我们在生活中就应当有平和的心态。就个人而言，对名利尽可能看得淡一些，对他人尽可能宽容和礼让。老子说："不自见故明；不自是故彰；不自伐故有功；不自矜故长；夫唯不争，故天下莫能与之争"（《老子》二十二章）。当然，这并不是说人的一生什么都不要争，只能唯唯诺诺、逆来顺受。事实上，人生在世，要争的事情很多，比如为国家、为民族、为真理、为道义、为尊严等，这些都是"公道"，必须奋力争取。但对于一己之得失，诸如金钱、声誉、职位、面子等，是要尽量少争或不争的。这公与私之别，是我们决定争与不争的一个重要准则。战国时，秦国因变法而强盛，得益于一条重要的律令，那就是"勇于公战，怯于私斗"。现实地看，生活中为人处世不争或少争，不但体现出修养和境界，也有益于身心健康。当代著名文学家杨绛先生在自己著作扉页用一首她本人翻译的英国诗人兰德的诗作为题记，开头一句便是："我和谁都不争，和谁争我都不屑。"① 杨绛先生以106岁高龄平静离世，她的长寿与这种淡远而高尚的人生境界不无关系。有证据表明，"越是心胸宽广、懂得感恩者，在与癌症的对垒中越容易胜出。……90%的百岁长寿者都是德高望重的，因为德性良好者能与人为善，遇事常为他人着想，很少为利益与别人相争，因此总是处在心境宁静的状态，这种心态让大脑可以有序支配人体各种功能，从而获得健康"②。在这个问题上，科学、伦理和审美是相通的。

（2）宠辱不惊。老子说："宠辱若惊，贵大患若身。何谓宠辱若惊？宠为下。得之若惊失之若惊是谓宠辱若惊。何谓贵大患若身？吾所以有大患者，为吾有身，及吾无身，吾有何患"（《老子》十三章）。此所谓"宠辱"，缘于得失；而得失的缘由，在身不在心，说白了，就是欲望。

---

① 杨绛：《杨绛散文》，浙江文艺出版社，1997。

② 佟彤：《好德性是最大的利己》，《北京晨报》2014年9月11日。

欲望实现了，则兴高采烈；欲望未实现，则垂头丧气，此即“宠辱若惊”。要做到“宠辱不惊”，则要放弃或降低欲望，没有了欲望，也就无所谓宠辱，自然也就不会因为生活中的得失而心神不定了。显然，人之所以有宠辱并因此而心惊肉跳，责任主要在自己，如古人所说：“荣辱之责在乎己，而不在乎人”（《韩非子·大体》）。没有过分的欲望，也就不会有过分的得意和过分的失落，此即我们常说的“平常心”，而守住“平常心”是一种很高的人生境界。在生活中，我们都知道这样一个道理：要求越高，失落越大；得意越甚，危机越深。得宠，看似一时风光，实则暗藏杀机；受辱，看似外人所加，实则咎由自取。祸害之源，就是欲望。

人非草木，皆有欲望，差别在于是人驾驭欲望，还是欲望驾驭人。被驾驭的合理欲望成就人，而被放纵的非分欲望毁灭人。老子主张：“见素抱朴少私寡欲”（《老子》十九章）。以此作为避免灾祸的良方，如所谓：“知足不辱。知止不殆”（《老子》四十四章）。在西方也有类似的思想和言论。古希腊犬儒派思想家第欧根尼把个人生活需求降到极致，栖身于一个大木桶里。一次，马其顿大帝亚历山大慕名前来看他，说能满足他所要求的一切，第欧根尼回答道：“只要你别挡住我的阳光。”苏格拉底也曾说：“在这个世界上，除了阳光、空气、水和笑容，我们还需要什么呢！”19 世纪美国作家梭罗毕生倡导简朴生活，他的口头禅是：“简朴，简朴，简朴。”这可以理解为：“去欲，去欲，去欲。”的确，去欲是人生风浪里的定海神针。

实际上，在人类文明的进程中，欲望扮演着天使和魔鬼的双重角色。说它是天使，是因为欲望是进化的动力，动物从低级进化到高级，古猿的一支从动物进化到人，都是出于本能的欲望在推进着。说它是魔鬼，是因为人类进入文明社会后，欲望受到抑制，并与日渐严苛的社会伦理发生冲突，像是被囚禁在笼子里的野兽，随时都有吞噬人性的危险。从而人也就具有天使与魔鬼、文明与野蛮的两重性，体验着灵与肉、醒与梦、意志与欲望以及尼采所谓的“日神精神”与“酒神精神”或弗洛伊德所谓的“快乐原则”和“道德原则”的搏击。因此，人的一生要获得内心的安宁和真正的幸福，需要通过不断的修炼，把盲目冲撞的欲望驯化成合情合理的欲求，从而超越“快乐原则”。托尔斯泰说：“人的一生就是灵与肉的斗争。人要生活得好，在这斗争中就不要站在肉体一方，这肉体是注定要失败的；而要站在灵魂一方，这灵魂是注定要胜利的，哪怕是到生命最后的时刻。”① 著名学者唐君毅先生说：“乐之所寄乃在心之本体之解放而表现出心理活动。所以乐属于心而不属于身，因乐是在身之物质能力放散时才有，即是在身自己销毁其自身时才有。”② 此即老子所谓“无身”即“无患”。达到这种境地就称得上“自我实现”，如提出这一概念的美国人本主义心理学家马斯洛所说：“在健康人身上，自私与无私的二分消失了，因为他们每一个行动从根本上看既是利己又是利他。我们的研究对象既有高尚的精神生活，又非常不受约束，喜爱声色口腹之乐。当责任同时也是快乐，工作等于消遣时，当履行职责并且讲求实效的人同时也在寻求快乐，而且的确非常愉快时，职责与快乐、工作与消遣也就不再相互对立了。假如最社会化的人本身也最个人化，假如最成熟的人同时又不失孩子的天真和诚实，假如最讲道德的人同时生命力又最旺、欲望最强，那么继续保持这些区别还有什么意义?”③ 在他看来，欲望并不可怕，关键是要以一种健全的人格去驾驭，使它社会化、人性化并审美化。这样的人生境界比单纯地遏止欲望更加合理，并且可亲可信。

（3）为道日损。老子说：“为学日益，为道日损”（《老子》四十八章）。这句话可以读解出许多意思。最浅近的解释是所谓“由博返约”，也即学习是“博”，知识越多越好；悟道是“约”，要从众多知识中提练出规律和法则。这层意思姑且不表，老子还有另一段话可以引申出“为道日损”的又一层意思，即：“天之道其犹张弓与。高者抑之，下者举之。有馀者损之，不足者补之。天之道，损有馀而补不足。人之道，则不然，损不足以奉有馀”（《老子》七十七章）。这里面指出了“损有馀而补不足”

---

① 〔俄〕列夫·托尔斯泰：《生活之路》，王志耕译，中国人民大学出版社，2006，第 89 页。

② 唐君毅：《道德自我之建立》，载黄克剑、钟小霖编《唐君毅集》，群言出版社，1993，第 186 页。

③ 〔美〕马斯洛：《动机与人格》，许金声等译，华夏出版社，1987，第 210 页。

的“天道”，就是说自然法则是公平的，过分的就减损一些，缺少的就补充一些，以保持整个世界的平衡。按老子学说，“人道”是要遵循“天道”的（所谓“人法地，地法天”），因此，社会也应当像自然那样，“损有馀而补不足”。“圣人”之所以“为而不恃，功成而不处”，就是依“天道”而行事，让更多的人能够弥补不足。从这层意思看，我们也可以把“为道日损”理解为“损有馀而补不足”，而所谓“天道”也就是全社会的公平与正义。

卡内基：“拥巨富而死者以耻辱终”

但公平与正义的“天道”在历史上的各个社会形态中似乎都是一个难以解决的问题。封建社会中经常有人使用暴力手段去实现，如以“均贫富”为口号的农民起义；现代社会中则多利用社会调节，比如税收和救济等。作为补充的还有慈善事业。慈善事业是富人出于良知和同情，将多余的财富捐献给社会，用于公益事业。作为回报，富人可以因此善举而获得社会的尊重及相应的声望；从人性和人心来看，则是得到精神的升华和内心的安宁。这种行为正符合老子“为道日损”的思想，财富在减少，境界却在提升，“人道”因“损”而“得”，人生因退而进。富人拥有巨富，如果合法所得，其本身没有问题，但如果只是一门心思将巨额财富用于个人奢靡或带到坟墓里去，那就有问题了，轻者是耻辱，重者则是罪过。“拥巨富而死者以耻辱终”，这是现代慈善事业的奠基人、美国钢铁大王卡内基对所有富人的告诫。作为美国第一代超级富翁，卡内基捐出了全部身家用于慈善，累计 3.3 亿美元。更有人因为慈善事业而延长了生命，如美国富豪“石油大王”洛克菲勒，43 岁时便将他的石油帝国发展到顶峰，成为世界首富，然而他并不幸福，到 53 岁时患上严重的焦虑症及其他多种病症。由此他开始思考金钱和幸福的关系，并终于明白拥有金钱不能使人快乐，而舍弃财富却能使人幸福。于是，他开始捐赠，从小学到大学到研究机构，并最终建立了“洛克菲勒基金会”，由这个基金会资助研究出的医药拯救了成千上万人的性命。而洛克菲勒也因为慈善事业获得了内心安宁，获得了身体健康，活到 98 岁。[①] 在西方，富人向穷人捐赠还有宗教上的原因，那就是使灵魂进入天堂，因为基督耶稣说过："骆驼穿过针的眼，比财主进神的国还容易呢"（《新约·马太福音》）。他所说的"财主"是那种听见要他把全部财产分给穷人就悄悄溜走的富人。按基督教教义，灵魂能否进入天堂与是否将财产施舍给穷人或比自己更穷的人有因果关系，所以米开朗琪罗临终留下遗言："我的肉体归黄土，我的灵魂归天堂，我的金钱归穷人。"

我们当然不必追究灵魂进入天堂与捐赠家产有怎样的关系，但实施善行可以使内心得到安宁和快乐却是很多人的真实感受，而且这种感受与人的生活幸福和身体健康有关。财富本身并无善恶，但怎样使用财富却有向善和向恶之分。有些富豪在致富或暴富之后便毫无节制地挥霍，虽然与法律无违，却是对人类良知的践踏。美国作家梭罗曾说过："大多数的奢侈品和许多所谓的生活的舒适之处，不仅并非必不可少，而且还是人类的思想崇高的确凿障碍。"[②] 他的言辞或许有些绝对或过激，但表达的心情却是对人类精神堕落的担忧。退一步看，是用挥霍财富去放纵欲望，还是用慈善事业去升华精神？这里面存在一个人生境界高下的问题。我们当然主张后者，如果社会上的"富人"或"中产"大都具有这样的意识及境界，那么人类生活将更加和谐美好，也更加符合老子所提倡的"天道"。

（4）不为人先。老子自称有"三宝"，其中之一是"不敢为天下先"（《老子》六十七章），并说因为"不敢为天下先"，所以能够成为万事万物的首长。[③] 这实际上表达的是中国传统文化中"谦"的思想。《尚书·大禹谟》说："满招损，谦受益。"《易》有"谦"卦，称此卦"亨，君子有终"。《周易正义》解释道："谦者，屈躬下物，先人后己，则所在皆通，故曰'亨'也。"传说周公旦告诫伯禽："《易》有一道，大足以守天下，

---

① 〔美〕戴尔·卡耐基：《人性：优点与弱点》，〔美〕李麦逊译，北京大学出版社，2015。

② 〔美〕梭罗：《瓦尔登湖》，王义国译，北京燕山出版社，2011，第 10 页。

③ 参见任继愈《老子新译》，上海古籍出版社，1978，第 116 页。

中足以守其国家，小足以守其身，谦之谓也。”[①] 许多专家讲解《周易》，每当有人问道，在六十四卦中能否找到一个每爻都好的卦象？回答大体都是“谦”卦。可见“谦”在中国传统思想中根深蒂固，成为重要的准则，所谓“谦虚”“谦逊”“谦恭”“谦让”“谦和”以及“谦谦君子”等，都是谦的思想在生活实践中的体现。做人能谦，便是美德；做事能谦，便是风度；事事能谦，便是修养；一生能谦，便是境界。老子说：“大方无隅。大器晚成。大音希声。大象无形。道隐无名”（《老子》四十一章）。又说：“大成若缺，其用不弊。大盈若冲，其用不穷。大直若屈。大巧若拙。大辩若讷”（《老子》四十五章）。这些话既是讲事物成长的规律，含有深刻的辩证法思想，也表达了不为人先、谦虚谨慎的人生准则。

谦的美德在生活中有种种表现，其中一项最为人们看好，却也最难做到，就是少说或不说。此所谓“少说”或“不说”，不是一概地让人们少说话或不说话，而是指某些特定内容的话还是少说或不说为好。说了，未必不对；但不说，更能显出人的襟怀、涵养和格调。我们略举几项。一是自夸的话不说，如汉代名将李广一生战功卓著，却罕与人言，司马迁为其作传，深情地赞叹“桃李不言，下自成蹊”（《史记·李将军列传》）。二是不懂的事不说，如东晋乐广“性冲约清远，与物无竞。每谈论，以约言析理，厌人之心，而其所不知，默如也”（《资治通鉴·晋纪》）。三是分辩的话不说，如隋末名儒王通教学，有学生问如何平息他人对自己的诽谤，他的回答是“无辩”，并解释道：“闻谤而怒者，谗之囮也；见誉而喜者，佞之媒也；绝囮去媒，谗佞远矣”（《资治通鉴·隋纪》）。四是毁誉的话不说，如三国时兖州刺史太原王昶写信训诫诸子说：“夫毁誉者，爱恶之原而祸福之机也。孔子曰：‘吾之于人，谁毁谁誉。’以圣人之德犹尚如此，况庸庸之徒而轻毁誉哉！”（《资治通鉴·魏纪》）以上都是历史上以“缄默”体现谦虚、谦让以及“自知之明”的著例，可见言语谈吐也是能够看出境界高下的。

道家的人生观处处讲“退”，在实际利益方面或许是消极的，但在精神

---

① 黄寿祺、张善文：《周易译注》，上海古籍出版社，1989，第142～143页。

层面却是积极向上的，而且，正因为退出了俗世的纷争，才能够得到精神的超越；正因为放弃了利益追求，才能够进入自由的境界。著名哲学家方东美先生说："道家之诗人灵感或气质，可说是得天独厚，使他们得以凭借诗人之眼放旷流眄，但见人人之私心自用，熙熙扰攘，奔竞于浊世，均须一一加以超化，使之臻于理想的实存境界，方能符合高度的价值准衡。"[①] 如果这种特点在《老子》还体现不十分明显，那么在庄子那里就成为极富审美和艺术气质的人格理想和人生境界了，所以李泽厚先生认为《庄子》乃是美学，并说："如何超脱苦难世界和越过生死大关这个问题，正由于并不可能在物质世界中现实地实现，于是最终就落脚在某种精神——人格理想的追求上了。个体存在的形（身）神（心）问题最终归结为人格独立和精神自由，这构成了庄子哲学的核心。"[②] 我们这里谈道家人生境界，主要是把它当作一个道德和伦理的问题。然而，当伦理性质的人生境界不断地淡化其功利目的而成为一种较为纯粹的精神追求，就多少有些审美的意味了，道家的"退境"便有这样的趋向。

四　佛家的"空"境

佛教是外来的思想，进入中土后却深深扎根，不仅渗透进儒道两家，而且在社会各阶层广为流传，从文人士大夫到平民百姓，各个阶层的人们都从不同的层面受其影响，其中就有由佛教人生观衍生出的人生境界。

佛教的基本思想是出世。它看到世界上每个人都会经受生老病死的痛苦，又断定人还要在生与死的轮回中经受无尽的折磨，故而劝诫人们及早抽身，用信仰和功德斩断尘缘，以期脱离苦海，达到无欲无痛、无死无生的涅槃境界。从这一点看，佛家的人生境界也是主"退"，而且要退得干净彻底，四大皆空、涅槃寂静。因此，我们称佛家的人生境界为"空境"。

（1）不二法门。"不二法门"出自佛教，进入汉语后被广泛运用，成

① 方东美：《中国形上学中之宇宙与个人》，载《生生之德》，台北黎明文化事业公司，1979，第 286 页。

② 李泽厚：《庄玄禅宗漫述》，载《中国古代思想史论》，人民出版社，1985，第 183 页。

为“成语”。但作为成语的“不二法门”却改变了“不二”的原意，成为“独一无二”，其实佛教思想里的“不二”不是这个意思，它源自印度佛学大师龙树的学说。龙树认为常人以“二元”或“实在”来看待世界，形成了“生灭”“常断”“一异”“来出”，尤其是“空”和“有”的固定观念，而这些都是错误的。世界并没有固定的本性，也不能从对立的角度分别去看；世界是各种元素聚集后的缘起，因而本质是空。各种元素之间并没有高下之分，也没有各自的本性，它们随缘而聚，又因缘而散，不可把握也不可言说，当然也不可执着。这就是所谓“中道”，即所谓：“不生亦不灭，不常亦不断，不一亦不异，不来亦不出”（《中论》“八不偈”）。“中道”也就是“不二”，即对任何事物都不要分出两端，而要归于“一”或者“空”。具体到人生观或生活观念，就是要求人们取消一切对立，诸如高下、贵贱、贫富、美丑、是非、善恶、生死等。按照佛教的看法，人世间许多欲求或妄念都是由对立的观念或所谓“分别心”引起的，假如没有对立和分别，欲望自然也无从而生。比如贫和富是对立的，如果取消了这种对立，没有了贫富差别，还去奢望什么呢？对财富的欲望也因此而灭。其他对立的事物及观念亦与此相仿，不执着于事物两端而取其一致，则心态平和、无欲无求，人生也因此进入了无挂碍、自由自在的空旷境界，如同唐代栖蟾所作《牧童》吟唱的：

牛得自由骑，
春风细雨飞。
青山青草里，
一笛一蓑衣。
日出唱歌去，
月明抚掌归。
何人得似尔，
无是亦无非。

看上去是避开了人间的是非，实际上是悟出了世界原本就没有是非，所以一切的矛盾和争执在“不二法门”看去，都是那样的可笑，根本不值一提，如所谓“世上本无事，庸人自扰之”。

显然，“无是亦无非”是靠不住的，甚至可以说是自欺欺人的。但要注意，这里说的不是科学和哲学的问题，而是伦理和心理的问题，而伦理和心理的问题很大程度上要着眼于主体的“主观能动性”，即同样的问题用不同的眼光去看，会产生不同的心理和精神上的效应。比如高低、贵贱、善恶、生死这些看似尖锐对立的问题，如果用“二元对立”的观点看，可能会产生极大的心理落差甚至痛苦，但如果通过“不二法门”去看，可能矛盾和痛苦就不像人们想象得那么大。再说具体一点，人生总是有得有失，当失去或失意的时候，就应想办法使自己的心理平衡，而“不二法门”及“无是无非”就有助于人们平静自己的心情。人们在生活中的焦虑、抑郁以及人与人之间的嫉妒甚至仇视等负面情绪往往跟“走极端”有关，而“走极端”就是只能用对立的眼光看待事物，而不会用“中道”的智慧对待人生。在这方面，“不二法门”对于营造淡泊宁静的人生境界是有所启示的。当然，这只是就个人生活中所遇到的挫折和困扰而言；在原则和真理的大是大非面前，可不能模棱两可、含糊其辞，更不能“无是亦无非”，其中的分别自不必多说。

（2）扫除不净。佛教有所谓“四观”，其中之一是“观身不净”，意思是常人所见干净之处，以佛家法眼看去，是不干净的。之所以这样说，是告诫人们：眼中之色，未必真实；看上去美丽的东西，其实很可能是很丑陋甚至邪恶的，所以不要执着于幻相。佛教典籍中也经常讲一些这类的故事来警示世人，比如某人迷上一位美女，到头来却发现是一个妖精或一具骷髅。《西游记》里白骨精、蜘蛛精的形象显然就是演示佛家思想，《红楼梦》所描写的“贾天祥正照风月鉴”也是受到佛家思想的影响。

然而，从“观身不净”还能引出另外一层意思，就是人的内心也有不净，或者说，人人心里都有不净之处，需要时常清扫。禅宗里有这样一个故事：鼎州禅师和沙弥在庭院散步，一阵风起，吹落好些树叶。禅师便弯腰将树叶一片片地捡起，放进口袋。沙弥说：“禅师，不要捡了，明天一早就会有人打扫。”鼎州禅师说：“我多捡一片，地上就多一分干净啊！”沙弥又说：“落叶那么多，您前面捡，后面又落下来，怎么捡得完呢？”鼎州禅师边捡边说：“落叶不光是在地上，还在我们心上。我捡我心上的落叶，终有捡完的时候。”沙弥听后若有所悟。这则故事要告诉人们的是，修行的人要时时扫除心中的不净。的确，谁能说自己心中没有一丝杂念呢？一个人自悟事之日起，就难免受到外界影响，这影响有好有坏，好的使人向善，坏的则留下恶因，助长“污染种子”，这需要在成长过程中不断反省并祛除。禅宗六祖惠能说：“自心归依自性，是皈依真佛。自皈依者，除却自性中不善心、嫉妒心、谄曲心、吾我心、诳妄心、轻人心、慢他心、邪见心、贡高心及一切时中不善之行，常自见己过，不说他人好恶，是自归依。常须下心，普行恭敬，即是见性通达，更无滞碍，是自皈依”（《坛经·忏悔品第六》）。惠能所历数的种种不良的心思都是须要一一克服的。修行是为了修心，修心方得心净，“如人锻铁，去滓成器，器即精好。学道之人，去心垢染，行即清净矣”（《四十二章经》）。《菜根谭》说：“无事便思有闲杂念想否；有事便思有粗浮意气否。得意便思有骄矜辞色否；失意便思有怨望情怀否。时时检点，到得从多入少、从有入无处，才是学问的真消息。”讲的是“自归依”的方法。

（3）我行我素。我们现在常把“我行我素”用作贬义词，如批评某人过于自我而不顾他人的感受和忠告。实则这句话的本义是好的，表明一个人坚持自己的初心，不受外来干扰。将这种“素”质保持下去就会形成较强的意志力，以应对生活中种种非议和打击。

人生活在社会之中，经常会遭受来自各个方面的议论和评价，其善者有褒奖、纠谬和规劝，其恶者是诋毁、诽谤甚至谩骂，而那些负面的东西往往会对人产生很大冲击甚至危及生命。有报道说国外有人做过一个实验：将两盆花放在一起，同样施肥浇水，但对其中一盆施以“语言暴力”，就是天天对它播放各种斥责和谩骂的录音，结果这盆花在30天后就枯萎了。花犹如此，人何以堪？人非草木，更易于受“语言暴力”的伤害，而流言蜚语是伤害性语言中威力最大的，往往置人于死地。这就提醒人们在心理上要具备足够的抗击打能力，面对纷杂的社会环境和各种不利的社会舆论，要有一颗“大心脏”和“我行我素”的定力，以免精神和生命耗损在流言蜚语的漩涡里。对此，佛门给出的方法是“不要理他”。唐代名僧寒山曾问拾得：“世间谤我、欺我、辱我、笑我、轻我、贱我、恶我、骗我、如何处治乎？”拾得答道：“只是忍他、让他、由他、避他、耐他、敬他、不要理他、再待几年你且看他”（寒山、拾得《忍耐歌》）。“不要理他”，是一种清高，一种自尊，一种蔑视，也是一种无言的回击。只要认定自己的人生方向和行为准则是正确的，就可以也应该我行我素，各种流言蜚语也就“有如东风射马耳”（李白《答王十二寒夜独酌有怀》），自生自灭了。当然，如果诋毁和中伤超过一定限度并对自己的生活构成实际的伤害，还可以拿起法律的武器。但无论如何，具备抵御、化解负面评价甚至恶意攻击的胸襟和容量是十分要紧的，“任凭风吹浪打，胜似闲庭信步”也是一种人生境界。

（4）色即是空。这是佛教宝典《心经》里的名言，原话是：“色不异空，空不异色。色即是空，空即是色。”这16个字里包含了佛门的宇宙观、世界观和人生观，意义十分深奥。大体上，佛教认为物质世界没有本性，只是由于“缘”相凑而成，因而是“空”；人的“识”所感知的只是物质世界的假象，即所谓“色”，它与“空”并无二致。既然世界的本质是虚幻的，那么相应地，世界上种种现象也是虚幻的，大可不必执着，更不必受其诱惑。如此一来，问题又回到了佛教教义的根本——挣脱外界束缚，进入了无牵挂、无欲无求的“空境”。从这一点看，“色不异空”的真实意思不在“本体论”，而在人生观；意在告诉人们，不要被红尘迷住双眼，不要被欲望带入深渊，人一生因诱惑而做出的种种追求大都是徒劳无益的，甚至是自取灭亡的。《红楼梦》里有一首《好了歌》这样唱道：

> 世人都晓神仙好，惟有功名忘不了！
> 古今将相在何方？荒冢一堆草没了。
> 世人都晓神仙好，只有金银忘不了！
> 终朝只恨聚无多，及到多时眼闭了。
> 世人都晓神仙好，只有娇妻忘不了！
> 君生日日说恩情，君死又随人去了。
> 世人都晓神仙好，只有儿孙忘不了！
> 痴心父母古来多，孝顺儿孙谁见了？

歌词里流露的消极人生观并不正确，但结合《红楼梦》全书的旨趣看，它意在告诫人们不要把功名利禄看得太重，以至搭上身家性命，最后落得人财两空，连后悔的机会都没有了。《四十二章经》有一个很妙的比喻："财色于人，人之不舍。譬如刀刃有蜜，不足一餐之美，小儿舔之，则有割舌之患。"若知色即是空，便是大彻大悟，免为利欲所诱，免受切肤之痛。对于财色，我们想要的越多、攫取得越多，心灵就越发沉重；而看破得越多、舍弃得越多，心灵就会轻盈起来。诸葛亮说："非淡泊无以明志，非宁静无以致远"（《诫子书》）。星云大师说："看得破的人，处处都是生机；看不破的人，处处都是困境。"[①] 能看破"色即是空"，就是人生的淡远境界。

不可否认，佛教思想里有许多消极的因素，各种教义之间也多有矛盾和抵触，尤其是世俗的佛教，法师布道时向百姓宣扬如何舍施，但信众们拜佛却往往是为了求财，令人啼笑皆非。更有许多贪官奸商一面干坏事，一面"虔诚"供佛，一些所谓"大师"也跟官商打得火热，干着助纣为虐的勾当。这些行径是对佛教思想和法则的亵渎，我们在这里且不去管它，而只关注佛教思想里对人心和人生有益的东西，所谓"空境"就是其中较有价值也较能引起共鸣的。只要我们不落入"四大皆空"，不受其虚无思想的作用，在建立人生境界的问题上是可以从佛教思想里汲取营养的。

五　结语：境界创造人生

境界是因人而生的，我们谈论境界或创造境界，无非是为了使精神生活更加充实，进而使整个生活更有品质，人生也因此更加完满。人类文明发展到今天，物质生活有了极大的提高，但精神生活未必完全与之成正比。物质生活的现代化并不一定就意味着精神生活更加温馨、优美，相反，很可能导致这样或那样的问题，甚至出现"精神危机"，我们对此要有充分的认识和戒备。提倡境界可以为现代人的精神生活注入生机和活力，其效用体现在这样几个方面。

一是以境界抵制消费。现代社会鼓励消费固然是为了促进经济发展，但过度消费所带来的副作用也不可小视；生态环境所付出的代价有目共睹，而更加有害的还在于吞噬人性和人心。对消费的无限追求导致物欲横

① 星云大师：《佛光菜根谭》，现代出版社，2007，第10页。

流，享乐主义、拜金主义和利己主义泛滥。人生的目的越来越实（实际和实用），生命的意味就越来越淡；物质的空间越来越大，心灵的空间就越来越小。得到的是享受，失去的则是境界。而纯正的精神境界此时就是抑制消费并保护心灵的“防火墙”。

二是以境界调剂心理。现代社会生活节奏的加快和人际关系的紧张都会对人的精神产生压力，甚至引发各种病症，如抑郁和焦虑等。对此，境界能够起到一定的缓解和调畅作用。就是说，越是处在紧张的生活中，就越要开阔心胸、高瞻远瞩，打开心灵的窗户，拓展精神的境界，在对事业的追求中和艺术享受中获得心灵的慰藉，这也就是所谓的“出乎其外”。多一分境界，就少一分压抑。

三是以境界衡量艺术。当代“艺术”鱼龙混杂，欲望及宣泄犹如“狂飙突进”，物质和金钱成为强力杠杆，由此造成了艺术作品质量降低、品位降低、小丑登场、骗子横行、真假难分、“三俗”风光。如何分辨？曰：还是境界。判别艺术作品的真伪好坏要看它能否在人心中唤起境界，进而能否以崇高的境界鼓舞人心或以优美的境界慰藉人心。境界如镜，折射出艺术的美丑；境界如衡，度量出艺术的价值。

陈寅恪：“脱心志于俗谛之桎梏”

四以境界指引学问。读书问学既是功利的，也是非功利的，应以非功利为主导，即便是功利的学问，也当以非功利之心治之。如此方能使问学之道纯正、纯粹、通达、敞亮，如所谓“游心无朕”“日新又新”；如此方能去浮躁、去机心、去肤浅、去骄矜，获得精神的独立、心灵的自由、思致的邃密和人格的提升。这是学问所应有的境界。陈寅恪先生说：“士之读书治学，盖将以脱心志于俗谛之桎梏，真理因得以发扬。”[①] 学问的境界，正当如此。

五是以境界营造人生。在中国传统思想

① 陈寅恪编著《金明馆丛稿二编》，上海古籍出版社，1980，第218页。

中，艺术、学问、人生是三位一体的。艺境和学境的目的是人生境界，或者说从艺和问学是为了人生并归于人生。艺术和学问的价值在于为人生开辟新境，而人生的意义又取决于境界的有无及高下。人与动物的区别在“境”，高人与俗人的区分也在“境”，“君子”和“小人”的区分仍然在“境”。境界使生活成为艺术，使生命更加充盈；人生需要境界，境界创造人生。

拓展阅读

杨伯峻译注《论语译注》，中华书局，1980。

杨伯峻译注《孟子译注》，中华书局，1980。

任继愈：《老子新译》，上海古籍出版社，1978。

曹础基：《庄子浅注》，中华书局，2000。

赵朴初：《佛教常识答问》，北京出版社，2011。

第四章　崇高

崇高这个概念，义项比较多。在美学，它的意思略同于跟“优美”对举的“壮美”。在伦理学，它表示一种赞美，意思略同于“高尚”和“伟大”。在宗教，它表示神的至尊和信仰的神圣，或经过苦难后的灵魂升华。在西方，“崇高”一词诞生时是用于讨论雄辩术的，特指“雄伟文体”的主要特征，源自公元1世纪左右古希腊学者郎吉弩斯所做的《论崇高》。后来，基督教的发展给这个概念注入了丰富而深刻的宗教内涵，并对文艺创作和理论产生很大影响。这些意思在西方美学和文论里常常交织在一起，我们这里先从美学思想里的崇高说起，然后再谈其他领域的崇高及相关意义。

一　美学思想里的崇高

优美：秀丽的江南园林

在美学理论中，崇高是一个范畴，专指某种特定的审美形态。它的来由，是基于“二元对立”原则对各种审美形态的划分，其中最显而易见的“对立”就是优美与壮美。比如我们看自然界里的小桥流水与大漠孤烟、春雨润物与惊涛拍岸、雷峰夕照和泰山日出，以及音乐里的肖邦与贝多芬、绘画里的拉斐尔与米开朗琪罗、文学里的田园诗与边塞诗、雕塑里的《维纳斯》与《思想者》、书法里的《兰亭序》和《祭侄稿》、建筑里的苏州园林与北京故宫……会产生两种反差很大的心理反应和审美感受。美学思想和理论是需要归纳和概括的，于是根据“二元对立”原则，把前一类审美对象归为优美，把后一类审美对象归为壮美。虽说二者之间也相互交叉或具有某种“相对性”，但总体上的区分是可以认定的。这种区分存在于各国美学思想和文艺批评中，比如中国古代文论里的阴柔和阳刚、婉约和豪放，也是基于优美和壮美两种审美形态的区分。壮美跟崇高含义类同，常交替使用，但“崇高”的含义更为丰富，不仅用于美学和艺术理论，还用于伦理学和宗教学。

崇高的特征与优美是相对而言的，历来美学理论对此多有阐述，大致归纳为四点。其一，优美往往有比较明晰和稳定的形式，并给人以较强的形式感；而崇高的形式往往较为粗犷或不稳定，并且可以打破，给人以超形式或无形式的感受。其二，优美以和谐为主要特征，而崇高则必须体现出矛盾冲突。其三，优美的效果以快感为主，而崇高的效果是经历“痛感”后的愉快或如所谓“先惧后喜”。其四，优美的意义大体在美学的范围内，而崇高的意义则往往超出美学，进入伦理或宗教的领域。概括起来，可以说崇高这种审美形态具有矛盾性、精神性、伦理性和无限性等特征，它来自事物之间矛盾冲突而产生的审美客体对主体的压力，主要作用于人的精神而不是感官，其伦理意义往往超过审美感受，给人的启迪往往指向永恒、不朽和无限。历代思想家和美学家对这些意思都有所论述，如黑格尔认为崇高来自矛盾冲突：

> 人格的伟大和刚强只有借矛盾对立的伟大和刚强才能衡量出来，心灵从这对立矛盾中挣扎出来，才使自己回到统一；环境的互相冲突愈众多，愈艰巨，矛盾的破坏力愈大而心灵仍能坚持自己的性格，也就愈显出主体性格的深厚和坚强。只有在这种发展中，理念和理想的威力才能保持住，因为在否定中能保持住它自己，才足以见出威力。①

席勒指出崇高感伴随痛苦：

> 敌人越是凶险，胜利便越光荣；只有遭到反抗，才能显出力量。由此可以得出结论：“只有在暴力的状态中、在斗争中，我们才能保持住

① 〔德〕黑格尔：《美学》第一卷，朱光潜译，商务印书馆，1979，第227～228页。

我们的道德本性的最高意识，而最高度的道德快感总有痛苦伴随着。”[①]

叔本华认为时空的无限是崇高的境界：

> 当我们沉溺于观察这世界在空间和时间上无穷的辽阔悠久时，当我们深思过去和未来的若干千年时，——或者是当夜间的天空把无数的世界真正展出在我们眼前因而宇宙的无边无际直印入我们的意识时，——那么我们就觉得自己缩小［几］至于无物，觉得自己作为个体，作为活的人身，作为无常的意志现象，就像是沧海一粟似的，在消逝着，在化为乌有。[②]

车尔尼雪夫斯基认为崇高就是伟大，是“伟大的东西”在人的心中唤起的惊奇以及由惊奇而产生的自信和自尊：

> 一方面，我们在一个显露出异常强烈的热情和智慧等等力量的人的面前感到自己的渺小，一种好像忌妒或者羞耻的感情把我们攫住了；但是，还有一种更强烈、更容易听到的相反的感情，这就是：他是人，我也是人；人是多么伟大，多么坚强！从而（顺便说说）：我也是多么伟大和坚强！对伟大人物的看法使我们因此而骄傲：我们是人，人的尊严和感情得到了提高。[③]

此外，多有美学家和文艺家认定崇高价值高于优美，比如为崇高立名的郎吉弩斯就说：“一个人如果四方八面地把生命谛视一番，看出在一切事物中凡是不平凡的、伟大的和优美的都巍然高耸着，他就会马上体会到我们人是为什么生在世间的。因此，仿佛是象按着一种自然规律，我们所

---

① 〔德〕席勒：《论悲剧题材产生快感的原因》，载《古典文艺理论译丛》第六册，人民文学出版社，1963，第78页。

② 〔德〕叔本华：《作为意志和表象的世界》，石冲白译，商务印书馆，1982，第286页。

③ 〔俄〕车尔尼雪夫斯基：《崇高与滑稽》，载《车尔尼雪夫斯基论文学》中卷，辛未艾译，上海译文出版社，1979，第72页。

欣赏的不是小溪小涧，尽管溪涧也很明媚而且有用，而是尼罗河、多瑙河、莱茵河、尤其是海洋。……总之，我们可以说，凡是对人有用和必需的东西，人们总能得到；凡是使人惊心动魄的总是些奇特的东西。”① 这种看法是有道理的。在自然界，壮观而宏伟的审美对象更能够开阔人的心胸，提升精神境界。古人所谓“登泰山而小天下”以及“五岳归来不看山，黄山归来不看岳”，就说明人们的审美眼光是朝向“大”和“奇”的。艺术作品也是如此。尽管精致优美的艺术作品自有其审美价值，甚至有很高的审美价值，但和同样具有审美价值而又具有崇高特点的“大”作品相比，自有高下之分。在这个意义上，我们可以说荷马史诗高于萨福的抒情诗，达·芬奇的《最后的晚餐》高于拉斐尔的圣母画像，贝多芬的交响乐高于肖邦的夜曲，巴尔扎克的小说高于戈蒂叶的诗歌，屈原的《离骚》和《国殇》高于王维的《山居秋暝》和《鹿柴》。当代著名画家吴冠中曾说过一句看似偏颇的话：“100 个齐白石也抵不上一个鲁迅的社会功能。”如果以崇高和伟大为标准，这句话不是没有道理的。山水花鸟画固然可以具有很高的审美价值，也可以具有超出画作本身的寓意（比如齐白石的《和平》是以鸽子表达对世界和平的期待），但思想力量和社会功能毕竟有限，难以与以崇高为主要特征的文艺作品分庭抗礼。仍如吴冠中先生所说：“齐白石利用花鸟草虫创造了独特的美，是画家的荣幸，也是民族文化的荣幸，他提高了社会的审美功能，但这比之鲁迅的社会功能就有太大的差异了。”②

由此引出了一个话题，即文艺作品以审美为本质，但真正伟大的文艺作品又必须超出审美，与社会、时代以及生活产生强烈共鸣。文艺作品固然要具备审美的价值，但如果仅仅具备审美的价值或仅仅是供人们观赏并愉悦，那就局限了文艺作品的属性和功能。在这一点，崇高的格局显然要比优美大，而历史上文艺创作及其社会效用的事例也能够说明崇高是比优美更高一级的审美范畴。

---

① 〔古罗马〕朗吉弩斯：《论崇高》，载北京大学哲学系美学教研室编著《西方美学家论美和美感》，朱光潜译，商务印书馆，1980，第 49 页。

② 吴冠中：《我负丹青》，人民文学出版社，2005，第 99 页。

二　自然界的崇高

自然界的崇高主要来自那些“大”的景观，如高山、江河、大海、天空等，而这些景观又大都具有高大、雄伟、奇崛、壮丽以及无限等特征。康德把自然界里的崇高分为两类——数的崇高和力的崇高。前者的特点是体积巨大，比如高山巍峨；后者的特点是力量巨大，比如波涛汹涌。二者能够引起人们的惊奇、恐惧以至于崇敬，但都不能够对人的安全构成危险，因此人们能够以旁观者的身份去欣赏，并体验精神上的震撼和升华。

需要说明的是，人类社会中已经不再有纯粹的自然景观。几千年来，人与自然不断产生联系，自然景观成为人类生活的组成部分，其自身也在积淀着文化内涵，并有着丰厚的文化底蕴。因此，那些具有崇高特征的自然景观，其崇高品质既来自自然，也来自人文；人们观赏自然界的崇高，既是崇仰雄壮的气魄，也是在感受伟大的精神。19 世纪美国作家爱默生说：“对于自然美来说，它的完满充分取决于一种更高级的精神因素。那种能够让人不带任何矫揉造作去真心热爱的美，正是一种美与人类意志的混合物。”① 是的，凡是能够从中看到崇高的自然景观，都会有人类意志的体现，试举数例。

奔腾的黄河

例一，黄河。黄河的崇高固然是因为它的奔腾、壮阔和险峻，但我们对黄河的崇仰还有更多的缘由。比如她是中华民族的“母亲河”，孕育了中华文明；又如在她身边发生的种种气壮山河的故事以及长眠的无数民族英雄；再比如历代诗人对她的吟咏和艺术家对她的描绘，像唐诗所写：“黄河远上白云间，一片孤城万仞山”

① 〔美〕爱默生：《论自然》，载波尔泰编《爱默生集》上，赵一凡等译，三联书店，1993，第 17 页。

（王昌龄《凉州词二首》），“白日依山尽，黄河入海流”（王之涣《登鹳雀楼》），“君不见黄河之水天上来，奔流到海不复回”（李白《将进酒》），“大漠孤烟直，长河落日圆”（王维《使至塞上》）；歌曲所唱：“啊，黄河！你一泻万丈，浩浩荡荡，向南北两岸伸出千万条的臂膀。我们民族的伟大精神，将要在你的哺育下发扬滋长！我们祖国的英雄儿女，将要学习你的榜样，像你一样的伟大坚强！像你一样的伟大坚强”（光未然词、冼星海曲《黄河大合唱》），“黄河之滨，集合着一群中华民族优秀的子孙”（凯丰词、吕骥曲《抗日军政大学校歌》）；油画所画：陈逸飞的《黄河颂》，一名红军战士手持步枪，面带微笑站在山崖的岩石上，脚下是奔腾的黄河，还有一行飞翔的大雁，远方是延绵的群山……这些都是黄河之所以崇高的历史和文化内涵。

例二，天空。天空把人的视线引向无限，因而很容易产生崇高感。但所谓“无限”，并不只是一个物理的或天文学的概念（天文学里的宇宙是有限的），而更有心灵和精神的内涵。就像叔本华说的那样，仰望天空能够感受到时空的无穷，同时就意识到自身的渺小。能够放下甚至泯灭自我，也就是精神的升华；而崇高感正来自“身”的缩减和“心”的扩充。在中国古代，天象征着至高无上的力量，是万物生长的动力。《易经》第一卦“乾”即象征着天，其《彖》词说：“大哉乾元，万物资始，乃统天。”《象》词说：“天行健，君子以自强不息。”天上的一切也都是神圣的，太阳被想象为6条飞龙拉着的战车，月亮被想象为美丽的宫殿（广寒宫），星星则被想象为神仙居住的地方（二十八星宿），就连天上飘的云也被赋予了某种神秘力量（“云从龙”）。其他还有雷神、风神、雨神以及道教里的玉皇大帝等，都是超自然的神灵，为芸芸众生所顶礼膜拜。因此，自远古以来，中华民族就有祭天的习俗，而历代君王更是以天为尊，自认为

北京天坛：对“天”的崇拜

“天子”，登基后要封禅，年节时要祭天，可见天在华夏子孙心中的崇高地位。人们只要仰头望天，就能产生无限的想象、无限的祈求，当然还伴随着无限的崇敬。

例三，高山。形容高山的词叫“巍峨”。对于山这个概念，我们中国人能自豪地联想起“雄伟的喜马拉雅山”以及作为世界之巅的珠穆朗玛峰；能联想起与中华民族历史密切相关的“五岳”，即东岳泰山、西岳华山、南岳衡山、北岳恒山、中岳嵩山；能联想起作为佛教道场的四大名山，即浙江的普陀山（观音菩萨）、安徽的九华山（地藏菩萨）、四川的峨眉山（普贤菩萨）和山西的五台山（文殊菩萨）。

例四，大海。按康德的说法，大海既体现出数的崇高，也体现出力的崇高，但从根本上讲，大海的崇高还是人们从中看到了自身的力量、勇气和胸襟。以诗为证，曹操的《观沧海》写道：

东临碣石，以观沧海。
水何澹澹，山岛竦峙。
树木丛生，百草丰茂。
秋风萧瑟，洪波涌起。
日月之行，若出其中；
星汉灿烂，若出其里。
幸甚至哉，歌以咏志。

这是在抒发英雄的情怀和抱负。再看 19 世纪俄罗斯诗人莱蒙托夫的诗歌《帆》：

蔚蓝的海面雾霭茫茫，
孤独的帆儿闪着白光！
它到遥远的异地寻找着什么，
它把什么抛在故乡？

呼啸的海风翻卷着波浪，
桅杆弓着腰在嘎吱作响，

唉，它不是要寻找幸福，
也不是逃避幸福的乐疆！

下面涌着清澈的碧波，
上面洒着金色的阳光，
不安分的帆儿却祈求风暴，
仿佛风暴里有宁静之邦！①

汹涌的大海

这是用大海的风暴象征诗人对斗争和献身的渴望，表达了为自由而不惜牺牲的崇高理想。

再如音乐，自 19 世纪浪漫主义兴起以来，大海就是音乐创作的重要素材，音乐家们用各种体裁描写并讴歌大海，“有的写成交响乐，如英国作曲家威廉斯的《海洋交响曲》、俄罗斯作曲家安东·鲁宾斯坦的《大海交响曲》；有的写成交响序曲，如门德尔松的音乐会序曲《静静的海洋和幸福的航程》、里姆斯基－科萨科夫的歌剧《萨特阔》序曲《蓝色的海洋》；有的写成交响音画或交响诗，如德彪西的三首交响素描《海》、英国作曲家巴克斯的交响诗《地中海》、法国作曲家易白尔的交响诗《海港》、罗马尼亚作曲家艾涅斯库的交响诗《海之声》等”②。至于不以大海为名而描写大海的作品，还有很多。比如里姆斯基－科萨科夫的交响组曲《天方夜谭》中描写海上风暴，就十分震撼，既刻画出大海汹涌澎湃的巨大力量，也表现了船员们奋勇搏击的无畏精神。

自然界崇高的景观还有许多，以上所举只是较为典型的范例。要之，自然景观本身的伟岸只是其崇高特征的前提条件，只有当这种“客观”的崇高跟人类历史上的崇高事业及精神融合起来，才能成就美学和文化意义

---

① 《莱蒙托夫诗选》，顾蕴璞译，湖南人民出版社，1985，第 129 页。

② 薛金炎：《音乐博览会》，吉林教育出版社，1997，第 75 页。

上的“崇高”。

三 人类社会中的崇高

人类社会中的崇高可以分为两大类，一是日常生活中的崇高，二是典型情境中的崇高。前者在现实生活中比比皆是，比如在各行各业辛勤工作、默默奉献的人们，其中为社会、为人民、为国家做出突出贡献并具有表率意义的人们往往被授予各类荣誉称号，如“全国劳动模范”“三八红旗手”“时代先锋”“道德楷模”及各种“最美”等，都彰显出“普通人”的高尚品德和崇高精神。抗战时期，毛泽东在延安写过一篇《为人民服务》，就是为了纪念一位因公殉职的普通烧炭战士张思德。新中国成立后，在各个历史时期都涌现出在平凡岗位上为人民服务的楷模和标兵，如雷锋、时传祥、王进喜、焦裕禄、张秉贵、陈景润、孔繁森、钱学森等，他们的事迹成为崇高精神的写照，感动了一代又一代人。至于后者，也就是典型情境中的崇高，则是指那些在重大历史事件及矛盾冲突中，为了国家和民族的利益舍身忘己、勇于献身的人们，通常被称为“英雄”（或“民族英雄”），其所面临的情境往往是生死抉择。我们这里谈论的人类社会中的崇高，主要是以历史上的英雄为例。

先要讲一下“英雄”的含义。英雄的品质大体包含四个方面的内容：一是无畏，是说在任何艰难险阻面前无所畏惧，面对困难无所畏惧、面对逆境无所畏惧、面对敌人无所畏惧、面对死亡无所畏惧。二是奉献，是指舍己为人、公而忘私，在需要的时候，为了民族、国家、集体以及他人而贡献出自己的一切。三是执着，是说为了一个高尚的目标孜孜以求、生命不息、奋斗不止。四是正义，是说英雄的壮举一定是为了民族和国家的大义，为了全人类的共同理想，符合人类社会发展的历史规律。具体而言，英雄的行动是“勇”——赴汤蹈火、万夫不当，品质是“义”——大义凛然、义无反顾。无义而勇，仅为莽夫；有义无勇，懦夫而已。大处而言，有民族大义；小处而论，有气节操守，二者往往集于英雄一身。英雄必归正道，故绝不同于“奸雄”和“枭雄”。

再说“生死”。与英雄相提并论的概念是牺牲。造就英雄的典型情境在生死之间，检验英雄与否的关口也在生死之间。英雄如果在生死关口止步不前，那无论先前如何“英雄”也算不得真英雄，充其量不过勇敢而已。所谓“牺牲”，一定是在生命与比生命更加重要的大义（真理）发生冲突时的抉择：毅然为大义而放弃生命，就是英雄。孔子称为“杀身成仁”：“志士仁人，无求生以害仁，有杀身以成仁”（《论语·卫灵公》）；孟子称为“舍生取义”：“生亦我所欲也，义亦我所欲也；二者不可得兼，舍生而取义者也”（《孟子·告子上》）；司马迁称为“重于泰山”：“人固有一死，或重于泰山，或轻于鸿毛，用之所趋异也”（《报任安书》）。对普通人而言，生命以死亡而终结，但对英雄来说，生命却以死亡去续写，也就是英雄虽然死去，精神却与世长存，正如诗人所写：“有些人死了，他却活着。”而后人谈及英雄时，也是将英雄的生与死视为一体，就像毛泽东为刘胡兰题词：“生的伟大，死的光荣。”正因如此，生与死对英雄来说就不能用通常的意义去评价，为了崇高的目标慷慨就义，虽死犹生；在死亡面前退而却步，虽生犹死。荷马笔下的英雄赫克托尔这样说道：“我不能束手待毙，暗无光彩地死去，我还要大杀一场，给后代留下英名。”① 莎士比亚剧作借人物之口礼赞“死亡”：“畏惧并不能免于一死，战争的结果大不了也不过一死。奋战而死，是以死亡摧毁死亡，畏怯而死，却做了死亡的奴隶。”② 近年来，小说和电视连续剧《亮剑》的风行使“亮剑”精神广为传颂，它出自小说主人公李云龙和赵刚的一段对话：

> 李云龙道：“古代剑客和高手狭路相逢，假定这个对手是天下第一剑客，你明知不敌该怎么办？是转身逃走还是求饶？”
>
> “当然不能退缩，要不你凭什么当剑客？”
>
> “这就对了，明知是个死，也要宝剑出鞘，这叫亮剑，没这个勇气你以后就别当剑客。倒在对手剑下算不上丢脸，那叫虽败犹荣，要是不敢亮剑你就别在江湖上混啦。咱独立团不当孬种，鬼子来一个小队咱亮剑，来一个大队咱也照样亮剑。”③

---

① 〔古希腊〕荷马：《伊利亚特》，罗念生译，上海人民出版社，1993，第557页。

② 《莎士比亚全集》第三卷，朱生豪译，人民文学出版社，1994，第56页。

③ 都梁：《亮剑》，解放军文艺出版社，2005，第28页。

所谓“亮剑”，就是明知会死却迎面而上，在生死之际能够亮剑，就是英雄。

以上面所说的为标准，我们选取中国历史上最具代表性的民族英雄来看看人类社会“典型情境”中的崇高。

例一，苏武。汉武帝时，苏武出使匈奴而被扣压，面对匈奴百般劝降而不为所动。匈奴无奈，送他到北海（今贝加尔湖）牧羊，声称待公羊产子方得离去。苏武历尽艰辛，持汉节而不屈，19 年后方得回汉。其间，匈奴曾派汉降将李陵相劝，苏武大义凛然，以必死之志告白，使李陵羞愧满面，负罪而别。苏武去世后，汉宣帝将他列为麒麟阁十一功臣之一，彰显其气节。苏武虽未死于敌手，但始终抱着赴死的信念；其身虽弱，其心极刚。其事迹和节操为后人传唱至今，如 20 世纪初创作的歌曲《苏武牧羊》里这样歌颂苏武的精神：

> 苏武留胡节不辱，雪地又冰天，苦守十九年。渴饮雪，饥吞毡，牧羊北海边。心存汉社稷，旄落犹未还。历尽难中难，心如铁石坚。夜坐塞上，时听笳声入耳痛心酸。
>
> 转眼北风吹，群雁汉关飞。白发娘，盼儿归，红妆守空帏。三更同入梦，两地谁梦谁？任海枯石烂，大节总不亏。宁叫匈奴，惊心碎胆，共服汉德威。

例二，张巡。唐玄宗天宝年间，安禄山、史思明相继反于河北。河南节度副使、御史中丞张巡与许远等数千人共守睢阳，在内无粮草、外无援兵的情况下死守孤城，阻遏叛军南犯，保住江淮一带，然而二人及其部属终因寡不敌众，城陷被俘，为叛军所杀。后来，韩愈写下《张中丞传后序》，记述张巡和许远的英勇事迹，其中对张巡属将南霁云的一段描写最为震撼：

> 南霁云之乞救于贺兰也，贺兰嫉巡、远之声威功绩出己上，不肯出师救；爱霁云之勇且壮，不听其语，强留之，具食与乐，延霁云坐。霁云慷慨语曰：“云来时，睢阳之人，不食月余日矣！云虽欲独食，义不忍；虽食，且不下咽！”因拔所佩刀，断一指，血淋漓，以

示贺兰。一座大惊，皆感激为云泣下。云知贺兰终无为云出师意，即驰去；将出城，抽矢射佛寺浮图，矢着其上砖半箭，曰："吾归破贼，必灭贺兰！此矢所以志也。"愈贞元中过泗州，船上人犹指以相语。城陷，贼以刃胁降巡，巡不屈，即牵去，将斩之；又降霁云，云未应。巡呼云曰："南八，男儿死耳，不可为不义屈！"云笑曰："欲将以有为也；公有言，云敢不死！"即不屈。

真是字字血泪，句句豪情，足以感天动地。

例三，颜真卿。仍在"安史之乱"时，河北诸城望风而靡，身为平原太守的颜真卿与时任常山太守的从兄颜杲卿一同起兵讨贼。杲卿兵败被执，威武不屈，叛贼割其舌，犹骂声不绝，与子颜季明一同罹难。颜真卿派长侄泉明前往善后，仅得杲卿一足、季明头骨，悲愤满怀、奋笔疾书，写下千古名篇《祭侄稿》。颜真卿本人后来亦为僭号楚帝的叛将李希烈所杀，时年已过八十。颜真卿在中国书法史上有着崇高的地位，除了其书法艺术冠绝古今之外，其人品之高也是重要原因，而习"颜体"者也往往在临摹之间感怀其气节。

例四，岳飞。岳飞的事迹在中国已经是家喻户晓，这里不用重复。我们只看他的两首诗词作品，以见其英雄气概和崇高品格。

一首是《满江红》：

怒发冲冠，凭栏处，潇潇雨歇。抬望眼，仰天长啸，壮怀激烈。三十功名尘与土，八千里路云和月。莫等闲，白了少年头，空悲切！

靖康耻，犹未雪。臣子恨，何时灭！驾长车，踏破贺兰山缺。壮志饥餐胡虏肉，笑谈渴饮匈奴血。待从头，收拾旧山河，朝天阙！

一首是写给同是抗金名将张浚的《送紫岩张先生北伐》：

号令风霆迅，天声动地陬。
长驱渡河洛，直捣向燕幽。
马蹀阏氏血，旗袅可汗头。
归来报明主，恢复旧神州。

两首诗词都慷慨激昂、铿锵有力，是岳飞本人性格和情怀的真实写照，也激励着后代无数的仁人义士。

例五，文天祥。文天祥是南宋名将，于家乡起兵抗元，官至右丞相兼枢密使，转战多地，兵败被俘。被俘期间，元世祖忽必烈以高官厚禄劝降，文天祥宁死不屈，从容赴义，留下“人生自古谁无死？留取丹心照汗青”（《过零丁洋》）的名句。所作《正气歌》列举的历代英杰，堪为中华民族的“英雄谱”：

> 天地有正气，杂然赋流形。下则为河岳，上则为日星。
> 于人曰浩然，沛乎塞苍冥。皇路当清夷，含和吐明庭。
> 时穷节乃见，一一垂丹青。在齐太史简，在晋董狐笔。
> 在秦张良椎，在汉苏武节。为严将军头，为嵇侍中血。
> 为张睢阳齿，为颜常山舌。或为辽东帽，清操厉冰雪。
> 或为出师表，鬼神泣壮烈。或为渡江楫，慷慨吞胡羯。
> 或为击贼笏，逆竖头破裂。是气所磅礴，凛烈万古存。
> ……

谭嗣同：“死得其所，快哉快哉”

例六，谭嗣同和秋瑾。二人都是近代中国推翻封建帝制的英烈。1898 年，戊戌变法失败，维新人士被清廷追杀，谭嗣同在抓捕之列。有人劝他出逃，他坚决不走，并对劝者说：“各国变法，无不从流血而成。今中国未闻有因变法而流血者，此国之所以不昌也。有之，请自嗣同始！”从容被捕并就义。临终大呼：“有心杀贼，无力回天，死得其所，快哉快哉！”年仅 33 岁。9 年之后，在浙江绍兴，一位年轻的女革命党人同样从容面对来捕之清兵，她就是自号“鉴湖女侠”的秋瑾。秋瑾出身官宦之家，受新思想影响，立志革命，并参加“光复会”。1907 年 7 月发动起义未能成功，友人劝其速逃，她断然谢绝。被捕后经受严刑拷打而视死如归，在写下“秋风秋雨愁煞人”的诗句后，昂首走向刑场，引颈受戮，年仅 32 岁。秋瑾生前写过一首《宝刀歌》，荡气回肠、千古绝唱，堪为那个时代所有英雄的“忠魂曲”。

例七，抗日英烈。抗日战争爆发，中华民族到了最危险的时刻，中华大地上也屹立起一座又一座民族英雄的丰碑。共产党领导的八路军和新四军有左权、彭雪枫和“狼牙山五壮士”“刘老庄连”等；东北抗日联军的杨靖宇、赵尚志、赵一曼和8位女战士等；国民革命军有赵登禹、佟麟阁、张自忠、戴安澜和“八百壮士”等，还有无数的英雄集体和个人。他们都是中国民族的脊梁，用生命和鲜血诠释了人类生活中崇高的意义。

秋瑾：“秋风秋雨愁煞人”

在中国历史上，民族英雄何止千万计？而崇高的精神也随着英雄的事迹注入全民族的血脉。只要英雄的血脉延续，崇高的精神长存，整个社会就具有了凝聚力和向心力，也就有了走向伟大复兴的信心和力量。

四　艺术创作中的崇高

在文艺创作中，有一类作品因其特定的形态特征而被归入崇高的范畴。这类作品多主题鲜明、题材重大、思想深刻、境界高远、手法恢宏、风格阳刚。具体而言，有的艺术形式或体裁因其体量和结构的宏大，与崇高有着天然的关联，如史诗、长篇小说、大型话剧、大型雕塑和建筑、交响乐及大合唱等；有些创作题材因其内容的丰富和深刻，其创作必然会趋向崇高，如历史、宗教、战争以及现实生活中的重大事件等；还有些创作手法因其常用于表现重大主题和重大题材，是艺术创作走向崇高的重要途径，如“宏大叙事”“大抒情”“大写意”等。

在当代中国，有些类别的文艺创作是必定以崇高为总体特征的，比如军旅文艺。我们所说的“军旅文艺”是指一切直接或间接反映中国共产党领导下的人民军队以及革命事业，并弘扬其宗旨和使命的艺术作品。它是社会主义文艺及先进军事文化的重要组成部分，应当继承和发扬古今中外一切优秀的艺术传统并加以创新。军旅文艺要以英雄主义、爱国主义为主旋律，在总体上追求崇高的审美特征。题材内容以军旅生活为主，创作方法以现实主义为主，作品风格以阳刚劲健为主，主题思想以纯正高尚为主；同时具有深刻的历史内涵、完美的艺术形式和教育、鼓舞人民的社会作用，为实现中华民族伟大复兴的中国梦而释放正能量。因此，军旅文艺就其本质而言，是必定走向崇高的。当然，这并不妨碍具体创作的多样化和丰富性。军旅文艺也有抒情优美的作品，也可以尝试崇高之外的各种艺术风格和审美形态，但无论如何，军旅文艺在“量”上一定是以崇高的形态占优，在“质”上一定是以崇高的特性为普遍意蕴。从这个意义上讲，崇高是一切军旅文艺永远的标记。著名军旅作家阎肃在文艺工作座谈会上发言说：军旅文艺也需要风花雪月，但风是铁马秋风，花是战地黄花，雪是楼船夜雪，月是边关冷月。这正表明了军旅文艺的崇高品格。

从广义上讲，崇高是一切优秀的文艺作品都可以也必须具有的品质。这个意义上的崇高是一种化作形象和情感的精神导向，把人的心灵引向真、善、美，我们说优秀的文艺作品是国民精神的向导，正是基于这种品质而言的。这个意义上的崇高不仅在崇高形态的文艺作品中有，在优美形态的艺术作品中也有。

这里，我们以雕塑为例说明艺术创作中崇高的特性。

与其他艺术种类相比，雕塑更倾向于“公共艺术”，尤其是大型的以人物或事件为题材的雕塑，多数是为了某个公共场所及面向公众的目的而创作，伦理及社会的功能十分明显。与此相关的是，雕塑艺术尤其是大型公共雕塑具有一种天然的“抗低俗性”，比如多有裸体，但绝少色情；多重大主题和重大题材，较少风花雪月和生活琐事；人像雕塑大多具有纪念性和象征性，以历史人物、神话人物、英雄人物以及现实生活中具有典型意义的人物形象为主；主流雕塑的材质多坚硬、厚重（如大理石、青铜等），很少使人感到纤弱和萎靡，如此等等，不一而足。因此，雕塑这门艺术从根本上讲就理应趋向并表现崇高。当然而也有一部分雕塑（雕刻）是为了纯粹的观赏、装饰及收藏，但这不是雕塑艺术的主流，并且其中有些类别划入工艺品更为妥帖，比如牙雕、贝雕、玉雕及所谓“架上雕”“案头雕”等。还有一些现代雕塑走向纯粹的抽象或概念，偏向于“观念艺术”，我们对此存而不论。这里列举几个具有显著崇高特征的雕塑名作。

例一，米开朗琪罗的《大卫》。大卫是《旧约》里的少年英雄，曾杀死侵略犹太部族的非利士巨人哥利亚。米开朗琪罗把他塑造成一个容貌英俊、肌肉发达、体格匀称的青年壮士形象，充满自信地站立着，左手拿石块，右手下垂，头向左侧转动着，双眼炯炯有神，凝视着远方，体现着理想化的男性美和巨人感，表达出人性的伟大和精神的崇高。

例二，罗丹的《思想者》。作品呈现为一个坐着沉思的男性形象，那生命感强烈的躯体在一种极为痛苦状的思考中剧烈地收缩着。紧皱的眉头、托腮的手臂、低俯的躯干和弯曲的下肢，似乎人体的一切细节都被一种无形的压力所驱动，紧紧地向内聚拢和团缩，从而将深刻的精神内涵与完美的人物塑造融于一体，既体现男性人体的刚健之美，也蕴含着深刻与永恒的人类精神。

例三，穆希娜的《工人与集体农庄女庄员》。雕塑在基座上高达 30 多米，侧面望去仿佛凌空飞翔，雄健而又轻盈。人物的衣服紧贴着身躯，富有装饰性的衣褶和飘带在风中扬起，极大地增强了雕像的运动感。人物动作和表情具有浓郁的生活气息和强烈的时代感，表现出当时苏联人民激越和愉快的精神风貌。雕像也因此成为新生的苏维埃国家的象征。

例四，潘鹤的《艰苦岁月》。作品塑造了一大一小两位红军战士，大的红军战士在吹笛子，小红军战士依偎在大红军战士的身上，怀里搂着一支步枪，一只手撑着脸，专注地听着，脸上泛出微微的笑容。两位战士都赤着脚并挽起了衣袖和裤腿，这是红军长征途中的一个片刻小憩的场景。雕塑家没有刻意去表现长征的艰难困苦，却选取了漫漫长征路上富有诗意的一个片段。这个片段，如同 19 世纪德国文艺理论家莱辛所说，是富于“暗示性”的那一刻。暗示什么呢？应当是红军战士的浪漫主义精神和坚信革命一定胜利的远大理想。

雕塑因其特殊的物质形态，既能在室内陈列，又能在室外展示；并且就大型的纪念性和主题性雕塑而言，室外展示更为普遍，也更能发挥其功能，因此，城市雕塑已经成为世界各国人文景观的重要组成部分。优秀的城市雕塑具有很高的思想性和艺术性，既是城市的地标，也具有承载历史的作用。其中主题性和纪念性的作品大多给人以崇高感，起到净化或提升人的精神境界的作用。在城市雕塑中，校园和军营雕塑是十分重要的一类。因为校园和军营都是培养人、塑造人的地方，因而文化环境的建设显得十分重要，其中，雕塑建设又是特别重要的一项，它能够让在这个环境里生活、学习和训练的人耳濡目染地接受教育，自觉养成自豪感、荣誉感和上进心，并培育崇高的精神。

五　宗教与崇高

在西方文化里，崇高概念的发展和成熟与宗教有着密切联系。大体而言，西方文化是由古希腊文化和希伯来文化合流而成，即所谓的“双希文化”。古希腊文化的主要特征是优美、庄重而静穆，希伯来也即犹太文化的突出特点是苦难与奋争，以宗教精神为主体，这一特点传沿至基督教，深刻影响着整个西方文化和美学，并使崇高的观念受到普遍重视。

德国科隆大教堂

希伯来人的宗教将多神变成一神，从而大大提高了神的权威和主宰地位，也大大强化了人们对神的信仰。基督教诞生后，耶稣成为神的化身，按《新约》所记，他以自身的受难担负起整个人类的罪恶，并和圣徒们一起为世人传达福音，使人们通过忏悔而得以在死后升入天国。因此，整个基督教神学的宗旨就是否定尘世、向往天国、抛弃肉体、净化精神，最终皈依那位至高无上的神。这种观念辐射到整个西方文化，成就了以神圣性为核心内涵的崇高范畴，并体现在西方文化的许多载体中。典型的如哥特式建筑的教堂，其高耸的尖顶直指天空，内部的穹顶表示天国的无限，当然也就反衬出人的渺小。教堂的外墙立面有圣徒及信徒的雕像，里面玻璃墙上则画满了《圣经》故事，教堂里的音乐由管风琴奏出，庄严肃穆。这一切都是为了营造一种净化灵魂的氛围，而教堂承载的文化艺术当然也就有了崇高感。

在中国，佛教对传统文化中的崇高精神起着强化作用。佛教的宗旨是通过修行而解脱，真正的佛教徒都深信只要虔诚地信奉佛祖释迦牟尼，就可以脱离苦海，在“往生”或来世获得幸福，并最终进入涅槃的境界。因此，佛教的精神是奉献和超越，通过礼佛、供佛和习佛而获得内心的安宁，这也是一种崇高精神。这种崇高精神在相当程度上体现在为佛祖及其弟子造像的功德及作品上。今天我们看到的佛教造像大都庄严而慈祥，尤其是佛祖造像，其典型形态是微微颔首，用悲悯的目光俯视人间，如硕大的龙门石窟卢舍那佛像和超大的乐山大佛。建造这样的佛像需要非凡的信念和巨大的财力，且耗时几十年甚至上百年，这本身就体现出人的力量和精神的崇高。而当人们面对这一尊尊气势宏伟且气度超凡的雕像时，崇高之感也会油然而生。

中国四川乐山大佛

六　崇高的意义

我们从多个方面讲述崇高的范畴及精神，是因为它已深深浸入了我们的历史和现实生活，并对我们走向未来起着引领和导向的作用。以下几方面的意义是特别值得我们珍视并发扬的。

（1）崇高是文化血脉。世界各民族都有自己的文化，每个民族的文化如果要延续和传承下来，就少不了崇高的品格，而只有以崇高为基因的文化传统才能支撑一个民族的发展壮大。中国是世界文明古国，其文化传统一脉相承并延绵至今，崇高的品质随处、随时可见。如历史传说（如神农尝百草、大禹治水、愚公移山等）、神话故事（如女娲补天、后羿射日、精卫填海、夸父逐日等）、名胜古迹（如长城、故宫及各种庙宇和宝塔等）、文学艺术（如战争

玄奘西行求法

诗、小说戏曲及史传文学里的英雄形象等）、宗教信仰（如佛教的慈悲与坚忍等）、哲学观念（如“天行健”“地势坤”“上善若水”等）、伦理思想（如孔子的“杀身成仁”、孟子的“浩然之气”和老子的“民不畏死”等）、英雄豪杰（数不胜数）等。凡此，都是中华民族文化传统的精华，也都体现出崇高的精神，需要我们代代相传并发扬光大。

（2）崇高是民族精神。民族的精神一定是崇高的，而这崇高的精神又通过历史上各类先进分子的言行和事迹体现出来。具体情形难以一一尽数，我们借鲁迅先生的话来窥其一斑：“我们从古以来，就有埋头苦干的人，有拼命硬干的人，有为民请命的人，有舍身求法的人，……虽是等于为帝王将相作家谱的所谓‘正史’，也往往掩不住他们的光耀，这就是中国的脊梁。”[①] 他所说的“为民请命的人”，如汉代汲黯在武帝时受皇上指派到河内处置失火之事，路途中看见有上万家农民受灾荒之苦，便未经奏请而开仓赈灾，回朝后向皇上请罪（《汉书·汲黯传》）。又如宋代包拯，史称“拯性峭直，恶吏苛刻，务敦厚，虽甚嫉恶，而未尝不推以忠恕也。与人不苟合，不伪辞色悦人，平居无私书，故人、亲党皆绝之。虽贵，衣服、器用、饮食如布衣时。尝曰：‘后世子孙仕宦，有犯赃者，不得放归本家，死不得葬大茔中。不从吾志，非吾子若孙也。’”（《宋史·包拯传》）百姓称之为“包青天”。再如明代海瑞，曾冒死上疏指斥当朝皇帝为求长生不老而劳民伤财，皇帝阅后大怒，下令火速拿下，“无使得遁”。时有了解海瑞为人的宦官介绍说：“此人素有痴名。闻上疏时，自知触忤当死，市一棺，诀妻子，待罪于朝，僮仆亦奔散无留者，是不遁也。”因而得解。其为官“素疾大户兼并，力摧豪强，抚穷弱。贫民田入于富室者，率夺还之”（《明史·海瑞传》）。民间传说其断案的原则是：“与其冤屈贫民，宁愿冤屈富民；与其冤屈愚直，宁愿冤屈刁顽。”这在今天看来未必合法，却表达出为民做主的鲜明态度，在封建社会的体制下是难能可贵的。所谓“舍身求法的人”如东晋法显，20 岁受戒后，前往西域、印度寻求戒律原典，先后 15 年，游历 30 国，写下《佛国记》及多种佛学著作。又如唐代玄奘，13 岁出家，公元 629 年从长安西游，历尽艰险到达印度。

① 《鲁迅全集》第六卷，人民文学出版社，1981，第 118 页。

17 年后回到长安，带回经书 657 部，又用 10 年时间与弟子共译出 75 部 1335 卷，并写下《大唐西域记》，成为佛教法相唯识宗的创始人。两位高僧的功德在佛教，但精神的力量却辐射到整个民族。所谓“舍身求法”正是体现出一种崇高的民族精神。

（3）崇高是国家形象。每个国家都有自己的国家形象，这是软硬两方面实力的展示，体现在一个国家的政治、经济、科技、文化、军事、外交等各个方面。中国历史上出现过“大汉雄风”和“大唐盛世”，都是国家形象给历史留下的光辉写照，诚如史学家向达先生所说：“中国国威及于西陲，以汉唐两代为最盛。”[①] 汉代开国后，从文帝到宣帝，国家形象是强健而自信的。政治上因中央集权而使国家统一，经济上通过文景之治而使国库充裕，军事上依靠强大的军队而抵御异族并收复失地，外交上有张骞率团出使西域，文化上有以董仲舒为代表的儒学、司马迁为代表的史学、司马相如为代表的文学……唐代开国后，从太宗李世民到玄宗李隆基，从一统天下到开元盛世，整个国家一直处于上升的态势。大诗人杜甫《忆昔》写道：

> 忆昔开元全盛日，小邑犹藏万家室。
> 稻米流脂粟米白，公私仓廪俱丰实。
> 九州道路无豺虎，远行不劳吉日出。
> 齐纨鲁缟车班班，男耕女桑不相失。
> 宫中圣人奏云门，天下朋友皆胶漆。
> 百馀年间未灾变，叔孙礼乐萧何律。
> ……

仅以文化艺术而言，那个时代就人才辈出、群星灿烂，诗歌（如李白、杜甫）、小说（如传奇、变文）、绘画（如吴道子）、书法（如张旭、颜真卿）、音乐（如李延年）、宗教（如玄奘）等都走向高峰。对外交流也空前繁盛，长安城里西域各国的使团往来不绝。这一切昭示着中华民族迎来自西汉以后的又一次空前盛况。

今天，中国人民正阔步走在实现中国梦、实现中华民族伟大复兴的道

---

① 向达：《唐代长安与西域文明》，河北教育出版社，2007，第 5 页。

路上，国家的强盛超过以往任何朝代和任何时期，崇高精神的高扬也超过以往任何朝代和任何时期。我们的国家形象是昂扬的、阔大的、劲健的、自信的，从而也是崇高的。特别令世人瞩目的是正在实施的“一带一路”倡议，它又一次向全世界展示了中华民族的开阔胸襟和远大抱负，给我们的国家形象增添了浓墨重彩的一笔。

（4）崇高是军人品格。一个国家的军人形象必定是崇高的，为国民所仰慕，为文艺所讴歌，是勇气和国魂的象征。如果不是这样，国家和民族的精神就出问题了。中国近代甲午海战失败后，梁启超反思败因，认为国民精神的萎靡要负很大责任，其中最让人痛心疾首的就是对待军人的态度。他认为西方和日本之所以强盛，得益于整个民族的尚武精神；因为尚武，全社会形成了对军人的敬仰：“夫东西诸国之待军人也，尊之重之，敬之礼之，馨香尸祝之。一入军籍，则父母以为荣，邻里以为幸，宗族交游以为光宠，皆视此为人生第一名誉之事。唯东西人之重视之也如此，故举国人之精神，莫不萃于此点。一切文学诗歌戏剧小说音乐，无不激扬蹈厉，务激发国民之勇气，以养为国魂。”① 他把军人看作家族荣誉和国魂的象征，可见军人不是普通的职业，而是国家的栋梁和民族的寄托，所以文学艺术理应通过讴歌军人来铸造国魂。今天，经过血和火的考验的中国共产党领导的人民军队是中华民族成就伟大事业的中流砥柱。新时代的革命军人必须担当起民族重任，真正具备崇高品格和精神，成为“有灵魂，有本事，有血性，有品德”的“四有”革命军人，无愧于民众的崇仰和文艺的讴歌。

这里特别强调一下“有血性”。自古以来，战争都是残酷的、惨烈的和血腥的，而战场则是每一个战士都要以生命相搏的地方。中国古代大诗人屈原曾这样描写：

操吴戈兮被犀甲，车错毂兮短兵接；
旌蔽日兮敌若云，矢交坠兮士争先；
凌余阵兮躐余行，左骖殪兮右刃伤；
霾两轮兮絷四马，援玉枹兮击鸣鼓；

① 梁启超：《新民说·论尚武》，载《饮冰室合集》六，中华书局，1989，第114页。

天时怼兮威灵怒，严杀尽兮弃原野；
出不入兮往不反，平原忽兮路超远；
带长剑兮挟秦弓，首身离兮心不惩；
诚既勇兮又以武，终刚强兮不可凌；
身既死兮神以灵，魂魄毅兮为鬼雄。（《九歌·国殇》）

古希腊大诗人荷马的描写则是：

其时，两军相遇，激战在屠人的沙场上，
盾牌和枪矛铿锵碰撞，身披铜甲的
武士竞相搏杀，中心突鼓的皮盾
挤来压去，战斗的喧嚣一阵阵地呼响；
痛苦的哀叫伴和着胜利的呼声，
被杀者的哀叫，杀人者的呼声，泥地上碧血殷红。
像冬日里的两条莽暴的激流，从山脊冲涌下来，
……
就以这般声势，两军相搏，喊声蜂起，疲苦卓绝。[①]

战场是铁血搏击的地方，没有血性，就没有资格进入。真正的战士，其血性首先就体现在遇到强敌时所显现出的大无畏英雄气概，有了这种英雄气概，就能在与强敌的鏖战中走向光荣并彪炳青史。战场搏杀自不必论，就是在未战之前的视死如归，也有可歌可泣的光辉范例。这里举一个中国历史上下战书的例子。南北朝时，北魏强势，魏王率兵伐宋，宋各城守将望风披靡、纷纷投降，唯盱眙城岿然不动，守将名曰臧质。魏王并未将这位将军放在眼里，路过盱眙时，也懒得攻打，只是传话让城中送些酒来劳师，并送上刀剑作为礼品，而臧质却派人送去了屎尿。魏王大怒，下战书威胁，臧质回了封信，差点没把魏王鼻子给气歪。信是这样写的：

省示，具悉奸怀。尔自恃四足，屡犯边。……寡人受命相灭，期

① 〔古希腊〕荷马：《伊利亚特》，陈中梅译，花城出版社，1994，第93~94页。

之白登，师行未远。尔自送死，岂容复令尔生全，飨有桑乾哉！尔有幸得为乱兵所杀，不幸则生相锁缚，载以一驴，直送都市耳。我本不图全，若天地无灵，力屈于尔，齑之，粉之，屠之，裂之，犹未足以谢本朝。尔智识及众力，岂能胜苻坚邪！今春雨已降，兵方四集，尔但安意攻城，勿遽走！粮食乏者可见语，当出廪相贻。得所送剑刀，欲令我挥之尔身邪！（《资治通鉴·宋纪》）

这封信翻译成现在的话是这样的："来信老子看了，知道你小子一肚子坏水。仗着还没进化，四条腿走路，三天两头来找事。……早年你大爷我曾受命灭你，阴错阳差没遇上，让你小子捡了一条命。今天又来送死，准让你有来无回。你小子要是死于乱战，那算是运气；如果被我逮住，那就倒了大霉了，我要让你骑在一头驴上，到闹市展览。我要打不过你，宁愿被剁成肉酱，碾成粉末，那是最好的报效国家的方式。你们这些杂种，难道比主子还行吗？眼下天气不错，你人多势众，就一心一意来攻城吧，千万可别开溜。没吃的了，就言语一声，我一定打开粮仓给你补给。你送来的武器，我可要用来把你碎尸万段噢。"后来经过鏖战，盱眙城固若金汤，魏军无奈而退。守将臧质的这封战书留下了古代军人面对强敌而镇定潇洒的英雄情怀。无独有偶，"二战"中的一封战书与之相映成趣。那时盟军在诺曼底登陆并向欧陆纵深深入，纳粹德国垂死挣扎，在阿登地区反攻，包围了美军，并给被围困在巴斯托涅的美军空降101师代理师长麦考利夫送去劝降书。麦考利夫回信只有一个字："呸"。虽然文字不同，但精神实质是一样的，那就是无论敌人多么强大，都敢于应战、不惧一死。这就叫"有血性"，是军人所特有的崇高精神的真实写照，如二战时期美国名帅麦克阿瑟在西点军校的演讲中所说："军人不同于常人，更需要具备修身养性的最崇高境界——献身。士兵在战斗中，在面对危险和死亡的时刻，即可表现出这种崇高的品格。……无论战争多么残酷，只要需要士兵做出奉献，为国捐躯，这就标志着人类发展的最崇高阶段。"① 中国古代兵

① 〔美〕凯瑟·波恩编《美国陆军军官手册》，军事科学院外国军事研究部译，解放军出版社，2003，第3页。

书也多有对将士“血性”的激励之词，如《吴子·励士第六》：“夫发号布令而人乐闻，兴师动众而人乐战，交兵接刃而人乐死，此三者，人主之所恃也”，《司马法·定爵第三》：“荣、利、耻、死，是谓四守”，《尉缭子·武议第八》：“将者，死官也，故不得已而用之。无天于上，无地于下，无主于后，无敌于前”，又《兵教下第二十二》：“百人披刃，陷行乱阵。千人披刃，擒敌杀将。万人披刃，横行天下”，《六韬·龙韬·奇兵》：“善战者，居之不挠。见胜则起，不胜则止。故曰：无恐惧，无犹豫”，《纪效新书·胆气篇》：“故万人一心，心一而气齐，气齐而万人为一死夫。是吾以一心之万力而敌万力之各心，以一死夫而拒彼万生命”，《曾胡治兵语录》：“求将之道，在有良心，有血性，有勇气，有智略”等等，都值得当代革命军人崇尚并发扬。

（5）崇高是育人根本。崇高精神流淌在民族的血脉里，需要每一代人去珍惜和维护，一旦阻塞或中断，将是整个民族的悲哀。在这方面，教育工作者和文化艺术工作者负有义不容辞的责任；特别是对年青一代，要注重对阳刚之气和强健性格的培养，这是崇高精神的基础。中华民族的人格理想是“自强不息”与“厚德载物”的完美融合，是以刚劲为内质的中和。刚劲不是一味用强，而是秉持正气，来自道义的养成，表现在面临是非、荣辱、顺逆以至于生死时的气节。这种人格理想就是孟子说的“浩然之气”，所谓：“其为气也，至大至刚，以直养而无害，则塞于天地之间。其为气也，配义与道”（《孟子·公孙丑上》）。近代曾国藩也提倡“阳刚之气”：“盖人禀阳刚之气最厚者，其达于事理必有不可掩之伟论，其见于仪度必有不可犯之英风，哙之鸿门被帷，拔剑割彘，与夫霸上还军之请，病中排闼之谏，皆阳刚之气之所为也。未有无阳刚之气，而能大有立于世者。有志之君子养之无害可耳”（《曾国藩文集·笔记·阳刚》）。这跟“浩然之气”是一脉相承的。

然而现实的情况却不容乐观。改革开放以来，人们的物质文化生活得到极大丰富，思想领域也吐故纳新，呈现出勃勃生机。但与此同时，受各种外来或内生的消极和腐朽的观念影响，社会生活和社会思想也出现相当程度的混乱。稍加留意，我们不难发现这样一些动向：日常生活领域物化和异化的倾向愈来愈显，公共教育领域英雄和榜样的力量愈来愈弱，学术文化领域解构和颠覆的势头愈来愈猛，文学艺术领域消费和娱乐的势力愈来愈大，以及由此而来的文化的商业化、艺术的庸俗化、体育的金钱化、历史的滑稽化、符号的空洞化、中心的边缘化等。曾几何时，文化领域里充斥着无厘头、搞笑、戏说、超女、快男、速配、伪娘、娘炮、恶搞等。一些所谓文化人不遗余力地以审丑为审美，以低俗为通俗，以运作为创作，以谎言为真理，误导大众把消费当作鉴赏，把技术当作艺术，把噱头当作趣味，把宣泄当作审美，以至于让视听压倒文字、感官压倒精神、欲望压倒希望、快乐原则压倒现实原则。所有这些，都可以看作消费时代的危机，也如某些西方学者所指出的，是后工业时代出现的空间夷平、高潮夷平和价值夷平。

就我们所讨论的崇高精神而言，与之格格不入的还有近些年在文化艺术以及大众传媒里兴盛的“泛娱乐化”或“过度娱乐”的势头。对此，有人曾予以深刻分析并表达了深切的担忧：“在这里，好玩取代了好听或好看，粗俗取代了高雅，悲剧演成了喜剧，有意思取代了有意义……虽说我们的大学毕业生越来越多，但依然说明我们的教育与文化的缺失，致使我们的趣味和品位，拉动着我们的大众文化一起跌进泥沼之中，却以为是在茵茵草坪上狂欢”（肖复兴《我们进入搞笑年代了吗》）。想必这不是杞人忧天。如果不计后果地任由“娱乐化”泛滥，中华民族的崇高精神恐怕就要受到侵蚀、颠覆甚至摧毁，中国人民屹立于世界之林的根基也不复存在。要避免这种情况出现，就需要我们这个时代的文化人和教育家们跳出娱乐化的怪圈，真正让崇高精神成为文化的主流和育人的根本。

（6）崇高是艺术精魂。讲到育人，首当其冲的就是文学艺术，它有着不可替代的特殊作用，因此也需要更加自觉地弘扬崇高精神。文艺创作既需要多元化，也需要主旋律，这关系到一个国家和民族的艺术是有力还是孱弱，是振奋还是萎靡，以至于是健康还是病态。世界上任何国家的优秀文艺作品都承载着本民族的历史和文化，其思想和底蕴也必定是崇高的。我们不否认艺术的娱乐、消遣甚至是游戏的功能，但当一个国家的艺术只具有这些功能而丧失了崇高，那也就走向末路了。一个多世纪前，梁启超眼见国民精神不振，痛心疾首，深深责备文学艺术产生的负面作用：“至其小说戏剧，则惟描写才子佳人旖旎冶媟之柔情；其管弦音乐，则惟谱演柔荡靡曼亡国哀思之郑声。一群之中，凡所接触于耳目者，无一不颓损人之雄心，销磨人之豪气。恶风潮之所漂荡，无人不中此恶毒，如疫症之传染，如肺病之遗种，虽有雄姿英发之青年，日摩而月刓之，不数年间，遂颓然如老翁，靡然如弱女。呜呼，群俗者冶铸国民之炉火，安见颓废腐败之群俗，而能铸成雄鸷沉毅之国民也！"[①] 他的话虽然有些过激，但对不计社会作用而沉湎于靡靡之音的文艺创作不啻当头棒喝。无独有偶，当代著名作家阎肃先生在文艺工作座谈会上也发表了类似的感慨："近年来，我总有一种'乱花渐欲迷人眼'的感觉。社会上绯闻、丑闻，花边桃色；作秀、作呕，低俗恶俗，纷纷闯入眼帘、聒噪不休，好像这才时髦夺眼球，甚至香臭不分、法纪不论，越黑越火，让我着实感到有点寒风飒飒。一开始，我以为只是偶然现象，一笑置之；渐渐地我从一些青少年的反映和津津乐道里，感到不可等闲视之；最后我感到冷风刺骨，不能就这样听之任之了。我们好像不能光看到评了多少奖、开了多少花，而要真看看移风易俗、社会风尚、流行风味儿了！更何况在人家不遗余力、重金营造、推而广之的情况下，我们有少数人还争先恐后摇旗呐喊、推波助澜，被市场、收视率牵着鼻子走，还津津有味、得意非凡，这还有点文艺工作者应有的良知么？"两位文学家相隔100多年，提出的问题和抨击的对象竟然如此相似，可见这个社会还经常有沉渣泛起，我们这个民族的精神还有毒素未曾排净。因此，每一位有良知的文艺工作者都要认清自己的责任，并让自己的作品担当起引导人民、教育人民并使民族精神不断走向崇高的责任。

七 结语：仰望星空

中国有句老话叫"人往高处走"，我们仿此句式再添一句："心往高处想"。此所谓"高"，当然不是高官、高位或如社会上所说的"高富帅"之高，这些东西似高实低，很容易让人的精神滑落到黑暗的深渊。人生真正的高处是真理、道德和审美的彼岸，这是我们所要追求和攀登的崇高。

---

① 梁启超：《新民说·论尚武》，载《饮冰室合集》六，中华书局，1989，第114～115页。

因此可以说，人的崇高就是为了真、善、美而使精神境界不断升华和超越，并且永远虔诚、永远敬畏，就像我们抬头仰望浩渺的星空而产生的景仰和崇拜。康德曾说：“有两样东西，我们愈经常愈持久地加以思索，它们就愈使心灵充满始终新鲜不断增长的景仰和敬畏：在我之上的星空和居我心中的道德法则。”① 对待崇高也是如此，它既高悬于我们头顶之上，也深藏于我们内心之中。伟大的科学家爱因斯坦也说过：“对这个世界的凝视深思，就象得到解放一样吸引着我们，而且我不久就注意到，许多我所尊敬和钦佩的人，在专心从事这项事业中，找到了内心的自由和安宁。”② 是的，崇高的精神来自崇高的事业，而崇高的精神赋予我们最美好的心灵。

拓展阅读

司马迁：《史记》“本纪”中“五帝本纪”“项羽本纪”“高祖本纪”，“世家”中“孔子世家”“陈涉世家”等，“列传”中“孙子吴起列传”“孟尝君列传”“屈原贾生列传”“李将军列传”等，中华书局，1982。

班固：《汉书》“高帝纪”“文帝纪”“景帝纪”“武帝纪”，“陈胜项籍传”“张冯汲郑传”“李广苏建传”“卫青霍去病传”“司马相如传”“司马迁传”“游侠传”等，中华书局，1962。

张舜徽：《中华人民通史》，华中师范大学出版社，2008。

〔英〕伯克：《崇高与美——伯克美学论文选》，李善庆译，上海三联书店，1990。

---

① 〔德〕康德：《实践理性批判》，韩水法译，商务印书馆，1999，第177页。

② 〔德〕爱因斯坦：《自述》，载《爱因斯坦文集》第一卷，许良英、范岱年编译，商务印书馆，1976，第2页。

第五章　悲剧

与崇高一样，悲剧也是一个美学范畴，但它的前身是一种艺术形式，源自古希腊。

古希腊悲剧起源于“山羊歌”，起初是用来祭奠酒神狄奥尼索斯的。在古希腊神话里，狄奥尼索斯的母亲是人间女子，被天神宙斯娶为妻室。狄奥尼索斯出生后受到天后赫拉的迫害，长大后被放逐到人间流浪。在流浪的过程中，他教会农民酿酒，因而成为酒神，人们每年举行仪式纪念他。仪式中合唱队演唱，山羊是古希腊人献给神的祭品，故称为“山羊歌”。早期的“山羊歌”以音乐为主体，辅之舞蹈表演，后来逐渐向戏剧形式转化，并定型为四幕悲剧。

古希腊神话中的酒神
狄奥尼索斯

古希腊戏剧在公元前 5 ~ 前 4 世纪达到鼎盛，也使“悲剧”这种戏剧形式的发展达到高峰，对文艺理论和美学思想产生了重大影响。亚里士多德的《诗学》就重点讨论了悲剧，从而使悲剧的艺术特征融入文学思想和美学观念。此后，西方文学艺术史中，悲剧创作和表演长盛不衰，而“悲剧”也最终成为重要的美学范畴。它一方面是“主要与悲剧相关的有关悲剧性的文学和艺术的概念”，另一方面也是“人类学的、形而上学和存在的悲剧观，这一概念从人类存在的悲剧性语境中产生，自 20 世纪开始流行（黑格尔、叔本华、尼采、席勒、卢卡奇、乌那莫诺)”。[①] 这就意味着“悲剧”的意义不止于戏剧，甚至不止于文学艺术，它在更高的层面标识出艺术创作的某种形态及其精神，并且这种形态及其精神还具有深刻的伦理和哲学内涵，关系到人生、人格以及生命的意义。因此，我们也就有理由对“悲剧”这个概念予以特别的关注。

一 悲剧观及理论学说

在西方文艺史和美学思想史上，对悲剧的认识有一条连续而完整的脉络，其中有一些重要的观念和理论学说是我们把握“悲剧”范畴时要大致了解的。

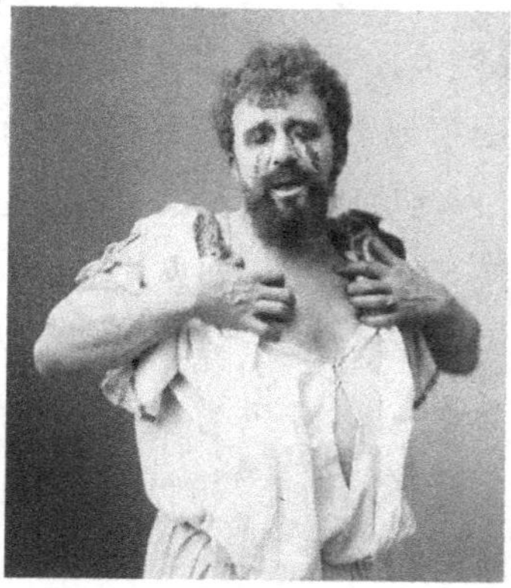

悲剧《俄狄浦斯王》剧照

（1）命运的抗争。这是古希腊人的悲剧观，虽然没有形成文艺理论，却通过优秀的悲剧作品鲜明而深刻地体现出来，最典型的如索福克勒斯的《俄狄浦斯王》。作品讲的是底比斯国发生瘟疫，天神告知只有查出杀害前王拉伊俄斯的凶手并使之伏法，才能消灭疫情。现任国王俄狄浦斯下令全国追查，却从先知那里得知凶手就是他本人。原来在他出生时，父母得到神谕，说此儿长大后将弑父娶母，于是将婴儿抛弃荒野。后婴儿得人救助并抚养，辗转成了科林斯国王之子。成年后的俄狄浦斯知道了“弑父娶母”的神谕，为躲避预言逃出科林斯国，在途中与人抢道，将对方主仆数人打死，却不知打死的正是他生父。随后他到达底比斯国，猜出了狮身人面怪兽的谜语而被拥立为王，并按习俗迎娶前王寡后为妻。当这一切真相大白后，王后羞愧自尽，俄狄浦斯也刺瞎自己的双眼并自我放逐。

古希腊人是相信命运的，就跟他们相信神灵一样，但同时又不甘心受

① 〔法〕帕特里斯·帕维斯：《戏剧艺术辞典》，宫宝荣、傅秋敏译，上海书店出版社，2014，第393页。

命运的摆布，想要尝试与命运抗争。于是，剧作家们便塑造出像俄狄浦斯这样的悲情英雄。他正直、英勇而富于智慧，敢于跟命运较量，也得到人民的拥戴，但他毕竟是人，命中注定在与神的搏斗中要失败并受到惩罚。尽管如此，在与命运抗争的矛盾和冲突中，英雄的人格和精神得到了张扬，而观看悲剧的人们也从英雄的奋争与毁灭中感受到震撼，精神得到升华，心灵得到净化。这就是古希腊人喜爱悲剧以及古希腊悲剧得以空前繁荣的重要原因。这种"净化"的功能在亚里士多德的《诗学》里得到确认，连同内容和形式的特点一起构成了古希腊悲剧的完整定义：

> 悲剧是对于一个严肃、完整、有一定长度的行动的摹仿；它的媒介是语言，具有各种悦耳之音，分别在剧的各部分使用；摹仿方式是借人物的动作来表达，而不是采用叙述法；借引起怜悯与恐惧来使这种情感得到陶冶。①

（2）个性的毁灭。文艺复兴运动的重要成果是提升了人的价值。在艺术作品中，人再也不是神的奴仆，而有了自己的性格和抱负。悲剧的主人公多具有鲜明个性和远大追求，悲剧冲突多来自个人在事业和生活追求中所遇到的阻力，而悲剧的原因则多表现为人的"伟大"与其自身性格中某种缺陷的矛盾。比如莎士比亚的《哈姆雷特》讲述了丹麦王子哈姆雷特在外求学时突然接到父王的死讯而回国奔丧，看到叔父克劳迪斯即位不久即和母亲匆忙结婚，心中充满疑惑。一天深夜，哈姆雷特在城墙上遇见了父亲的鬼魂，得知父亲是被叔父毒死，由此开始了复仇计划。他通过"戏中戏"证实了叔父确为杀父凶手。之后，由于误杀了恋人奥菲莉亚之

悲剧《哈姆雷特》（电影剧照）

① 〔古希腊〕亚理斯多德：《诗学 诗艺》，罗念生、杨周翰译，人民文学出版社，1962，第19页。

父并导致奥菲莉亚自杀，他不得不接受了与奥菲莉亚的哥哥雷欧提斯的决斗。决斗中，母后因误喝了克劳迪斯为哈姆雷特准备的毒酒而死，而哈姆雷特和雷欧提斯也双双中了毒剑。哈姆雷特在临死前杀死了克劳迪斯，以自己的死亡完成了复仇。

今天看去，哈姆雷特的悲剧应当有深刻的历史和社会原因，但就戏剧冲突而言，作者把悲剧归因于主人公性格上的缺陷——犹疑。哈姆雷特有机会杀死叔父，却在关键时刻陷入迟疑，这就是评论家所指出的《哈姆雷特》在剧情上的“延宕”，而该性格缺陷导致了主人公为复仇而付出了生命代价。不唯哈姆雷特如此，莎士比亚的其他几部悲剧作品中的主人公也多因性格缺陷而推动故事情节并导致悲剧结局，如奥赛罗的嫉妒、李尔王的轻信以及麦克白的野心等。这也就是那个时代的悲剧观：伟大的人物从中世纪的禁锢和蒙昧中觉醒，雄心勃勃地要完成自己的伟业，但他们不能克服自身性格的局限，因而在斗争中遭受失败或重大牺牲。然而，这些人物虽因性格缺陷而失败或牺牲了，却仍然显示出强大的人格和精神力量，能够证明人作为“宇宙之精华，万物之灵长”（哈姆雷特语）的伟岸和高尚。因此，悲剧的结局虽是阴暗和不幸的，但展示出的理想却是光明和远大的。

（3）伦理的冲突。黑格尔是德国古典美学的集大成者，他的艺术理论的核心观念是冲突。他认为，造成悲剧的冲突不是一般的冲突，而是两种伦理力量的冲突。这两种力量各自都有其合理性，却又都是片面的，因此，在冲突发生时都不可能完全战胜对方，最后只能是两败俱伤、同归于尽。当然，悲剧的结局虽然悲惨，但意义和作用却并不消沉，不如说是愉快而振奋的，因为悲惨的结局让人们看清了自身的缺陷并认识到“正义的力量”。这样看来，悲剧的实质就是通过两种伦理力量的冲突及其毁灭去伸张所谓的“永恒正义”。黑格尔认为，体现伦理力量的冲突的悲剧在古希腊就有范例，但不是索福克勒斯的《俄狄浦斯王》，而是同一作家的另一部悲剧作品《安提戈涅》。故事讲述了俄狄浦斯被放逐后，他的两个儿子厄忒俄克勒斯和波吕涅刻斯为争夺底比斯王位而双双战死。两兄弟的舅父，也即底比斯新王克瑞翁掩埋了厄忒俄克勒斯，却下令禁止为波吕涅刻斯下葬，违者处死。两兄弟的妹妹安提戈涅不顾国王法令，毅然为兄下葬，被处极刑。她的未婚夫，也即克瑞翁的儿子海蒙殉情而死，海蒙的母后也因丧子而自尽，克瑞翁最终面对巨大的灾难而幡然醒悟。依据黑格尔的观点，这个悲剧中表现的是王法和亲情的冲突，这两种伦理力量都有合理的一面，却又都有各自的片面性，因此，最终双方都做出了重大牺牲。结局虽然可悲，但昭示了生活中执意于片面性的后果，也可以看作是在更高的层面达成了“和解”，即“永恒正义”的真理的体现。显然，黑格尔的悲剧观包含了他所有哲学、美学里都一以贯之的辩证法思想：正—反—合，也即从对立到斗争到统一。

（4）欲望的痛苦。叔本华是黑格尔同时代的人，但哲学和美学思想却与黑格尔大相径庭。叔本华认为，世界的本质是意志，人的本质也是意志。意志就是欲望，欲望带来痛苦。欲望是须臾不停地，痛苦也是无休无止的，即便欲望暂时得到满足，但过不多久就变成为无聊。“所以人生是在痛苦和无聊之间像钟摆一样来回摆动着；事实上痛苦和无聊两者也就是人生的两种最后成分。”① 悲剧的意义就在于用艺术的形式展示人生的本质，让普天下的人们看清楚，人生就是苦海，不值得留恋，须尽早抽身，断然放弃。

叔本华：欲望和痛苦

因此，叔本华认为在各类艺术中，悲剧因为能够揭示生活的本质而具有最高的价值。进而，他又把悲剧分为三类：第一类是由特别邪恶的人所造成的，如《奥赛罗》里的伊阿古；第二类是由盲目的命运引起的，如《俄狄浦斯王》里“弑父娶母”的神谕；第三类则是缘于普通人物所处的境况及其与他人之间的关系，这种悲剧每时每刻都存在于任何人的生活当中。在叔本华看来，这三类悲剧中，以第三种为优。因为它向世人展示了

① 〔德〕叔本华：《作为意志和表象的世界》，石冲白译，商务印书馆，1982，第427页。

悲剧不必非得是发生在特殊人物身上的特殊事件，而是我们每个普通人都必然经历的，因为只要我们带着欲望来到这个世界，只要与他人的欲望相互交织，我们的一生就注定是不幸的，生命就注定是悲惨的。而揭示这种境遇的悲剧作品恰是人生的一面镜子，让每个人都清楚地看到生活与悲剧原本是一件事情，不值得留恋，要尽早放弃、彻底放弃。

叔本华的悲剧观曾引起中国近代一位大学者的强烈共鸣，他就是王国维。王国维敏锐地察觉，以叔本华的悲剧理论为标准，中国古代小说中就有一部绝顶伟大的悲剧作品——《红楼梦》。在《红楼梦》里，没有铄古震今的英雄人物，也没有惊天动地的悲惨事件，所展示的主要是一个豪门家族里的日常生活。然而书中人物几无一人得以善终，让人读后感到透心的悲凉，对人生感到彻底的绝望。这实际上是在告诫世人，生活的本质是悲惨的，人有多大欲望，就会有多大痛苦，要快快醒悟，“速作回头要紧”。正因为这样的主旨及其精彩的描写，《红楼梦》在美学和伦理上都有极高的价值，是“悲剧中的悲剧”。①

应当说，王国维借叔本华的悲剧学说去评价《红楼梦》并非盲从。今天看来，从《红楼梦》里固然可以“挖掘”出许多主旨，如所谓“自传”“影射”“排满”“爱情”“批判”等，但如果以阅读的直接感受而言，这部作品最主要的思想应当是“出世”，是历经繁华后的悲凉以及由此产生的遁入空门之想。这一点在作品前前后后都有点破，更不用说蕴藏在对情节的设置、人物的刻画和场景的渲染之中。由此而论，王国维无论是以《红楼梦》去印证叔本华的悲剧观，还是用叔本华的悲剧理论去论证《红楼梦》的价值，都有一定道理。

（5）生命的永生。尼采受叔本华的影响，以“意志”（欲望）作为其思想的核心，却没有像叔本华那样消极地否定意志，而是把意志作为生命的驱动力和创造力，并提出了一个对后世思想影响极大却也饱受争议的概念——“权力意志”（也译作“强力意志”）。在审美和艺术问题上，尼采提出了著名的“日神精神”和“酒神精神”之说。他将古希腊艺术分为两

---

① 王国维：《红楼梦评论》，载《王国维全集》第一卷，浙江教育出版社、广东教育出版社，2009。

类，一类是以日神阿波罗为象征的“日神精神”，主要艺术形式是雕塑，展现人生的光明和幻觉，诱使人们迷恋短暂的幸福；另一类是以酒神狄奥尼索斯为代表的“酒神精神”，主要艺术形式是音乐，揭示人生的黑暗和冲动，迫使人们追求永恒的生命。“酒神精神”的特征是“梦”，它用温柔的面纱遮盖人生的悲痛；“日神精神”的特征是“醉”，它执意揭开人生的面纱，让人们直视生活的悲惨。显然，尼采提倡的“酒神精神”正是与古希腊悲剧同源，也可以说是借古希腊悲剧来张扬一种深刻的艺术观和人生观。古希腊人在祭奠酒神时，会借醉酒进入一种痛苦与狂喜交织的癫狂状态，从而获得一种解除个体束缚、复归原始自然的体验，得到与世界本体融合的最高欢乐。这种体验是痛苦的，但暂时的痛苦过后，是永久的愉悦。也就是说，当人们经历了最大的悲痛后，会迎来人生的超越，会使精神得到升华，进入一个更加高远和光明的境界。这就是悲剧的意义，艺术创作的悲剧如此，人生的悲剧也是如此。

（6）历史的必然。以上所举的悲剧观虽然都有其深刻和独到之处，但也都有一个共同的缺陷，就是没有考虑社会历史的作用，或者说没有把悲剧的性质放到人类社会的历史进程中去考察。这一缺陷直到马克思主义诞生后才得到弥补。恩格斯在批评德国剧作家斐·拉萨尔的历史悲剧《济金根》时，提出了一个著名论断：“历史的必然要求和这个要求的实际上不可能实现之间的悲剧性冲突。”这就从人类历史发展规律的高度揭示了悲剧的本质。《济金根》这部作品写的是 16 世纪 20 年代的德国贵族代表济金根和胡登发动反对封建诸侯的骑士暴动并最终失败。作品把起义失败的原因归咎为援军未能及时赶到，而恩格斯则指出，这场骑士暴动注定是要失败的，因为贵族骑士的起义要想获得胜利，就必须与农民结成联盟，然而这种联盟在当时的历史条件下并无可能。这就是恩格斯所说的：

> 而贵族的国民革命只有同城市和农民结成联盟，特别是同后者结成联盟才能实现。据我看来，悲剧的因素正是在于：同农民结成联盟这个基本条件不可能出现；因此贵族的政策必然是无足轻重的；当贵族想取得国民运动的领导权的时候，国民大众即农民，就起来反对他们的领导，于是他们就不可避免地要垮台。……但这样一来马上就产

> 生了一个悲剧性的矛盾：一方面是坚决反对解放农民的贵族，另一方面是农民，而这两个人却被置于这两方面之间。在我看来，这就构成了历史的必然要求和这个要求的实际上不可能实现之间的悲剧性的冲突。①

就“历史悲剧”而言，恩格斯的论断无疑是深刻的。历史上重大悲剧性事件的原因正在于历史进程中的矛盾，也即恩格斯所说的“历史的必然要求和这个要求的实际上不可能实现之间的悲剧性冲突”。比如历朝历代的农民起义，其爆发就是“历史的必然要求”，然而失败的原因也必定是历史条件的限制，其中最重要的是农民起义队伍尚未有足够的觉悟和自身建设的能力。农民起义如此，近代以来的历次革命又何尝不是如此？戊戌变法以悲剧告终，是因为维新派的力量还远不足以与清廷抗衡；辛亥革命未能完全成功，也因为封建主义和帝国主义的势力仍占据上风。即便成功了的革命也难免在某一阶段遭受失败并酿成悲剧，而悲剧的原因除了政治、经济和军事上的失误，最重要的还是特定时期历史条件的限制。当文艺家将这些历史上的悲剧事件创作成文艺作品时，就需要首先把握住最为根本的“悲剧性冲突”。

（7）心灵的绝望。现代社会，悲剧的概念又增添了新的内涵，最引人注目的是“荒诞”。“荒诞”一语来自“荒诞派”，是对 20 世纪一个戏剧创作流派的命名。这一流派戏剧主张用荒诞的手法表现荒诞的存在，在艺术上摒弃传统格局，打破语言、结构和情节的逻辑性和连贯性，常用象征、暗喻的手法表达悲剧性主题，并流露出绝望和悲凉的情绪。代表人物及作品有爱尔兰剧作家贝克特的《等待戈多》、罗马尼亚裔法国剧作家尤奈斯库《秃头歌女》和英国剧作家品特的《生日派对》等。

荒诞派戏剧的土壤是进入 20 世纪后的西方社会及其精神状态。资本主义的生产方式以及工业化和城市化进程推进了历史和文明的进步，却也使历史和文明付出沉重代价，比如破坏了生态平衡，加大了贫富差距，尤其是打破了人与人、人与自然、人与社会之间的和谐，进而改变了人对于世

① 《马克思恩格斯选集》第四卷，人民出版社，1995，第 560 页。

界的感觉、知觉以及心理需求。第一次世界大战不仅摧毁了西方人的生活家园，也摧毁了西方人的精神家园，人们开始对数千年来西方文化的成果及功能产生怀疑。思想家们陷入深刻的灵魂拷问，文艺家们则表达着愤懑、失望以至于绝望的情绪。种种悲观的情绪使诗人和艺术家们重新审视西方的艺术传统，重新思考艺术的价值和功能；在艺术创作中，则逐渐冷却情感，拉开与生活的距离，用离奇的手段和怪异的形式去表达对生活的忧虑以及对人类前景的茫然。创作中重要的主题是，人生活在这个世界上是没有理由也没有来由的，是可笑和荒唐的，人的心理和行为是缺乏理性和逻辑的，人与人之间是敌视和冷漠的等，所有这些都给人一种虚幻和荒诞的感觉。在荒诞派戏剧作品中，虽然没有或者淡化了外在的矛盾冲突，却潜藏着内在的心灵挣扎。如《等待戈多》，全剧由两个流浪汉语无伦次的对话组成，他们一边漫无边际地闲扯，一边等待一位叫戈多的神秘人士的到来。尽管不断得到各种信息说戈多马上就到，但他最终还是没有出现。再如《秃头歌女》中，一位男士和一位女士进行着奇异的对话，而随着对话的展开，一次次不可思议的巧合出现了：他们竟住在同一条街道、同一幢房子，甚至同一个房间，最终才弄清了原来他们是一对感情淡漠到如同路人的夫妇。在这荒诞的人物、荒诞的语言以及荒诞的情节背后，隐含着人生的悲哀和生命的悲剧，正如作者尤奈斯库所说："荒诞是缺乏目的……切断了他的宗教的、形而上的、超验的根基，人迷失了，他的一切行为都变得无意义、荒诞、没有用处。"①

荒诞派戏剧《等待戈多》

其实，不仅荒诞派戏剧表现荒诞，现代主义文学创作中许多其他体裁的重要作品都具有强烈的荒诞色彩，并因此具有深沉的悲剧意味。如卡夫

---

① 〔英〕马丁·艾斯林：《荒诞派戏剧》，华明译，河北教育出版社，2003，第8页。

卡的小说《变形记》就描写了一家公司的小职员格里高尔·萨姆沙一早起来，发现自己变成了一只大甲虫，从此遭受种种冷漠，连父母和平日最亲近的妹妹都厌恶他，最后他在极度孤独中死去。又如美国作家海勒的《第二十二条军规》描写了某空军中队的司令官定下第二十二条军规，规定飞满32架次的飞行员可以不再执飞行任务。而当尤索林中尉飞满32次后，规定就改成了40次、50次，使得第二十二条军规成为一个永远无法达到的指标，最终导致了尤索林的逃亡。再如英国诗人T.S.艾略特的长诗《荒原》，将西方社会描绘为万物萧瑟、生机寂灭的荒原，把现代人视为没有灵魂的幽灵。开头一章叫"死者葬仪"，这样写道：

> 四月是最残忍的一个月，荒地上
> 长着丁香，把回忆和欲望
> 掺和在一起，又让春雨
> 催促那些迟钝的根芽。
> 冬天使我们温暖，大地
> 给助人遗忘的雪覆盖着，又叫
> 枯干的球根提供少许生命。①

从这些作品中，可以感受到深切的悲观情绪和悲悯情怀，感受到现代社会里反复上演的心灵悲剧。

（8）人生的奋争。在古典或经典悲剧中，悲剧的主人公往往是英雄或伟大的人物，悲剧故事也往往是重大事件；各家悲剧学说多建立在这个基础之上。然而，悲剧并不只是存在于历史和文艺作品当中，也并非为英雄或伟大人物所专有；在现实生活中，人们也可以看到甚至经历悲剧性的事件。生活在这个世界上的人们绝大多数是普通和平凡的，他们为了正义的或合理的目标去奋争，遭受到挫折、阻碍甚至牺牲，也具有悲剧的性质。这种悲剧大量且普遍地存在于社会现实中，每天都在发生。所以，有的理论家把传统悲剧观加以扩展，包括了所有人在生活中为追求某种目的而进

---

① 〔英〕T.S.艾略特：《荒原》，载袁可嘉、董衡巽、郑克鲁选编《外国现代派作品选》第一册（上），赵萝蕤译，上海文艺出版社，1985，第89页。

行的“战斗”，如所谓：

> 悲剧总是牵涉到一个人为了追求某种目的，不惜忍受痛苦，或许还有死亡和失败，而进行英勇的斗争。对抗的力量可能来自大自然……可能来自命运……可能来自社会和政治的利益集团……。这是不太重要的，重要的只是应该起而应战，并且毫不畏缩地把战斗进行到底。从这种根本的意义上来说，人生大部分都是悲剧性的，因为人生就是对环境的永无休止的战斗，大多数人都以默默的英雄主义气概进行了这一战斗。①

西西弗神话

我们每个人来到这个世界大都会遇到各种各样的困境，很少有人能够一帆风顺、无忧无虑地度过一生。在生命过程中，我们会面对各种挑战，承受各种不幸甚至苦难，也会遭受各种挫折甚至失败，但只要勇敢地应对、默默地坚忍，为了理想而不懈前行，我们的人生就有悲剧的意味，进而也有了崇高的境界。正如朱光潜先生所说：“悲剧通过让人面对困难的任务而唤醒人的价值感。”② 从这一点看，不如说悲剧是人生必然和本质属性，而具有悲剧性质的人生才是有价值和有意义的。古希腊有个“西西弗斯”神话，是说科林斯的国王西西弗斯触犯了众神，作为惩罚，他要把一块巨石推上山顶，但每当快到山顶时，巨石就又滚下山去，于是西西弗斯只能永不停歇地做这件事，直到生命消耗殆尽。这似乎是在暗喻人的一生，周而复始地完成一项又一项工作，经受一次又一次地磨难，直到生命尽头。在这螺旋式的进程中，人们也许成功，也许失败，也许得到，也许失去，但这些都不是最重要的，最

① 〔美〕H. 帕克：《美学原理》，张今译，广西师范大学出版社，2001，第 89 页。

② 朱光潜：《悲剧心理学》，张隆溪译，人民文学出版社，1983，第 91 页。

重要的是人们在生命的奋争中表现出的顽强意志和英雄气概。有了这种意志和气概，生命就是乐观和昂扬的，由此产生的悲剧意味或悲剧意识也一定会最终成为促使人奋发和向上的力量。对此，法国作家、思想家加缪在其著作《西西弗神话》里有过深刻的表述和深情的赞美。他说：

> 我感兴趣的正是在回程中稍事休息中的西西弗。如此贴近石头的一张苦脸已经是石头本身了。我注意到此公再次下山时，迈着沉重而均匀的步伐，走向他不知尽头的苦海。这个时辰就像一次呼吸，恰如他的不幸肯定会再来，此时此刻便是觉悟的时刻。在他离开山顶的每个瞬息，在他渐渐潜入诸神巢穴的每分每秒，他超越了自己的命运。他比他推的石头更坚强。①

尽管加缪对西西弗斯的称颂是基于对人生本质为"荒诞"的判定，但无论人生"荒诞"与否，生活中的人敢于跟命运抗争，坚持在逆境中奋斗，就彰显出人所应有的伟大精神。这样的悲剧或许每天都在发生，却是铸就伟大人格的不竭动能。

二　各类艺术中的悲剧性

传统文艺理论对悲剧的论述主要是基于戏剧文学或长篇叙事文学，所强调的"冲突"也主要是人物、情节以及性格的冲突。然而作为美学范畴的悲剧，其含义不止于此，它适用于各个种类的艺术，而这个意义上的悲剧实际上是特指"悲剧性"。以此而论，各种文学体裁和各个艺术种类中都有悲剧性的作品，无论其篇幅（体量）大小和情节有无。这种"悲剧性"较少来自外部或行动的冲突，更多是来自内在或内心的冲突，有人称之为"心灵冲突"。这种"心灵冲突"在文学创作中不仅存在于戏剧和小说中，抒情诗和抒情散文中也有；而在整个艺术创作中，不仅文学和戏剧中有，音乐、舞蹈、绘画、雕塑等艺术种类的作品里也有。而且，呈现"心灵冲突"并具有悲剧性的艺术作品往往能产生强烈的感染力和震撼力。

---

① 〔法〕阿尔贝·加缪：《西西弗神话》，沈志明译，上海译文出版社，2010，第119页。

(1) 抒情诗。中国古代诗歌的主体是抒情诗，且篇幅大都不长。抒情短诗表达悲情往往有很强的情感力量，让读者深切感受到“心灵冲突”。比如《诗经·小雅·采薇》里的一段：

昔我往矣，杨柳依依。
今我来思，雨雪霏霏。
行道迟迟，载渴载饥。
我心伤悲，莫知我哀！

这几句写的是服役远戍的男子在回家路上的心情。第一句是回忆当年离家的场景，彼时，或在和煦春光中，或在蒙蒙细雨中，杨柳随风拂动；景色虽然宜人，场面却是别离，远行的男子怀着感伤的心情与家人道别。第二句是描写眼下回家途中的情景，风卷雪花，前路茫茫；然而景色虽然暗淡，回家的心情却是急切而喜悦的。这两句诗采用了反衬的手法，被后人评为“以乐景写哀，以哀景写乐，一倍增其哀乐”（王夫之《诗绎》）。后两句总括全篇，写远戍征战的辛劳，发自心底的伤悲和感叹，把悲剧气氛推向高潮。

再比如《古诗十九首》之《涉江采芙蓉》：

涉江采芙蓉，兰泽多芳草。
采之欲遗谁？所思在远道。
还顾望旧乡，长路漫浩浩。
同心而离居，忧伤以终老。

与“古诗”里其他篇目一样，这一首也写得平易质朴，但感情却极为深挚。究其缘由，是因为浅显的诗句里包藏着一个母题或原型，那就是“隔”，这在中国古代诗歌中是一个最为悠远的动机。从《诗经·秦风·蒹葭》里的“所谓伊人，在水一方”，到屈原《九歌·湘君》里的“望夫君兮未来，吹参差兮谁思”，到《古诗十九首》之《迢迢牵牛星》里的“盈盈一水间，脉脉不得语”，到陶渊明《闲情赋》里的“愿在衣而为领，承华首之余芳；悲罗襟之宵离，怨秋夜之未央”，到李商隐《无题》里的“梦为远别啼难唤，书被催成墨未浓”，诗人们一遍又一遍地吟咏着“隔”

的母题，将一个古老的原型以不同的语境和意象加以呈现，而这个母题的感人力量正是来自心灵深处的冲突。人的本性是希冀团圆，与亲人、友人、爱人长相厮守，而现实的境况却经常使人与人之间长相分离，这就造成了愿望与现实这两种力量的冲突。诗人以其敏感的天性感受到这种冲突的震颤，又用过人的才情将这种冲突化为诗意，便能够拨动亿万读者的心弦，并在历史长河里产生长久的回响。就像日本学者厨川白村所说的："有如铁和石相击的地方就有火花，奔流给盘石挡住的地方那飞沫就现出来虹彩一样，两种力的一冲突，于是美丽的绚烂的人生的万花镜，生活的各种相就展开来了。"①

（2）音乐。音乐里的悲剧性跟语言艺术不同，它是用音乐语言去表达，较为抽象，听众要根据乐曲的情绪及所谓的"音乐形象"去感受。当然，在不同的音乐体裁中，悲剧性的表现也不同。歌剧里有人物、行动和剧情，音乐的悲剧性与戏剧冲突融合在一起；歌曲里因为有歌词表达情感、叙述事件，音乐和语言一同营造悲剧的气氛；而"纯粹"的音乐如交响乐以及各种合奏与独奏的作品，悲剧性完全依靠音乐本身去体现，音乐家用旋律、节奏、和声以及曲式、调性等去表达矛盾冲突，并且这种表达才是音乐艺术的悲剧性的本质。这方面的杰出代表当属贝多芬，他最著名的两部交响乐——第三交响曲和第五交响曲，就是用音乐表达悲剧性情感的典范。这两部作品分别被冠以"英雄"和"命运"之名，也表明了它们与悲剧有着内在的联系。两部作品都具有震撼人心的强大力量，都用音乐手法表现出强烈的内心和情感冲突，刻画出英雄或人民与命运搏斗的坚强性格，都展现出经过斗争和牺牲而欢庆胜利的宏大场面。其中有些章节专门写"悲"，典型地体现了音乐艺术的悲剧性特征，如第三交响曲第二乐章，标题为"葬礼进行曲"，被罗曼·罗兰形容为"全人类抬着英雄的棺材"。"乐章分三部分，前后两部分建立在小调上，表达了深切的悲痛情绪，中间部分转入大调，好象是在回忆英雄生前的战斗业绩。当主题在尾

① 〔日〕厨川白村：《苦闷的象征》，鲁迅译，《鲁迅全集》第十三卷，人民文学出版社，1973，第21页。

声最后出现时，音调时断时续，送葬的人们已悲痛得泣不成声了。”①

有些抒情歌曲以悲情为基调，歌唱的内容多为劳动人民所遭受的压迫、所经受的痛苦以及生活中遭遇的不幸事件。这类作品的悲剧性质与抒情诗类同，都是表现“心灵冲突”的。不同的是，它们的悲剧性的情感力量既来自语言，也来自音乐，而以后者为主。也就是说，一首悲情的歌曲，人们即便听不懂它的语言，但从音乐表达中就能够感受到它那催人泪下的效果。如中国民歌《走西口》，用悠长、清亮而又深沉、哀怨的曲调表达新婚夫妇分别的悲伤心情，荡气回肠、动人心弦。又如美国歌曲《老人河》，经著名黑人歌唱家保罗·罗伯逊的演唱，让人深深体会到美国黑奴的悲惨命运。而俄罗斯民歌则最擅长表达底层人民的悲伤和痛苦，如《三套车》的忧郁、《茫茫草原》的苍凉和《伏尔加船夫曲》的沉痛等，都是抒情歌曲表达悲剧性的经典。

还有独奏乐曲仅凭旋律本身就能产生强烈的悲剧性，如西班牙作曲家萨拉萨蒂的《流浪者之歌》和中国作曲家华彦钧的《二泉映月》，从中都能听到流浪的人的凄苦和呻吟，悲剧色彩非常浓郁。这样的作品还有很多，就不一一介绍了。

（3）绘画。绘画作品的悲剧性大致分两种情况，一是在作品中直接呈现矛盾冲突，这类绘画多以神话、宗教、历史及风俗的题材为主；二是在作品中寄寓悲凉或悲愤的情怀，这类绘画以风景画或中国古代山水花鸟画为主。

在作品中直接表现矛盾冲突而具有强烈悲剧性的西方绘画作品，如达·芬奇的《最后的晚餐》就表现了耶稣得知已被出卖，即将遭受逮捕而与门徒共进最后的晚餐的场景，作品生动展现了每一个人物的心理和性格，并预示着一场悲剧即将来临。

西班牙画家戈雅的《法国士兵枪杀西班牙起义者》，取材于拿破仑军队入侵西班牙后残酷镇压农民起义的历史事件，画面中有人已经躺在血泊中，有人在临死前高举双手向行刑者投去愤怒目光，也有人捂住双眼不忍见死去的战友，场面极为惨烈和悲壮。

---

① 《音乐欣赏手册》，上海文艺出版社，1981，第421页。

法国画家籍里柯的《梅杜萨之筏》，根据一场海难的真实事件而创作，抓住最后幸存者在看见天际船影那一刻的场景，刻画出在生命边缘挣扎的船员们痛苦和绝望的表情，画面充满了令人窒息的悲剧气氛。

俄罗斯画家苏里科夫的《近卫军临刑的早晨》，反映了彼得大帝对一批政变未遂的近卫军青年军官的镇压，画面上是被绑赴刑场的的军官和前来告别的家人及群众，受刑军官与彼得大帝及行刑官怒目相向，整个气氛肃杀而悲壮。

俄罗斯画家列宾的《伊凡雷帝杀子》，表现的是俄国第一任沙皇伊凡四世暴怒之下杀死儿子的真实事件，画面血腥而惨烈，阴暗的背景、暗红的色调、儿子脸上的鲜血以及伊凡四世惊恐的眼神，都渲染出画面的恐怖气氛。

西班牙现代画家毕加索的《格尔尼卡》，用立体主义风格表现出德军轰炸西班牙北部城镇格尔尼卡的悲惨事件，画面里有被践踏的鲜花、断裂的肢体、手捧死去孩子号啕大哭的母亲、身残倒地仍然握着断剑的战士、濒死长嘶的马匹、光线冰冷的顶灯，这些大幅度变形的形象深刻表达了对法西斯暴行的控诉和对人类所受苦难的悲悯。

挪威现代画家蒙克的《尖叫》，描绘了一个变了形且极度惊恐的人在发出尖叫，背景是猩红的云彩和象征死亡的黑色，仿佛一场巨大的灾难正在降临。

以寄寓悲情而使作品呈现出强烈悲剧色彩的风景画中尤以凡·高的作品最为典型。凡·高一生极为凄惨，贫病交加且精神错乱，他的绘画总能让人感到一种深深的忧伤，即便是色彩鲜艳的作品也掩不住内心的躁动，将对生活的渴望和绝望、恐惧和向往融为一体。他曾解释自己所画的《夜晚的咖啡馆》：“我试图用红色和绿色为手段，来表现人类可怕的激情。”而凡·高的绘画之所以与众不同，也正是由于渗透在笔触之中的悲情。

中国古代画家里也有一位与凡·高有些许相似，那就是跨明清两代的朱耷。他是皇族世孙，少年时经历亡国之痛，内心极为愤懑，曾一度精神失常。他远离尘世，与山水花鸟为友，靠绘画维系生命。他笔下的花鸟抽象、变形而且都奇崛怪异，仿佛在诉说着他本人的一腔幽怨。他自号“八大山人”，书写后看上去既像“哭”字又像“笑”字，暗示他一生强为欢笑、欲哭无泪。他为自己的山水图册题诗：“墨点无多泪点多，山河仍是旧山河。横流乱石桠杈树，留得文林细揣摩。”从这诗句中更能体味出朱耷山水花鸟画里寄寓的悲情。

（4）雕塑。雕塑的悲剧性既可以通过题材表达，也可以意蕴体现，但雕塑作品表现悲剧事件或悲剧情绪时往往比较含蓄和沉着，很少直接展示悲惨场面或直接宣泄悲愤情怀。这一特点与雕塑这种艺术类型的特性有关。据18世纪德国艺术史家温克尔曼说，雕塑的特性是静穆与和谐，排斥感官刺激；而据19世纪德国艺术理论家莱辛的意见，雕塑表现事件或情感，不宜径直去刻画高潮或顶点，而应抓住尚未达到高潮或顶点之间的“最富于暗示性的那一刻”。无论怎样，雕塑的悲剧性确实是深沉而庄严的。我们来看三个具有代表性的作品。

一是《拉奥孔》。这是创作于公元前1世纪的古希腊的雕塑作品，题材源于《荷马史诗》。身为特洛伊祭司的拉奥孔曾警告特洛伊人不要贪图希腊联军遗弃的木马，战后受到偏袒希腊人的神的惩罚：与两个儿子一起被两条巨蛇绞死。雕像中的拉奥孔在做着最后的挣扎，试图挣脱缠绕的蛇，一个儿子已经濒临死亡，另一个儿子绝望地看着父亲，整个作品弥漫着悲伤欲绝的气氛。

二是米开朗琪罗的《夜》。这是其系列雕塑《昼》《夜》《晨》《暮》中的一座，表现一位身材优美的女性正在深深地沉睡，脚下的猫头鹰象征着黑夜的降临，枕后的面具则象征着噩梦缠身，她似乎是在逃避人世，去到梦境中寻求安宁。这实际也是雕塑家本人心境的写照，犹如他写下的诗句：“睡眠是甜蜜的，成为顽石更是幸福，只要世界上还有罪恶与耻辱的时候，不见不闻、无知无觉，于我是最大的快乐：因此，不要惊醒我，讲得轻些罢！”①

三是罗丹的《加莱义民》。这件作品表现的是真实历史事件，14世纪中叶英军入侵法国，加莱城即将陷落，只好忍辱接受了投降条件：让6个有威望的市民拿着加莱城城门钥匙去投降并被处死。雕塑家抓住了6位义民走向死亡的场景，或坚毅，或绝望，但都义无反顾地献出生命。整个作

---

① 〔法〕罗曼·罗兰：《弥盖朗琪罗传》，傅雷译，商务印书馆，1994，第62页。

品虽然悲伤，却并不消沉；相反，用悲剧的场面烘托出了崇高的献身精神。

（5）舞蹈。舞蹈艺术里的悲剧性作品是利用舞蹈动作、舞台造型以及音乐、灯光、舞美等表现悲剧题材或悲伤情感。这里简介几部优秀的悲剧题材舞蹈作品。

女子独舞《天鹅之死》

一是独舞《天鹅之死》（芭蕾舞）。1905 年由俄国舞蹈编导米哈伊尔·福金根据法国作曲家圣桑的管弦乐组曲《动物狂欢节》里的大提琴曲《天鹅》，专门为著名舞蹈家安娜·巴甫洛娃创作。“在钢琴的伴奏下，大提琴缓缓奏出起伏音型，仿佛激荡起湖水的阵阵涟漪，随后引出了洁白而高贵的天鹅——她背对观众，在一连串的脚尖碎步上默默地登场，缓缓地揉臂动作借助于呼吸的提沉，把那感人脏腑的旋律从大臂和小臂一直贯穿到手腕和手指，最后从指尖释放到空中，从而为抒情的主调平添了几分叙事的联想。修长而高扬的脖子准确地代表了芭蕾艺术的高贵典雅，又生动地表现出人类乃至整个动物界的求生渴望。终于，她开始重心下沉，失控的盘旋与起落中夹杂着几分无奈，但直至最后躺在地上，也仍旧保持着生命的优美与尊严。”①

二是双人舞《刑场上的婚礼》（当代舞）。蒋华轩编导，余华盛作曲，刘敏、郑一鸣表演。“作品从两位烈士走向刑场开始，着重描绘他们两人在刑场上举行婚礼和临刑前向群众宣传革命的情景。以中弹牺牲结束。作者运用浪漫、抒情的笔触，抓住在刑场上举行婚礼这一极为奇特和最令人激动的时刻，为舞蹈的展开、人物的塑造创造了一个极好的天地。……结束时，烈士将白纱巾抛向空中，纱巾缓缓落下，蒙在中弹后仍然挽臂屹立的两位烈士头上，形成一组壮美的造型，从而较好地表现了英雄之死纯洁

① 欧建平：《外国舞蹈史及作品鉴赏》，高等教育出版社，2008，第 132 页。

而崇高的意境。”①

男子群舞《一片羽毛》

三是男子群舞《一片羽毛》（现代舞）。黄蕾编导，原解放军艺术学院舞蹈系学员表演。作品“用‘鸟’的‘葬礼’表达了一切生命的泯灭与延续；在每一只‘候鸟’的身上我们看到了脆弱生命与顽强意志的对比；看到了冷漠的环境与温暖的亲情；看到了沉默的悲痛与爆发的豪情，看到了悼念与重生，绝望与希望，编导在这种情感的极致反差中，在人性生而具有的矛盾体中将情感线层层推进。‘候鸟们’的搏击就像人在黑暗生命中的呐喊，那愤怒的目光中满含着对生命的渴望，悲悯的哀悼中蕴藏着正义必胜的信念，死神的挽歌中传唱着生命的礼赞，躯体的消亡中伴随着灵魂的屹立。生命就像一片羽毛，纯洁、孤高、脆弱，肉体可以蜕化，精神却难以摧垮，高贵的灵魂就像那一片片柔软而坚韧的羽毛随风舞动，它不甘降落，只愿飘升，不甘让灵魂沾染尘埃，只愿将身躯献给纯净。”②

四是女子独舞《庭院深深》（中国古典舞）。吕玲编导，张维良作曲，李春燕表演。伴随着一阵幽怨的箫声，一束冷冷的白光打在一把老式的座椅上，上面端坐着一位身着素衣的少妇。那是在中国旧式家族的深宅里，青年女子被封建礼教紧紧束缚，压抑着自己的情感，消耗着自己的红颜。渐渐地，舞台上变幻出红色的光芒，少妇开始起舞，进入一个想象的空间：一叶小舟飘荡在铺满红莲的湖面上，少妇摇着船桨，带着喜悦穿梭在花海之中。当箫声再起，少妇又回到现实中，收起笑容，正襟危坐，四周也陷入死一般的沉寂。

---

① 隆荫培、徐尔充、欧建平编著《舞蹈知识手册》，上海音乐出版社，1999，第219页。

② 应杰：《在“反思”和“正念”中前行——军旅舞蹈创作的时代使命》，《解放军艺术学院学报》2016年第2期。

上述几部舞蹈作品或表现美的毁灭，或表现为革命事业而献身，或表现战胜死亡的气概，或表现旧制度压迫下妇女青春年华的凋零，其共同的特征是“悲”，这也就是舞蹈作品的悲剧性。这种悲剧性最终要通过舞蹈的“艺术”表达出来，而观众也需要通过对舞蹈表演的观赏才能真切体会得到。

三　文艺创作和悲剧人生

文艺史上有一种现象常为人们谈论，即优秀或伟大的艺术家的一生往往坎坷不平，甚至是悲剧性的。这种现象很容易导致一种认识或共识，即艺术家及其作品的伟大通常与他（她）本人所经受的苦难和磨炼成正比。这方面的事例很多，也确实能够说明文艺创作与生活遭际的关系，而这种关系的要点则在于生活中的磨难对人的精神的历练，这对实现远大抱负或伟大事业是坚实的基础和强大的动力。这种关系不仅见于文艺家和文艺创作，也印证于各个领域里的杰出人物及其事业。孟子有过一段名言：“故天将降大任于是人也，必先苦其心志，劳其筋骨，饿其体肤，空乏其身，行拂乱其所为，所以动心忍性，曾益其所不能”（《孟子·告子下》），讲的就是这个道理。我们在这里列举几位中外文艺家因坎坷人生而成就不朽经典作品的事例，既表明文艺创作与悲剧人生的关系，也表明生活中的悲剧对理想人格和人生境界所起的积极作用。

屈原：“目极千里兮伤春心”

（1）屈原，战国时代的楚国诗人和政治家。他看到祖国面临亡国的危险，执意向楚怀王谏言，却遭到佞臣的构陷，满腔悲愤，发为诗篇。怀王死后，顷襄王仍听信谗言，将他流放。最终，这位中国历史上第一位伟大诗人选择了投江，用他的生命和诗篇谱写了一曲传唱千古的悲歌。他那不朽的诗句正是他不朽人格的光辉写照：

长太息以掩涕兮，哀民生之多艰。（《离骚》）

路漫漫其修远兮，吾将上下而求索。（《离骚》）

亦余心之所善兮，虽九死其犹未悔。（《离骚》）

忳郁邑余侘傺兮，吾独穷困乎此时也。宁溘死以流亡兮，余不忍为此态也。（《离骚》）

湛湛江水兮，上有枫。目极千里兮，伤春心。魂兮归来，哀江南！（《招魂》）

（2）司马迁，西汉武帝时代的史学家。中国史学素有“良史”的传统，并有史家为“信史”而冒死甚至赴死的事迹，如春秋时晋国的董狐和齐国的“太史”。但司马迁的苦难却并非缘于著史，而是因为“同情”。那时候，一位名将李陵率部与数倍于己的匈奴军队鏖战，战至最后，不得已投降。司马迁以为凭他对李陵的了解，投降乃是权宜之计，其心仍在大汉，因而向武帝陈情。熟知武帝大怒，将司马迁下狱，随后处以宫刑。遭此大辱，司马迁痛不欲生，然而想到父亲的遗志，想到那部尚未完成的史书，他忍辱含垢地活了下来，并终于以残缺之身写就了作为中国史学和文学丰碑的《史记》。在写作过程中，他曾在与友人的信中谈到自己活着的原因：

司马迁：“发愤著书”

夫人情莫不贪生恶死，念父母，顾妻子，至激于义理者不然，乃有所不得已也。今仆不幸，早失父母，无兄弟之亲，独身孤立，少卿视仆于妻子何如哉？且勇者不必死节，怯夫慕义，何处不勉焉！仆虽怯懦，欲苟活，亦颇识去就之分矣，何至自沉溺缧绁之辱哉！且夫臧获婢妾，犹能引决，况仆之不得已乎？所以隐忍苟活，幽于粪土之中而不辞者，恨私心有所不尽，鄙陋没世，而文采不表于后也。

古者富贵而名摩灭，不可胜记，唯倜傥非常之人称焉。盖文王拘而演《周易》；仲尼厄而作《春秋》；屈原放逐，乃赋《离骚》；左丘失明，厥有《国语》；孙子膑脚，《兵法》修列；不韦迁蜀，世传《吕览》；韩非囚秦，《说难》《孤愤》；《诗》三百篇，大底圣贤发愤之所为作也。此人皆意有所郁结，不得通其道，故述往事、思来者。乃如左丘无目，孙子断足，终不可用，退而论书策，以舒其愤，思垂空文以自见。(《报任安书》)

从此，中国历史和文化就留下一句激励人们在困境中奋争的名言——“发愤著书”。无独有偶，19世纪法国作家巴尔扎克也有过类似的论述：

但丁遭流放，塞万提斯进救济院，弥尔顿蛰居茅舍，柯勒乔在一笔铜钱的压力下劳累而死，普桑怀才不遇，拿破仑被送到圣赫勒那岛，这些人都是基督被钉上十字架所呈现的伟大而神圣的画面中的形象，他们，死而复生，将那可以死去的躯体留在地上以便在天上进行统治。他们既是人，又是神；先是人，后是神。①

由此得出结论：“伟人注定是不幸的。”这与司马迁的“发愤著书”之论可谓是跨越时空的知音。

（3）杜甫，盛唐诗人，诗风以“沉郁顿挫”著称，作品多记述时事及民生疾苦，号称“诗史”。杜甫一生颠沛流离，早年做过小官，随即被贬；盛年遇上“安史之乱”，朝不保夕；晚年客居蜀中，贫病交加。在生命的最后几年，仍沿江而下，居无定所，最后死在一叶孤舟上。这位唐代大诗人一生窘迫，厄运不断，却从来没有停止过作诗，而且他的诗歌愈老而愈精，直至炉火纯青。他遭受的所有苦难都熔铸在诗歌的思想和艺术境界之中，从而将中国诗歌推向新的高峰。宋代诗人黄庭坚由衷感慨：“杜子美

① 〔法〕巴尔扎克：《论艺术家》，袁树仁译，载《巴尔扎克论文艺》，人民文学出版社，2003，第13页。

杜甫："万里悲秋"

一生穷饿，作诗数千篇，与日月争光"（《题韩忠献诗杜正献草书》）。且看这首《登高》：

风急天高猿啸哀，渚清沙白鸟飞回。
无边落木萧萧下，不尽长江滚滚来。
万里悲秋常作客，百年多病独登台。
艰难苦恨繁霜鬓，潦倒新停浊酒杯。

这首诗差不多就是杜甫一生的缩影：生活是那么凄苦，但诗歌却是那样精湛！

（4）曹雪芹，清代小说家，中国最伟大的小说之一《红楼梦》的作者。当然，至今还有人不承认曹雪芹的身份，甚至不承认有这么个人，但并没有充分证据能推翻当年胡适等人的考证。其实，我们今天称曹雪芹为"小说家"，他本人若是听见了，肯定一头雾水，因为他写《红楼梦》原本就不是为了"创作"，更不指望靠这本书去名利双收。在他的年代里，写"小说"只是文人的"闲情偶寄"，不登大雅之堂，也"不足与外人道也"。所以，曹雪芹写完的书稿只是拿给朋友传阅，并没有当成多大的事。那么曹雪芹为何要写这样一本"大书"？直接原因就是家族的衰败。据考，曹雪芹祖上随清人入关，祖父做了很大的官（江宁织造），乾隆下江南时曾两次住在曹家，可想其家境是如何殷实！可惜好景不长，到了曹雪芹的父辈，家道中落，曹雪芹不到中年时就搬出了"大观园"，沦落到荒郊野外租房度日。之后十余年，曹雪芹过的是落魄文人的生活。然而生活愈是痛苦，对往昔的回忆就愈发温馨。经过"披阅十载，增删五次"，终于写成《红楼梦》前八十回。其间，曹雪芹的妻子和儿子先后死去，他本人也在经历各种磨难后，在 48 岁那年撒手人寰。他自述《红楼梦》之作是："字字看来都是血，十年辛苦不寻常。"又说："满纸荒唐言，一把辛酸泪！都云作者痴，谁解其中味？"我们从曹雪芹的经历及自白中得出的结论是，若不是家道中落，其本人从天堂坠入人间，其身份从公子哥转为穷书生，他也写不出空前绝后的《红楼梦》，或许它压根就不会动写书的念想。这正应了中国诗论里那句名言："穷者而后工”。

（5）米开朗琪罗，意大利文艺复兴时期的画家、雕塑家、建筑家和诗人。他的作品多具有英雄的气质、史诗的气势，而他的个人生活却极为孤寂。在那个时代，绘画和雕塑是十分艰苦的工作，他以一己之力，一幅教堂壁画要画上几年，一座大型雕塑也要耗时数年甚至十数年，而且要长时间保持与人体规律相悖的姿势，以致身体残疾。他活了 89 岁，一生都在工作，终生未娶。他曾想过自杀：“如果可以自杀，那么对于一个满怀信仰而过着奴隶般悲惨生活的人，最应该给他这种权利了。”①然而他没有放弃生命，而是以毕生的劳作和痛苦为人类奉献出《大卫》《摩西》《哀悼基督》《创世纪》等最伟大的雕塑和绘画作品。

米开朗琪罗：“如果可以自杀……”

（6）贝多芬，这个名字就相当于“音乐”，根本不用介绍；人们尊称他为“乐圣”，把它当作音乐奥林匹斯山上的众神之王。然而，他的音乐虽然那样神圣，他的生活却是那样不幸！他出生在一个宫廷乐手的家中，幼年开始便在父亲拳头的威逼下学习钢琴，少年时进入宫廷乐队担任乐手并学习作曲，青年时代的几次恋爱均告失败，之后终生未娶，中年时耳聋，从此再也听不见自己创作的乐曲。他一生大部分时间都在和病魔斗争，曾感慨：“噢，人生多美，但我的

贝多芬：“用痛苦换来的欢乐”

① 〔法〕罗曼·罗兰：《弥盖朗琪罗传》，傅雷译，商务印书馆，1994，第 62 页。

是永远受着毒害……”但他从不向命运低头，誓言“要扼住命运的咽喉”。为他作传的罗曼·罗兰将他的一生看作是一场意志与苦难搏击的伟大胜利，并深情地颂扬：“什么胜利可和这场胜利相比？……一个不幸的人，贫穷，残废，孤独，由痛苦造成的人，世界不给他欢乐，他却创造了欢乐来给予世界！他用他的苦难来铸成欢乐，好似他用那句豪语来说明的，——那是可以总结他一生，可以成为一切英勇心灵的箴言的：‘用痛苦换来的欢乐’。”[①] 这段赞语，我们在聆听《命运》《英雄》《欢乐颂》时能够体会得到，在聆听《田园》《月光》《致爱丽丝》时也能感受得到，正如翻译家傅雷先生所说：“贝多芬的音乐几乎每页都是与命运肉搏的历史”[②]。他的雕像上镌刻的铭文是：“为人类酿造美酒的酒神”。诚哉斯言！

（7）陀思妥耶夫斯基，19世纪俄国小说家。自幼生长在一个不利于儿童成长的环境之中，母亲早逝，父亲暴虐。他9岁便首次发作癫痫，此后终生未愈。青年时因参加反对沙皇的革命活动而被判处死刑，直到临刑的前一刻才得到赦免，改判为流放西伯利亚。结束苦役后专门从事小说创作，却又染上赌瘾，不得不加快写作速度，试图以稿费偿还赌债，这严重损害了他的身体，同时他还要忍受频繁发作的癫痫。他曾描述过面临死亡的经历：“今天是十二月二十二日，我们被押解到谢苗诺夫校场。当场向我们全体宣读了死刑的判决，让我们与十字架吻别，在我们头上折断了佩刀并给我们穿上了死囚服（白衬衫）。以后三人一组被绑到柱子上

陀思妥耶夫斯基：“爱上了痛苦”

① 〔法〕罗曼·罗兰：《贝多芬传》，傅雷译，三联书店，2012，第77页。

② 傅雷：《独一无二的艺术家莫扎特》，载《与傅聪谈音乐》，三联书店，1984，第30页。

准备行刑。三人一批，当然，我是第二批。须臾之间我将离开人世。”① 这给他以后的人生和作品都蒙上了死亡的阴影，造就他忍受却又迷恋痛苦的心结，也成就了他小说中由于对灵魂深处的矛盾和痛苦的刻画而显示出的巨大悲剧性。如评论家所说：“在这位极度主观的作家的永远采取个人自白形式的、充满阴沉的忧虑、热病似的彷徨和动摇、对生活的混乱与黑暗的难以消除的恐惧的作品里，镌刻着一颗伟大然而病态的灵魂的悲伤的历史，这颗灵魂为人类的苦难痛苦，绝望——名副其实地绝望，就是说，丧失了期待、梦想、青春的憧憬——这颗灵魂爱上了痛苦，因为除了痛苦，已经没有东西可以使他活下去，也就是说，可以使他爱。”② 陀思妥耶夫斯基称同时代的诗人涅克拉索夫是：“一个酷爱痛苦的诗人!”③ 他本人又何尝不是如此呢？也正是这样的苦难经历及其所造成的痛苦心灵，使他的小说对人的内心及灵魂的剖析达到无与伦比的深度。

梵高：“对痛苦一笑置之”

（8）凡·高，19 世纪荷兰画家。幼时沉默寡言，自学绘画后到巴黎结交印象派画家，并以风景画为主业。患有严重精神疾病且会定期发作，曾在发病期间割下自己半只耳朵。平生画出 2000 多幅作品，生前只卖出一幅。没有经济来源，靠弟弟提奥接济为生。37 岁那年，用手枪结束了自己的生命。他在给弟弟提奥的信里时常讲述自己所经受的痛苦和孤独：“好兄弟，我受尽了折磨。”“除此以外，又加上寂寞

① 〔俄〕陀思妥耶夫斯基：《给米·米·陀思妥耶夫斯基》，载《陀思妥耶夫斯基选集·书信选》，冯增义、徐振亚译，人民文学出版社，1986，第 44 页。

② 〔苏〕叶尔米洛夫：《陀思妥耶夫斯基论》，满涛译，上海译文出版社，1985，第 1 页。

③ 〔俄〕陀思妥耶夫斯基：《旧的回忆》，载冯春选编《冈察洛夫、屠格涅夫、陀思妥耶夫斯基、柯罗连柯文学论文选》，冯增义、徐振亚译，上海译文出版社，1997，第 301 页。

的特殊痛苦。”“一切艺术家、诗人、音乐家、画家在物质状况上都是不幸的。”“你谈到在各处都感受到的空虚，这也是我自己的情况。”“算了，受苦而不抱怨，是我已经学会的第一课。我们所能够做的事，也许就是对我们莫大的痛苦一笑置之，就象人世间一切伟大人物所做的那样。”[①] 在凡·高的一生中，痛苦几乎伴随着心脏的每一次跳动，折磨着他的肉体和精神，却也孕育出了最美丽的心灵和最伟大的作品。

以上所举的“悲剧人生”的事例只是文艺史上影响较大的，类似的人物和事迹还有很多。相应地，文艺家和理论家们也从中发现了一些规律性的东西，概括起来就是苦难的人生往往成就伟大的文艺作品。对此，古今中外的文艺家和理论家都有不少甘苦之言，我们略看其中较为著名和精辟者。

孔子论“诗”主“怨”：

> 诗，可以兴，可以观，可以群，可以怨。（《论语·阳货》）

刘勰有“蚌病成珠”说：

> 敬通雅好辞说，而坎壈盛世；《显志》自序，亦蚌病成珠矣。（《文心雕龙·才略》）

钟嵘认为“李陵诗”是“怨者之流”：

> 其源出于《楚辞》。文多凄怆，怨者之流。陵，名家子，有殊才。生命不谐，声颓身丧。使陵不遭辛苦，其文亦何能如此！（《诗品上》）

韩愈有“不平则鸣”说：

> 大凡物不得其平则鸣：草木之无声，风挠之鸣。水之无声，风荡之鸣。其跃也，或激之；其趋也，或梗之；其沸也，或炙之。金石之无声，或击之鸣。人之于言也亦然，有不得已者而后言。其歌也有

---

① 〔荷〕文森特·梵高：《亲爱的提奥》，平野译，南海出版社，2001，第222、257、360、366、416页。

思，其哭也有怀，凡出乎口而为声者，其皆有弗平者乎！（《送孟东野序》）

又有“穷苦之言易好”说：

夫和平之音淡薄，而愁思之声要妙；欢愉之辞难工，而穷苦之言易好也。是故文章之作，恒发于羁旅草野。（《荆潭唱和诗序》）

欧阳修有“穷者而后工”说：

予闻世谓诗人少达而多穷，夫岂然哉？盖世所传诗者，多出于古穷人之辞也。凡士之蕴其所有，而不得施于世者，多喜自放于山巅水涯之外，见虫鱼草木风云鸟兽之状类，往往探其奇怪，内有忧思感愤之郁积，其兴于怨刺，以道羁臣寡妇之所叹，而写人情之难言。盖愈穷则愈工。然则非诗之能穷人，殆穷者而后工也。（《梅圣俞诗集序》）

陆游有“清愁自是诗中料”说：

清愁自是诗中料，向使无愁可得诗？
不属僧窗孤宿夜，即还山驿旅游时。

天恐文人未尽才，常教零落在蒿莱。
不为千载离骚计，屈子何由泽畔来？

我辈情钟不自由，等闲白却九分头。
此怀岂独骚人事，三百篇中半是愁。（《读唐人愁诗戏作》）

张竹坡认为《金瓶梅》之作缘于“患难穷愁”：

作《金瓶梅》者，必曾于患难穷愁，人情世故，一一经历过，入世最深，方能为众脚色摹神也。（《批评第一奇书〈金瓶梅〉》“读法”）

卡夫卡认为“艺术是一种痛苦”：

作者总要比社会上的普通人小得多，弱得多。因此，他对人世间生活的艰辛比其他人感受得更深切、更强烈。对他本人来说，他的歌唱只是一种呼喊。艺术对于艺术家来说是一种痛苦，通过这个痛苦，他使自己得到解放，去忍受新的痛苦。他不是巨人，而只是生活这个牢笼里一只或多或少色彩斑斓的鸟。①

钱锺书认为“苦痛比快乐更能产生诗歌”：

尼采把母鸡下蛋的啼叫和诗人的歌唱相提并论，说都是“痛苦使然”。这个家常而生动的比拟也恰恰符合中国文艺传统里一个流行的意见：苦痛比快乐更能产生诗歌，好诗主要是不愉快、烦恼或“穷愁”的表现和发泄。②

宗白华认为诗歌来自“人生愁云”：

窗外的落日
在半天的浓雨里
映出长虹七色。
绝代的天才
从人生的愁云中
织成万古诗歌。③

席慕蓉认为诗歌之美是把“忧伤转化成词句”：

我如金匠
日夜捶击敲打
只为把痛苦延展成
薄如蝉翼的金饰

① 〔奥〕卡夫卡：《随笔、谈话录》，载《卡夫卡全集》第五卷，黎奇译，上海三联书店，2009，第306页。

② 钱锺书：《诗可以怨》，载《七缀集》，上海古籍出版社，1985，第102页。

③ 宗白华：《流云·诗人》，载《艺境》，北京大学出版社，1987，第399页。

不知道这样努力地
把忧伤的来源转化成
光泽细柔的词句
是不是
也有一种
美丽的价值①

相关论述还有很多，不一一列举。要之，古往今来，无论是文艺家的切身感受，还是理论家对经验的总结，都在证明悲剧人生对文艺创作所起的积极作用。这里面似乎存在着一个悖论：从人的天性看，谁都想过好的日子，谁都不愿去经受磨难；但要创作伟大的作品或成就伟大的事业，则非得到艰难困苦的生活中去历练一番不可，如歌里唱的："不经历风雨，怎能见彩虹。"从历史上的情况看，文艺家们接受坎坷生活的考验，有主动的，有被动的，而以被动的占绝大多数，尤其是那些对身心产生严重摧残的"考验"，没有谁会去自找。这样看来，我们对悲剧人生与文艺创作的关系的理解就应当定位在文艺家们应当主动地拥抱并体验生活，而在生活中遇到困顿甚至厄运时，要有坚强的意志去直面并忍受。唯有如此，才能造就伟大艺术家必须具备的品格。文艺创作如此，其他的事业亦如此。

四　悲剧的意义

悲剧既然如此为人们所看重，必然有其重大的意义。就对人类精神的作用而言，大致有以下几个方面。

（1）净化心灵。如果有人问：各类文艺作品中，哪一种最能够对人的精神产生强烈作用？那么回答一定是悲剧或悲剧性作品。这种作用叫作"净化"，是亚里士多德在论述悲剧时提出的。亚里士多德没有对这个概念加以解释，但后人一般认为"净化"一词有两个主要的意思——"宣泄"和"陶冶"，而这两个意思是相互关联的，就是说，通过把人心里淤积的

① 席慕蓉：《诗的价值》，载《席慕蓉经典作品集》，广西人民出版社，2002，第96页。

不健康的东西宣泄出去，以使精神更加纯净和高尚。一般来说，只要是好的文艺作品，都或多或少地起到净化作用，但就强度和效果而言，无疑以悲剧或悲剧性作品为最。原因在于，悲剧或悲剧性作品能够产生强大的震撼力，它以“撞击”心灵的方式使人震撼，进而感到醍醐灌顶甚至幡然悔悟。18 世纪法国启蒙思想家狄德罗非常重视戏院的作用，认为那是教育人的最好场所。他说：“只有在戏院的池座里，好人和坏人的眼泪才融汇在一起。在这里，坏人会对自己可能犯过的恶行感到不安，会对自己曾给别人造成的痛苦产生悔恨，会对一个正是具有他那种品性的人表示气愤。……那个坏人走出包厢，已经比较不那么倾向于作恶了，这比被一个严厉而生硬的说教者痛斥一顿要有效得多。”[①] 狄德罗论述的对象是所谓的“严肃喜剧”，其实这正是悲剧的功能。那时候还有一句名言，叫作“多一座戏院，就少一座监狱”。这当然是一种夸张或理想，但悲剧或悲剧性作品的教育感化作用却是不容否认的。

（2）磨炼意志。这个问题要从两个层面来看，一是阅读或观看艺术中的悲剧作品以磨炼意志，二是经历生活中的悲剧性事件以磨炼意志。就前者而言，观赏悲剧或悲性作品往往会令人恐惧、哀痛和悲伤，但在恐惧、哀痛和悲伤过后，应当感受到希望和力量；也就是说，悲剧之“悲”，不是使人消沉，而是催人奋进。因此，如果是真正意义上的悲剧，且如果人们以认真的态度去观赏，那么结果一定会使人的精神更加崇高，意志力更加强大。就后者而言，人一生中总会经历些“悲剧性”事件，即便不是自己亲历，也会耳闻目睹身边或周遭的变故和不幸。在这些“悲剧性”事件面前，有的人退缩了、萎靡了甚至倒下了，而有的人却抗住了、挺住了，而后成长了。我们当然是赞许后一种态度和行动。反过来看，如果生活中事事如意、一帆风顺，也未见得就是好事，至少是不利于磨炼意志的。所以叔本华说：“不幸也有它的长处，因为大气压如果从我们身上移开，我们的肉体将会四下迸散。……一定的焦虑、痛苦、烦恼对于每个人在任何时候都是必要的。一条航船如果没有压舱物，它就不能保持平稳，因而不

---

① 〔法〕狄德罗：《论戏剧诗》，载《狄德罗美学论文选》，张冠尧等译，人民文学出版社，1984，第 137 页。

能照直行驶。”[①] 这与孟子所说的“天将降大任于是人也，必先苦其心志，劳其筋骨”是一个道理。人生目标的远近和成就的大小，最终要靠坚定的意志，而这意志是要通过困难、挫折以至于失败来历练的。

（3）深化思想。前面讲文艺家与“悲剧人生”的关系时就已经触及这个问题，也就是说，伟大的文艺家之所以创作出伟大的作品，很大程度上取决于思想的深刻，而思想的深刻在很大程度上得益于饱经沧桑的“悲剧人生”。人类思想来源于沉思，而沉思往往是孤独的、忧郁的，甚至是痛苦的。比利时剧作家梅特林克曾说：“一切思想必是忧郁的。”[②] 就思想的产生而言（而不是思想本身），是有道理的。我们很难想象一种深刻的思想是轻而易举产生的，我们也很少看到一位真正的思想家是在养尊处优中“创造”思想。相反，人类历史上伟大的思想家和他们的思想大都来自呕心沥血的思索，而这些思索也往往伴随着崎岖不平的人生道路。苏格拉底一生贫穷，还要忍受一个整日唠叨不停地“悍妻”，最后为真理而坦然就死；孔子为推行自己的学说周游列国，处处碰壁，几乎送命；释迦牟尼青年时离家出走，放弃荣华富贵，历经磨难而最终悟道；马克思在贫困交加之中创立学说，最后长眠于书案之上。如此等等，古今中外的思想家很少有不经受生活和生命的双重历练，而他们伟大的思想也与肉体和精神所经受的痛苦休戚相关。西方有哲人说：“伟大之思想必伴随伟大之痛苦。”这话没错，所谓“蚌病成珠”也是这个意思。如果我们把不寻常的生活道路和精神道路一起看作是思想的动因，那么人生愈苦愈悲，思想就愈精愈深。17 世纪法国思想家帕斯卡尔说：

> 人的伟大之所以伟大，就在于他认识自己可悲。一棵树并不认识自己可悲。
>
> 因此，认识［自己］可悲乃是可悲的；然而认识我们之所以为可

---

① 〔德〕叔本华：《悲观论集》,《叔本华论说文集》，范进等译，商务印书馆，1999，第 416 页。

② 〔比〕梅特林克等：《沙漏》,《沙漏：外国哲理散文选》，田智等译，三联书店，1992，第 6 页。

悲，却是伟大的。[①]

诚然，思想家若不是体验到“自己可悲”，又怎能认识到“人的伟大”？不能认识“人的伟大”，又怎能创造出伟大的思想呢？

（4）昭示真理。中国有句俗语，叫作“患难见真情”，就对生活的认识而言，也可理解为“苦难显真相”。就拿我们惯常的经验来说，如果生活安安稳稳或平平淡淡，很少有人会去思考生命的意义。而一旦生活发生重大变故，使自身陷入困境或险境之时，则逼迫自己思考人生并发掘真相。司马迁若没有经受酷刑而成为“残人”，未必会立志去“究天人之际，通古今之变”；陀思妥耶夫斯基若没有接近死神的体验，也未必如此执着地用小说去探究人类的灵魂和良心。之所以如此，就是因为悲剧的境遇会触动人的灵魂，如德国哲学家雅斯贝尔斯所说：“它（悲剧）是触及每一个人灵魂深处的经验。它使人更深刻地接受实在，不只是作为一个旁观者，而是亲身投入其中。它清除掉我们日常生活中那些花哨、迷乱、琐屑的经验——所有那些使我们狭隘、盲目的事物，从而使真理成为我们的一部分。”[②] 的确，假如我们只是活在梦幻般祥和的处境中，过着无忧无虑、心安理得的日子，那不能说不是生活，却不可以说是真实的生活，因为我们看到的只是生活的幻相。只有当这幻相被打破，我们看见并体验到了矛盾、斗争、苦难甚至牺牲，才能够醒悟过来，去刻骨铭心地体察生活的真相。幻相是虚幻的，而真相是真实的；幻相使人愉悦，真相带来痛苦，然而幻相使人愉悦后怅然失落，真相却使人痛苦后真心喜悦。因此，沉迷于幻相会使生活轻松却很空洞，执着于真相会使生活沉重却很充盈。生活如此，文艺创作也不例外，娱乐消闲或所谓“心灵鸡汤”式的作品让人看了很舒服、“过瘾”，但舒服、“过瘾”之后，内心却空空如也。悲剧作品虽然让人痛苦，但痛苦过后却能够体悟人生的真谛。这“真”与“幻”之间需要我们仔细地甄别和取舍。

---

① 〔法〕帕斯卡尔：《思想录》，何兆武译，商务印书馆，1985，第 175 页。

② 〔德〕雅斯贝尔斯：《悲剧的超越》，亦春译，工人出版社，1988，第 19 页。

五　结语："悲欣交集"

1942年10月10日晚8时，深受佛教信众和普通民众敬仰的弘一法师圆寂。此前3天，法师手书遗嘱，只有4个字："悲欣交集"。这是他一生的感悟，也用最简洁的方式讲出人生的本质。人的一生有悲有喜，而悲和喜总是交织在一起的，或此时悲、彼时喜，或彼时悲、此时喜；或悲中有喜，或喜中有悲；或喜极而泣，或乐极生悲。这样看来，悲和喜分明就是同一件事情或者是同一事物的两面，没有悲如何见喜？没有喜何以生悲？就整个人生来看，悲和喜更是不可分割。我们何曾看见过有谁一生不笑？又何曾看见过有谁一生不愁？差别只在于悲和喜所占比重及其对人的性格所产生的影响罢了。所以说，悲和喜都是人生固有的，我们不必回避，也无法回避。而且无论是悲是喜，我们都要坦然接受，这才构成了生活的丰富性和辩证性。只悲不喜，将沦为消沉；只喜不悲，则流于浅薄。正常和正确的人生就是"悲欣交集"；亦如海明威所说："只有阳光而无阴影，只有欢乐而无痛苦，那就不是人生。以最幸福的人的生活为例——它是一团纠缠在一起的麻线，丧亲之痛和幸福祝愿，彼此相接，使我们一会儿伤心，一会儿高兴。甚至死亡本身也会使生命更加可亲。在人生的清醒时刻，在哀痛和伤心的阴影之下，人类与真实的自我最接近。"① 我们还能从这话里体悟出悲和喜虽然都是人生的必然，但其分量并非对等，通常是以悲为主导。原因在于，从哲学上讲，生活和生命在根本上都是悲剧性的。生活的本质是矛盾，体现为困难、阻力、斗争、挫折、不幸、灾难等，这是人类生存的总体状况，并且在相当长的一段历史时期仍会持续这种状况。生命的本质是"有限性"，体现为个人生命在历史长河背景下的短暂和无常，而每个人的头顶上都悬着一把时间的利剑。从这个意义上看，悲是长久的和本质的，喜是暂时的和表象的，如同许多文学作品里所描写的那样，曲终人散，无限凄凉。

但是，这样看待悲与喜的关系绝非悲观论调，恰恰相反，它包含了"真实的"乐观精神。理由是，没有对悲剧意识的体验，就不会感受到发

① 姚娟编选《流行哲理小品》外国卷，中国三峡出版社，2007，第211页。

自内心的欢愉，而经历过人生苦难之后，往往由衷地产生一种欣慰甚至欣喜。这就是说，悲不仅是喜的对方，而且就是喜的本身。从表面看，悲的结果是悲伤，而从本质看，悲的结果一定是喜悦。当然，我们这里所说的悲是对生活和生命本质的感悟，并不是日常琐事引发的感伤和愤懑。佛教里所讲的由“大慈悲”而来的“大欢喜”或许有助于我们理解这里面的道理。

如果上面的道理不误，我们就不难理解为什么在优秀的文艺作品里，悲剧与喜剧相比总是占据多数和上风，而最伟大的文艺作品总是悲剧性的。因为在相当程度上，悲和美是同一的；或者说，文艺创作中的悲剧意识就是美感的重要来源，就像美国剧作家尤金·奥尼尔所说：“对我来说只有悲剧性才具有那种有意义的美，而这美就是真理。悲剧性使生活和希望具有意义，最高尚的总是最具有悲剧性的。”①

拓展阅读

朱光潜：《悲剧心理学》，张隆溪译，人民文学出版社，1983。

〔古希腊〕埃斯库罗斯等：《古希腊悲剧经典》上、下册，罗念生译，作家出版社，1998。

〔古希腊〕亚理斯多德：《诗学　诗艺》，罗念生、杨周翰译，人民文学出版社，1962。

〔德〕尼采：《悲剧的诞生——尼采美学文选》，周国平译，三联书店，1986。

〔法〕罗曼·罗兰：《巨人三传》，傅雷译，北京大学出版社，2017。

① 王宁、顾明栋编《诺贝尔文学奖获奖作家谈创作》，北京大学出版社，1987，第122～123页。

第六章　梦想

汉语里有些字或词天然就带有某种风韵或情调，这或许来自字形本身，也就是汉字至今仍残留的象形或指事的特点，但更多的是历史和文化所赋予的心理内涵，比如“梦”字就是如此。简化后的“梦”字还依稀让人看到或想到夕阳西下于山林的情景，但它给人的好感主要是来自梦这种心理现象给现实生活注入的脉脉温情。一个显见的例子是人们喜好用“梦”字给人或物或事起名。比如人名，女孩的名字中有一个“梦”字，多半会让人联想到美丽和温柔。当然，也确有“名副其实”或者说名字跟容貌相映生辉的，如著名电影演员夏梦。不唯起名，就是译名加个“梦”字也有风情，比如美国著名女影星梦露，英文原姓 Monroe 如译成“门罗”可有点吓人，远不如“梦露”妥帖且传神。人名之外，其他以“梦”入名的也数不胜数。

当然，仅就“梦”字本身而言，意义还比较单纯，如果与其他字组成词语，则意义会丰富得多，如美梦、好梦、春梦、幽梦、残梦、旧梦、圆梦、托梦、梦幻、梦境及梦想等，而这里面最有影响力也最具有哲学、美学和艺术意蕴的是“梦想”。它作为动词表示一种追求和向往，作为名词表示一种理想或目标，但与一般的追求、向往或理想、目标不同，它多了些心理内涵、情感色彩和超越意识。这些意思正是“梦”这个“好词”给注入的。当我们用“梦想”去表达某种愿景时，它一定不是普通的愿景，而多半是能给人带来幸福感、成就感和自豪感的愿景，并且这种愿景往往超出个人的意愿，可以在更大的范围内——比如社会、历史、民族和国家——产生共鸣。也就是说，一个人的梦想与社会的、历史的、民族的以及国家的梦想是相通的，因而不同于一般的“梦幻”或“美梦”或“好梦”。显然，梦想虽是个人的心思，却包含着“集体意识”（或者“集体无意识”)，并且充满了正能量。

那么梦想究竟是什么呢？这可一言难尽。往往我们最熟悉的事情一旦要去刨根问底时，反而找不到头绪，因为“梦想”一词包括的内容非常之广，遍及人类生活的方方面面，是说不完道不尽的。我们这里只着眼于审美、艺术和文化，从一些典型的事例来看梦想的内容和意义。先从梦说起吧。

一　关于梦

梦想跟梦有关，不然它不会叫作“梦想”。那么梦又是什么呢？这倒是一个很大的话题，也是一个难题。从古至今，人们都在探究这种奇异的精神现象，但从科学的角度看，成果却很有限。在中国，至迟在殷商时期，人们就自觉地关注并探讨梦了。甲骨文中有“梦”字并有相关的卜辞，这是占梦留下的纪录，不过得出的结论大多荒诞不经。后来又出现种种“解梦”，也基本上是无稽之谈或牵强附会。但这并不妨碍梦向各个文化领域里渗透，尤其是以想象和情感为能事的文学艺术得益于梦的滋养甚多且开花结果，这是后话。梦在西方也很早就成为重要的文化现象，在宗教领域里的作用尤其明显，但心理学和医学的研究则是从 19 世纪后半叶才逐渐发展起来。到如今，心理学里已经有了对梦的专门研究，即所谓“梦学”（oneirology）。至于研究成果，由于人脑这个“黑箱”的阻碍，还远没有得到科学的验证。因此，人类对梦的了解还只能说是初步的和大概的。

大体上，我们可以说，梦是一种主体经验，是人在睡眠时产生的非自愿的影像、声音、思考或感觉。有人曾给出过更加专业的定义：“从生理学的角度来看，梦是神经细胞的储存与记忆。梦是记忆的释放与重写，这是在睡眠状态下大脑为了重组而身体必须要进行的思维净化的一种形式。脑把存储的记忆移来移去，并将之区分出优先次序。不过，脑是以非线性的方式来进行这一切的，过去和现在被混淆在一起。”① 言之有理，可以参考。通俗地讲，梦是在人不知觉的情况下，大脑所储存材料的自主活动。如今，通过技术手段可以察知梦的活动及其频率，但无法了解梦的内容以及运动的规律。一般人仅凭自身对梦的体验，就可以认定梦有非理性、自

① 〔比〕米杉：《梦的真相》，倪男奇译，世界图书出版公司，2010，第 14 页。

动性和意象性等特征，就是说，梦中活动缺乏逻辑关联，不受意识控制，并且是以视觉形象为主导，听觉、触觉、味觉等相对较弱。

据心理学家说，人只要睡眠，就得做梦。如果哪天你一早起来觉得脑子空空如也，感觉压根就没做梦，那么专家会告诉你，是你遗忘了所做的梦，而做梦这件事从不缺席，是不以你的意志为转移的。

进一层看，做梦对人的精神有益无害。首先，它能够将外界刺激转化为梦境，以防惊醒。比如夜间的声响会化作梦里的某个事件，使梦者以为是梦中所闻，以保持睡眠。当然，这声响的干扰有个“阈限”，过分惊扰就是“惊梦”而不是“入梦”了。其次，做梦也是一种心理能量的释放，它可以清除大脑中的“垃圾”。按精神分析学说，人的心理尤其是无意识心理相当于一种能量，不能过分淤积，需要时常转移或释放。日常生活中我们的行动和言语都是转移或释放的渠道，做梦也是，并且它较之日常生活中的行动的言语更能够释放无意识心理，以减轻人的心理负荷。如果你梦觉醒来，感到内心轻松，就说明精神分析之说并非虚言。至于梦的起因和意义，古今中外有各种各样的说法，这里不能一一尽述。我们从近代以来的精神分析和人本主义心理学中选看数家学说，因为这些观点跟文学艺术的关系较为密切。

弗洛伊德：“梦是欲望的实现”

（1）弗洛伊德的精神分析心理学就是建立在对梦的解释的基础之上，而释梦也是了解人的心理奥秘的一把钥匙。他有一个著名的论断，叫作“梦是欲望的实现”，基本理论是，人的心理主要由无意识构成并受其支配，而无意识里充斥着欲望（又称“力比多”或“本我”），其中最根本的欲望是性欲。当人清醒时，无意识里的欲望处于被抑止状态；而当人进入睡眠，由于意识停止活动，没有了把关的“卫兵”，欲望便出来活动，这便是梦的来由。但要注意，梦中的内容并非欲望本身，是经过了伪装或“润色”。也就是说，梦是经过装饰了的欲望，是欲望的象征，它通过象征性的意象及活动实现自己。精神分析就是通过特殊的手段（如催眠或谈话等）去破解梦的密码，还原梦的本意。而精神分析作为一种心理治疗的方法，目的是通过释梦去寻找人心深处的“情结”（“情结”是人在幼年或少年时所受创伤在内心留下的症状，虽被“忘却”却依然潜藏，并对人格产生潜在的影响），以清除导致人格异常的障碍。

弗洛伊德学说的影响很大，其中对梦的研究以及由此对人的无意识的探索的确为心理学开辟了广阔的领域。但问题在于，弗洛伊德的理论主要来自内省、临床（与病人的交流）以及对文化现象和艺术作品的分析，缺少科学的印证。正因为如此，这套释梦理论的影响更多发生于思想界和文学艺术界。

（2）荣格不同意弗洛伊德把人的心理仅限于“个人”的无意识，他认为在个人无意识背后还有更为深广的“集体无意识”，是由世代遗传下来的原型或“原始意象”构成。人的智慧和情感储藏在原型中，而感悟原型是人最深沉和最幸福的体验。梦正是通往集体无意识和原型的重要途径，因为“人类心灵的进化过程在梦中比在意识状态下更容易显现出来，梦假借象征物而发言，把源自最原始的自然界之本性表现出来”①。所以，梦潜藏着无限智慧、无限能量，并且包含了自然和人生的真理，从梦中可以知道心灵的世界无比宽广、无比生动、无比深情。跟梦相比，意识的天地只是沧海一粟，要逊色、苍白和简陋许多。因此，了解梦就是了解自我，就是让自己获得人类最深刻的智慧，更懂得人、生命、自然和生死。这便是现代人探寻心灵、拯救灵魂的重要途径。

荣格是一位渊博的学者，除了掌握心理学及相关人文学科的知识外，还通晓星相学和炼金术，因此他对梦的认识较常人要广博和深刻得多，对梦的解释也是纵横捭阖、触类旁通，是“梦学”的一大奇观，因为他深信：“梦会指引生命，它们决定了你，即便你不明白梦的语言。”② 话虽如此，但普通人能够在多大程度上了解并利用自己的梦仍然是个疑问。另

① 〔瑞士〕荣格：《梦之分析的实际应用》，载《现代灵魂的自我拯救》，黄奇铭译，工人出版社，1987，第51页。

② 〔瑞士〕荣格：《红书》，林子钧、张涛译，中央编译出版社，2013，第13页。

荣格："集体无意识"和"原型"

外，荣格寄希望于用梦来拯救现代人的灵魂，初衷是好的，但实施起来却有诸多难题。我猜测，荣格的本意是从梦境中发掘出种种原型或原始意象，借以对当代文化注入强大的生命力。如果是这样，那么人类对自身的梦就还有许多工作要做，而且这些工作都是有价值的。

（3）除弗洛伊德和荣格外，对梦十分看重并从文化和艺术的角度去加以解析的心理学家还有阿德勒和弗洛姆，他们都被归为人本主义心理学派。

阿德勒认为，梦与醒不能截然分开，它们是连接并连续的。人们在生活中遇见问题不能够想出解决办法，在睡梦里，解决问题的愿望就换成了一种曲折而隐蔽的方式（隐喻和符号）继续工作，这也为来日应付生活中的境遇提供潜在的动力。他说："梦是想在个人的生活样式和他当前的问题之间建立联系，而又不愿意对生活样式作新要求的一种企图。生活的样式是梦是主宰。它必定会引起个人所需要的感觉。……无论我们做梦与否，我们都会以同样的方式来应付问题，但是梦却对我们的生活样式提供了一种支持和维护。"① 弗洛姆肯定了梦与无意识的关系及其非理性的特征，但认为梦的意义不仅于此，它与现实中人的思想和理智相关，进而还与特定的社会和文化相关。人们在梦里以另一种"理性"和"逻辑"自由地创造"真实"的幻象，或者说以象征的语言展示世界。因此，梦境也就有了情感、艺术和审美的特性。他说："梦富有诗意并使用一种对所有时代和所有文化都基本通用的象征性的宇宙语言。它和诗、艺术一起，都是人类所创造的宇宙语言。在梦中，我们不是以当我们想操纵世界时所必须看待世界的方式来看待世界，而是领悟它特为我们准备的诗意。"② 我们从

---

① 〔奥〕A. 阿德勒：《自卑与超越》，黄光国译，作家出版社，1986，第 90 页。

② 〔美〕埃里希·弗洛姆：《弗洛伊德思想的贡献与局限》，申荷永译，湖南人民出版社，1986，第 82 页。

这段话里已经可以嗅出些许“超现实主义”文艺观的气息了。

有关梦的学说我们暂且介绍这几家，因为这几家学说与后面要讨论的问题有关，其他从略。有心理学研究的著作归纳出“一些重要的‘梦的事实’”对我们了解梦有所帮助，这里择其大要于下：

> 每个人每晚都会做梦，不记得任何梦并不意味着你不做梦。
>
> 梦是不可缺少的，没有梦可能预示或导致人格障碍。
>
> 无论是否记得梦，梦都参与我们的精神生活，如平衡我们的能量、扩展我们的意识、激发我们的情感等。
>
> 梦的体验包括潜意识的学习过程，对觉醒时的意识和感受有着持久的影响。
>
> 梦可以用作诊疗生理或心理问题的工具。
>
> 醒来时记住的梦经常不到 5 分钟就忘掉了一半的内容，如果没有什么特别的加深记忆的办法，10 分钟后就可能忘掉 90% 甚至全部。
>
> 每个梦都是独特的，每个梦都依赖于梦者当时生活的状态，诸如年龄、宗教、教养、语言、性别、文化、政治、社会、季节气候等，特别是个人的兴趣和观念在梦境的内容中有着重要作用。
>
> 不过，由于人类分享了很多集体记忆以及共同的经历和渴望，从而我们可以识别很多梦的隐喻性语言和共同模式。①

应当说，这些“梦的事实”是可信的，单凭我们自身对梦的体验以及有限的关于梦的知识，就可以判定这些条目所讲的确为“梦的事实”，而这些“事实”正有助于我们通过梦去了解文化艺术和文化领域里的“梦想”。

---

① 〔比〕米杉：《梦的真相》，倪男奇译，世界图书出版公司，2010，第 15～16 页。

二 梦和灵感

灵感是一种奇妙的现象，在科学发明、艺术创作甚至日常生活中都能出现。它体现为，一个冥思苦想而久久不能解决的问题在某一瞬间忽然得到解决，仿佛大脑里灵光乍现，便思如泉涌；或者是一项难以完成的工作在一个特定的情境中突然被顺利完成且出神入化。灵感产生的成果往往是高质量的，对于科学家可能是重大的发明创造，对于艺术家则是优秀艺术作品的契机、动力或精华。因此，灵感自古以来都是科学和艺术最为珍视的心理资源。但灵感究竟是什么？由何而来？却始终没人能说得清楚。有关的说法多是经验之谈或勉励之词，缺乏科学依据，比如所谓“百分之九十九的汗水，百分之一的灵感”“如犍牛般竭尽全力工作的心理状态”“长期积累，偶然得之”等。这些说法都有道理，却只是对灵感的说明而不是对灵感的解释。近几十年来，文艺心理学不断发展，对灵感问题也多有研究，比较一致的意见是认为灵感与无意识心理有关。就是说，无意识心理内部储存着巨大的心理能量，平时处在蛰伏的状态，在某一特殊时刻受某种机缘触发，不由自主地进入意识领域，使人迸发出极强的创造力，为解决问题提供了充足的条件。显然，这样解释灵感来由的依据仍在于弗洛伊德和荣格的学说，当然也就跟梦有了直接的联系，因为无论是弗洛伊德还是荣格，都认为梦是无意识最经常造访的地方。以此类推，梦中灵感现身并为实际工作提供能量，就不是不可能的了。在这方面，历史留下过许多广为传诵的佚事或自白，在科学和艺术中都有。让我们先看一些科学的事例。

事例一，俄国化学家门捷列夫为完成化学元素周期表而冥思苦想。有一天，他在椅子上打瞌睡，他的家人在隔壁房间演奏音乐。突然，他在梦中了解到基本元素如同音乐中的主题和短句一样互相关联。醒后，他拿起一张纸，写下了现代化学元素周期表。

事例二，德国化学家 A. 凯库勒开始研究苯的分子结构时，怎么也理不出头绪。一天夜里，他梦见一条蛇用嘴咬住了自己的尾巴。醒来后他连声说道：“苯环！对！苯环！”他找到了解决问题的办法。

事例三，爱因斯坦年轻时曾梦见坐着雪橇沿陡峭的山坡滑下，越滑越快，当接近光速时，他意识到头上的星星把光折射成从未见过的色谱。这一景象给他留下永生难忘的深刻印象，他认为自己全部的科学成就是对那个梦的沉思结果。这个梦与中国古代文学理论家刘勰自述的梦很相似。刘勰在《文心雕龙·序志》中说："予生七龄，乃梦彩云若锦，则攀而采之。齿在逾立，则尝夜梦执丹漆之礼器，随仲尼而南行。旦而寤，乃怡然而喜，大哉！圣人之难见哉，乃小子之垂梦欤！自生人以来，未有如夫子者也。……于是搦笔和墨，乃始论文。"由此表明他日后撰写的一部伟大文学理论著作正是得益于圣人"垂梦"或显灵。

再来看看艺术的事例。

事例一，意大利小提琴家塔蒂尼梦见自己把灵魂卖给了魔鬼，他把小提琴递给魔鬼后，听见魔鬼拉出一首优美的奏鸣曲。醒后，他把梦里听到的音乐进行重复，产生了著名的小提琴曲《魔鬼的颤音》，但他感觉这曲子仍比不上梦中魔鬼的演奏。

事例二，法国斯特拉斯堡的青年军官鲁热·德·利勒到市长迪特克里特家参加晚宴，为创作一首爱国歌曲而开怀畅饮。入夜，在"迷狂"中写下了那首不朽的《马赛曲》。著名作家茨威格这样描述了灵感来袭时"奇迹"的诞生：

> 他迅速记下这歌词和乐谱的旋律——这种狂热和热情不只是他个人情感的宣泄，更是一种神奇的魔力在这一瞬间汇聚着，迸发而出，把这可怜的凡夫俗子提升到了万里高空，他迅速向上飞驰，闪耀着刹那间的光芒和火焰，奔向那满天的群星，一夜之间，这位鲁热·德·利勒上尉便跻身于不朽者的行列。[①]

事例三，英国"湖畔派"诗人柯勒律治某日用了鸦片酊后坐到椅子上翻看游记集《朝圣》，在读到书中"忽必烈汗下令建立宫殿"的章节时便沉入了梦乡。醒后，梦境仍然清晰，于是他立即将梦里的情景用诗句写下来。这时有位客人来访，耽搁了一个多小时，等他再回到房间，发现除了

① 〔奥〕茨威格：《人类群星闪耀时》，舒田、徐英译，陕西人民出版社，2009，第 82 页。

零星的意象，总体梦境已经模糊、暗淡，便只好作罢。今天人们读到的这首他称为“片断”的《忽必烈汗》就只有在半梦半醒时写下的3节共54行。

事例四，俄国诗人普希金曾在诗中描述了他在梦里得到灵感的情形：

用手支托着头颅，
我依靠在孤榻上，
头脑恍恍惚惚
沉缅于甜蜜的遐想；
在神秘的夜幕中，
借着淡淡的月光，
生着双翼的幻梦
成群结队敏捷地飞降。①

这是诗人自己创作灵感来临时的体验，恰在半梦半醒之间。

说到诗人梦中成诗或得句，中国古代的事例也很多，诗人往往在题目上就标明了“梦中得句”，如宋代诗人梅尧臣的《丙戌五月二十二日昼寝，梦亡妻谢氏同在江上早行》，“忽逢岸次大山，遂往游陟。予赋诗百余言，述所睹物状。乃寤，尚记句有‘共登云母山，不得同宫处’，仿象梦中意，续以成篇”。清代诗人袁枚《随园诗话》卷三亦记：“梦中得诗，醒时尚记，及晓，往往忘之。似村公子有句云：‘梦中得句多忘却，推醒姬人代记诗。’……鲁星村亦云：‘客里每先顽仆起，梦中常惜好诗忘。’”此类现象在中国古代诗话中颇有记载，与西方诗人有关事例相映成趣。

上面列举的这些由梦中产生灵感的事例说明人的创造力与无意识有着密切关系，也可以说人的无意识心理是潜在的巨大能量，一旦喷发，能够产生令人意想不到的效果。正因如此，有学者据此而主张，人要有意识地通过“梦工作”而对内心深处的潜力加以运用：“所有这些都暗示着一种具有创造性的能力存在。它们本来就蕴藏在我们心灵的潜意识中，只不过

① 〔俄〕普希金：《梦幻者》，载卢永选编《普希金文集》第一卷，王士燮等译，人民文学出版社，1995，第92页。

我们一直没有找到办法来加以利用。对于我们来说，培养这种能力最成功的技术就是有意调整'梦工作'和激活想象力。"① 这项工作当然不太容易，但很值得尝试。果真有一天，人能够掌控并运用自己的梦，那么可以想见它会对科学发明和艺术创作产生多么大的动力。我们所说的"梦想"也会成为一种具有全新意义的"梦"想。

三　梦和回忆

人的想象有时往前，指向将来；有时往后，回望过去。指向将来的叫作"憧憬"，回望过去的叫作"回忆"，但无论往前往后，二者都属于梦想。

我们常以为只有想象未曾发生的事情才叫梦想，这是不对的，其实我们的梦想在很多时候都是沉浸在对往事的回忆当中。这种回忆并非简单的记忆，也不是为了实际的目的，而是为了获得某种情感或情绪，因而回忆的内容往往也伴随着情感和情绪，并且因为超越了功利的目的而接近于审美的体验。这类回忆的典型形态是文艺家为创作而进行的回忆，有学者称为"情绪记忆"，并解释说："文艺家的记忆方式不同于通常建立在思维、意志上的理解记忆、机械记忆；由于文艺家的情感活动优势，他的记忆是一种凭借身心感受和心灵体验并凝聚、浓缩着丰富生动的情感、情绪的心理活动方式。这是一种较充分地体现主体的主观能动性的'情绪记忆'。"② 显然，这种回忆包含了抒情和想象，也就具有梦想的特征。

这样看来，人们生活中的回忆就可以分为两类，一类是为了生计和工作，另一类是为了心灵和情感。我们把后一种回忆当作梦想的方式之一，它未必会给生活带来实际的利益，却给人生增添了美好的感受。稍加盘点，我们就可以发现生活中许多时间是在回忆中度过的，回忆童年、回忆往事、回忆故人、回忆父母、回忆初恋……这些回忆总是温馨和隽永的，即便是痛苦的经历，在回忆中也变得不那么痛苦，至多带来些许淡淡的感伤，而感伤也会让人觉得甜蜜，如普希金所说："而过去的一切，都会显

---

① 〔英〕安东尼·史蒂文斯：《人类梦史》，杨晋译，海南出版社，2002，第297页。

② 钱谷融、鲁枢元主编《文学心理学教程》，华东师范大学出版社，1987，第101页。

得美妙。”[1] 亦如惠特曼所说：“多么美好啊，那些对往事的暗暗追寻！”[2]

但是，为什么回忆能给人带来美好的感受呢？奥秘就在于时间拉开了现实中的人与记忆中的事的距离。距离是美感的条件，心理的距离产生美，空间的距离产生美，而时间的距离同样产生美。当人们回首往事时，过去的事情已经不再与当下发生直接的联系，也就是说没有功利的作用。人们这时候是以玩味、欣赏的态度去回想，而且会情不自禁地添加自己的情感和想象，于是，回忆也就成了诗意盎然的梦想，仿佛诗里所写的：

> 无数被摇撼的记忆
> 抖落岁月的尘沙
> 以纯银一样的声音
> 和你的梦对话[3]

的确，美好的回忆就是和梦对话。

正因为回忆是一件美妙的事情，所以在文艺创作中就是最受文艺家们青睐的题材。有的作品题目就标明了“回忆”，而更多的虽未以“回忆”为题，却以回忆往事为主要内容。推开来看，我们甚至可以说，所有的文艺作品都有回忆的性质，因为所有的文艺创作都建立在文艺家们以往经验的基础之上，即便是表达对未来的憧憬，也不过是对记忆中材料和情绪的生发和创造。许多文艺家的自白都能证明了这一点。例如，曹雪芹在写《红楼梦》时，开篇有一段表露写作动机的话：

> 今风尘碌碌，一事无成，忽念及当日所有之女子，一一细考较去，觉其行止见识，皆出于我之上。……虽我未学，下笔无文，又何妨用假语村言，敷演出一段故事来，亦可使闺阁昭传，得可悦世之

① 〔俄〕普希金：《“如果生活将你欺骗”》，载卢永选编《普希金文集》第2卷，乌兰汗等译，人民文学出版社，1995，第38页。

② 〔美〕惠特曼：《记忆》，载《草叶集》下，楚图南、李野光译，人民文学出版社，1987，第884页。

③ 舒婷：《童话诗人》，载《舒婷诗选》，人民文学出版社，2007，第205页。

目，破人愁闷，不亦宜乎？（《红楼梦》第一回“甄士隐梦幻识通灵，贾雨村风尘怀闺秀”）

尽管曹雪芹在自述创作动机时使用了“障眼法”，即所谓“假语村言”，但《红楼梦》的起因是回忆往事，还是大体可信的，而往事的魅力又在于和作者交往甚密的“闺阁女子”。因此，我们说“红楼一梦”缘于回忆，并非虚言。其他的小说及各类文艺作品也是如此。

还有一点要特别指出，那些回忆性质明显的文艺作品往往显得精致、唯美、动人，具有较高的艺术价值。诗歌如李商隐的《锦瑟》：

锦瑟无端五十弦，一弦一柱思华年。
庄生晓梦迷蝴蝶，望帝春心托杜鹃。
沧海月明珠有泪，蓝田日暖玉生烟。
此情可待成追忆？只是当时已惘然。

这首诗写得朦胧恍惚、缠绵悱恻，梦幻色彩极浓；虽意义难明，却极为感人，最能体现“回忆”诗的美学特征。

散文（或散文诗）如鲁迅的《好的故事》：

我在蒙胧中，看见一个好的故事。

这故事很美丽，优雅，有趣。许多美的人和美的事，错综起来像一天云锦，而且万颗奔星似的飞动着，同时又展开去，以至于无穷。

我仿佛记得曾坐小船经过山阴道，两岸的乌桕，新禾，野花，鸡，狗，丛树和枯树，茅屋，塔，伽蓝，农夫和村妇，村女，晒着的衣裳，和尚，蓑笠，天，云，竹，……都倒影在澄碧的小河中，随着每一打桨，各各夹带了闪烁的日光，并水里的萍藻游鱼，一同荡漾。诸影诸物，无不解散，而且摇动，扩大，互相融和；刚一融和，却又退缩，复近于原形。边缘都参差如夏云头，镶着日光，发出水银色焰。凡是我所经过的河，都是如此。①

① 鲁迅：《野草》，载《鲁迅全集》第二卷，人民文学出版社，1981，第185页。

真是字字珠玑，情感极为深挚，意境极为澄澈，是回忆性散文的极品。鲁迅先生早年的散文多有回忆童年往事，如《朝花夕拾》里的《社戏》和《从百草园到三味书屋》等，都是回忆性散文的典范。

其他艺术形式，风景画如法国画家柯罗的《梦特枫丹之回忆》，乐曲如捷克作曲家德尔德拉的小提琴曲《回忆》，歌曲如罗大佑的《童年》和《光阴的故事》等，都是极为优美的艺术作品，以艺术的形式表现了回忆性的梦想。

四 梦和文艺创作

上面已经谈论了梦和文艺的关系，我们顺着这个话题再具体地探讨一下梦对文艺创作所起的作用。

（1）关于“白日梦”。在西方历史上，多有人认为艺术创作的原动力是超出个人意识之外的，也就是说，创作者只是代言而已，其实有一种神秘的力量在支配着他（或她）进行创作。柏拉图的“迷狂说”就是这种观点。这说的是，诗人作诗吟诗，只是代神说话，“凡是高明的诗人，无论在史诗或抒情诗方面，都不是凭技艺来做成他们的优美的诗歌，而是因为他们得到灵感，有神力凭附着。……因为诗人是一种轻飘的长着羽翼的神明的东西，不得到灵感，不失去平常理智而陷入迷狂，就没有能力创造，就不能做诗或代神说话”①。随着人们对艺术创作本质理解的深入，这个“神”渐渐转向了人，但不是普通的人，或者说不是人的普通意识。到了弗洛伊德，这个“神”终于露出了真面目，原来它就是隐藏在人的意识背后且不为人所察觉的无意识。弗洛伊德认为，是无意识的工作赋予诗人以创作的动力。当这种力量来袭时，诗人就处于一种梦幻的境地，与做梦没什么两样，区别只在于做梦通常是在夜晚，而作诗不一定非在晚上。为此，作诗及其他的艺术创作就得到了一个名称：“白日梦”。弗洛伊德曾写过一篇著名的文章，题目就叫《创作家与白日梦》。在他看来，艺术创作与梦是相通的，根源都在无意识。这种情状，中国清代一位文论家李渔也

① 〔古希腊〕柏拉图：《伊安篇》，载《文艺对话集》，朱光潜译，人民文学出版社，1963，第8页。

描述过，“作者神魂飞越，如在梦中，不至终篇，不能返魂收魄”（《闲情偶寄·词曲部·结构第一》）。除了没提到“无意识”，跟“白日梦”大体相当。

当然，弗洛伊德并没有简单地将艺术家的创作与普通人的做梦等量齐观，他明确指出了二者的差别就在于艺术家有能力对梦进行特别的处理，具体说来有两项工作：

> 第一，他知道如何润饰他的昼梦，使失去个人的色彩，而为他人共同欣赏；他又知道如何加以充分的修改，使不道德的根源不易被人探悉。第二，他又有一种神秘的才能，能处理特殊的材料，直到忠实地表示出幻想的观念；他又知道如何以强烈的快乐附丽在幻念之上，至少可暂时使压抑作用受到控制而无所施其技。①

这就是说，诗人和艺术家并不是让无意识心理赤裸裸地暴露出来，而是对“白日梦”里的内容加以改造，使之不至于违背社会的“良知”，以免与伦理道德产生强烈冲突。显然，弗洛伊德虽然主张文艺本质与梦的本质是一致的，即“欲望的实现”，但又认为在文明社会里，人的欲望必定受道德原则的抑制而不能够直接显现，需要经过“伪装”，以公众可以接受的形式显露出来并为公众共享和欣赏。这是诗人的“白日梦”和普通人的睡梦之间所不同的地方。

在这个问题上，弗洛伊德还特别强调诗人的童年经验对创作起着至关重要的作用。他说：“诗人在他的读者们的内心深处唤醒了的最深邃的永恒人性，在于根植于童年心中且已变得不复记忆的那些冲动。从童年起就被压制和禁止的那些欲望，于是就躲在游子的合法化欲望背后，进入意识再闯入梦中。”② 又说：“一篇作品就象一场白日梦一样，是幼年时曾做过的游戏的继续，也是它的替代物。”③ 这意味着童年时代的经验时常潜入成

① 〔奥〕弗洛伊德：《精神分析引论》，高觉敷译，商务印书馆，1984，第301页。

② 〔奥〕弗洛伊德：《释梦》，孙名之译，商务印书馆，1996，第245～246页。

③ 〔奥〕弗洛伊德：《创作家与白日梦》，林骧华译，载伍蠡甫主编《现代西方文论选》，上海译文出版社，1983，第146页。

年后的梦境，给诗人提供了创作的动机和材料。照这么看，回到童年时代，重新体验儿时的梦境，就是文艺创作最深沉也是最原初的动力。这个观点颇有些类似于中国传统文论里的“童心说”。明代文学家李贽说：“夫童心者，绝假纯真，最初一念之本心也。”（《童心说》）近代龚自珍也力倡“童心”，有诗写道：“少年哀乐过于人，歌泣无端字字真。既壮周旋杂痴黠，童心来复梦中身。”（《己亥杂诗》）虽然未涉及梦和无意识，但同样是认为童年体验是“诗心”所在。再从文艺创作的实际看，诗人和艺术家的童年经历及体验往往伴随其一生，并在其创作中留下鲜明的印记。有些艺术家的创作直到晚年都保持着儿童的天真和稚气，如齐白石、丰子恺、黄永玉等，而更多的是终其一生葆有纯真的童心。凡此俱可见诗人和艺术家在整个艺术生涯中都会做“童年的游戏”和“童年的梦”，而弗洛伊德的“白日梦”之说也当有合理和深刻的内涵。

（2）梦与诗歌。说完“白日梦”，接着来看诗歌在艺术手法和审美特征上与梦的关系。中国古典诗歌擅长以梦入诗，有专门记梦的，但更多的是将梦作为“比兴”艺术手法，用来表达情感、刻画意象，进而创造意境。具体作品多到能编纂一部《梦诗》集，这里列举几首意象新奇的作品并稍加联类。南朝民歌《西洲曲》中有这样一段（也可以看作一首）：

海水梦悠悠，
君愁我亦愁。
南风知我意，
吹梦到西洲。

诗里的意象十分单纯却又十分奇特。妙龄女子思念远方的恋人，想象着风儿把她的相思之梦吹到情郎的眼前，最好是吹到情人的梦中。这种“吹梦”的想象在李白的诗里也出现过，即《大堤曲》：“春风复无情，吹我梦魂散。”不唯中国，西方诗歌里也有类似的写法，写风和梦的关系如19世纪英国浪漫诗人拜伦写少女“甜蜜的声音”，使“和煦的风也像在做梦”。[①] 与

① 〔英〕拜伦：《乐章》，穆旦译，载《穆旦译文集》第三卷，人民文学出版社，2005，第71页。

“吹梦”相仿的，如美国现代意象派诗人肯明斯的《太阳下山》：

而一阵大
风
正把
那
海
卷进
梦
——中①

虽寓意不同，但以风吹（入）梦的手法和境界是暗合的。引申来看，“吹梦”的目的无非是渴望与恋人梦中相见，而梦中相见也是诗人写梦的一个重要母题，如汉代司马相如的《长门赋》里写道：

忽寝寐而梦想兮，
魄若君之在旁。
惕寤觉而无见兮，
魂迋迋若有亡。

又如汉代蔡文姬的《胡笳十八拍》中写道：

山高地阔兮见汝无期，
更深夜阑兮梦汝来斯。
梦中执手兮一喜一悲，
觉后痛吾心兮无休歇时。

都是以梦中相见表达刻骨铭心的伤痛，而比之更加刻骨铭心的是梦中寻觅却不能相见，如南朝沈约的《别范安成》中写道：

---

① 袁可嘉等选编《外国现代派作品选》第一册，上海文艺出版社，1980，第19页。

梦中不识路，何以慰相思 。

还有唐代诗人岑参那首感人至深的《春梦》：

洞房昨夜春风起，故人尚隔湘江水。
枕上片时春梦中，行尽江南数千里。

这首绝句虽短，包含的内容和意思却极广。“行尽江南数千里”一句有无限的想象空间，可以写出一部小说或拍出一部电影。清代批评家王夫之谈论诗歌的好处时曾说：“墨气所射，四表无穷，无字处皆其意也。”（《夕堂永日绪论内编》）正可用来说明这首小诗的妙处。那么在春梦中苦苦寻觅，见到思念的人了吗？作品没说。从阅读的感受来说，应该是未曾相见，留下巨大悲伤，如此诗歌的意境才更加深远。

创作之外，诗歌评论里也有专门论“梦”的，如明代诗人李东阳《麓堂诗话》说：“‘梦’字，诗中用者极多，然说梦之妙者亦少。如‘重城不锁还家梦’，‘一场春梦不分明’，‘梦里还家不当归’，乃觉亲切。陈丑斋师召在南京，尝有梦中诗寄予，予戏答之曰：‘举世空惊梦一场，功名无地不黄粱。凭君莫向痴人说，说向痴人梦转长。’以梦为戏，亦所谓不为虐者也。”可见诗歌写梦这件事，在中国古代诗歌里是引人注目的。

（3）梦与小说。小说写梦也很多，我们只举《红楼梦》作为范例。这部以“梦”为名的长篇小说写了大大小小数十个梦，且都自然熨帖、意味深长。所写之梦既能深化主题思想，即人生是一场大梦，须尽早抽身；又成为叙事、描写以及人物刻画的艺术手法。其中较为重要的有以下 4 类。

一是寓意人生。第五回《游幻境指迷十二钗　饮仙醪曲演红楼梦》写贾宝玉在秦可卿的卧室小睡，悠悠荡荡走入太虚幻境，看到了金陵十二钗正副册，观赏了舞女们唱红楼十二支曲，又聆听了警幻仙姑的一番教诲，最后离去：

那宝玉恍恍惚惚，依警幻所嘱之言，未免有儿女之事，难以尽述。至次日，便柔情缱绻，软语温存，与可卿难解难分。因二人携手出去游顽之时，忽至一个所在，但见荆榛遍地，狼虎同群，迎面一道黑溪阻路，并无桥梁可通。正在犹豫之间，忽见警幻后面追来，告道：

> “快休前进，作速回头要紧！”……话犹未了，只听迷津内水响如雷，竟有许多夜叉海鬼将宝玉拖将下去。吓得宝玉汗下如雨，一面失声喊叫：“可卿救我！”吓得袭人辈众丫鬟忙上来搂住，叫：“宝玉别怕，我们在这里！”

这是小说中最大也是最为重要的一个梦。前面观册听曲是暗示情节发展和人物命运，而后面警幻的教导和宝玉的险境则是为小说点题，也就是警幻的喝止：“作速回头要紧”。《红楼梦》这部大书包括了许多主题，而最大的主题是“空”。人世间一切荣华富贵、儿女情长原本是幻，终究为空，所以切不可过于沉迷，能抽身跳出便是大彻大悟，而要彻悟，便须去欲，所以宝玉与生俱来的那块玉（欲）是要还给空空道人的。太虚幻境之游以香艳始而以惊醒终，便是当头棒喝。

二是告诫命运。第十三回《秦可卿死封龙禁尉　王熙凤协理宁国府》写王熙凤因丈夫出差，夜来无趣，早早就寝。一天晚上，刚星眼微朦，就在恍惚中见秦氏（可卿）从外面走来，向她道别，并说了一大段当心后患的话：

> 秦氏道：“婶婶，你是个脂粉队里的英雄，连那些束带顶冠的男子也不能过你，你如何连两句俗话也不晓得？常言‘月满则亏，水满则溢’；又道是‘登高必跌重’。如今我们家赫赫扬扬，已将百载，一日倘或乐极悲生，若应了那句‘树倒猢狲散’的俗话，岂不虚称了一世的诗书旧族了。”……“只是我与婶子好了一场，临别赠你两句话，须要记着。”因念道：“三春去后诸芳尽，各自须寻各自门”。凤姐还欲问时，只听二门上传事云板连叩四下，将凤姐惊醒。

秦氏此时已经一命呜呼了。她临终托梦给凤姐，是在替作者表达小说的一个重要主旨，那就是盛极必衰。贾府这个看上去烈火烹油、鲜花着锦的大家族，尽管近期还将有大的喜事（元春晋封），但已是强弩之末。再深一层看，作者写贾府之败象是眼见贵族们的奢靡与无能，预感到了他生活在其中的那个封建社会大厦摇摇欲坠，他的小说不过是一支送别的挽歌罢了。而王熙凤的梦正是一个大的预言。

三是刻画心理。二十四回《醉金刚轻财尚义侠　痴女儿遗帕惹相思》写丫鬟红玉因偶遇青年公子贾芸而心生好感，暗自思忖，

> 正闷闷的，忽然听见老嬷嬷说起贾芸来，不觉心中一动，便闷闷的回至房中，睡在床上暗暗盘算，翻来掉去。正没个抓寻，忽听窗外低低的叫道："红玉，你的手帕子我拾在这里呢。"红玉听了忙走出来看，不是别人，正是贾芸。红玉不觉的粉面含羞，问道："二爷在那里拾着的?"贾芸笑道："你过来，我告诉你。"一面说，一面就上来拉他。那红玉急回身一跑，却被门槛绊倒。

《红楼梦》里写男女之爱总是若有若无，即便是贾宝玉和林黛玉两人的情感，说是爱情可以，说不是爱情也可以，而爱的美妙就正在这若有若无之间。对红玉和贾芸的描写也是一样，就写了那么一点好感和一点动心，却大有意趣。一个短短的春梦就把少女怀春的心理刻画得十分传神，这比正面的心理描写要含蓄自然多了。这样的"爱情"描写较之那种花前月下或生别死离的渲染，美学价值是有过之而无不及的。

四是揭示人性。八十七回《感深秋抚琴悲往事　坐禅寂走火入邪魔》写妙玉走火入魔：

> 那妙玉忽想起日间宝玉之言，不觉一阵心跳耳热。自己连忙收慑心神，走进禅房，仍到禅床上坐了。怎奈神不守舍，一时如万马奔驰，觉得禅床便恍荡起来，身子已不在庵中。便有许多王孙公子要求娶他，又有些媒婆扯扯拽拽扶他上车，自己不肯去。一回儿又有盗贼劫他，持刀执棍的逼勒，只得哭喊求救。早惊醒了庵中女尼道婆等众，都拿火来照看，只见妙玉两手撒开，口中流沫。急叫醒时，只见眼睛直竖，两颧鲜红，骂道："我是有菩萨保佑，你们这些强徒敢要怎么样!"

曹雪芹真是了不起，对人性的洞察如此之深，令人叹为观止。他这段描写实际上已经触及了后来弗洛伊德潜心研究的问题，那就是无意识和"力比多"。小说中，妙玉是个很特别的人物，貌若天仙，冰清玉洁，虽出家为尼，却悟性极高。佛门修道实际是对其本性的压抑，她本人虽未曾察

觉，内心深处却已经陷入“本我”与“超我”的冲突之中了，走火入魔只不过是因为宝玉当日的几句诗扰乱了她平静的心房。事后惜春的评判是很中肯的：“妙玉虽然净洁，毕竟尘缘未断。”对大多数人来说，“尘缘”乃是天性，想要了断，谈何容易？这里面一定要有个“度”。妙玉之梦也许正是要告诉人们，不要轻易去压抑人性，否则会修佛不成而入魔。

从《红楼梦》写梦，我们就可领略梦境在小说艺术中所起的作用。

(4) 梦与音乐。音乐与梦的关系可分为两类，一类体现在创作上，即音乐家因梦而作曲；一类体现在作品上，即音乐作品具有梦幻的色彩及意境。前一类，前面讲灵感时有过例证，这里再看一个唐玄宗李隆基梦遇仙子而得曲的例子：

> 玄宗梦仙子十余辈，御卿云而下，各执乐器悬奏之，曲度清越。一仙曰：‘此神仙紫云回，今传授陛下，为正始之音’。上觉，命玉笛习之，尽得其曲。(郑处海《明皇杂录》“逸文”)

象征主义诗人马拉美

这显然是小说家言，不足为信。但类似的记载在古代稗史和笔记中尚多，大致能够说明梦中得曲的事情是发生过的，这也符合音乐创作的实情。

后一类也即梦体现为艺术特征的作品，如德彪西的交响诗《牧神午后》。作品根据象征主义诗人马拉美的同名长诗创作，描述了夏日午后的森林中，牧神突然出现，使刚刚出浴的女神惊惶逃去。整个音乐使人感到春日迟迟、波光粼粼、微风徐徐、睡意昏昏，梦境消逝在稀薄的空气之中。原诗有这样的词句：

> 牧神：
> 林泽的仙女们，我愿她们永生。
> 多么清楚
> 她们轻而淡的肉色在空气中飞舞，

空气却睡意丛生。
莫非我爱的是个梦?①
……

可见乐曲是用音乐表现梦境的缥缈与缠绵。作曲家本人也表白:“我的前奏曲的确是一连串意境的绘画,贯穿始终的是在中午的烈日下牧神的欲望和梦幻。”②

德国作曲家舒曼曾写过一首《梦幻曲》,是其钢琴小品《童年情景》的第七首。乐曲舒缓悠长、质朴动人,是“梦幻”题材的经典作品。

罗大佑创作的歌曲《追梦人》词曲俱佳,其歌词将个人情怀与历史沧桑融为一体,华美而又深沉,是写梦歌曲的上乘之作。

其他以梦为题材或具有浓郁梦幻色彩的优秀音乐作品还有很多,都是音乐百花园里风姿绰约的花朵。

“印象派”作曲家德彪西

(5)梦与超现实主义。超现实主义(surrealism)是20世纪二三十年代从法国流行起来的文学艺术流派,源于达达主义,代表人物有作家布列东、苏波、查拉,画家阿尔普、马松,导演杜拉克等。超现实主义受心理学的无意识学说影响,主张以“超现实”和“超理智”的梦境与幻觉等为艺术创作的源泉,以摆脱现实世界的一切束缚,最真实地显示客观事实的本质。为此,就须摒弃传统的惯例和“语言”,打碎人们赖以理解艺术的形式和“逻辑”,从而更赤裸、更深刻地揭示人的本性和世界的本来面目,如布列东说:“超现实主义,名词。纯粹的精神的无意识活动。人们

① 刘象愚选编《现代主义文学作品选》,高等教育出版社,2002,第39页。

② 〔美〕克雷格·莱特《聆听音乐》,余志刚、李秀军译,三联书店,2012,第341页。

凭借它，用口头、书面或其他方式表达思想的真实过程。在不受理性任何控制，又没有任何美学或道德的成见时，思想的自由活动。”[①] 因此，梦就成为超现实主义艺术创作的重要心理动因和表现对象，亦如布列东所说：“超现实主义认为，过去被忽视的某些联想形式具有很大的真实性，相信梦幻无所不能，相信思想活动能不带偏见。超现实主义要最终废除一切其他的心理机械论，取而代之，以解决生活中的主要问题。”[②] 他坚决主张非理性比理性更加本质，因而梦比现实更加真实，而他自己的作品就颇似梦呓，如《可溶解的鱼》中所写：

> 每天晚上，比乳房还美的绝妙造形向新的嘴唇张开，被用玫瑰露止渴的贞节引到天际，此时一个数着星星的小孩子冷得发抖。一会儿他把他成千条尾巴的畜群重新敢起。经那以后，慈姑有三只手，一只采掘，一只抚摸，一只遮阴或引导，从我们现在的慈姑到一只眼蓝，一只眼黄的阿尔萨斯狗，这都是我梦中浮现的狗，是鲜海鱼的忠实侣伴……

这些文字看上去很像梦境，准确地说是“梦痕”，参照精神分析心理学对无意识的描述，可以看作是“本我”转换为意象及象征后的图景。如果将这图景加以破译，就是精神分析心理学的“释梦”，而超现实主义作品的“意义”或价值正取决于它在多大程度上反映出梦的“真实”。

超现实主义对现代绘画影响巨大，以画梦而论，最具代表性的人物是西班牙画家萨尔瓦多·达利。达利的许多画作让人一眼看去就仿佛置身梦境之中，其景象的奇特和怪诞也只有在梦中才能出现，且很有“性”的意味——不是直接描写性爱或性事，而是作品里的图景仿佛梦里的欲念，让人隐约联想到性，这恰是精神分析学说对梦的无意识本性的界定。他的代

① 〔法〕布列东《什么是超现实主义?》，王德明译，载伍蠡甫主编《现代西方文论选》，上海译文出版社，1983，第169页。

② 〔法〕布列东《什么是超现实主义?》，王德明译，载伍蠡甫主编《现代西方文论选》，上海译文出版社，1983，第169页。

表作《记忆的永恒》就是如此。画面展现的是一片空旷的海滩，海滩上躺着一只似马非马的怪物，它的前部又像是一个只有眼睫毛、鼻子和舌头荒诞组合在一起的人头残部；怪物的一旁有一个平台，平台上长着一棵枯死的树；几只钟表都变成了柔软的、有延展性的东西，显得软塌塌的，或挂在树枝上，或搭在平台上，或披在怪物的背上。达利自述这幅画尽可能精密地记下自己梦中的每一个意念，进而记录下自己潜意识的结果，从而达到"由弗洛伊德所揭示的个人梦境与幻觉"。画面虽然怪诞，却具有强烈的幻觉真实感，使人恍然走进一个梦的世界。

除了绘画，达利还在电影界尝试超现实主义创作，他和导演路易斯·布努艾尔共同执导了一部短片《一条安达鲁狗》。影片无任何情节，只有一组组无逻辑、无理性的镜头以及奇特怪诞形象的不谐调接合：男人想去拥抱他渴望的女人，却被系着南瓜的长绳绊住；女人用刀片割自己的眼睛；一只死驴血淋淋地堆在钢琴上；一个衣冠楚楚的男人无聊地沿街踢着小提琴……让人看后仿佛同影片中的人物一起梦游。观众从影片中看不出故事情节，倒像是在看着别人或自己做梦。其他的超现实主义电影也是如此，看上去就是变幻的梦境，人物的行为都是无理性的，像是出自本能的欲望，以莫名的情绪力量表达对个人快感的追求。最终的效果就像是对精神分析心理学的诠释。

超现实主义把"梦"当作文学艺术的原动力以及表现对象和表现方法，是它激进和偏执的一面。通常我们对文学艺术中"梦想"的理解，更多地把重心放在"想"上面，但超现实主义艺术家们却只看重"梦"，他们主张的梦想就是用"梦"去想。这一主张也使超现实主义文学艺术如横空出世，以其天马行空的艺术想象给世人以震惊和晕眩之感。今天看去，超现实主义对20世纪以来的文学艺术贡献还是很大的，并且留下了很多传奇和经典。就"梦想"而言，它把"梦"的内涵挖掘得淋漓尽致，对我们更深刻地理解这个概念也有益处。

五 人类造梦

人类从蒙昧走向文明就是一个做梦、追梦和造梦的进程，也可以说，人类文明就是世界各民族人民历经千百年来造梦的成果，其中大大小小和形形色色的梦难以数计。在这些梦里，有的偏重物质生活的改善，有的偏重精神生活的追求，当然，二者很多时候是交织在一起的。文学艺术当然是精神追求的梦。与此相关的还有一些对人类精神生活产生深刻影响的“大梦”，比如自远古而来的神话、童话和宗教，以及近代兴起并风靡世界的电影和更近期兴起并联通世界的网络等。这些都是我们谈论梦和“梦想”时要充分关注的。

（1）神话梦。每个民族都有自己的神话，神话是远古流传下来的“真实的想象”，如茅盾先生所说：“神话是一种流行于上古时代的民间故事，所叙述的是超乎人类能力以上的神们的行事，虽然荒唐无稽，可是古代人民互相传述，却确信以为是真的。”① 亦如马克思所说，任何神话都是用想象和借助想象以征服自然力，支配自然力，把自然力加以形象化。这说明神话的根基仍在于人类的社会实践活动，是先民在生活和劳动中与大自然的关系催生出来的。因此，在神话中就蕴藏着人类的情感和梦想，从而也包含着与梦的关系，如美国当代神话学大师坎贝尔所说：“梦境是个人化的神话，神话是去个人化的梦境。梦境和神话都以相同的精神动力学方式来体现象征意义。然而在梦境中，做梦者的独特困扰改变了象征符号的形式，而神话中的问题和解决方法直接适用于整个人类。”② 也就是说，在神话中潜藏着无数个古老的梦，而在我们的梦境中也深埋着古老的神话。当然，梦里的神话是“原型”的化身，做梦的人自己未必知晓，需要神话学家或心理学家去加以揭示。

神话的主角除了神之外，就是英雄（许多时候神和英雄是合为一体的）。这看上去是对英雄的记忆和崇拜，实际上也凝聚着一个民族的希冀和梦想，如我国著名神话学家袁珂所说：“从神话里，我们可以看到古代劳动人民的思想观念是怎样的：他们怎样设想世界的构成，怎样歌颂人民

① 茅盾：《中国神话研究》，载《茅盾全集》第二十八卷，人民文学出版社，1993，第1页。

② 〔美〕约瑟夫·坎贝尔：《千面英雄》，黄珏苹译，浙江人民出版社，2016，第14页。

的英雄，怎样想望生活过得更美好，怎样赞美劳动和斗争……等等。”[①] 比如在中国古代神话中，“女娲补天”是先民为雨水成涝所困，希望有英雄能止住淫雨；“后羿射日”是先民为炎热干旱所困，希望有英雄驱走烈日；“精卫填海”是先民看见有人葬身大海，希望有英雄将海洋变为平地。其他如“盘古开天”“刑天舞戚”“夸父逐日”“愚公移山”等，也都是歌颂英雄的故事。先民们创造出这些英雄并传颂英雄的事迹，就是用神话去表达梦想并传递下去。正是在这个意义上，我们说各民族的神话是一个“大梦”或“伟大的梦”。

神话虽然随着人类文明的进步而消失，但它的精神却不会死掉，不如说，它作为人类精神深层力量而蕴含在各个方面。仍如坎贝尔所说的：“神话是一扇秘密的门扉，宇宙通过它将无尽的能量倾注到人类文化中。宗教、哲学、艺术形态、历史人物、科学与技术的重要发现以及惊扰睡眠的梦境都源自神话的魔法指环。”[②] 的确如此，在人类历史长河以至当代生活中，我们都能感受到神话的存在及影响。宗教自不必说，各国的宗教里都包含着本民族的神话，尤其是“创世神话”和“英雄神话”。文艺创作里，神话也如影相随，如史诗里往往掺杂着神话，长篇小说也往往暗含着某个神话，绘画、音乐和舞蹈多以神话为题材。在中国古代，神话是诗歌创作用典的重要来源；至于屈原的《天问》，本身就是一部诗体的神话。还有民俗，“牛郎织女”的神话感天动地，而“七夕”的“鹊桥相会”也成就了中国古代青年男女的“情人节”。

不唯历史，就是在现实生活中，神话的影响仍依稀可见，像当下社会生活中的许多活动和行为就是由神话传沿下来，并且保留着神话的功能，比如仪式就与神话一脉相承。神话源于祭神，而祭神的活动是虔诚和敬畏的，如孔子所说：“祭神如神在。”（《论语·八佾》）这一特性决定了后世各种仪式虽以具体的程序和形式来体现，但目的是在人的精神。今天，人类生活中重大或重要的活动往往要举行仪式，而仪式大多是庄严、神圣

---

① 袁珂：《中国古代神话》，中华书局，1960，第28页。

② 〔美〕约瑟夫·坎贝尔：《千面英雄》黄珏苹译，浙江人民出版社，2016，第1页。

的。这时候，“神”虽缺席，但“神性”仍在；或者说，今天的仪式虽然早已与神分离（除了宗教仪式），却将祭祀和神话的“神性”沉淀下来，化作“有意味的形式”，并因此发挥着使人的精神升华或超越的作用。正是在这个意义上，我们可以认为“仪式是神话的实际表现。参加一场仪式，就好像参与了一个神话”。[①] 举例来说，在国际事务中经常见到的升国旗和奏国歌仪式就使人们置身于“神话”之中，而这个“神话”就是当事人的民族和国家。

尼采曾说：“没有神话，一切文化都会丧失其健康的天然创造力。”[②] 话虽极端，却有道理。神话是一个民族的集体记忆和深层原型，潜藏在人们的思维、想象、情感和意志当中，虽然古老，却历久弥新，是创造的动力和梦想的源泉。正因如此，我们可以说神话就是一个民族代代相传的梦想，是历史和文化造就的“大梦”，也是当代生活永不枯竭的精神力量。

（2）童话梦。童话跟神话的来源一样，都是人类历史上口口相传的民间故事，却在特征和功能上有很大区别。区别之一，神话只产生于人类历史早期，尤其是原始时期，而童话则世代都有；区别之二，神话的风格多悲壮而崇高，而童话的风格多温馨而优美；区别之三，神话是讲给成人听的故事，而童话则主要是讲给儿童听的故事，当然，很多优秀的童话也适合于成人，但这不是童话的主要功能。

童话是儿童的美梦，因而几乎所有童话都有很浓的梦幻色彩。因为梦幻，所以真实世界不可能发生的事情在童话中都能发生，比如美丽的女孩却长着鱼的身子（《海的女儿》）、小姑娘出入大人国和小人国（《艾丽斯梦游仙境》）、小木偶人掉进了大鲸鱼的肚子里（《木偶奇遇记》）、一支毛笔画什么什么就变成真的（《神笔马良》）等。

童话是儿童的美梦，而且一定会美梦成真。童话的结局多是美满的，主人公经历磨难，最终会实现梦想，得到爱情、友谊、财富、身份以及各

---

① 〔美〕约瑟夫·坎贝尔、比尔·莫耶斯：《神话的力量》，朱侃如译，浙江人民出版社，2013，第113页。

② 〔德〕尼采：《悲剧的诞生》，载《悲剧的诞生——尼采美学文选》，周国平译，三联书店，1986，第100页。

式各样的世界上最美好的东西。从心理学的角度看，终究是“欲望的实现”，但这欲望已经很大程度上被润色和诗化，成为美和艺术。也可以说，童话是人类最根本的欲望的艺术表达。

童话大师安徒生

童话的表达是单纯的，既表现在形式，也表现在情感，还表现在思想。大多数的童话都有个基本模式，角色的功能是固定的，情节的模式也是单一的。按当代叙事学理论，所有童话都是用不同方式讲述同一个故事。童话所表达的情感无非是爱与恨的矛盾和交织，最终以爱为主旋律；童话所表达的思想无非是善与恶的冲突和斗争，最终让善战胜恶。正因为单纯，童话才显得唯美并诗意盎然。

童话立足于儿童的天性，用儿童的眼光看世界，由此与成人世界的复杂、世故和倾轧形成鲜明对比。但童话并不止于“儿童文学”，优秀的童话会将深邃寓于单纯之中，即使儿童感到快乐，也给成人带来慰藉；既唤起儿童对美好生活的向往，也勾起成人对儿时快乐生活的回忆。所以它总是在人们心灵播撒着幸福和希望的种子。

风靡世界的动画片《白雪公主》

在很长的历史时间里，童话一直以口头和文字的形式流传，后来与绘画结合，出现了故事插图及绘本和漫画的载体。20 世纪以来，随着电影的发展，童话又被赋予了全新的形式，焕发出新的光彩，这就是动画片尤其是动画大片的魅力。动画片运用电影技术对古老的童话进行了重新“包装”和演绎，使之从语言走向视听，从静态走向动态，从二维走向三维（甚至四维），这就大大地增强了童话的观赏性和“似真性”，使观众身临其境，最大限度地体验梦幻的感觉。这样的童话已经不再是儿童的专利，更成为整个大众文化的组成部分，并且这样的童话也已经具有相当的“现代性”，虽然仍在讲着过去的故事，却已然具有了现代意识，不妨视之为“现代童话”。

尽管如此，童话的主要价值意义仍在于儿童。儿童时代是人格形成的关键时期，童话因为最适合儿童的天性，对培育儿童的情感、意志、能力以及品格都能够起到很好的作用。有专家指出，童话的首要任务就是帮助儿童“努力寻求人生意义”，为此，“一个故事要真正抓住儿童的注意力，就必须给他带来欢乐，激发他的好奇心，为了丰富他的生活，故事还必须激发他的想象力，帮助他发展智力和澄清情感：使他的忧虑与志向相协调，完全认同他的困难，同时提出办法解决烦扰他的问题。总之，它必须同时涉及他人格的所有方面——这从来没有小看儿童所处困境的严重性，相反，充分认同这种严重性，同时增强他的自信和对未来的信心”①。因此，童话就是每个人在童年时必上的一课。即便是在当代社会，儿童娱乐和受教育的方式远远多出以往，但童话仍然是不可缺位的。这也就是为什么出版界年复一年地推出那么多的漫画和绘本，电影界也年复一年地奉献出风靡全球的动画大片。英国童话作家罗尔德·达尔曾写过一个童话，叫作《好心眼儿巨人》，里面的好心眼儿巨人能够捕捉和配制梦，然后用一根管子把梦吹进熟睡中孩子们的耳朵里。② 这是用童话表达出了童话的功能。

（3）宗教梦。世界各民族宗教里多有梦的记载，而且这些梦都有着不同寻常的意义，或是用神异的故事强化宗教的神圣性，或是用神的灵验强化人们的敬畏心。我们从基督教和佛教各选两例。

《圣经·旧约》里记有雅各的美梦。说他在野外睡觉，进入梦乡，

> 在梦中，他看见了一道阶梯从他躺着的地方一直通向天堂，天使

---

① 〔美〕布鲁诺·贝特尔海姆：《童话的魅力》，舒伟、丁素萍、樊高月译，社会科学文献出版社，2015，第3页。

② 〔英〕罗尔德·达尔：《好心眼儿巨人》，任溶溶译，明天出版社，2009。

> 们沿着阶梯上上下下地走动。他看见上帝站在阶梯的上方。神对雅各说："我是上帝，是亚伯拉罕的神，是你的父亲以措父的神，我也将是你的神。你独自躺着的这片土地将属于你，属于你后辈的孩子们。你的孩子们将像地球上的尘土一样遍及周边的土地，东面、西面、北面和南面，全世界将因你的家族而得到赐福。我会在你的行程中伴随你。无论你走到哪里，我都会在你身边。我还会将你带回这片土地。我永远不会离开你。我一定会遵守我给你许下的诺言。"①

这显然是利用"造梦"来强化《旧约》的主旨：犹太人是上帝的选民。这样的梦只是宗教的注脚。而另一类梦虽然也是为宣扬宗教教义而造，却更有文学和神话意味，比如雅各的儿子约瑟遭兄弟抛弃，被商队带到埃及，历经苦难，最后因为破解了法老的梦而重获自由，并成为宰相。法老的梦是：

> 我站在河边，看见七头肥大、漂亮的牛从河里走上来吃草。在它们吃草的时候，又有七头牛跟着从河里走了上来。这七头牛都很瘦小、衰弱无力，我从来没有见过这么可怜的动物。这七头瘦小牛吃掉了那七头肥大的牛，吃完后，它们又跟原来一样又瘦小又可怜了。然后我就醒了。
>
> 接着我又睡着了，又开始作梦。在我第二个梦中，我看见一个谷茎上长了七个谷穗，它们既硕大，又强壮，又饱满。接着又长出来七个谷穗，它们稀疏、干瘪、枯萎。这七个稀疏的谷穗吞食了那七个硕大的谷穗，接着它们又跟原来一样稀疏、枯萎了。

约瑟的解释是，埃及将迎来 7 个富庶之年，接着将是 7 个饥荒之年。之后的情况果然如此，而埃及在约瑟的领导下，在富庶之年就储存好粮食，因而顺利度过饥荒之年。② 显然，法老的梦和约瑟的解梦并非完全臆

---

① 〔美〕J. L. 赫尔伯特：《圣经的故事》，高新力、安蔷译，中央编译出版社，2013，第 46～47 页。

② 〔美〕J. L. 赫尔伯特：《圣经的故事》，高新力、安蔷译，中央编译出版社，2013，第 65 页。

想，是有着现实生活的影子。因此，它更像是包含着历史的神话，也是宗教“造梦”的一个特征。

佛教有所谓“四梦”和“五梦”之说。“四梦”即所谓：

> 一、四大不和梦，谓或梦山崩，或梦自身飞腾虚空，或梦见虎狼及贼追逐。此因地水火风四大不调，心神散逸，故有此梦，是名四大不和梦。二、先见梦，谓日间先见男女苦乐等境，夜则随梦，犹如日间所见。是名先见梦。三、天人梦，谓若人修善，乃感天人为现善梦，令其善根增长；若人作恶，亦感天人为现恶梦，令其怖恶生善，是名天人梦。四、想梦，谓若人前世，或有福德，或有罪障。有福德者，多思想善事，则现善梦；有罪障者，多思想恶事，则现恶梦。是名想梦。

“五梦”即所谓：

> 一梦卧大海光云。梦卧大海者，汝身现居生死海中，未到彼岸，未证涅盘也。二梦枕须弥普光云。梦枕须弥者，以表出生死海，登于彼岸，将证涅盘也。三梦海中一切众生入我身内普光云。梦大海中一切众生入身内者，以示当于尘劳海中，为诸众生作归依处，济度有情，超于彼岸也。四梦手执日普光云。梦执日者，以表智慧光明，普照法界，开导昏迷，归正觉路也。五梦手执月普光云。梦执月者，以表方便之智，入于生死尘劳界内，用清凉法，化导众生，令离热恼也。①

其意旨无非劝善止恶、因果报应。佛教以为人生如梦，因此“四梦”和“五梦”云云，虽是说梦，实喻人生，是为感化信众、普度众生而造出来的梦。

（4）电影梦。我们没有在前一节“梦与艺术”中谈论电影，并不表示电影不是艺术，而是觉得这门艺术较为特殊，与技术和商业的关系过于紧密，更接近一种“文化形态”及产业。而且电影造梦也有其特别之处，它用科技的手段最大限度作用于人的感官，从而造成强烈的现场感和“真

---

① 丁福保编《佛学大辞典》“梦”条，上海书店出版社，1991，第2460页。

实”感。这种“造梦”的效果在电影刚刚发明，在咖啡馆里为观众放映时就强烈地显现出来了：当放映结束时，观众们惊呼：“这和现实中的完全一样啊！这太奇怪了，这简直是场梦。”① 今天，人们走进现代设施的电影院去观看3D或4D大片，感受的梦境更为逼真，也更真切地与梦境中行动（表演）的人分享着同样的体验。这便是电影造梦的来由。制片商和制片厂以及所谓的“电影人”的任务就是为公众造梦，他们的公司被称作“梦工厂”，他们自己也被称作“梦想批发商”。

值得一提的是，电影里也有一类作品与梦有直接的关系，那就是专门写梦里发生的事情。关于电影里的梦，法国电影学家马尔丹曾举过一些经典的例子：

> 《爱德华大夫》包含一些根据萨尔瓦多·达利的设想所导演的优美的梦的段落：例如当男主人公摆脱了精神困扰之后，只见四扇门幽灵般地接连打开了；《黄昏之后是黑夜》中的病人在梦中看见了眼珠被挖的眼眶、火焰和蛇；在《第四十一》中，哨兵梦见了（插入镜头）他的家乡乌克兰。从非现实主义的角度来看，《最卑贱的人》中有一个梦，守门人变形的脸迭印在扩大了的饭店转门的画面上；而在《三百万卢布的诉讼案》中，当一个男人梦见盗贼撬他的保险箱时，盗贼的画面迭印在他沉睡时的面部特写镜头上；在《被遗忘的人们》和《愉快地死去》中都有极其扣人心弦的梦魇的段落；在后一部影片里，彩色片突然变成了黑白片，梦境变得毫无血色，完全跟被吸血鬼折磨的女主角一样。夏洛特醒来时，他拥抱着的漂亮姑娘变成了扫帚（《夏洛特在银行》）；一个集体农庄女庄员梦见（动画）她获得勋章后，挽着抱着了她孩子的斯大林的胳膊散步（《农民》）。②

除了这些把梦境当作叙事或表现手段的影片外，有的电影的主要内容就是写梦。如黑泽明执导的《梦》共有8个梦境，分别是太阳雨、桃园、

① 潘天强：《西方电影简明教程》，复旦大学出版社，2003，第8页。

② 〔法〕马塞尔·马尔丹：《电影作为语言》，吴岳添、赵家鹤译，中国社会科学出版社，1988，第185页。

风雪、隧道、乌鸦、红色富士山、垂泪的魔鬼和水车之村。这 8 个梦几乎贯穿了人类生活的所有主题，人与自然、战争与和平、社会与人生以及生与死等，具有很深的寓意。再比如克里斯托弗·诺兰编剧并导演的《盗梦空间》，讲述了一个通过进入梦境而将某个想法植入人的意念的故事。片中一共设置了 6 层世界，分别是现实世界、第一层梦境、第二层梦境、第三层梦境、第四层梦境和迷失域。每一层世界的时间以大约 20 倍延缓，比如现实世界 10 小时的航班，在第一层梦境大约是一个星期，在第二层梦境大约是 6 个月，而在第三层梦境大约是 10 年。人从现实进入梦境，先是借助药物，往后凭借所谓的“协同刺激”。梦境越深，离意识越远，最后一层“迷失域”已经是潜意识的边缘，此处的时间已经接近无限，而且进去后很难再出来，需要进入者以极强的意念进行“协同刺激”方能回归。这个奇幻的梦的世界是迄今艺术家对人类梦境最富想象力的猜想和创造，也许预测着人类未来对梦的破解和控制。

（5）网络梦。当今世界，很多人生活在网络之中，而且从某种意义上说，网络已经不只是生活的手段，它正日渐成为生活本身。人们几乎可以在网络世界里做任何想做的事情，实现任何想要实现的梦想：交友的梦想、创业的梦想、远足的梦想、婚恋的梦想、冒险的梦想、财富的梦想……。所谓“网络无所不能”，绝非虚言，而且随着时代的发展，网络世界还在扩张，在人们生活中所占比重还在加大，这是生活在这个世界上的每一个人都已经面临或将要面临的境况。

黑泽明导演的电影《梦》

然而我们也要清楚地看到，网络世界充满玄机，它既是天堂，也是地狱；既有天使，也有魔鬼；既成就美梦，也带来噩梦。这一切都与网络的“匿名”性质有关（并非完全匿名）。因为“匿名”，人们在网络里享有充分的自由，可以随心所欲地施展自己的才能。同样也因为“匿名”，网络世界就产生了巨大的诱惑，很容易把人的欲望勾引出来并让它膨胀、泛滥，最终把好端端的人拖入深渊。当成千上万的匿名者在同一个虚拟空间里宣泄着本能，网络就成为一部巨大的欲望机器，随时可以将渺小的个体吞噬殆尽。这方面的事例如今已经数不胜数，不知有多少人在网络上行骗、造谣、售假、贩黄……也不知有多少人因在网上猎奇或寻求刺激而最终飞蛾扑火、毁于一旦。因此，对网络所造之梦要格外小心，而通过网络实现梦想也要坚守正道。

说到网络与梦的关系，就得提一下对青少年成长产生很大影响的网络游戏。网络游戏是一种娱乐，并由娱乐发展成为“竞技”。网络游戏因其虚幻的性质，对青少年有极大的吸引力，以至于造成为许多家长所痛心疾首的“网瘾”。而之所以会让人产生“网瘾”，重要原因就在于网络游戏可以把人带入一个虚幻的空间，玩家在里面可以寻求现实中难以寻求的刺激，实现现实中难以实现的欲望，这也可以看作是“圆梦”。这种“圆梦”是危险的，通常可见的后果是陷于网瘾而不能自拔，荒废了青春年华，而更加可怕的是在幻梦中放纵欲望，最终走上犯罪道路。曾看过这样的报道，一少年游戏高手与另一高手争霸，因屡战屡败而将对方邀出并残忍杀害。可见网络游戏可以造梦，却也是让许许多多青少年“梦断”的地方，需要广大青少年、家长以及全社会予以高度警惕。

（6）“中国梦”。党的十八大以来，以习近平同志为核心的党中央提出了“中国梦”的伟大目标，指出：“实现中华民族伟大复兴，就是中华民族近代以来最伟大梦想。”“中国梦”核心目标也可以概括为“两个一百年”，也就是：到 2021 年中国共产党成立 100 周年和 2049 年中华人民共和国成立 100 周年时，逐步并最终顺利实现中华民族的伟大复兴。“中国梦”的本质是国家富强、民族振兴、人民幸福；实现途径是走中国特色的社会主义道路、坚持中国特色社会主义理论体系、弘扬民族精神、凝聚中国力量；实施手段是政治、经济、文化、社会、生态文明五位一体的建设。这是中华民族最伟大的梦想，我们每个人的梦想都必须融入这个梦想才有意义，才有价值；而我们谈论梦想，最终要落实到中华民族伟大复兴这个“中国梦”。

六 梦想的意义

梦和梦想是两个不同的概念，却有着内在的联系。梦是自动的联想，而梦想是自由的想象。梦是梦想的身心基础，在梦里，人的心理空间得到极大扩展，各种情感体验也纷至沓来；而梦想是梦的升华，是对生活的扩展和自我的超越，是为人生创造诗意的境界。梦关系到人格的健全，而梦想则关系到人性的发展。有梦的人是正常的人，而有梦想的人才是审美的、艺术的和自由的人。由此，我们归纳出梦想的几个主要特征。

（1）梦想是虚幻和真实的统一。梦想是虚幻的，但造成梦想的生活却是真实的；梦想的内容是虚构的，但营造梦想的目的却是实在的。我们梦想的事情是想要实现的事情，我们梦想的生活是想要去过的生活。人们经历的事情虽然真实，却已是过眼烟云，人们梦想的事情虽是幻像，却并非子虚乌有。李白诗云：“弃我去者，昨日之日不可留；乱我心者，今日之日多烦忧”（《宣州谢朓楼饯别校书叔云》）。如果生活真的如此，何不从现实走进梦想，或者就把梦想当作现实呢？清代画家布颜图有过“不以梦之为梦”的妙论：“譬诸人之居世，昼有室家之累，妻号儿啼，悲苦其心。夜有邯郸之梦，妻封子贵，荣适其怀。是寐则优游，醒则愀愀，于生何趣？是必明者了性达生，通脱自喜，不以梦之为梦，反以不梦之为梦也。昼亦陶陶，而夜亦陶陶；醒亦飘飘，而梦亦飘飘”（《画学心法问答》）。梦想原本就是生活的一部分，究竟是虚幻还是真实，可以根据心境而定。

（2）梦想是无意和有心的统一。梦想是梦，因而神出鬼没、来去无踪；梦想是想，因而包含着人的愿望和追求。人的梦想既来自机缘，无可无不可，又与特定的境遇、状态、需求和情感关联，有“自我实现”的指向性。它将意志和欲望打成一片，使自然天成和心想事成融密无间。华兹华斯说：“诗是强烈情感的自然流露。”① 与诗有着天然联系的梦想又何尝不是这样呢？

① 〔英〕华兹华斯：《〈抒情歌谣集〉序言》，曹葆华译，载刘苦端编《十九世纪英国诗人论诗》，人民文学出版社，1984，第 22 页。

（3）梦想是过去和未来的统一。梦里没有时间，梦想也没有时间。梦想是回忆，也是展望；而过去和现在又融合于当下，这就是“此在”（借用存在主义术语）。因为如此，人在梦想里就进入了一个没有过去、现在和未来的世界，就可以体验审美和艺术所特有的“永恒”。有文学家说：“幻想的天性富有永远年轻的秘密。”的确，进入梦想的人不再有年老年幼之分。一位老者在深情地回忆自己童年时光时，你能说他的心境不是跟孩童一样天真烂漫吗？

（4）梦想是自由和规律的统一。意识消退才有梦，精神松弛才有梦想。梦想是天底下最为自由的事情，没有谁能干预梦想，连“自我”也不能，但这并不意味着梦想可以肆无忌惮。梦想高于梦，因为它摆脱了黑暗中欲望的纠缠；梦想不是梦呓，因为它不会流于病态的妄想和幻觉。梦想是合乎人性与人心的自由想象。“因为，沉浸在无边无际的梦想之中，自我就立即消失！”① 波德莱尔如是说。

（5）梦想是伤感和乐感的统一。梦想使人愉悦，也使人感伤；或者说感伤里面有愉悦，愉悦里面有感伤。这其实也就是人生的写照，也就是人心的本真。生活中的人原本就悲喜交加，既可以乐极生悲，也可以破涕为笑。所以审美和艺术里面既有悲剧，也有喜剧。弘一法师（李叔同）圆寂前留下 4 个字：“悲欣交集”，是他作为艺术家和高僧的一生的最深沉的况味，告诉我们人生的梦想就是悲与喜的交响。

（6）梦想是艺术和人生的统一。梦想是人生，因为所梦所想都来自生活；梦想是艺术，因为它把生活编织成童话。是人生，所以梦想很实在；是艺术，所以梦想很空灵。在梦想中，我们获得艺术和人生的双重感受；在梦想中，我们把人生提升为艺术。

综上几点，我们可以说，梦想创造生活、梦想超越现实、梦想释放生命、梦想净化心灵、梦想幻化艺术、梦想指向未来，梦想是人生境界，梦想是精神家园。这是梦想伴随人类从远古走到今天的原因，也是今天的人们仍然需要梦想的理由。

---

① 〔法〕波德莱尔：《巴黎的忧郁·艺术家的悔罪经》，钱春绮译，载《恶之花 巴黎的忧郁》，人民文学出版社，1991，第 381 页。

七　结语：随梦想前行

中国古代曾有关于“游仙枕”的传说：“龟兹国进奉枕一枚，其色如玛瑙，温温如玉，制作甚朴素。枕之寝，则十洲、三岛、四海、五湖尽在梦中所见，帝因立名为游仙枕”（王仁裕《开元天宝遗事》）。这说的是西域龟兹国给大唐皇上送来一个珍贵的枕头，枕着它睡觉就能梦见各种仙境。这种“小说家言”固然不可尽信，但较为合理的解释是，用所谓“游仙枕”会给人一种心理暗示，让他想象着自己在仙境中漫游。这样一种“梦游”或“仙游”当不止于睡梦，而更是有意为之的梦想。由此可见，古人是多么希望生活中时常有好梦降临，让平凡的现实因幻想而生动，一个“游仙枕”寄寓的正是人们对梦想的喜爱和期盼。古人如此，今人亦然；中土如此，异域亦然。近代以来，梦想已经日益成为哲学和美学研究的对象，不仅与人的生活相关，进而与人的本质以及发展相关。在现象学和存在主义诗学中，梦想就是关系到人的本性的重要命题，而有没有梦想决定着人是否看清世界并在这个世界中“存在”，如法国学者巴什拉所说：

> 当一个梦想者排除了充斥着日常生活的所有“忧虑”，摆脱了来自他人的烦恼，当他真正成为他的**孤独的构造者**，终于能沉思宇宙的某种美丽的面貌而不计算时间时，他会感到在他身心中展现的一种存在。一刹那间，梦想者成为梦想世界的人。他向世界敞开胸怀，世界也向他开放。假若人没有梦见他曾见过的东西，那他就从未真正见过世界。[①]

的确，如果一个人连梦想都没有过，他不算是真正看见了这个世界，甚至不算是来过这个世界。

因此，我们都要为梦想而生活，随梦想而前行。

---

① 〔法〕加斯东·巴什拉：《梦想的诗学》，刘自强译，三联书店，1996，第217～218页。

拓展阅读

曹雪芹:《红楼梦》,人民文学出版社,1982。

傅正谷:《中国梦文化》,中国社会科学出版社,1993。

〔比〕米杉:《梦的真相》,倪男奇译,世界图书出版公司,2010。

〔英〕安东尼·史蒂文斯:《人类梦史》,杨晋译,海南出版社,2002。

〔法〕加斯东·巴什拉:《梦想的诗学》,刘自强译,三联书店,1996。

第七章　人心

确切地说，应当是“人格”，但在日常话语中，“人格”的概念容易让人联想到道德评价，而我们此处要讲的是心理学问题，故不作为标题。

这一章是从心理学的角度来探讨“人”的问题。心理学的内容既多，范围亦广：从历史发展看，有“构造”“机能”“行为”“完形”“精神分析”“人本”等流派；从研究领域看，涉及文化、社会、审美、艺术、教育、军事、运动、管理、营销、刑侦，以至于生活中的交际、学习、爱情、婚姻等。为避免以偏概全，让人误以为此处是在宣讲心理学“概论”，故而以“人心”代替“心理”。当然，要把问题说清楚，还得借助于心理学的观点和理论；也就是说，要在心理学的背景下谈论有关“人心”或“人格”的问题，目的则在于认识自我、把握自我，进而创造自我。

可是谈何容易？仅就“认识自我”而言，就是一个亘古以来没有人能够猜破的谜。古希腊德尔斐神庙里镌刻着一道神谕：“认识你自己。”从那时到今天，不知有多少思想家—包括哲学家、艺术家、历史学家、心理学家以至于政治家等——在用自己的方式为整个人类去完成这个任务，但没有谁能够声称自己得到了圆满的答案。尽管如此，人们仍在代复一代地研究着、探索着、尝试着揭开谜底，因为人们相信，唯有认识自己，才能够成其为“人”，就像陀思妥耶夫斯基所说的：“人是一个谜。……我在研究这个迷，因为我想成为一个人。”[①] 现如今，随着心理学的进展，人类“认识自己”的工程已经有了可观的成果，虽说终极目标仍然遥远，但对人心或人格的探究已经逐渐深入并明晰，这给现实生活中的人认识自我并完善

① 〔俄〕陀思妥耶夫斯基：《给米·米·陀思妥耶夫斯基》，载《陀思妥耶夫斯基选集·书信选》，冯增义、徐振亚译，人民文学出版社，1986，第9页。

自我提供了相当的便利。以下内容就借助各派心理学的相关概念及学说，在这方面做些解释和发挥。

一　气质

对人心的观察，最直接办法是由外而内，由表及里；也就是说，从外在的动作、表情而捕捉内心。由此路径，最先关注到的心理特征当属气质，因为在人的各种心理活动中，气质的表现最为直观和醒目。在人的成长历程中，气质也是最早显露出的心理现象，甚至可以说是从娘胎里带出来的，而且它很顽固，可能会伴随人的一生，如常言所道："江山易改，本性难移。"这个"本性"如果不是特指某种道德品质，那么它就是气质。我们看刚出生的婴儿就能发现动静之分，这就是气质使然。再大一点儿，在托儿所或幼儿园，一个班里十几或几十个孩子的性情和举止个个不同，此时他们的性格尚未成形，其不同之处也多在气质。到了少年、青年以至于成年，人们有了性格，但性格的体现仍以气质为先，比如人们说话办事的习惯、待人接物的方式、对外界刺激的反应等，都含有气质的作用。

以"体液"区分气质的古希腊医生希波克拉底

基于此，心理学把气质看作一种先天的动力或倾向，将它归为由基因以及生理造就的体质和神经系统。历史上关于气质的成因有各种说法。在西方，古希腊人认为气质来自"体液"，由此分出"粘液""黄胆汁""黑胆汁"和"血液"4 种类型（希波克拉底）；到古罗马，则分为"多血质""黏液质""胆汁质"和"抑郁质"（盖伦）等。近代以来，又有"心理倾向"（荣格的"内倾与外倾"）、"思维类型"（巴甫洛夫的"艺术型、思维型、混合型"）以及"激素"（伯曼的"甲状腺型、脑垂体型、肾上腺型、副甲状腺型、胸腺型、性腺型"）和"血型"（古川竹二的"A 型、B 型、AB 型、O 型"）诸说。在我国，古人多将气质归因"血气"，而"血气"又得自天地间的阴阳二气，如曹魏时刘劭所作《人物志·九征》说："凡有血气者，莫不含元一以为质，禀阴阳以立性，体五行而著形。”各家之说都有一定道理，却也未必尽然。到如今，气质究竟为何物？也没有明晰、透彻的界说。最终的结论恐怕要等到生命科学破解基因密码之后了。

我们说气质是先天的，但并不意味着一成不变。在日常生活中，我们用气质去评价某人或谈论某人时，这个概念的含义是复杂多变的，概括起来主要有这样几种情形。

其一，气质在各种心理因素中是较为稳定的，很难改变，然而也不是冥顽不化，它可以随着人的成长和境遇而改变方向，甚至看上去焕然一新。如一个少年轻狂的人，到了中年也许就老成持重了；而如果他或她从事的职业是以贸然冲动为大忌，如医生、律师或军队指挥官等，那么他的气质或许会发生大幅度的转向。当然，这种转向很可能不是根除，而只是克制或权宜；也就是说，没有从根本上改变固有的气质，而只是在外界压力和内部动机的双重作用下有所变化。这时候的气质已经不是单纯的“气”或“质”，而是与个性或人格融为一体了。

其二，一个人的气质会长久地影响他的性格以及为人处事的方式，或者说，气质总会给人的思想、行动及言行举止染上某种特定的色彩或风格，像是某种难以名状的标识。比如同一句话由不同的人说，假如不做硬性规范，呈现出的话语会有明显的差异。做事也是如此，让一个性急的人和一个性慢的人同时做同样的事情，其方式和过程便会大不一样。比如吃饭，有人慢条斯理，有人狼吞虎咽，有人谈笑风生，有人沉默不语。《世说新语·忿狷》曾记：“王蓝田性急。尝食鸡子，以箸刺之，不得，便大怒，举以掷地。鸡子于地圆转未止，仍下地以屐齿碾之，又不得，瞋甚，复于地取内口中，啮破即吐之。”这就是由饮食而见的性急的例子，而性急多半是一种先天的气质。文学家塑造人物很注意这一点，同一类人物的差异往往就来自气质的不同，就像清代批评家金圣叹评《水浒》人物所说：“人有其性情，人有其气质，人有其形状，人有其声口”（《读第五才子书法》）。其中“气质”和“声口”大体上就是气质的体现。

既然气质在人的成长过程中无时不在且作用于性格，那就需要人们在各种情境中意识到并正视它。这里面既有控制和改变，也需要顺应和利用，尤其是处置某些人生大事，比如选择专业或职业，多少要考虑到自己或当事人的气质，不然的话，之后要费很大力气去转弯。历史上有许多名人都是在年少时违背了家长的意愿，选择了自己喜爱也可以说是合乎自己性情（气质）的专业或事业，从而走上成功的道路。所以孔子教学主张“因材施教”，这个“材”是原材料，显然包含了气质的因素。如“四科”里的“学霸”们：“德行：颜渊、闵子骞、冉伯牛、仲弓。言语：宰我、子贡。政事：冉有、季路。文学：子游、子夏”（《论语·先进》）。按杨伯峻先生的解释，这是说孔子们的学生“各有所长”，比如德行好的、会说话的、能办事的和好读书的等①，虽体现在行为和性情，却与先天的气质相关。反过来说，如果一个人在年少时选择了与自己气质不符甚至抵触的专业，无论是因为外在的压力还是出于自身的盲目，都可能带来一些问题，轻则浪费时光，重则耽误人生。古人所谓：“男怕入错行”也不是随便乱说的。

其三，现实生活中，“气质”一词也可以作为一种积极的评价或富有情感色彩的赞美，表明某人因其外表和内涵所散发出的特殊魅力。这种气质也是先天和后天因素互相交织而成，与人的相貌或“形象”有关，但超乎相貌或“形象”之上，可以说是形神并重而偏重于神。比如，古人对“美女”的评价是既重形色，更重神态，这从文学作品的描述里就看得出来。如《诗经·卫风·硕人》中描写贵夫人：

> 手如柔荑，肤如凝脂，领如蝤蛴，齿如瓠犀，螓首蛾眉，巧笑倩兮，美目盼兮。

这“巧笑倩兮，美目盼兮”就是由神态而来的气质。

又如宋玉的《登徒子好色赋》中描写“邻女”：

> 东家之子，增之一分则太长，减之一分则太短；著粉则太白，施朱则太赤；眉如翠羽，肌如白雪；腰如束素，齿如含贝；嫣然一笑，惑阳城，迷下蔡。

---

① 杨伯峻译注《论语译注》，中华书局，1980，第110页。

这“嫣然一笑”也是由妩媚而来的气质。

再如曹植的《洛神赋》中描写“神女”：

> 其形也，翩若惊鸿，婉若游龙。荣曜秋菊，华茂春松。髣髴兮若轻云之蔽月，飘飖兮若流风之回雪。远而望之，皎若太阳升朝霞；迫而察之，灼若芙蕖出渌波。

种种比喻主要赞美的是“神女”的气质。

还有曹雪芹的《红楼梦》里对贾氏三姐妹的描写：

> 第一个肌肤微丰，合中身材，腮凝新荔，鼻腻鹅脂，温柔沉默，观之可亲。第二个削肩细腰，长挑身材，鸭蛋脸面，俊眼修眉，顾盼神飞，文彩精华，见之忘俗。第三个身量未足，形容尚小。（第三回《贾雨村夤缘复旧职　林黛玉抛父进京都》）

“观之可亲”和“见之忘俗”当然是大家闺秀的高雅气质给人带来的感受。

从这些文学描写中可以看出，传统的“美人观”是很看重气质的，而这样的气质正是魅力所在。我们在生活中说某人“有气质”，差不多说是在夸赞此人具有吸引眼球、情感甚至心灵的魅力。这种“气质”当然得益于先天的条件，但更多来自后天的养成、规范甚至训练，或者说是熏陶、历练和学习。人们通常认为艺术家尤其是影视明星具有较好的气质，这固然有相貌身材的得天独厚，但造就气质和魅力的还有常人看不到的刻苦训练，而在舞台及公众场合的夺目光彩往往源于艺术生涯及日常生活中的自觉和努力，正如所谓：“只有将反复的练习和编排变成一种自然呈现的行为，魅力才会成为一种理想化的感受，并引发受众的同感，让他们觉得自然。”[①] 当然，现实中的普通人未必都要去效仿或攀比艺术家或明星，但在生活和工作中有意识地规范和矫正自己的言行，使仪态优雅、举止大方，在人际交往中显示出不俗的气质和魅力，这显然对心性有益无害，进而还

① 〔美〕弗吉尼娅·波斯特莱尔：《魅力史》，高洁译，中信出版社，2016，第97页。

会对“人格魅力”产生积极影响。当气质融入人格，成为一种魅力时，它就成了人的“第二天性”，超越了年龄、性别、容貌，甚至超越了时间，就像捷克作家米兰·昆德拉所说：“我们身上有一部分东西始终生活在时间之外。”① 他是在描写一位老妇人迷人的微笑和手势时说这番话的。的确，当优雅的气质内化于心，外现于形，就很可能成为生命中的永恒了。

二　个性或人格

个性或人格是心理学的核心概念，当然也是“人心”的核心要素，不过要注意的是，心理学意义上的个性或人格与日常话语中的个性或人格差异较大。我们在生活中说一个人有“个性”，是指他性格里突出显现的、有别于他人的东西，而说一个人有“人格”，大体是指他品行和修养的出类拔萃与众望所归。心理学上的个性或人格是指某人之所以成为某人的全部心理要素，或者说是包含了气质、性格、动机、情绪、意志等心理要素的系统。这个系统是动力的、稳定的和交互的。具体到每个人，其个性或人格系统中各要素的发展和显现并不相同，如有的情感充沛，有的意志强大，有的思维敏锐，还有的各项“指标”相对均衡。又如专就能力而言，有的感受能力强，有的推理能力强，有的“活动”能力强，有的思考能力强如此等等。也正因为有了这些不同，才有了千差万别的每个“个人”。

“音乐神童”莫扎特

人格里面最积极和活跃的因素是能力。心理学上的能力是指某人完成某项工作或达到某个目标所体现出的素质。正常情况下，每个人都有自己的能力，但每个人能力的大小和侧重又有不同，这既受制于先天的条件，也得益于后天的

① 〔捷〕米兰·昆德拉：《不朽》，王振孙、郑克鲁译，上海译文出版社，2003，第4页。

培养。如现实中生活中，人的聪明程度是有等差的：有的人在少年时代就聪明过人，我们称之为神童；有的人一生都聪明过人，我们称之为天才。但不要因此以为，天赋的才能就是能力的主导。其实天赋只是一种潜能，能否成为能力还要靠在实践中的运用和生长。如被誉为“音乐神童”的莫扎特，3 岁接触音乐，4 岁能够作曲，6 岁开始在欧洲各国巡演（钢琴），11 岁写出第一部歌剧。在这之后的日子里，他一刻也没有放松对音乐的学习和创作，并最终成为伟大的音乐家。如果不是这样，作为“音乐神童”的莫扎特就未必能够成为“音乐天才”的莫扎特。现实中的绝大多数人都不是天才，但凭借执着的追求和不懈的努力，大都能够具备某种专门或贯通的能力。反之，所谓“神童”或“天才”，在人的年少时期多半体现为某种颖悟的潜质，如果不加以培养和强化，也不能够转化为特殊和超强的能力。这就是古人所说的“小时了了，大未必佳。”宋代王安石写过一篇名为《伤仲永》的文章，就记述了一个“神童”因缺乏后天教育而流于凡俗的事例，而这样的例子在历史和现实中都屡见不鲜。

能力有很多种类，最常见的区分是一般能力和特殊能力。前者是正常人都具有的观察、记忆、思维、想象等普通能力，这类能力为应对生活中的各种境遇所必须，普通人都得具备。后者是人们从事特殊职业或专业所需要的特异能力，如音乐家对于听觉，画家对于色彩，数学家对于数字，发明家对于创意等，这类能力往往出现在某些有特异禀赋的人身上，再加上后天训练，就成为在某一领域里超于常人的特殊能力。比如我们普通人听音乐，能分辨半音就不错了，而音乐家能分辨出音符间 1/4 甚至更加细微的差别。又比如画家在自然风景中看到的颜色与普通人也不一样，传说印象派画家莫奈把伦敦的“空气”画成微微泛红的颜色，让伦敦人大为不解；可当人们看过莫奈的画再看伦敦的“空气”时，果真看见了红色，可见莫奈对于色彩的感受是超乎寻常的。在种种特殊能力中，记忆力往往受到特别的关注，而生活中经常会出现记忆力超群的人。奥地利作家茨威格写过一篇叫作《象棋的故事》的小说，就讲到一个乡村里长大的孩子，思维和行动都很迟钝，唯有记忆力极为发达，后因此而成为象棋世界冠军。现如今，许多国家都有记忆力大赛，选手多能在将一副扑克牌看过一遍后，即以最快的速度报出顺序。诸如此类，特殊能力是将人的某一方面的能力发展并发挥到超强甚至极致的结果。

心理学把一般能力和特殊能力区分开来，并不意味着二者之间就有天壤之别，更不意味着具备特殊能力的人就一定有“人格”上的优势。特殊能力固然可贵，一般能力却也未必低下，而且一般能力也能够成就伟大事业。有一部电视纪录片的名字叫《大国工匠》，是为了颂扬制造行业的“师傅”们，他们在一些基础和普通的工作岗位上练就了极为熟练和高超的技能，成为重大发明创造的中坚力量。可见一斑能力经过千锤百炼而炉火纯青，同样是出色的才能，同样令人景仰。如今，社会上的“能力观”往往就聚焦在某一点，如对中、小学生的评价只看学习，以尖子或“学霸”作为能力的标杆。每年高考成绩公榜，全国各地最大的新闻就是高考状元，仿佛这是一代“天之骄子”的化身。这种观念及导向其实很有问题。对中年以上的人，社会及媒体往往以“成功人士”为宣传对象，而所谓的“成功人士”又往往是发了大财的企业家。这种导向就更成问题了。一个人的能力有大有小，有特殊有一般，关键要看是否将潜在的能量充分释放出来，是否为社会做出了应有的贡献并得到相应的评价，是否使人生变得更加充实和美好。如果达到这些目的，能力就促进了人格的健康发展。也就是说，能力是人格的构成要素，它的成就要结合人格的发展去看，它的效用也体现在理想人格的构建之上，不然能力就失去了意义，甚至成为健全人格的反作用力。生活中不是没有能力与人格分离甚或分裂的人，比如当能力和贪欲结合，就可能滋生犯罪心理；跟偏执结合，就可能滋生反社会心理；跟狭隘结合，就可能滋生仇视心理等，最终形成不健康甚至扭曲的人格。可见能力作为人格的重要成分，若不能对人格产生正面和积极的作用，终归是弊大于利甚至是有害无益的。

三　“无意识”

要了解无意识，先要知道什么是意识。简而言之，意识就是人的精神活动。马克思主义哲学著名的论断“物质决定精神，存在决定意识”，就告诉我们意识是一种由物质基础及社会存在所决定的精神现象。但这只是最基本的判断。进一层看，意识还必须是人们能够意识到的意识，也就是说，人们能够自我认识并把握的意识才是真正意义上的意识。我国心理学家通常将意识看作人对客观世界的认识活动，“包括对外在事物或情境的认识活动，也包括对自己的内在活动的认识活动，并包括对自己认识活动的认识活动，即对意识的意识。”[①] 这最后一个界定就表明意识是必须能够被人所意识到的，是一种理性的自觉，如同笛卡尔所说：“我思故我在。”超出这个范围的东西不能够叫作意识。

但如果是这样认定，问题就来了：那些不能够为人所意识到的心理活动该算作什么？比如有人喝醉酒说胡话，事后却全然不知；又比如人们做梦，醒后忘个精光；还有特殊情况下精神出现异常，恢复正常后也没有了丁点儿记忆。如此等等，这些意识之外的“意识”和意识的关系如何？该如何界定？这样的现象和问题在历史上很早就被注意到了，尤其到了 19 世纪更引起了多方的关注。文学家称为“幻想”，没把它当作正常人的意识，甚至把它看作是动物的本能，就如法国作家让·保罗称所说：“畜类在作梦和自惊自扰的时候，也会幻想。”[②] 而医学界则给予了相当的重视，称之为“无意识”或“潜意识”并当作研究对象。19 世纪末出现了针对无意识的观测，并用于对精神病人的临床诊疗。终于有一位伟大的心理医生将“无意识”作为比意识更重要的研究对象，并因此改变了千百年来对人的本性和本质的认识，这就是创建精神分析心理学的奥地利人西格蒙德·弗洛伊德。由于他的研究和倡导，“无意识”不但为心理学及相关学科广泛接受，而且成为窥探人的内心和人格的重要窗口。

弗洛伊德认为，人心是一个巨大的、几近于无限的空间，人们可以反省并支配的意识只是极小的部分，而更多的则是隐藏在意识背后的无意识。这是人心未知和黑暗的地带，人们无法凭借自己的力量去认识它，而且即便在某种机缘下窥见一斑，也无以得知它的意义。弗洛伊德的使命就是探索这个黑暗地带，破解它的意义，并掌握它对人的动机和人格所产生的决定作用。实现这个目标的最重要的途径之一是释梦。人在作梦时，意

---

① 《中国大百科全书·心理学》，中国大百科全书出版社，1991，第 507 页。

② 〔法〕让·保罗：《美学入门》，载中国社会科学院外国文学研究所外国文学研究资料丛刊编辑委员会编《外国理论家、作家论形象思维》，中国社会科学出版社，1979，第 36 页。

识放松了警惕，无意识便乘虚而入。但进入梦境的无意识并非其本来面目，而是经过了改装（凝缩和置换），这就需要专门的人员通过特殊方式对梦中的情境加以解析，从而还原无意识情境的意义。经过大量的临床诊断和长期的内省研究，弗洛伊德认为他照亮并看清了人类的无意识空间：那是一个无边无际的深渊（或者说是“沸腾的大锅”），里面充满了盲目的冲动。这种深不可测且无休无止的冲动，弗洛伊德称之为“力比多”，也即性本能。强大的“力比多”影响甚至支配着现实生活中人的意识及行为，它才是人心的根本和原动力所在。

“冰山”：表示意识和无意识的关系

弗洛伊德由无意识和“力比多”开始，逐层建立起他的心理学体系，并创造出许多惊世骇俗的心理学概念，如“白日梦”“俄狄浦斯情结”“阴茎嫉妒”等。这些概念大都得不到验证，在心理医学实践中的效用也十分有限，因而多被视为“天才的猜测”。然而“墙内开花墙外香”，这些“猜测”对文学艺术及社会思想所产生的影响远大于心理医学。不管怎样，弗洛伊德由无意识而建立起的人格理论对我们深入认识并把握人心还是很具有参考价值的。按弗洛伊德所说，人格的形成要受3种力量的约束：本能的（即无意识的）、现实的和道德的；人的内心中与之对应的3个部分分别是本我、自我和超我。本我遵循快乐原则，自我遵循现实原则，超我遵循道德原则。因此，人心实际上时时刻刻承受着两种相反力量的冲击：来自本我的欲望的宣泄和来自超我的对欲望的压抑。宣泄过度不好，压抑过甚也不好，二者都会造成心理失衡，甚至心理疾病。而自我则根据应对现实生活中境遇的需要而居间调停，调停得当，人格就趋于健全，否则有人格分裂的危险。比如人们无意识中的以性欲为主要内容的“力比多”须臾不停地向外涌动，并且其中多有与道德观念相违的破坏力，若强行压制，或许会造成心理的创伤，甚至形成给身心正常功能造成阻碍的“情结”。怎么办呢？弗洛伊德的对策是“升华”，即通过诸如文艺创作和欣赏之类的有益活动，把潜藏的欲望“合法化”，以社会伦理可以接受的方式释放出来。事实上，弗洛伊德就是认定了人类的一切文艺创作都是“力比多”的升华。

弗洛伊德的人格理论应当说有相当的合理性，人心和人性的底层确有欲望存焉。古人言：“食色，性也”（《孟子·告子上》）。就肯定了欲望作为人类生存的根本条件，此所谓“性”，当然是人心深处的强大动力，是人格构成的重要成分；而如何调停欲望与其他心理动机的关系，就决定了人格是否能够正常地生长和发展。现实中，一个管控不住自己欲望的人，人格是有缺陷的；而一个过分压抑自身欲望的人，其人格也可能是病态的。就此而论，“自我”或人格的健全很大程度上取决于人们对与生俱来的欲望的疏导和升华。一个显见的例子是生活中人格出了问题甚至因此而走入歧途的人，究其初始，无非失诸对“食”“色”的把控。在另一个极端，如果过度的压抑了“食”“色”的本能，而其人并不具备诸如“高僧”或“圣人”的强大意志，也容易带来心理甚或精神上的问题。健全的人格正是在于将“力比多”化解并升华了的“自我”。

四　“原型”

瑞士心理学家卡尔·荣格原本追随弗洛伊德并入其门下，后因学术观点不同而分道扬镳。两人观点的关键不同在于，弗洛伊德认为无意识属于个人，而荣格认为个人无意识还不是人心的根本，它背后还存在着更为广博的集体无意识，而构成集体无意识的则是所谓的“原型”。

什么是原型？荣格亦称之为“原始意象”，说它是由远古而积累、沉淀并代代传承下来：“这些意象早在史前史以前就已深植于人类心中，自始至终都存在于斯，度过了好几（百）代，至今仍然是人类心灵的基础东西。”[①] 也就是说，人类的祖先在生活和生产活动中，反复与自然和社会打交道，其中一些重要的对象因其对人的生活产生深刻影响而埋藏在了人心深处，形成了所谓的“原始意象”。这些原始意象或原型或为某个部落、

---

① 〔瑞士〕荣格：《人生的各个阶段》，载《现代灵魂的自我拯救》，黄奇铭译，工人出版社，1987，第175页。

氏族或种族所共有，或为整个人类所共有，它们处于集体无意识当中，虽然不为人所察，却是人格的根基和认知方式的前提。比如婴儿形成母亲的观念就是不自觉地将无意识深处的母亲原型与感知到的母亲形象合二为一。原型形成后，通过遗传而延续着，因此，我们每个人内心深处都有着某种集体无意识，其中潜藏着种族或民族的形形色色的原型。又因为原型是从老祖宗代代相传下来的，所以蕴含着巨大的情感力量，一当人们发现，便会产生强烈的共鸣和震撼。按荣格所说，在古老的神话及文艺作品里最容易看到原型；推而广之，一切优秀的文艺作品，其魅力都来自于深藏在艺术形象背后的原型。真正的作者不是艺术家，而是原型，是原型通过某位艺术家来到这个世界，而不是某位艺术家创造出了原型。这就有了那个著名的论断："不是歌德创造了浮士德，而是浮士德创造了歌德。"[①]

对于人格，荣格也是用原型去加以解析的。他认为人格中有 4 个重要的原型，即人格面具、阿尼玛和阿尼姆斯、阴影、自性。这里我们只看前两项。

人格面具也叫"顺从原型"，是指人迫于外部的境遇而扮演某种角色，从而也就具有某种性格，而这个性格并非其本人真正的性格。比如说，一个男人在单位是领导，在孩子面前是父亲，在母亲面前是儿子，在妻子面前是丈夫，如此等等。随着生活的变化，他还会扮演不同的角色，从而也就戴上不同的人格面具。这种人格面具，我们不能说它是虚假的，不如说是真实可信且十分必要的，否则一个人在社会上就会十分另类，人际关系也滞碍难通。我们很难想象一个男人在母亲面前像领导，在儿子面前像丈夫，在妻子面前像儿子，这样肯定是人格出了毛病，要去看心理医生了。当然，我们要把这种出于自我整合和调剂的人格面具与那种出于某种功利甚至是邪恶目的的虚假伪装区分开来，后者多半是坏人掩饰内心的丑陋，是所谓的"假正经"或"两面人"。

"阿尼玛"和"阿尼姆斯"这两种原型分别指人格的两面，"阿尼玛"是男人心理中女性的一面，而"阿尼姆斯"是女性心理中男性的一面。在心理学意义上，所有的男人都不是"纯粹"的男人，因为在他内心深处一

---

① 〔瑞士〕荣格：《心理学与文学》，冯川、苏克译，三联书店，1987，第 142 ~ 143 页。

定暗藏着某个女性形象的原型，这个原型对一个男人的人格发展来说是十分必要的。如果一个男人的性格中没有一点女性气质，那么他的人格就是不健全的，至少是有缺陷的。反之，女性性格中蕴含男性气质，即“阿尼姆斯”原型，也理所当然。因此，我们在现实生活中可以看到，一个男人无论多么刚强，总会有柔情的一面；而一个女人无论多么柔弱，总会有刚毅的一面，并且会在某个特定的时刻显露出来。这一特性很符合中国传统的阴阳理论，即阳中有阴，阴中有阳；阳极而阴，阴极而阳。所以谚语中有“无情未必真丈夫”和“天下最毒妇人心”，当然这后一句话要剔出歧视妇女的成分。正面的例子很多，如孟姜女、花木兰、穆桂英和秋瑾等。负面的事例也为数不少，电影《尼罗河上的惨案》中有一个经典的镜头：真相大白后，男主人公绝望地看着一同实施谋杀的恋人，而恋人却毅然用作案的小手枪了结了爱人，然后自尽，最后一句话是：“他总需要我帮助。”

荣格一直强调原型在人格系统中的认知作用，实则它的情感作用更加突出。比如母亲，人们孩提时对母亲的认识是否依靠原型的作用？这很难说；但在人的一生中，母亲的形象甚至概念无论何时都能够唤起深沉的情感，却是绝大多数人都感同身受的事实。正因为如此，有些诗句写得很浅显质朴，却能够深切地拨动人的心弦，比如孟郊《游子吟》里的“慈母手中线，游子身上衣”，还有当代歌曲《母亲》里唱的“你入学的新书包有人给你拿”等。推开来看，不唯母亲，大千世界里的许多景象和形象都能触动人们内心深处的情感，比如蓝天白云、大阳月亮、江河山川等，而这些触动在大多数时候并没有外在和具体的缘由。人们由此猜想，引发情感的原因原本就在自己的内心深处，也就是集体无意识中深藏的原型。当现实中的情境跟人心深处的原型猝然相遇，就释放出巨大的情感力量。照这样看，作为人格要素的情感，那种深沉的、经久的和原始的情感，其原动力正在于原型。当然这仍

太阳原型：贺兰山石刻太阳神

然是一种猜想，尚需要更加科学的心理学方法去加以证明。

五 “行为”

这里说的“行为”，特指心理学史上行为主义学派的观点。此派观点认为，人的心理和行为有着密不可分的联系；而心理学研究既要从外部行为探究人的内心并寻找规律，又可以通过外部行为的训练去改造人心，进而按照预设的方案去塑造人格。行为主义学派强烈反对把“内省”当作心理学研究的主要方法，主张把心理学建立在自然科学的基础之上，或者干脆使心理学成为自然科学。由此，作为心理学研究对象的人和动物并没有本质的区别，而在动物身上进行的实验同样能够用来证明人的心理。这就是行为主义心理学代表人物华生所说的：

行为主义心理学家华生

> 由行为主义者看来的心理学纯粹是自然科学的一个客观实验分支。它的理论目标就是对行为的预测和控制。内省并不是它的方法的主要部分，它的资料的科学价值也并不有赖于这些资料是否容易运用意识的术语来解释。行为主义者努力想把动物的反应纳入一个统一的系统，承认在人兽之间并无分界线。人的行为尽管有其细致性和复杂性，也仅仅是行为主义者的总研究计划的一部分而已。①

华生对自己的主张很自信，曾说过一段非常自负且著名的话：

> 给我一打身体发育良好的健康婴儿，将他们放在我自己的独特世界里长大，我担保他们中的任何一个都可以成为我所选择的任何类型的专家——医生、律师、艺术家、商场巨贾，甚至乞丐和大盗，不管

① 〔美〕华生：《行为主义所看到的心理学》，载张述祖等审校《西方心理学家文选》，人民教育出版社，1983，第152页。

他的天赋、倾向、能力、职业和祖辈的种族如何。[①]

历史没有给华生机会去兑现他的承诺，而行为主义心理学最具挑战性的实验大多是在动物身上进行的，受社会伦理的限制，并没有转移到人的身上去加以验证。但这并不意味着行为主义对心理学无所作为，恰恰相反，由行为窥探心理的思路及其实验的方法为人类认识自己增加了一条途径，而且相比于其他派别是更加实际和可信的途径。比如“刺激 - 反应”和条件反射原理以及由此而来的“第二信号系统”学说，至今仍是心理学中颠扑不破的科学定律。不仅如此，行为主义心理学理论和实践还具有相当广泛的应用性，在医疗、教育、军事和商业等领域得到推广，像刑侦工作中用以审讯的“测谎仪”，就可以看作是行为主义心理学的副产品。当然，行为主义对人类社会最具积极意义的影响是强调“学习”的重要性。华生以及其他行为主义心理学家坚信，人的智能和能力绝非来自遗传，而只能是后天习得。因此，一个人从孩童起就应当接受良好的教育，而只要接受了良好的教育，每个人的心智和潜能就都能够得到充分发展。这种理念在西方历史上源远流长，多有人从社会学的角度加以强调，如 18 世纪法国启蒙思想家霍尔巴赫说：

> 最大的恶汉，如果命运使他为有德行的父母所生，生于一个贤明的政府统治之下，幼年时就处在善人中间的话，是可以变成一个善人的。德行为我们所钦佩的伟大人物，如果只与强盗、窃贼、凶手经常接触，也就只是这一流的人。一个下贱的侍臣，我们看见他在一个专制君主的宫廷里诡计多端、奴颜婢膝，在雅典和罗马却是一个高尚仁厚的公民。一个柔弱的叙巴里人，在斯巴达会变成一个英勇战士。[②]

---

① 〔美〕菲顿·亨特：《心理学的故事——源起与演变》，寒川子、张积模译，陕西师范大学出版社，2013，第 296 页。

② 〔法〕霍尔巴赫：《社会体系》，载北京大学哲学系外国哲学史教研室编译《西方哲学原著选读》，商务印书馆，1981，第 229 页。

这说的就是环境影响行为，而行为造就人格。其实，环境对人的教育作用，中国古代思想家也有深刻认识，最有代表性的意见如荀子《劝学》中所说："故君子居必择乡，游必就士，所以防邪辟而近中正也。""孟母三迁"的故事和"近朱者赤"的成语也表明"环境育人"的观念深入到了教育思想。这些与行为主义心理学的理论异曲同工，或者说能够证明行为主义教育思想的合理性。而当代中国的教育，实际上是融入了行为主义心理学的理念的，比如现今中小学教育中对青少年的许多行为规范就是着眼于心理和精神的培养；也就是说，通过行为的反复以及持续，强化对某种观念的认知，进而融会到人格中去。比如军训、劳动、升旗、成人礼仪式等，都是着眼于一个人在青少年时期的人格培养，并且确信在这个时期最见成效。虽然任何人的行为和内心都很难达到完全一致，但行为毕竟是内心的外化且对内心产生作用，因此，在"行"与"心"的循环往复中，通过行为的规范、训练以及矫正去促进心智的健康成长就应当是造就理想人格的有效手段。在这方面，瑞士心理学家让·皮亚杰的儿童心理学研究又有了新的进展，发现了儿童心智的成长和认识结构的形成来自于环境与内心的相互作用，也即"内化"作用与"外化"作用循环往复的结果。美国心理学家桑代克根据"刺激－反应"理论去探索提高学习效率的方法，认为对儿童的学习要仔细规定并严格控制反应的顺序，使之通过不断的练习而形成良好的习惯。这些都是行为主义心理学对教育观念和方法产生的积极作用。

人本主义心理学家马斯洛

六　"自我实现"

这个提法同样出自心理学史上一个重要派别，即人本主义。

人本主义心理学是因为反对行为主义并不满精神分析而兴起的。它认为这两派心理学有明显的局限和偏颇，比如研究的对象过多依赖于动物和病人（神经病人和精神病人），并且只注重人的本性和现状而忽视了人的潜能和发展以及生命的意义。

为此，人本主义心理学要扭转心理学研究的方向，如美国人本主义心理学会第一届主席布根塔尔所说，其“目的是准备全面地描述：作为一个人活着究竟是什么意思……这一种全面的描述将必然包括人类先天才能的一系列内容；他的潜在的思想、情感和行动；他的成长、演变和衰老；他与各种环境条件的相互影响……他可能有的经验的范围和种类；以及他在世界上的有意义的地位。”① 这意味着人本主义心理学决意一扫以往心理学的“灰暗”而满怀信心地迎接“光明”，也就是着眼于人性和人心的积极因素并寄希望于对健全人格和美好人生有所促进。这个愿望集中体现在人本主义心理学的代表人物、美国心理学家马斯洛的理论和学说中，其中广为人知的有“需要层次”“高峰体验”和“自我实现”等。

所谓“需要层次”是认为人格的形成缘于动机，而动机来自需要。人的需要是逐级发展的，从生理需要到安全需要，到爱和归属的需要，到自尊的需要，最终是自我实现的需要。从前到后，逐层递进；前者是后者的前提，而后者是前者的提升。这个很容易理解。没有基本的生存条件，哪

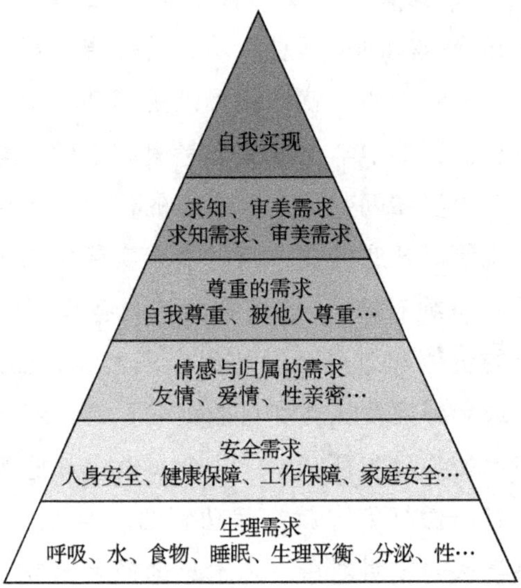

“需要层次”

① 〔美〕杜·舒尔茨：《现代心理学史》，杨立能等译，人民教育出版社，1981，第405页。

有更高层次的精神追求？人格的形成是社会性的，离不开实在的社会生活，它随着人的社会实践而一步步、一层层建立起来。人格里固然会有理想、幻想甚至梦想的成分，但是必须源于并指向社会生活，否则就是病态。这一点是马斯洛的学说可信和可取之处，也符合马克思主义的唯物观。据说英国小学生守则里的第一条就是“安全比成功更重要”，这实际暗示了儿童人格形成的步骤，也把“安全需要”融入自我意识，并成为此一阶段人格的主要内容。这一环节很重要，如果缺失了，不仅人格上会有缺陷，也可能带来现实的风险。而现实生活中，每个人的人格都是由低到高逐层建构起来的。

但人本主义心理学也有令人困惑的地方。比如人格结构里的“生理”“安全”“自尊”“归属”等都容易理解并确认，可“自我实现”是什么呢？这很难确切说明。由于社会生活中人的地位、处境及条件都不一样，所认定并能够达到自己的“自我实现”也会大相径庭。比如说，一位投资商和一位科学家的“自我实现”就不可能同一，而一位僧人（高僧）和一位富豪（土豪）的“自我实现”更可能有天壤之别。让我看，“自我实现”可以分成功利的和非功利的两种。功利的是指实现了人生某个既定目标，不管是阶段的还是终极的，就能获得满足感和幸福感，并从事业的成功中确认自身的价值。比如中学生靠努力考上心仪的大学，青年人靠才智获得理想职业，年轻夫妻靠勤劳买下了期盼的住房，人到中年靠奋斗赢得受人尊敬的社会地位等。凡此成就，因与个人实际生活关系密切，姑视之为“功利”（当然不是绝对的）。非功利的“自我实现”是指完成某项重要的事情，该事情的价值和意义远远超出个人利益，而有益于整个社会、国家甚至全人类；或者即便是从功利目的出发，但最终成果却远远超出了个人的功利目的。比如毛泽东所说：“一个人做一件好事不难，难的是一辈子做好事。”“一辈子做好事”就是超功利的“自我实现”。相关的事例比比皆是，比如科学家的发明创造、艺术家的闻名遐迩、军事家的战果辉煌、宗教家的功德圆满，以至于现实生活中的坚守、勇敢、正义、慈善等种种行为及成就。当然，功利的和非功利的“自我实现”也很难泾渭分明，典型事例如巴尔扎克是为了挣钱还债而拼命写作，其作品却成为全人类的精神财富，这难道不是最为高贵的“自我实现”吗？

还有“高峰体验”也是难以捉摸的。不同职业的人从事不同的工作所获得的高峰体验很难一致，即便相同职业的人做同样的事情，所得到的高峰体验也不尽相同。比如诗人写诗，其高峰体验既可能是“迷狂”（柏拉图），也可能是“平静中的回忆”（华兹华斯）；既可能是虚静中的“心游万仞”（陆机），也可能是“全身都有点作寒作冷，连牙关都在打战”。[①]或许现代心理科学能够用仪器测量的数据去判别“高峰体验值”的强弱与高下，但这也有问题。在网吧里，常有少年打网络游戏而高度紧张，其过度者以至于猝死。如果用仪器测量，各项数值都应达到极致，但这是“高峰体验”吗？即便是，又能够称得上人生观和价值观意义上的“高峰体验”吗？因此，“高峰体验”很可能是一个主观的东西，或如康德对美感的界定，是“非概念而具有普遍性”的判断。有心理学家将“高峰体验”转换成“最佳体验”，并提出判别“最佳”与否的8项指标，即“活动具有挑战性且需要技能”“人的注意力完全被活动吸引”“活动有明确目标”“有明确的反馈”“人的注意力全部集中于正在干的工作上”“人获得一种个人的控制感”“人失去了自我意识”和“人失去了时间感”。[②]这一观点较为具体明晰，我们可以用来测试自己是否进入了“最佳体验”的境地。无论如何，这种境地及体验只要合乎正道，是有助于人格健全和心理健康的。

七　人格障碍

人格心理学产生和发展的一个重要动因是解决人格障碍问题，而现实生活中最常见的人格障碍是焦虑和抑郁。

对于焦虑，我们不能望文生义，以为就是经常产生焦急和忧虑；也不宜疑神疑鬼，把生活中因具体事情导致的焦躁和多虑当成焦虑症。焦虑是一种病症，是某种负面情绪持续存在并影响到人的性格及正常行为后产生

---

① 郭沫若：《我的作诗的经过》，载张澄寰编选《郭沫若论创作》，上海文艺出版社，1983，第205页。

② 〔美〕Jerry M. Burger：《人格心理学》，陈会昌等译，中国轻工业出版社，2010，第294页。

的症状。生活中具体事情引发的焦躁和烦忧不是焦虑，但如果不能加以控制并消弭，而是任其积累、扩散，时间长了，这种负面情绪就可能演变成焦虑。

焦虑的诱因很多，如生活和工作的压力、家庭的矛盾或破裂、人际关系紧张、个人事业遭受挫折等，当然，也有人因其先天的敏感气质或灰暗的人生观而容易染上焦虑的病症。近代以来，西方社会随着工业化和城市化的加速以及各种社会问题的凸显，焦虑作为一种普遍情绪不断漫延，侵入人们的生活和心理，甚至成为社会性的病症，据有关专门机构估测，“人格障碍出现的频率很高，在普通人群达到10%～15%”。[①] 正因如此，才有了人格心理学及精神病学的发达和心理诊所及从业医生的激增，这种情形在治安、法律、文化思潮以及文学艺术作品中都有体现。

从心理学的分类看，“现实性焦虑”，即人们感受到现实中潜在的威胁或已经出现的挑战，如果当事人自制力足够好，或者意志足够强大，是完全可以化解并靠自己的疏导重新获得内心平衡的。当然，如果自己不具备消解焦虑的自制力和意志力，也可以寻求心理医生的帮助。较之更为严重的是“病理性焦虑”，这种焦虑往往跟现实生活中的阻力不成比例，就是说，微量的刺激或根本没有来由就引发强烈的紧张和不安，进而发展为对痛苦和不幸的体验；情况严重时，还伴随着剧烈的生理反应，如胸部不适、心悸、气短，甚至神经功能紊乱。遇到这种情况，应当主动去医院诊断，必要时需进行药物治疗。要注意的是，目前中国的心理医学并不普及，不少高中生或大学生出现焦虑症状后，多碍于面子不愿表露，更不愿寻求治疗，导致最终出现更大的心理和精神问题。从事教育工作的人们在这方面要尽到发现、指导和帮助的责任。

与焦虑相关且危害更大的人格障碍是抑郁，它作为一种病症，不同于我们通常所说的郁闷或忧郁。郁闷是碰到不顺心的事情而生闷气，或为某个难以实现的目的而犯愁。忧郁可以是一种心境，也可以是一种性格类型，作为心境，它不会持续太久；作为性格，也不至于病态。而抑郁不

---

① 〔法〕弗朗索瓦·勒洛尔、克里斯托夫·安德烈：《无处不在的人格》，欧瑜译，三联书店，2015，第368页。

同，它表现为显著而持久的情绪低落，患者消极的精神状态并不因其处境的变化而改变。按美国著名心理医生戴维·伯恩斯的观点，抑郁和“健康的忧郁”之间有许多区别，其主要特征是：“抑郁伴随着自尊的丧失；抑郁永无止境；抑郁的人自我效能感降低；抑郁是不真实的，经常来自于扭曲的思维；抑郁是一种病；抑郁的人感到绝望，即便治疗的预后良好。”[①]最重要的是，患有抑郁症的人往往伴随着强烈的厌世和自杀倾向，而且很难逆转。对此，美国诗人朗费罗有一首《雨天》能够给人以启发：

今天天气又冷，又暗，又凄惨；
雨下个不停，风也老刮个不倦；
藤萝依旧缠绕着颓败的墙垣，
每阵风来，枯叶又落下几片。
　今天天气又暗又凄惨。

我的生活又冷，又暗，又凄惨；
雨下个不停，风也老刮个不倦；
心情依旧萦绕着颓败的往昔，
青春的希望早已被狂风吹散！
　日子过得又暗又凄惨。
平静些，忧伤的心灵！且休要嗟怨；
乌云后面依然是灿烂的晴天；
你的命运是大众共同的命运，
人人生活里都会有无情的雨点，
　总有些日子又暗又凄惨。[②]

人的一生中，谁又不经历数不清的“雨天”呢？只要想到终将到来的

① 〔美〕大卫·伯恩斯：《高明的心理医生》，杨敏燕、牟海萍译，华东师范大学出版社，2013，第29页。

② 〔美〕朗费罗：《雨天》，载《朗费罗诗选》，杨德豫译，人民文学出版社，1985，第25页。

“灿烂的晴天”，就会增强战胜抑郁的信心。德国思想家雅斯贝尔斯把“勇气”当作人生存的本质要素：“只有勇气才产生希望，只有希望才滋润生命。只要我们活着就表明希望尚存，而这一线希望只来自勇气。”[①] 的确，战胜抑郁需要鼓起生存的勇气。当然，生活中还有一些预防或治疗抑郁的具体办法，可以尝试。首先要有达观的生活态度，即俗语所说“拿得起，放得下”。有心理学家示人以走出困境的思路，就是遇到“坏事”时，想想最坏能坏到什么程度？如果“最坏”并不是那样可怕，眼前的挫折也就不是过不去的坎了。著名的星云大师主张人在生活中要能够“看破”：“看得破的人，处处都是生机；看不破的人，处处都是困境。”所谓“看破”也就是看轻、看淡，为自己减压。其次是多与人交流。按精神分析学说，心理是一种能量，要时常予以释放，不然就会发生壅塞，产生病情。而谈话，尤其是与知心人谈话，无疑能够有效地宣泄内心的淤积。俄国小说家契诃夫写过一个短篇小说，讲一个马车夫死了儿子，非常苦恼，载客时很想对人诉说，可是每个客人都不愿听他絮叨，最后，他把心里的话都讲给马听了。[②] 可见，诉说是人的天性，而把悲伤的事说出来是能够减轻心理压力的。再次是全身心地投入到某项工作或活动中去，忘掉自我也忘掉时间。人们常说时间可以医治心灵的创伤，确切地说，是在充实而活泼的行动中忘记过去的烦恼和忧愁。当生活中不断出现新的内容和惊喜，精神状况是会朝着积极乐观的方向转变的。

人格障碍除了焦虑和抑郁外，还有偏执、自恋、分裂和反社会等，也都需要我们去提防和远离。

八　情绪

我们通常将情绪和情感这两个概念混同或交叉使用，其实二者有很大的不同，至少有大小、内外和宽窄的差别。具体说来，情感的含义大而宽

① 〔德〕雅斯贝尔斯：《人是什么》，刘小枫译，载熊伟主编《存在主义哲学资料选辑》，商务印书馆，1997，第 724 页。

② 〔俄〕契诃夫：《苦恼》，载《契诃夫小说全集》第 4 卷，汝龙译，上海译文出版社，1995，第 276 ~ 283 页。

泛，而情绪的含义常常是针对具体对象的；情感可以含而不露，情绪则必须有生理和心理上的表现。在此意义上，也可以说情感偏向于某种态度（心理学上也正是用“态度”界定情感的），而情绪则一定是某种可感知的体验。另外，情绪往往是情感的表现方式。比如热爱祖国是一种情感（爱），平时可能作为一种态度潜藏在我们心中，而当我们看到国旗升起或听到国歌响起，感到热血沸腾甚至流下激动的眼泪时，爱国的情感就表现为具体的情绪了。情感和情绪都是人格的构成要素，但以情绪更加直观和常见，也更需要把握和调节。

但情绪是什么呢？似乎不太好界定。心理学界经过种种研究，提出种种定义，但还是最古老的定义说得简单明了，那是编撰于 1690 年的法语《菲雷蒂埃词典》中“情绪”的词条：“一种使身体或精神兴奋的非常态变动，影响人的性情或仪态。体温开始上升，心跳愈发加快，变得激动不安。”① 这和我们的实际感受十分贴近。当然也有学术化的表述，如：“一种躯体和精神上的复杂的变化模式，包括生理唤醒、感觉、认知过程以及行为反应，这些是对个人知觉到的独特处境的反应。”② 意思大体相仿，无外乎说，情绪是人们遇到某种外界刺激时而产生的某种心理反应，而这种反应总是伴随着明显的生理变化（如心跳、脸红、出汗等），还可能引出相应的表情和肌体动作（如皱眉、肌肉紧张、握拳、比画等）。

定义之外，还有一个问题引人关注——人类究竟有多少种基本情绪？有人说是 6 种，即喜悦、惊讶、悲伤、恐惧、厌恶、愤怒（达尔文）；有人扩展为 10 种，即愉悦、鄙视、高兴、困窘、激动、负罪感、骄傲、满意、感官愉悦、羞耻等（保罗·艾克曼）。中国有“七情六欲”的说法，“七情”是指喜、怒、哀、乐、爱、恶、欲，也可看作人类的 7 种基本情绪。这些只是基本的分类，在现实生活中，人们的情绪是多种多样的，而且常常交织在一起，又因为人们的气质及其处境不同，相类的情绪也会在

---

① 〔法〕弗朗索瓦·勒洛尔、克里斯托弗·安德烈：《我们与生俱来的七情》，王资译，三联书店，2015，第 8 页。

② 〔美〕理查德·格里格、菲利普·津巴多：《心理学与生活》，王垒、王甦等译，人民邮电出版社，2003，第 352 页。

强度、色彩、持续性以及内心反应上具有种种差异。如同样是爱，对待父母、子女、恋人、友人的感受和表达是有差别的，而且“爱恨交织”的情绪也经常可以看到。

我们谈论情绪有三方面的用意：一是培养好的或健康的情绪，也叫“正向情绪”；二是避免坏的或不健康的情绪，也叫“负向情绪”；三是在现实生活中要善于控制自己的情绪。

什么是好的或健康的情绪呢？大体上应当是使人格更加健全或使人心趋向于真、善、美的情绪。比如爱，我们爱自然、爱人类、爱生活、爱艺术等，我们仰望天上的白云而感到愉悦，守望熟睡的婴儿而感到幸福，遇见久别的友人而感到兴奋，观赏精彩表演而由衷赞叹，如此等等，都是爱或因爱而生的健康情绪。有心理学家（弗罗姆）专门写过名为《爱的艺术》的著作，就是告诉人们，美好生活是人与人、人与自然、人与社会之间的爱与被爱的艺术。不仅是爱，即便是怒，如果是为了真理、正义或荣誉，也不失为有益于身心和人格的健康情绪，比如战场上对敌人怒目相向，生活中对恶行横眉怒斥，运动场上为胜利而大声怒吼等。凡此情绪，都应当看作是人格的积极力量，并且会转化为积极的人格力量。

至于坏的和不健康的情绪，在生活中也不难遇见。如在某个群体里，总会有少数人的性情有些“另类”，易于朝消极的方向发展，轻者孤僻、冷漠，重者甚至时常流露出对他人及社会的敌视，这恐怕就是较为典型的不健康情绪的显现。不健康的情绪其实在现实生活中随处可见，只不过在不同的人身上有显有隐，有轻有重罢了。我们每个人身上都很难说没有一丁点儿不健康的情绪，此时没有，不代表彼时没有；外表没有，不代表内心没有。连孔圣人看见学生白天打盹都忍不住要发脾气说：“朽木不可雕也，粪土之墙不可朽也”（《论语·公冶长》）。话说得很重，不像出自大教育家之口，估计是真生气了，这当然不是好情绪。圣人姑且如此，可见不健康的情绪是很难从内心清除干净的，当然也不必完全清除干净。生活中，人们闹闹情绪、说说气话在所难免，只要不是不分场合、不是没完没了，就无伤大雅。但有一些不健康情绪是我们要高度警惕的，如果放任自流，很可能造成人格的缺陷，比如贪婪、自私、虚荣、嫉妒、猜忌、自闭、偏执等。这些情绪或心理，负面影响极大，如不控制，会严重干扰人的精神生活甚至实际生活。以嫉妒为例，斯宾诺莎说过："嫉妒是一种恨，此种恨使人对他人的幸福感到痛苦，对他人的灾殃感到快乐。"[①] 试想一下，一个人如果整天生活在无端的仇恨和幸灾乐祸之中，日子能好过吗？不但不好过，弄不好还会生出病症。还有，生活中的嫉妒往往是"比"出来的，如俗语所说，"人比人，气死人"。休谟曾论证说，嫉妒是看见身份比自己低微的人接近甚或超过自己而产生的："人们在看到比他们低的人在追求光荣或快乐方面接近他们或赶上他们时，他们就感觉到那种嫉妒。"[②]

傣族泼水节

现代社会的生存压力与日俱增，心理压力也与日俱增，生活中时常产生负面情绪是难免的。人们利用合情合理且合法的方式宣泄一下情绪，为精神和心理减压，是可行且可取的。欧美国家有一年一度的狂欢节、啤酒节、奔牛节、西红柿节以及其他五花八门的节庆日，重要功能就是给民众提供尽情宣泄的机会。中国的许多节日也有狂欢的性质，如汉族春节的舞龙和端午节的划龙舟，少数民族节庆如傣族的泼水节、彝族和白族等民族的火把节、蒙古族的"那达慕"等。除节庆活动外，现代社会还有专门的俱乐部为会员提供特殊的场所，用摔、打、砸、骂等方式宣泄，然后恢复到正常状态。其实，宣泄情绪的方法也未必非得如此"暴力"，看体育比赛并跟啦啦队一起呼喊，唱卡拉 OK 或约三五好友畅谈，都是宣泄情绪的良方。宣泄之外，还可以转移，就是当负面情绪袭来或某一段时间心境不好时，找一些雅致且能让身心愉悦的事情转移注意力，比如听音乐（或音乐会），看演出、展览或电影，到公园或郊外赏景等，如此事宜至少可以暂时把人从负面情绪中超脱出来。况且，审美和艺术的活动所引发的情绪也多是健康和优雅的，它的一项重要功能是净化。这个概念由古希腊的亚里士多德提出，是从医学借用来的，有"宣泄""平衡"等义，也表示"激荡的精

① 〔荷〕斯宾诺莎：《伦理学》，贺麟译，商务印书馆，1983，第 157 页。

② 〔英〕休谟：《人性论》，关文运译，商务印书馆，1980，第 415 页。

神趋于宁静”。[①] 以审美和艺术欣赏净化心灵，理当是化解负面情绪的好办法。有人给获得健康心理开出若干“处方”，如“结交一些密友，同他们分享感受、快乐和忧虑”，“当感觉自己的情绪快要失控时，离开使你不快的环境”，“培养健康的情趣和爱好”以及“请教专业人士”等，这些方法都可以用来转移负面情绪。

宣泄和转移都是暂时的，要想长久保持情绪的纯正和平稳，还要靠个人的不断修炼，对负面情绪加以克制和矫正。人性是不断发展的，人格也是不断成熟的，随着时间的推移和生活阅历的丰厚，人控制自身情欲和情绪的能力也在不断增强。从年轻气盛到老成持重，从心浮气躁到心平气和，从多愁善感到乐天知命，这个过程也就是人们有意识地对自身不良情绪进行不断的自我反省和矫正的过程。如一个易怒的人要时常提醒自己冷静，一个敏感的人要时常提醒自己豁达；当虚荣心产生时多想想自己的不足，当嫉妒心产生时多想想他人的好处；如此等等，如果随时管控并遏止负面情绪，良好的和健康的情绪总会占上风的。

九 “情商”

情商是由“智商”派生出来的，而“智商”是由实验心理学催生出来的。

心理学进入20世纪，各种实验手段逐渐丰富并完善，其中“观测”或“测量”尤其受到重视。于是，有人尝试设计出一套测量人的智力的方法，后经几代人的努力，由法国人比奈设计的模型最终得到广泛的认可和运用。由这种模型测量出的人的智力水平，叫作“智商”，它标志着人的聪明程度，即智商越高的人越

戈尔曼提出“情商”

① 伍蠡甫：《欧洲文论简史》，人民文学出版社，1985，第28页。

聪明，而智商极高的极少数人则被视作天才。

智商测量出现后便很快风行开来，直到今天，仍引起人们极大兴趣甚至是痴迷和崇拜，尤其是孩子处于幼年或少年的家长们，很希望通过测试而认定自己孩子的高智商。的确，智商测试具有相当的可信度，而且为教育、科学及军事等领域的选材提供了便利。但一个显见的事实是，智商并不能与成功或成才画等号。一方面，高智商可能只代表学习能力强，而并不一定代表高度发达的创造力；另一方面，高智商的人如果没有健全的人格，很可能走上歧途，既埋没了智商，也浪费了人生。据说美国人西迪斯被认为是有史以来智商最高的人，其智商高达265（也有人说是300）。他6个月大时就学会了26个字母，一岁半时看《纽约时报》，3岁时对高等数学感兴趣，4岁时已精通法文。8岁高中毕业，已能流利使用希腊语、拉丁语、德语、俄语、土耳其语和亚美尼亚语。9岁进入哈佛大学，给哈佛数学协会做过四维空间的讲座。但他与社会格格不入，成年之后放弃学术生涯，做了一名印刷厂工人，一生潦倒没落，46岁时死于一间出租房里。20世纪70年代，美国还出过一位名叫泰德·卡辛斯基的天才，智商达到167（霍金是160），被看作神童，16岁考入哈佛，曾任伯克利大学数学系助理教授。后来从公众视野消失，隐居森林，成为“炸弹怪客”，17年里制造了多起连环爆炸案，炸死炸伤数人。被捕后判终身监禁，不得假释。这些案例表明，高智商若不辅以好人格，就可能具有高风险。因此，人们着手寻找并发现与智商相辅相成的心理品质，这就是情商。

情商，即“情感智商”，是由美国心理学家丹尼尔·戈尔曼提出的，指人在情绪、情感、意志、耐受挫折等方面的质量，包括行为、能力、信仰以及实现梦想的使命感和价值观等。情商显然属于人格，而情商高的人也就是人格健全、品质优良的人。情商的培养也对人在现实中应对各种境遇，处置各种关系起着重要作用。戈尔曼坚信，人在一生中幸福和成功与否，智商所起的作用不会超过20%，而且“我们当中最聪明的人可能会由于肆无忌惮的激情和不加克制的冲动而阴沟里翻船，高智商的成功人士的私生活很可能一团糟。”① 因此，自觉培养良好的情商并努力成为一个高情

① 〔美〕丹尼尔·戈尔曼：《情商》，杨春晓译，中信出版社，2018，第59页。

商的人，对于生活来说就非常重要了。

那么，情商的高下如何判别呢？有人做出如下对比：

情商高的人	情商低的人
自信	自卑
勇敢	怯懦
善于沟通	拒绝沟通
喜欢赞美别人	惯于批评和嫉妒
心胸开阔	心胸狭窄
信任别人	生性多疑
乐于配合	不善与人合作
容易接纳	排斥抗拒
积极乐观	消极悲观

表格所体现的实际上就是好的情商与差的或坏的情商的区别。概括地讲，好的或高的情商大体包含这样几种特质。

一是宽厚而包容。人生存在社会，要与各式各样的人打交道，为了内心的安宁，有必要与他人保持良好的关系。从主动的一面看，需要常与他人沟通且善解人意，从而赢得信任和友谊；从被动的一面看，要能够宽容他人，哪怕别人确实有毛病甚至冒犯了自己。常言道："金无足赤，人无完人。"想想自己还有不少缺点，就不要要求别人十全十美。将心比心，对他人的宽容总会有回报的，即便没有回报或者未得好报，也不用遗憾，能够以宽容之心待人，就是肚量，就是修养，就能感到心安理得，这于人格大有裨益，也就是人生的财富。

二是乐观而开朗。生活中我们大都愿意和性格开朗的人相处，也都愿意受乐观情绪的感染，这就表明乐观开朗是人格的美质和魅力。既然如此，自己又何乐而不为呢？人生在世，不如意、不顺心的事时常发生，甚至接连不断，如古人所说："去日苦多"或"人生在世不称意"，关键要看用什么样的态度去应对。有的人受苦受难、屡遭不幸，却依然昂扬向上、谈笑风生；有的人遇到一点小挫折甚或什么事情都还没有发生，就怨天尤人、捶胸顿足。情商之高下，判然有别。孔子说："君子坦荡荡，小人长戚戚。”亦可看作是对情商的定夺。

三是自尊且自信。自尊是在内心保持做人的尊严，这既是操守或底线，也是标杆和追求。说它是底线，就是做人不能无耻，也即俗称“不要脸”；不能以人格（道德意义上的）去换取利益，更不能让他人随意践踏自己的人格。说它是追求，就是在大是大非、大危大难之时要体现出节操，要有从精神到行动的高贵，如古人所谓“浩然之气”。有了自尊，当然自信，而自信的人一定会心胸开阔、气定神闲。

四是优雅且幽默。这是对情商更高的要求，就是说，没有固然无碍，有了则锦上添花。这里说的优雅不是故作姿态，更不是矫揉造作，而是人的气质、修养、品位和个性的完美融合并自然流露。优雅可以是礼仪，可以是表演，但更多的是体现在日常生活尤其是公众场合的言行举止、穿着打扮的得体及其韵致。与之相关的是幽默。优雅如果要避免刻板，那就再来一点幽默。高级的幽默往往体现出智慧，而且具有相当的吸引力。而善于幽默（不是简单地“搞笑”）也往往被视作情商高的指标。林语堂先生说：“只有当幽默的思维方式普遍盛行时，那种以生活和思维的简朴为特性的健全而合理的精神才会实现。”① 可见幽默是人的个性中非常珍贵的品质，能够促进人格健康而优雅地生长。

情商的品质还有许多，如勇敢、友爱、善良等。相比较而言，情商的测量和界定没有智商那样清晰、严格，而且还要考虑到民族、文化以及时代等因素。我们不妨将它视作动态的和发展的，并因此而去丰富和发展它。

十 结语：人心与人生

我们常说：性格决定命运。这里再补充一句：人心决定人生。这个“人心”是以人格为核心的心理构成，是人的精神活动的品质和取向。

我们说人心决定人生，有两方面的意思。其一，人生的重大选择及应对各种境况的能力与人格密切相关。以“创业”为例，人格健全的聪明人大体会把聪明用在正道上，去拼搏和创新；而有人格缺陷的聪明人很可能

① 林语堂：《生活的艺术》，越裔汉译，陕西师范大学出版社，2003，第67页。

雨果："比天空更壮伟的景色，这就是人心"

把聪明用在邪道上，去投机或诈骗。这就是说，人心健康良好与否会对人生的选择及实践产生重大而深远影响，这影响未必都可以用好坏或优劣去区分，但健全的人格总会是相对正确的导向，并提供正面的能量。其二，人生的好坏不完全在于生活本身，还取决于人心的感受。同样的生活，人格健全者感觉是惬意和充实的，而有人格缺陷或障碍的人往往感觉是难受、灰暗，甚至是空虚和痛苦的。生活中，我们常看到有些人看什么都不顺眼，整天牢骚满腹，这多半是心里有病，而与生活无关。相反，有些人即便是处于逆境甚至经受磨难，仍能以乐观的精神积极应对，以苦为乐、苦中作乐，这种精神力量正来自于内心深处。有一部叫《美丽人生》的意大利电影，讲述了一个父亲和年幼的儿子一同被关进了德国纳粹的集中营，在每天都面临磨难甚至死亡的情况下，父亲仍保持乐观的人生态度，并用种种方法让儿子相信他经历的不过是游戏。这个例子最典型地彰显了人在困境中的乐观精神。由此而观，生活是好是坏很大程度要依赖于人心的健康。有了美好的人心，人们就能够使人生不断美好起来。既然如此，我们为何不去关注自己的内心，健全自己的人格，进而培育出既充实而又空灵、既丰富而又单纯、既开放而又隐秘、既同声相应而又与众不同的美丽心灵呢？对人生而言，物质财富和事业成功固然重要，但不是最主要的；重要的是要感受到发自内心的愉悦和幸福，并使它长久地保持下去。雨果说："比海洋更壮伟的景色，这是天空；比天空更壮伟的景色，这就是人心。"[1]的确，人心是这个世界上最为壮伟的景色，而我们每个人都可以也需要通过自己的努力使人心变得更加壮丽而伟大。

① 〔法〕雨果：《悲惨世界》，郑克鲁译，上海译文出版社，2010，第212页。

拓展阅读

邢群麟、达夫、薄同娇编著《心理学一本通》，中国华侨出版社，2012。

〔美〕理查德·格里格、菲利普·津巴多：《心理学与生活》，王垒、王甦等译，人民邮电出版社，2003。

〔美〕大卫·范德：《人格心理学》，许燕、邹丹等译，世界图书出版有限公司，2018。

〔美〕菲顿·亨特：《心理学的故事——源起与演变》，寒川子、张积模译，陕西师范大学出版社，2013。

第八章　艺术（上）

艺术在人文学科里具有举足轻重的地位。现今的“人文学”著作多以艺术为主要内容，或者以“艺术导论”“艺术形式”以及“艺术中的人文精神”等为名目，阐述艺术对于人文素质提高和人文精神培养所起的主导作用。这一点，其实是历史和现实中实际情况的反映，也就是说，自古以来，人类社会里对人的精神境界的培育就多得益于艺术。直到今天，艺术仍广泛而深入地介入各个层次的教育，其主要目的并非造就专门的艺术人才，而是使所有受教育者的内心更加丰富、精神更加纯净、人格更加健全。而且，较之其他人文学科，艺术在作用于人的心灵方面确有得天独厚的功能：润物无声、自然天成。这是每一个在其成长过程中接受过艺术教育的人都感受得到的。

然而，接受艺术教育的人对艺术往往只具有直观的体验，而未必有理性的认知。这种不足固然不会影响人与艺术之间建立亲密的关系，却多少妨碍着热爱艺术的人对其所爱的艺术进行更深入的了解、领悟和评析。因此，掌握一些关于艺术理论以及各类艺术的知识，就能让艺术更有效地对人文精神发挥作用，这也是许多“人文学”著作和教材把“艺术导论”和“艺术种类”作为主要内容的重要原因。这里，我们分两章介绍有关艺术的基础知识，本章主要介绍有关艺术的基本原理，下一章则讨论各类艺术的主要特征。

一　本质和界限

通常讲艺术原理，都是从“本质”开篇，这既是一个绕不过去的问题，也是一个最难讲清的问题。具体说来，讲这个问题又有两个目的：一是弄清楚艺术的终极原因或成因，一是划分出艺术跟非艺术之间的界限。两个目的既有区别，也有联系。

第一个目的涉及认识论或“本体论”，就是说，人们由感官而认识到的艺术，只是“现象”，而使艺术成为艺术并为一切艺术共同所有的根本属性，却不是凭一般的感知就能认识的，它需要在理论上加以概括并用哲学的思辨去作形而上的推求，当然也可以用直观的方式加以体悟。在这方面，古往今来的艺术家和理论家做了大量的工作，也提出很多重要的观点。在西方，有“理念”（柏拉图）、“模仿”（亚里士多德）、“法则”（古典主义）、“情感”和“想象”（浪漫主义）、“典型”（现实主义）、“象征”（象征主义），“直觉”（表现主义）、“形式”（形式主义）、“结构”（结构主义）、“欲望”及“升华”（精神分析学派）、“原型”（神话－原型批评）、“符号”（符号学）、“体验”和“解释”（解释学）、“接受”（接受美学）、“此在”（存在主义）等说法；在中国古代，有“道”（《易》）、“比兴”（《毛诗序》）、“气”（曹丕）、“传神”（顾恺之）、“气韵”（谢赫）、“神思”（刘勰）、“滋味”（钟嵘）、“味”（司空图）、“妙悟”（严羽）、“性灵”（袁氏兄弟）、“神韵”（王士禛）、“肌理”（翁方纲）、“义法”（“桐城派”）、“境界”（王国维）等主张。然而，所有这些观点，都未必能够被确认或公认为关于艺术本质或本体的定义。在当代艺术哲学，又有人认为艺术的本体实际上是人的本体，或者说是人的生命、人的存在，因此，艺术本体“只能向人的本然处境、人的无限可能性复归。”① 人的本性无限，艺术的本性亦当无限。这样一来，关于艺术的本质就更不可能有一个一劳永逸的固定答案了。

第二个目的比较实际，就是要找出区分艺术与非艺术的标准。在现实中，我们会接触到形形色色的“作品”，其中哪些是“艺术”，哪些不属于“艺术”，要有个界线。这条界线也可以看作是艺术的本质，却未必是本体，因为本体很可能是无边无际的；当然也不一定是绝对的，而应当是在一定的历史条件和语境中，根据某种占主导地位的观念及标准加以设定。比如，在我们这个时代和社会，虽说各种思潮层出不穷，但“审美”仍是主流艺术理论中的核心观念，这也就意味着，对艺术的界定要以审美为主要标准。由此而论，艺术的本质还当从审美观念之中去寻找——当然并非

① 王岳川：《艺术本体论》，上海三联书店，1994，第19页。

罗列所有的审美观念，而是取其中最基本、最具有涵盖性的观念，以求得对所有艺术作品的最大公约数。以我的看法，似可把“情感”和“形式”作为界定“艺术”的最基本的标准。

关于艺术以情感为本质特征，各类教科书及“概论”或“原理”等都讲得很多，似不必再去申论。简而言之，如果我们把艺术归为审美或将艺术当作审美活动的典型形态，那么必然认定它与情感的本质关系，因为在人类精神的知、情、意三个方面，审美和艺术是与“情”相对应的（另外两项分别是哲学和伦理）。这个观点，康德美学讲得很深刻也很有道理。就艺术创作的实际来看，恐怕没有哪部（件）作品不表达或流露出某种情感，而无论其体量大小、体裁如何。也许，我们要把艺术作品的“情感”表现看得宽泛些：有的是直接和外露的，直抒胸臆、一泻无余；有的则是间接和内敛的，含而不露、平淡天然；有的甚至让人看不出是在表达情感，而只是透露出某种感受或一刹那间的心灵感应。从审美和艺术的角度看，再微弱的感受或感应也当以情感视之，并且在许多时候比显见的情感表达更有美学价值。如一首山水小诗、一首音乐小品（甚至只是一个乐句）、一幅水墨写意（如八大山人那寥寥几笔）、舞台表演中一个看似不经意的动作等。我见过的最短诗歌是北岛的《生活》，就一个字：“网”。你能说它没有情感吗？

当然，说凡是艺术一定表达情感，并不意味着凡是情感的表达就一定成为艺术。这中间还需要一个条件，那就是表达情感的方式。一个孩子在生活中的哭闹只是情感宣泄，不成其为艺术，而一个演员在舞台或银幕上的哭泣却是艺术的表现，区别就在于情感是否被赋予了形式。这意味着，情感要成为艺术，还得有个媒介，这个媒介就是形式。各类艺术都有自己特定的质料，比如文学作品的语言、音乐作品的声音、绘画作品的色彩和线条、雕塑作品的石头或泥土和钢铁、舞蹈作品的肢体，还有将多种质料混合使用的所谓“综合艺术”，如戏剧（曲）、电影等，无论何种质料，都需要通过艺术加工而成为某种具有美感的形式。彻头彻尾的“原生态”是极为罕见的。音乐里的“原生态”唱法只是表明保持歌曲质朴和原始的风味，而不是生活里的大喊大叫或鬼哭狼嚎。因此，我们判别艺术与否的首要标准就是有没有看见、听见或感受到形式。形式既用来承载或表达情感

（或许还包括思想、内容、社会、历史等其他东西），也有它自身的独立价值。有的艺术作品的形式完美地表达了情感并与情感水乳交融，而有的艺术作品似乎看不见情感或将情感藏得很深，却同样具有极高的艺术价值且能够唤起人们的审美情感，或者说，它已经完全将情感化作了形式。这一特征在音乐的器乐作品里很容易感受到，在现代立体主义绘画中也常有范例：很多作品只是抽象的图形，我们并不知晓它表达了何种情感、何种意义，却分明感受到自己有了情感上的反应。甚至以语言为材料的文学，有时也能感到纯形式的美感。比如这首叫作《弧线》的小诗：

鸟儿在疾风中
迅速转向
少年去捡拾
一枚分币
葡萄藤因幻想
而延伸的触丝
海浪因退缩
而耸起的背脊①

我们不必去深究这些诗句有怎样的深意，但种种意象所呈现的“弧线”不是很有形式感，使人产生愉悦的感受吗？这些都说明形式本身或许看不出表达情感的迹象，但它能够作用于人心，唤起相应的情感。要之，形式与情感一道成为艺术的本质特征，是区分艺术与非艺术的最基本标准。

说到这里，或许有人会问：有些当代艺术就是看不出情感，也看不出形式，甚至让人觉得它们就是有意否定情感和艺术的，但是这样的“作品”却堂而皇之地以“艺术”的名义出现在了艺术理论和艺术史的教科书中，这该如何解释呢？的确，当代艺术中的某些“先锋派”或冠有“前卫艺术”之名的作品，其创作的方式及呈现的结果已经大大超出了以审美为主的艺术标准，甚至与既有的艺术观念背道而驰。比如有的“艺术”就是

① 顾城：《弧线》，载《顾城诗全编》，上海三联书店，1995，第171页。

任意把某件物品摆放一下（杜尚《泉》），有的“艺术”是在画布上划一道切口（卢齐欧·方塔纳《空间观念“等待”》），有的“艺术”是把“艺术家”的大便密封在若干个盒子里（皮耶罗·曼佐尼《艺术家的大便》），有的“音乐”是“艺术家”在钢琴前静坐而拒绝演奏（约翰·凯奇《4分33秒》），有的“舞蹈”是让人在舞台上随意做自发的动作（默斯·坎宁汉《交流》），更有的“艺术家”以裸体、自残、做爱甚至自缢去创造“艺术”。这些形形色色的“艺术”或是为了表达某种观念，或是为了表示某种“革命”，或者就是为了宣示对艺术的反叛和否定。其名目则有达达主义、现成艺术、装置艺术、观念艺术、行为艺术、惊骇艺术、虚拟艺术、影像艺术等，在当今社会有相当的市场和影响。究竟如何看待此类“艺术”？是将其纳入艺术的范畴，还是当作文化现象？学术界和艺术界也有不同的看法，多数意见是把这类“艺术”看作是人类艺术进入20世纪后与传统发生的裂变；尽管“裂变”，却仍和传统的艺术有着千丝万缕的联系（反叛也是一种联系），不然也用不着把它放到“艺术”的话题里讨论。对此，有人称之为“后艺术”或“非典型艺术”[①]，有人将其与装饰、工艺和设计归为一类，称为“类艺术”[②]，有人则愤而斥之为“世纪骗术”。[③] 这些，都表明了理论界对这类“艺术”是否能够进入艺术的领地是持审慎和怀疑的态度。法国学者利奥塔曾评价“后现代状况”说：

> 后现代应是一种情形，它不再从完美的形式获得安慰，不再以相同的品位来集体分享乡愁的缅怀。后现代寻求新的表现方式，并非要从中觅取享受，而是传达我们对“不可言说的”认识。后现代艺术家或作家常常僭越到哲学家的身位，他写出的文本，他创作的作品原则上不受先在规则的限制，因而也不能用普通的文本或作品分类去予以归类，更不能根据决定性的判断来评价。那些规则和分类的范畴正是后现代艺术作品要挪用权充的东西。正因为如此，艺术家与作家在创

① 如易中天在《破门而入》（复旦大学出版社，2006）一书中讨论艺术形式时所称。

② 〔美〕F. 大卫·马丁、李·A. 雅各布斯：《艺术导论》，包慧怡、黄少婷译，上海社会科学院出版社，2011。

③ 河清：《“当代艺术”：世纪骗术》，上海古籍出版社，2016。

作中，以无规则的方式无中生有，以着眼于将来。[①]

这里所说的“后现代”艺术的特征很可以用来说明“达达主义”之后的“当代艺术”的性质，如对传统的形式感和审美品位的背离，对规则和分类范畴的冲击，以及对艺术作品的解构（“无中生有”）等。对此，我们不一定非得匆忙地给它定性，不如静观其变，让历史给出答案为好。

二　起源和流变

关于艺术的起源的流变，需要把握这样几个方面的问题。

（1）起源。艺术的起源有多种说法，如“模仿”“表现”“游戏”“巫术”“（性欲）升华”以及“劳动”等，其中最有说服力并得到人类学印证的当属“劳动说”，准确的表述应当是“以劳动为核心的人类社会实践活动说”。这讲的是，人类经过千百万年的生产劳动，由古猿的一支进化而来。也是在持续不断的劳动中，人类的感官不断进化，心智不断开拓，进而发现在劳作中不断重复的动作、声音所带来的愉悦，也发现所使用的工具及所生产出的产品能够赏心悦目，于是有了能够欣赏美的耳朵和眼睛。再往后，一些与劳动密切相关的活动也给艺术的诞生提供了契机，比如狩猎前的巫术，要把所狩猎物（如野牛等）画在洞壁上对其“做法”，这就产生了绘画；又比如祭祀仪式上要把所祭的神或人制作成偶像，这就有了雕刻。如此等等，归根到底都是由劳动派生出来的成果。这个道理是由马克思揭示出来的，许多学者和思想家，如格罗塞、普列汉诺夫以及鲁迅等，也都有过精辟的论述，而且人类学和考古学也提供了确凿的证据。所有的观点及实证都能够表明“劳动说”是艺术起源诸说里最具有可信度和说服力的一种。

（2）分化。艺术产生后所要经历的一个重要蜕变是分化。原始的艺术是质朴、浑融甚至是无意识的，只有经过必要的分化后，才变得精致、专门和自觉，其间原始宗教及神职人员的出现是一个重要的事件。现今能够

---

① 〔法〕让－弗朗索瓦·利奥塔：《后现代状况：关于知识的报告》，岛子译，湖南美术出版社，1996，第209～210页。

通过考古发掘或从上古典籍中看到的艺术，多与祭祀活动的仪式有关。那时候的艺术，是将诗、歌、舞等混杂在一起的整体，如所谓的“三位一体”，以《尚书·虞书·舜典》所记为例：

帝曰：“夔！命汝典乐，教胄子，直而温，宽而栗，刚而无虐，简而无傲。诗言志，歌永言，声依永，律和声。八音克谐，无相夺伦，神人以和”。夔曰：“於，予击石拊石，百兽率舞。”

这段记述保留了原始祭祀活动的遗风。据专家推论，所谓“诗言志”是“巫师口中念念有词的咒语，与祭神活动密切相关”①，而“百兽率舞”云云是“原始人类模仿动物跳舞”②，至于“八音克谐”显然是音乐的演唱或演奏。或许这种祭祀活动中还摆有偶像，可能就是原始的雕塑；或许唱歌跳舞的人还带有面具（就像遗存到后世的“傩戏”），可能就是原始的绘画。如果真是这样，那么艺术的各个种类就混合在这场热闹的“表演”之中了。从这里面，我们约略可以得到两个信息：其一，原始艺术将诗、歌、舞等种类混为一体，而祭祀仪式是各类艺术的母体。其二，在祭祀仪式中可以看出各类艺术分化的迹象，比如负责念咒语的巫师或许就成为最早的“诗人”，负责跳舞的“百兽”或许就成为最早的“舞蹈家”，如果有专门的合唱队——就像古希腊的“山羊歌”那样——或许就出现了最早的“歌唱家”。然而这一切都有个前提，那就是社会分工。当原始社会的生产力不断提高，生产资料和生活资料有了节余，使得一部分人从生产劳动中解放出来，专门从事具有文化性质的工作，就出现了具有划时代意义的社会分工（不包括生产劳动本身的分工）。人类的文化创造由

保留原始祭祀遗风的“傩戏”

① 李泽厚：《华夏美学》，台北时报文化出版公司，1989，第34页。

② 岑家梧：《图腾艺术史》，学林出版社，1986，第115页。

此进入了自觉的时代，艺术创作也走上了分化、独立和自觉的道路，这是各类艺术得以独立并发展的最重要契机。至于这一契机起始于何时，已经难以详考了，但远古历史留下的一些传说和史实给后人透露出些许这方面的消息。如中国上古设有采诗之官，即所谓的“行人”，他们每到一定的时节便到民间收集各地诗歌，之后再加以整理增删。这些人具有较高的文化水平，某种意义上也可以看作是诗歌的编者甚至作者。正因为他们的工作，才有了中国古代最初的诗歌总集《诗经》。后来出现的“乐府”，其性质也与之相仿。溯其渊源，都在于社会分工后出现的“专职”。有了这些“专职”，原始的艺术才能够朝更高更精的程度发展，走向所谓“美的艺术”（fine art）。以中国古代诗歌为例，从与音乐分离到重新具备声律，从四言衍生出杂言、五言、七言以及歌行，都是分化带来的结果。再如雕塑，从泥到陶到玉器到青铜器再到瓷器，工艺越来越复杂，艺术水准越来越高，没有社会分工所催生出的专门工匠（艺术家），其发展和进步是难以想象的。

（3）融合。艺术发展过程中，分化是重要的推动力，但如常言所道：“分久必合”，当艺术发展到一种程度，又会出现新的融合。如中国古代的诗歌和音乐分而又合，从而有了歌曲（唐宋词的前身就是“入乐之辞”或所谓“声诗”）及戏曲（唱腔加唱词）。在西方，近代以来出现的新的艺术种类大都是各类艺术融合的结果，比如诗与音乐分离而产生戏剧（话剧），再度与音乐结合则成就了歌曲、清唱剧、歌剧以及音乐剧。又比如戏剧和舞蹈结合产生舞剧和哑剧，而近代意义的戏剧和舞蹈本身就是融合了多种艺术的艺术，包括文学、音乐、美术（设计）等。其实，从根本上讲，几乎每一种艺术形式（体裁）都有融入其他的异类或同类艺术形式的可能，如音乐里的重奏是几种乐器的融合，而交响乐则是各种乐器甚至歌曲的融合等。最典型的融合体现在电影艺术中，它几乎是个无所不包的大熔炉，融合了文学、戏剧、音乐、舞蹈、绘画、雕塑、工艺设计等所有艺术种类，是真正意义上的“综合艺术”。时至今日，完全独立的艺术已经越来越少，每一种艺术的创作和表演或多或少都牵涉到其他艺术，而每一种艺术本身都蕴含着融合（于）其他艺术的潜在可能。由于这种趋势，不仅既有的艺术种类时常出现“跨界”现象，新的艺术种类也每每应运而生。与此同时，这种态势也正在拓展着艺术进步的无限空间，孕育着艺术成长的无限生机。

（4）通变。这是中国古代文学理论家刘勰提出的观点，意指文学随时代而演进，有沿袭的一面（通），也有变化的一面（变）。这是文学发展的规律，其最明显的体现是在文体的更替上。一个多世纪前，王国维就提出了"一代有一代之文学"的论断："凡一代有一代之文学，楚之骚，汉之赋，六代之骈语，唐之诗，宋之词，元之曲，皆所谓一代之文学。而后世莫之能继焉者"（《宋元戏曲史序》）。从所举之例看，既有"通"也有"变"。就其"通"者而言，所谓"历代之文学"均为诗歌（广义的），都要具备诗歌的基本特征，如韵律、比兴等；就其"变"者而言，历代"诗歌"的体式都不一样，如楚骚之杂言、汉赋之排比、骈文之"四六"、唐诗之格律、宋词之词牌、元曲之宫调等。文学如此，其他艺术种类也多有类同，且"通变"的情形并不限于体裁或形式，还体现在观念、方法、风格等方方面面。比如西方文艺从古典主义到浪漫主义，到现实主义，到现代主义，以至于后现代主义，也可以"通变"视之。至于"通变"的原因，既在内部，也在外部。内部原因是指某种文艺形式经过长时间发展，其艺术技巧完全成熟且登峰造极，艺术家们感到在旧有形式中难以有所作为，便酝酿出具有变革性的创新，进而用新形式取代旧形式。外部原因主要来自社会历史的变化。社会生活改变会导致审美趣味的改变，当旧有的文艺形式不能满足新时代及新一代人的要求时，便会让位给更新潮的文艺形式。当代中国的一个显见事例是，曾经占据各艺术种类中心地位的文学渐渐被边缘化，电影和电视艺术早已成为大众瞩目的焦点，其吸引力和受到的关注度远非文学可以比拟，这种反差恐怕在相当一段时间内还会继续扩大。至于文学的命运如何？会不会像神话一样消失？抑或被其他艺术分解掉？甚至被通俗的网络读物"泛化"掉？都尚未可知。当然，这并不意味着文学就已经到了"末日"，文学家们也不应该听任文学的滑坡，而应以更积极的作为和更具有价值的创新为当今文学走出困境创造条件。无论如何，任何时候的任何艺术都要经历"通"和"变"的进程，而"通"和"变"又是相辅相成的，即：有"通"必有"变"，能"变"方能"通"，这是"通变"规律所包含的辩证关系。古人所谓"变则通，通则久”，就表达出对这种关系的深刻理解。

（5）流派。关于艺术发展还有一个引人注目的现象，那就是流派。我们浏览艺术史，常常会看见许多标以“主义”或“派”的术语，西方有古典主义、浪漫主义、现实主义、自然主义、唯美主义、象征主义、印象派、野兽派、巡回画派、民族乐派、立体主义、表现主义、未来主义、超现实主义、荒诞派、魔幻现实主义等；中国有盛唐诗歌的“山水田园诗派”和“边塞诗派”、绘画的“南宗”和“北宗”（“宗”就是“派”），宋词的“婉约派”和“豪放派”，明代诗文的“秦汉派”、“唐宋派”、“公安派”及戏曲的“临川派”和“吴江派”，现代文学的“山药蛋派”和“荷花淀派”等，凡此都属于艺术流派。还有一些现象虽未冠以“主义”或“派”的名称，却也类同于艺术流派，如西方文学的“意识流”“黑色幽默”和“垮掉的一代”，中国古代文学的“古文运动”及书法绘画的“扬州八怪”，中国现代文学的“创造社”和“文学研究会”等。在世界各民族艺术史上，流派都是一道道亮丽的风景，也是推动艺术创新和发展的动力。

构成艺术流派的要素有三。一是一批志同道合的艺术家，他们有着相同或相近的审美趣味、创作个性以及艺术理想，并且具有较高的艺术造诣以及相当的知名度和影响力。二是创作出一批优秀的且具有鲜明个性和风格特征的艺术作品，这些作品大都作为艺术经典流传于世。三是对传统的创作观念和方法产生重要的变革和创新作用，且其价值为后世所公认。举例来说，产生于19世纪后半期的印象派绘画，有莫奈、毕沙罗、雷诺阿、德加、西斯莱等著名画家，他们都反对因循守旧的古典主义和华而不实的浪漫主义绘画，其创作旨趣注重捕捉大自然里光和影的变化，其作品具有很高的美学价值，为西方绘画开辟了新的境界，并产生了世界性的影响。

艺术流派的成因主要是艺术思潮，而艺术思潮又往往与社会思潮及思想运动有关。在一定意义上讲，流派与思潮是互为因果的，就是说，一定时代的艺术思潮造就了艺术流派，而成为运动的艺术流派又孕育并鼓动着艺术思潮。究竟孰先孰后？未可一概而论，有时是社会思想引发艺术思潮，进而产生艺术流派，如欧洲17～18世纪的古典主义就是由当时社会占统治地位的理性、秩序等观念影响到艺术创作（如戏剧创作的“三一

达达主义发起人之一、
罗马尼亚诗人查拉

律”)，演化为风靡整个时代的艺术思潮，进而有了文艺理论的纲领性著作（如布瓦洛《诗的艺术》)，从而成就了在戏剧、绘画、雕塑以及音乐等各个领域都取得非凡成就的古典主义艺术。有时是艺术流派横空出世，以其新颖独特甚至惊世骇俗的主张在艺术界掀起波澜，并迅速演化成具有相当影响力的艺术思潮和社会思潮，最典型的是20世纪初产生的达达主义，由十几位各个领域的艺术家聚集在一起，提出了一种具有强大冲击力的艺术主张。这个松散的“流派”虽然不久便解体了，但其引发的艺术思潮却在整个西方社会产生了经久不息的反响。

除了思潮之外，艺术流派的产生还有其他一些原因。如地域。历史上不少艺术流派的形成是和地域关联的，这是因为生活在同一地域的人容易有相似的气质个性，同时也因为地域相近而便于艺术家们相互往还。如中国古代文学的“公安派”作家出自湖北公安（袁氏兄弟)，而“扬州八怪”大体是生活和活动在扬州一带的画家和书法家；现代文学有所谓的“京派”（北京）和“海派”（上海)，当代绘画有所谓“金陵画派”（江苏一带)、“岭南画派”（广东一带）和“长安画派”（陕西一带）等。再如政治。在历史上，艺术与政治总有着千丝万缕的联系，政治环境往往能够催生艺术流派，如西方的古典主义就有封建王权的背景，浪漫主义则受到法国革命的影响；而中国清代的“桐城古文”很大程度上得益于朝廷的喜好、提倡和扶持；如此等等，艺术流派的形成往往有多方面原因，但无论如何，最根本的原因是艺术观念的趋同，以及审美趣味、创作方法（技巧）和艺术风格上的呼朋引类和惺惺相惜。

三　创作和表演

以往的艺术理论多有对“创作”的专门论述，或名之为“创作论”，着眼点往往在于创作过程、创作方法以及创作心理。今天看去，这样的论述很有问题，因为不同的艺术种类在创作过程、创作方法以及创作心理上会产生较大差异，甚至同一艺术种类里不同体裁的创作也大不相同，比如写一首抒情短诗与写一部长篇小说，其过程、方法和心理都不可同日而语，因此也不宜一概而论。同理，如果将古典意义上的雕塑创作与现代的“活动雕塑”创作相比，其差距也不可以道里计。除此之外，传统的“创作论”还有一个很大的局限，那就是遗漏或“遮蔽”了表演。舞台艺术家的表演也是创作，其功力和价值并不低于如作家、画家、作曲家等“创作”家的创作，但艺术理论似乎大都不包含这种“创作”，而只是选取相关艺术家的经历或心得作为例证。这样的创作论显然不完整，甚至是有偏颇和缺陷的。如果说莎士比亚创作的戏剧不经“演出”还不失其文学价值的话，那么贝多芬的“创作”如果不经“演奏”就很难实现其音乐价值，甚至很难为人知晓，而将贝多芬的“创作”演绎为音乐作品当然也是音乐家（包括指挥家和演奏家）的创作。诸如此类，体现为“表演”的创作当然也应归属于“艺术创作”。

艺术发展到今天，其创作的方式和形态在不断发生变化，“创作”的含义也随之而变。像戏剧、舞蹈、歌剧、电影等综合艺术的创作就是一个系统工程，包含着创作（狭义的，指编剧、编舞、作曲等）、表演、制作、生产等，其特征和“规律”也与以往“创作论”标榜的“构思”“想象”“灵感”等有所不同。以此而论，我们对艺术创作的理解就应当更加宽泛和宏通，而不能囿于一端。归纳起来，完整意义的“艺术创作”至少应当包括这样几种情形。

其一，是以个体的创造性活动为主要方式及形态，其成果主要体现为“文本”或“实物”的创作，包括文学写作、绘画、雕塑、作曲、编剧、编舞等。以往的艺术理论对这类创作谈得较多，兹不赘述。

其二，是以个体或集体的表（导）演为主要方式及形态，其成果为“过程性”的舞台或镜头呈现的创作，如话剧、影视、舞蹈的导演以及演员的表演，大型音乐作品的指挥以及歌唱家的演唱和器乐家的演奏等。这类创作或被称为“二度创作”，实则不确。对于表（导）演艺术家来说，其舞台或银幕呈现就是原创。比如戏剧表演要把一个文本形象变成舞台艺术形象，就需要导演和演员凭借自己的素养和能力去进行“创造”，绝不是按照剧作家的描写亦步亦趋。这中间需要构思、需要想象、需要技巧，与文学写作一样，是创造性的劳动，当以“创作”视之。同理，舞蹈演员演绎舞蹈作品，歌唱家或演奏家演绎音乐作品，也都应当看作是“创作”。

其三，是集众人的智慧和力量，制作出集各类艺术于一体的综合型艺术作品的创作，如话剧、歌剧、舞剧、音乐剧、戏曲以及电影、电视（剧）的创作。这类创作，确切地说，应当是包含着艺术家创作的制作和生产。比如创作一部歌剧需要编剧（有时剧情和歌词还要分别撰写）、作曲、导演、美术设计、乐队的指挥和演奏等，创作一部电影需要编剧（情节和对话往往分别由专人撰写）、导演、摄影、剪辑、音乐、音效、灯光、设计等。这里的每项工作都具有很强的艺术性，从事该项工作的人当然是艺术家，所从事的工作当然是艺术创作。但各人的创作是相互关联、依存并相互制约的，融合起来能够做成一部艺术作品，拆分开来则失去艺术创作的价值和意义。与这种“创作”类型相似的还有建筑。建筑的“创作者”通常是建筑师，但一座建筑的完成需要设计团队、工程师及技术工人的协作，至少设计团队的核心成员是参与了建筑艺术的“创作”。再比如大型晚会或体育赛事的开闭幕式综合了各种艺术形式并加以融贯和统筹，理应属于“艺术创作”，而其中声、光、电的运用也创造出颇有现代感的“艺术作品”。

其四，以创意为核心元素、辅以技术手段（尤其是计算机技术）的创作，如动漫制作、插画和绘本等，实质是创意，而创意在当今是非常普遍且具有影响力和渗透力的“创作”。它的精髓在于“构想”，而实现构想的手段相对质朴、简约，而且可以大幅度地利用计算机技术。一个好的创意往往能够孕育出非凡的艺术作品，并成为流行的文化符号，如蜘蛛侠、蝙蝠侠、超人、奥特曼以及“喜羊羊”等。

关于创作，还可以列出其他类型，而且随着当代艺术的发展，还可能出现新的类型。这些都会对传统艺术理论中的“创作论”产生冲击，也使“创作”这个艺术理论的概念变得更加复杂。比如的电影《至爱凡·高》，其创作除了动画影片的必备要素外，还有30位画家用3年时间画的56800帧油画，无怪乎有人感叹不知谁是这部影片的创作者。类似的情形想必以后还会出现。因此，我们对艺术“创作”的理解应当是开放的，对所谓

“创作规律”的认识要与时俱进，结合各类艺术的特性和发展趋势去领会，切不可为传统艺术理论中的“创作论”所局限。这里面至少有3种趋势值得我们注意。一是社会和公众会进一步加大对艺术创作的影响和制约，从而增强创作的“集体性”和社会性。现今的艺术创作大都与媒体、市场及观众接轨，否则很难产生社会影响及社会效益。参与创作的人愈多，其“集体”的和“制作”的意味就愈强。比如前面提到的歌剧创作，除了编剧、导演、作曲、演员、指挥等的参与外，还有前期策划、演员遴选、服装设计、市场运营等，少了哪个环节都难以使一部歌剧最终成为诉诸公众的“作品”。以此而观，歌剧艺术的创作或许以少数艺术家的创作为核心，却离不开众多艺术家（或者说是艺术工作者）的共同参与，其“创作”的主体应当属于集体性质的制作与生产。二是信息手段尤其是网络世界将改变艺术创作的方式及形态。加拿大著名传播学家麦克卢汉有句名言，叫作“媒介即信息”。这意味着，当艺术表达（创作）的媒介发生变化后，所表达的内容也会发生转变。比如现今所谓的“网络文学”或“网络小说”就是以媒介命名的，它的内容、手法及风格也因网络这个载体而与传统的“文学”和“小说”有所不同。又比如“网络春晚”是一种新的娱乐形式，与传统的在演播大厅里表演并由电视直播的呈现方式也有很大差异。凡此种种，“新媒体”的艺术正在快速发展，其“创作”也和媒介本身休戚相关，不是以往教科书里的“创作论”能够概括的。三是计算机技术及人工智能的发达很可能在今后改变艺术“创作”的观念。以音乐为例，如今音乐家利用计算机软件作曲已十分普遍，歌唱家的演唱和演奏家的演奏，除现场表演外，也大都先到音乐棚里去制作，然后出版、发行或在网络上传播。计算机技术能够极大地提高音乐创作的质量，而且正在朝着“人工智能”的方向迅猛发展。试想，当今的计算机围棋软件“阿尔法狗”已经打遍天下无敌手，谁又敢担保，在不久的将来，计算机作曲软件不会胜过所有的作曲家？计算机做出的歌声不会超过所有的歌唱家？因此，今后的艺术“创作”会呈现出怎样的景观，谁都难预测，只能拭目以待。

四　功能和作用

在人类社会中，任何事物都有其自身功能，有了功能就要发挥作用，艺术也不例外。

按照马克思主义理论，艺术属于上层建筑，既受经济基础（生产力与生产关系）的制约，又对经济基础产生反作用。具体而言，艺术产生于人类社会生活，反过来又对人类社会生活产生作用。这种作用的产生取决于艺术的特殊性质，即审美。这就是说，艺术的性质是审美（这区别于其他上层建筑，如政治、哲学、道德、宗教等），它的主要功能也是审美，因此，艺术对人类社会发挥的功能从根本上讲是审美功能。它的指向是人，是通过审美的特性作用于人的感觉、情感和心灵，以非功利的愉悦去陶冶人的情操，培育人的精神。正是依靠对人所产生的特殊作用，艺术才能更进一步地作用于社会和历史。大体说来，艺术对人类生活的作用主要有如下几项。

（1）教育。艺术的教育作用可分为狭义和广义两类。狭义的艺术教育是把艺术作为某种教育的手段或内容，如中国古代用来教育贵族子弟的“六艺”，其中的“诗”就是把文学和音乐当作必修的课程。我们目前的初级和中级普通教育中也还有音乐课和美术课，而语文课本里的文学作品仍占有相当比重，这都是把艺术用于教育，典型地体现了艺术的教育作用。现今有人提议在中学教育中开设戏剧课程，以使学生通过戏剧这种综合性的艺术较为全面地接受艺术教育，也不无道理。

至于广义的教育则体现在人类生活的方方面面，任何一部（件）好的艺术作品都会直接或间接地起到教育作用。柏拉图要求诗人不要表现人的情感中脆弱的方面，而要有益于培养健全公民，是强调艺术的教育作用（尽管他本人反对诗歌）；亚里士多德认为悲剧的效果是“净化”，也是强调艺术的教育作用；贺拉斯认为诗歌应当“寓教于乐”，还是强调艺术的教育作用。在中国，从“诗可以兴”到“文以载道”，再到近现代梁启超为开启民智而倡导小说戏剧，蔡元培提出“以美育代宗教”，都是让艺术发挥教育功能。虽说各家之说的思想倾向不尽相同，但认识到艺术的教育作用并极力倡导却是不约而同地。并且，在世界各国的历史上，艺术对教育所起到的作用都十分明显和重要，可以说是功莫大焉。从大处看，艺术滋养着一个国家或民族的人性和人心，是所谓“国民精神”的向导，甚至超越国家和民族，成为世界人民的精神食粮。从细处看，艺术对健全人格的培养起着其他教育方式不可取代的作用。在古希腊，荷马史诗代代相传，一个重要目的就是通过神和英雄的事迹培养公民高贵的品格和尚武的精神，更有城邦将公民接受音乐教育列入法规，如：

> 阿卡狄亚人曾发布法规，要求每个公民在三十岁之前，必须接受义务音乐教育。在斯巴达、底比斯和雅典，每个人都须学习阿夫洛斯管。参加合唱是古希腊青年最重要的职责之一。……多利亚调式的旋律被赋予最重要的地位，因为它们的严肃风格作为一种人格构造力量受到很高的评价。①

在中国，自上古时代“乐教”就受到广泛重视，被用来培养健全的人格，是所谓“致乐以治心”。对此，著名文学史家萧涤非先生解释说：

> 即以乐为涵养人格之工具。《礼记·祭义》：“君子曰：礼乐不可斯须去身，致乐以治心，则易直子谅之心油然生矣。易直子谅之心生则乐，乐则安，安则久，久则天，天则神。天则不言而信，神则不怒而威，致乐以治心者也。”孔子亦曰：“兴于诗，立于礼，成于乐。”又曰：“若臧武仲之知，公绰之不欲，卞庄子之勇，冉求之艺，文之以礼乐，亦可以为成人矣。”所以成人必有赖于乐者，正以乐足治心故也。而观《乐记》师乙答子贡之问，则《风》《雅》《颂》之于人，且各有功能焉。其言曰：“宽而静，柔而正者宜歌《颂》；广大而静，疏达而信者宜歌《大雅》；恭俭而好礼者宜歌《小雅》；正直而静，廉而谦者宜歌《风》。”此以乐治心济性之明验也。②

这与古希腊城邦的做法一样，是把音乐教育当作人格培养的不可或缺的手段。有当代学者指出，艺术具有“回忆、希望、悲伤、找回平衡、自

---

① 〔美〕保罗·亨利·朗：《西方文明中的音乐》，顾连理等译，广西师范大学出版社，2014，第16页。

② 萧涤非：《汉魏六朝乐府文学史》，人民文学出版社，1984，第2~3页。

我了解、成长、欣赏”等 7 种功能[1]，或许能够说明古人“以乐治心”的具体效用。

（2）传播。举凡艺术作品都具有一种“公众性”：一方面，它需要听众、观众或读者，并在相当的范围里传播，否则便无法实现其价值；另一方面，它总是在传播思想、情感以及社会和历史的状况。前一种意义的“传播”关乎艺术的本质，是接受美学的研究对象；而后一种意义的传播则属于艺术的特殊作用，是艺术社会学或传播学的研究对象。

各类艺术作品因形式及体裁不同，传播意图的隐显和功能的大小有所不同，侧重点也不一样。通常情况下，以叙事及再现为主的艺术作品所承载的社会和历史内容更多，而以抒情和表现为主的艺术作品则更多地用来传达情绪和情感，或者说是间接地反映社会和历史。比如文学里的史诗、叙事诗、中长篇小说，戏剧里的社会剧和历史剧，绘画里的风俗画与宗教画，还有作为近代新兴艺术形式的电影，都能够较为充分地反映社会和历史，其中有真实的、有虚构的，也有真实和虚构融为一体的。当然，抒情和表现类的艺术作品也常有反映重大历史事件的，如贝多芬的第三（“英雄”）交响曲就反映了法国大革命的时代精神，且有对英雄献身及葬礼的描写。而柴可夫斯基的《1812 序曲》更是完整地展示了俄罗斯军民抗击拿破仑侵略的全过程，高潮处甚至出现大炮轰鸣、欢庆胜利的场景。但这种“传播”，总体上还是以间接的方式，其效用是包含在音乐形象及其情感表达之中。

伟大的文学家巴尔扎克

艺术的传播作用对人类社会是十分重要的。首先，我们在“人文”方面的知识及认识，有许多是从艺术作品中得到，其中最典型的是历史。以中国古代为例，历史在民众间的传播主要靠小说和戏曲。普通民众限于文化程度，看正统史书的寥寥无几，而听说书、看小说和看

---

① 〔英〕阿兰·德波顿、约翰·阿姆斯特朗：《艺术的疗效》，张帆译，广西美术出版社，2014。

冼星海指挥“鲁艺”学员演唱《黄河大合唱》

演戏的却多了去了，其历史知识也大多得益于此。流风所及，在当代中国，历史题材的电视剧或所谓的“古装戏”仍大行其道，虽饱受非议却热播不已，可见“由艺术知历史”已经深入人心。至于人们对历史上社会生活的认识，也常常是通过艺术作品，比如小说《红楼梦》就被视为封建社会的百科全书，从中可以看到社会各阶层和各方面的世态人情；而恩格斯曾经盛赞巴尔扎克的小说“汇集了法国社会的全部历史”，使他本人“甚至在经济细节方面（如革命以后动产和不动产的重新分配）所学到的东西，也要比从当时所有职业的历史学家、经济学家和统计学家那里学到的全部东西还要多”。其次，我们不能否认，在某些特殊的历史时期，艺术的传播就是宣传，并因其巨大的宣传作用而成为经典和丰碑。比如中国抗战时期的《黄河大合唱》《义勇军进行曲》《游击队歌》等，在当时为抗日战争的胜利做出巨大贡献，在今天也作为艺术精品而久唱不衰。这样的例子在世界各国比比皆是，如《马赛曲》就诞生于法国大革命，成为革命军冲锋的号角；苏联卫国战争期间，一曲《神圣的战争》伴随着红军将士抗击法西斯侵略，并最终将胜利的红旗插上柏林议会大厦。而这两首用作“宣传”的歌曲业已作为音乐艺术经典传唱至今（《马赛曲》成为法国国歌，《神圣的战争》成为俄罗斯“红旗歌舞团”保留曲目）。这类以“宣传”为目的的传播，理应是艺术作品的正能量及其艺术价值的有机构成，我们绝不能因其“宣传”作用而低估或减损其价值意义。其实，艺术和宣传的关系，还远不止于这种特殊境遇。有人曾指出：“从古至今，艺术创作大多数是为政治和宗教宣传的需求而服务的，统治者约束着艺术家，限制想象力，让作品传递出他们所想要宣传的信息。但这些宣传的需求不仅没有限制住艺术家的思维，反而还促使他们创作出更好的作品。”① 显然，这话不是没有道理的。艺术作品受“统治者”的影响而发挥其宣传作用在人类历史上司空见惯，而用于“宣传”的艺术作品中能够表达人民意愿并以较高的艺术价值而垂名青史的也不在少数。当然，反动的宣传另当别论，那是艺术的敌人，无论其作品价值有多高，都只能将艺术拖入深渊。典型事例如德国女导演莱妮·里芬斯塔尔于1934年拍摄的歌颂纳粹和希特勒的影片《意志的胜利》，其“艺术”之精湛被视作纪录片的典范，可如今谁又敢公然放映这部“优秀”的纪录片呢？再次，我们要认清艺术的传播应该是“艺术地”传播，如果艺术不成立或是低水平，那么传播也失去了效用；即便有用，也未必和艺术相关。正如鲁迅所说：“一切文艺固是宣传，而一切宣传却并非全是文艺。”② 这也就是为什么历史上有的艺术作品因传播而流传下来，而有的则虽经传播却早已烟消云散或仅仅是“历史”了。

（3）娱乐。艺术用于娱乐和消遣，原本是顺理成章且由来已久的事情，没有什么说不出口或遮遮掩掩的，不仅通俗或流行的艺术常与娱乐为伍，就是高雅或严肃的艺术也未必都与娱乐势同水火，有许多伟大的艺术作品的来由就在于娱乐。比如莫扎特和贝多芬的音乐，大都由贵族或皇室的赞助者或保护人资助完成，然后在贵族或皇室的圈子里演奏，成为上流社会消闲生活的一部分。这不是娱乐又是什么呢？很难想象哪位贵族或皇室是为了伟大的思想去赞助艺术家的。至于艺术家们的作品的伟大及其价值远远超出“娱乐”，那是历史的赋予，和它先期的娱乐作用并不矛盾。再比如曹雪芹写《红楼梦》，起初也是文人圈里的雅事，用于茶余饭后的

---

① 〔英〕迈克尔·伯德：《100个改变艺术的伟大观念》，曹阳等译，中国摄影出版社，2013，第30页。

② 鲁迅：《文艺与革命》，载《鲁迅论创作》，上海文艺出版社，1983，第563页。

消遣，作者本人及其友人绝没想到以后会成为所谓的“名著”，更想不到还会闹出个专门的学问。中国古代章回体小说的前身是话本或“说话”，犹如今天的“说书”，是为了普通民众的休闲取乐，故被视为“小道”或“余事”，其来由多是落魄文人的“锦心绣口”和“狡狯之笔”，故常有“以文为戏”的自白，而这个“戏”便是娱乐。这种状况在音乐、戏曲以及美术领域都习以为常，可见娱乐是艺术的天性，假如没有这种天性，艺术恐怕也不会发展成今天看到的样子，至少不会代复一代地拥有大批听众、读者和观众。即便是最严肃的艺术作品，也不能阻止人们抱着娱乐的心情去观赏它。比如我们利用业余时间去剧院、电影院和音乐厅，大多数情况下不会是抱着受教育或学习的目的，而是为了丰富生活、放松身心；至于在观赏中受到教育或理解艺术，则是娱乐带来的成果，而不能因此否定娱乐的作用。所以我们说，娱乐是艺术的本质作用，其原因在于审美是要给人的感官以快感的。

容易引起困惑或争议的问题是娱乐的泛滥以及因为作品质量低劣而给“艺术”造成的伤害。毋庸置疑，当代社会的娱乐过度或“泛娱乐化”的现象是令人沮丧并担忧的，背后原因则是消费。当艺术作品被大面积、大幅度地用来消费时，其娱乐功能往往会发生变异，其艺术本性也很可能被消解，需要加以关注并警惕。现实中，艺术与娱乐的关系比较复杂。有的艺术形式若没有娱乐功能及消费群体，恐怕就无法生存或发展，比如电影“造价”高，需要市场和资本。有的艺术形式适当接近娱乐却并不失其艺术质量，比如古典音乐以通俗的方式去编配并演奏，就像詹姆斯·拉斯特和曼托瓦尼乐队的轻音乐以及克莱德曼的钢琴曲那样，还有帕瓦罗蒂与流行歌手同台演唱歌剧选曲和各国名歌，莎拉·布莱曼在美声和通俗之间自由转换等，既无伤大雅，又有益于观赏和普及，属于高雅的“艺术性”娱乐。但有些娱乐化的尝试却给人感觉是在给高雅艺术降格，类乎“恶搞”；更甚者如丑化英雄、歪曲历史以及各种丑态的低俗媚俗等。我们把娱乐当作艺术的本质

“歌王”帕瓦罗蒂

作用，应当不包括降格和恶搞，而是着眼它对人心的疏导、安慰和宣泄，以及丰富精神生活的功能。就此而言，一切艺术，无论高雅还是通俗，严肃还是流行，都具有相同或相通的指向。

五 欣赏和批评

这个话题以“批评”为主导，其中包含着“欣赏”和“评价”。

在文艺批评的实践当中，欣赏和评价是分不开的，就是说，在欣赏中有评价，在评价中有欣赏；欣赏是评价的基础，而评价是为了更好地欣赏。当然，如果把批评分成自发的和专门的，或者说是“读者（听众、观众)”的和“专家”的，那么欣赏和评价就得区别看待了。通常情况下，普通人对艺术作品多以欣赏为主，事后发表的感想及议论都只是随意的评价，属于“自发”的批评。而从事文艺批评和研究的专家们则往往抱着批评的目的去进行文艺欣赏，事后进行的批评活动也是经过缜密思考的，具有相当的理论性和思辨性，并且要诉诸文字或相应的语言表达（如文章、访谈或发言)，这种自觉的批评又被称为“职业的批评”。① 所谓的“艺术批评”或“文艺批评”，通常是指这类自觉的或职业的批评，其内部又包括文学批评、戏剧批评、音乐批评、美术批评、舞蹈批评以及批评理论研究等分支，在大学和研究机构设有学科专业，还有许许多多的“批评家”。我们在此把欣赏和评价合在一起，重点介绍两个问题：艺术作品的意义和艺术批评的方法。

（1）意义和意味。艺术作品的意义和其他“作品”的意义颇为不同。这种“不同”主要来自欣赏者把握意义的方法，具体表现在两个方面。其一，对艺术作品的欣赏不是一般的认识和理解，而是以直观和体验为主的心理活动。至少在欣赏的当下，欣赏者是省去了分析、判断等理性的认知，而沉醉于感受和感动之中的。所谓“意义”，是审美过程中难以明言的体验，不是条理分明的观念或思想。至于欣赏活动过后，欣赏者对艺术作品的“意义”加以反思和概括，并得出某种观念或思想，那已经是艺术欣赏之后或之外的事情了。正因为如此，有人认为艺术作品的意义与其说

① 〔法〕蒂博代：《六说文学批评》，赵坚译，三联书店，1989。

是“意义”，不如说是“意味”。理由在于，意义是由思考而来，意味是由直观而来；意义可以与形式分离，而意味不能与形式分离；意义是明晰的，而意味是浑融的；意义是理性的，而意味是情感的。中国古代文论谈诗和画的欣赏多用“味”字，而这个“味”字正能够表达出艺术欣赏的体验性、情感性和丰富性。

其二，对艺术作品的欣赏在很大程度上依赖于欣赏者的主动参与，具有很强的主观性；当然这种主观性是相对的，不能远离艺术作品设定的基本框架，故也可称为“客观的主观性”。之所以如此，原因在于对艺术作品的理解和解释是开放的，它能够也必须引起欣赏者的遐想。如果哪部艺术作品的意义是限定和单一的，恐怕就失去作为艺术的资格了。中国古代诗论里有所谓“诗无达诂”“意在言外”以及“言有尽而意无穷”等说法，西方现代诗论里也有“含混”“歧义”和“肌质”等观点（出自英美“新批评”），都表明诗歌的意义不可坐实，也不可穷尽，由此才能使读者产生极大兴趣，把它当作“艺术”看待。诗歌如此，其他艺术形式也是一样。好的艺术作品总能使人情动于中并浮想联翩，如果达不到这样的效果，要么是所欣赏的艺术作品缺乏艺术性或根本就不是艺术作品，要么是欣赏者缺少欣赏的素质或根本就没有进入欣赏的状态。总之，以艺术和艺术欣赏的本性而论，主体的参与及其与作品的互动是必不可少的。

事实上，欣赏者的主动参与及其由情感和想象得到的体验还不只是艺术欣赏的问题，更关系到艺术作品的本体。按照西方当代文论的一些观点，欣赏者的参与是艺术作品之所以成为“作品”的重要条件，若无这种参与，那么所谓的“艺术作品”就只是纯粹的“物”，其意味尚处于蛰伏或“空白”状态，并不具备“作品”的资格。只有经过欣赏者的观照、感受和解释，作为“物”的艺术作品才有条件成为“作品”。相关的理论，有接受美学认为艺术作品的意义产生于欣赏者的“期待视野”（姚斯），或“艺术极”（文本）和“审美极”（主体）的重合（伊泽尔）；解释学认为作品意义产生于解释者与“文本”之间的“视野融合”（伽达默尔）；现象学美学认为艺术作品只提供一个多层次的框架，里面有许多“未定点”，需要欣赏者用自己的生活经验和艺术经验去加以补足（英加登）等。最为激进的观点来自于后结构主义或“解构主义”，其代表人物、法国思想家雅克·德里达认为，语言的能指和所指永远都是分离的，能指总处于“飘移”之中，不能表达语言的意义。因此，任何语言都只是空洞的符号，其意义处于“延异”（延迟和变异）的状态，或者干脆说是没有意义。既然语言没有了意义，以语言为材料的文学作品又哪来的意义？在另一位解构主义代表人物、法国批评家罗兰·巴尔特看来，这种“无意义”恰恰是文学阅读的意义所在。作品语言越是空洞，就给阅读留下越大的想象空间。因此，最好的文学作品就是现代派或后现代派文学中那些晦涩难懂甚至不知所云的作品。正因为晦涩难懂，读者就索性不必弄懂；正因为不知所云，读者就可自己做主，凭一己之力天马行空、恣意想象，最终“读”出一部新的作品来。巴尔特进而又把文学作品分成两类，一类是“可读的文学”，如传统小说；另一类是“可写的文学”，如现代派小说。两相比较，后者更能代表文学发展的方向，因为按照解构主义观点，文学作品本无意义，其意义根本就是欣赏者的创造。文学如此，其他艺术又怎能例外呢？读者、观众或听众的体验就是意义，除此之外，别无意义，也别无作品。

巴尔特的观点固然过于偏激，不太容易让人接受，但西方现代文论从欣赏者对作品的参与（包括体验、解释和补充等）去看待艺术作品的意义，却是有相当道理的，或者说是较为深刻地触及了艺术的本性。毕竟艺术作品对应的是人的情感，如果不能唤起体验、愉悦和想象，还有什么意义呢？反过来看，如果欣赏者没有介入或介入了而没有感觉，艺术作品又在哪里呢？如我们看唐代诗人王之涣的《登鹳雀楼》：

白日依山尽，
黄河入海流。
欲穷千里目，
更上一层楼。

假如我们控制住自己的情感和想象，而只是简单地念文字（就像幼儿园小孩诵诗一样），眼前所见还是诗吗？恐怕不过是文字而已。要使这几段文字成“诗”，就必须有我们自己的情感和想象的参与。比如“白日”二字要在脑海里形成太阳的意象，要与“山”一同构成图景，还要像电影镜头那样移动起来，进而唤起内心依依不舍的留恋。如此等等，只有当

“我”与“作品”融为一体并相互往还，才会产生出意义或意味，而且这意义或意味可以因时、因地、因人而无限生发。这才是艺术作品的“意义”，和普通事物的意义显然有很大不同。从这一点看，艺术作品的意义既是客观存在的，也是“创造”出来的。正因为如此，艺术欣赏就有了特别重要的意义：它不仅是一种享受，更关系到艺术作品的本体。

（2）观点和方法。前面说过文艺批评可以分为自发的和职业的，这里主要就后者做些介绍。虽说普通人只需进行艺术欣赏而无须成为批评家，但了解艺术批评的观点和方法，会有助于提高艺术欣赏的质量，进而也有助于人文素养的提高。有关内容大致分这样几个方面。

①关于批评的性质。历史上多数批评家认为，艺术批评和艺术创作是性质不同的两项工作，后者是以情感和想象为能事（或称为“形象思维”）并呈现为艺术作品的创作活动，而前者是以分析和判断为主要手段并呈现为论说文字的理性思维。二者的差别正如 19 世纪俄国批评家别林斯基所说：“艺术家和文学家是用自己的作品直觉地表达其对艺术和文学的理解；批评家则是借助于思想，自觉地表达其对艺术和文学的理解。”[①] 亦如美国当代文学理论家韦勒克所说：“批评家不是艺术家，批评不是艺术（在近代严格意义上的艺术）。批评的目的是理智上的认知，它并不象音乐或诗歌那样创造一个虚构的世界。批评是理性的认识，或以这样的认识为目的。”[②] 但也有人持不同的看法，认为批评与创作并没有根本差异，至少优秀的艺术批评就应当是艺术创作，如 19 世纪德国浪漫派诗人和批评家弗·施勒格尔说：“诗只能通过诗来批评。”[③] 爱尔兰作家王尔德说：“评论本身就是一种艺术。”[④] 法国象征主义诗人波德莱尔说：“最好的批评是那

---

① 〔俄〕别林斯基：《关于批评的讲话》，满涛译，《别林斯基选集》第三卷，上海译文出版社，1980，第 599 页。

② 〔美〕韦勒克：《文学理论、文学批评和文学史》，丁泓、余徵译，载《批评的诸种概念》，四川文艺出版社，1988，第 11 页。

③ 〔德〕弗·施勒格尔：《批评片断集》，载《浪漫派风格——施勒格尔批评文集》，李伯杰译，华夏出版社，2005，第 58 页。

④ 〔爱尔兰〕王尔德：《评论家也是艺术家》，载《英国作家论文学》，汪培基译，三联书店，1985，第 259 页。

种既有趣又有诗意的批评……对于一幅画的评述不妨是一首十四行诗或一首哀歌。"[1] 批评史上还有不少类似的观点。从发展到今天的艺术批评来看，其与艺术创作的分野是显而易见的，但这并不排除历史上以至于当今文艺批评里有相当一部分具有很高的"艺术性"—实际上是"文学性"—或者几乎等同于创作，比如有的批评文字写得才华横溢且珠圆玉润，完全可以当作散文来读；有的批评就是用诗写成，与"创作"融于一体。尽管如此，就总体和属性而言，艺术批评仍是理性思维活动，属于理性的认识和判断，或如普希金所说："批评是一门科学。"[2] 这是艺术批评的基本性质。

②关于批评的对象。宽泛地说，所有的艺术现象都能够成为艺术批评的对象，但在严格意义上，艺术批评对象主要是针对艺术家和艺术作品。更加严格的艺术批评是把作家也排除在外而只针对作品或"文本"，这是为了避免艺术家本人的态度误导了艺术批评（如英美"新批评"所谓"意图谬误"）。中国传统的艺术批评主张"知人论世"，因此"论文"和"论人"往往交织在一起，艺术家的身世、才情以及品格也往往成为批评的对象。这样做对艺术批评既有益也有损。益处在于可以加深对艺术作品的了解，"损"处则在于可能影响对作品思想和艺术价值的判断，毕竟艺术创作中的"人"和"文"很难天衣无缝，其分离甚至背离之处在所难免，故而在批评中不应等量齐观，也不宜因人废文。除艺术家和艺术作品之外，其他的艺术现象，比如思潮、流派以及观念和方法等，都可能成为艺术批评的对象，但仍须围绕着对艺术家和艺术作品的评价进行，否则就会进入艺术理论或艺术史的领域。事实上，艺术批评和艺术理论及艺术史多有重合与交叉的地方，比如艺术理论的一些重要观点就是在艺术批评的基础上提炼出来的，而艺术史的撰写往往也包含了对艺术家和艺术作品的评价。大体上看，艺术批评比艺术理论及艺术史更讲究"当下"和时效（否则就

---

① 〔法〕波德莱尔：《一八四六年的沙龙》，载《波德莱尔美学论文选》，郭宏安译，人民文学出版社，1987，第216页。

② 〔俄〕普希金：《普希金论文学》，张铁夫、黄弗同译，漓江出版社，1983，第150页。

成了“研究”），更注重感悟和评价（不能成为“考证”），且篇幅不能太长（不同于“论著”）。

③关于批评的样式。最普通和常见的批评样式就是文章，但历史上也出现过一些“非常规”的批评样式，这些样式是批评园地里的别样风景，也曾发挥过特殊的功效。

对话。在西方，柏拉图的对话里就有关于艺术的话题，或许可以看作是最早的“对话体”批评。中国古代的《论语》就是对话体，其中关于艺术的言论亦可如是而观。小说中也有以人物对话的方式谈文论艺，其口吻和风格与“对话体”艺术批评如出一辙，如《红楼梦》里林黛玉教香菱学诗时二人的对白中就有精彩的诗歌评论。

书信。古时候交通不便，“相见时难”，批评家用书信交流对艺术的看法也是常事，这就出现了书信体的艺术批评。中国古代文论里这种样式的批评文献很多，有的成为文学和艺术批评的名篇，如曹丕的《与吴质书》、曹植的《与杨德祖书》、陆云的《与兄平原书》、白居易的《与元九书》、韩愈的《答李翊书》等。西方文论里19世纪法国小说家乔治·桑和福楼拜的书信往还也是著名的书信体批评。书信的体式略同于文章，但因为是私密的交流，较之正式文章更加随意和真切，这也是书信批评成为一体的重要原因。

诗赋。以诗歌形式进行文艺批评，古今中外都寻常可见。西方文论里贺拉斯的《诗艺》、布瓦洛的《诗的艺术》以及蒲柏的《论批评》都是以诗体写成的，19世纪唯美主义和象征主义诗人经常以诗歌论艺，著名的如戈蒂叶的《艺术》和兰波的《元音》。中国古代文论里以诗歌谈艺术的篇什数量众多，仅“论诗诗”而言，就数以万计。近人钱钟联先生编有《万首论诗绝句》，尚只限于“论诗”的“绝句”，若加上论书、论画及论乐的各体诗作，更是浩如烟海；当然，如此众多的以诗论艺的作品未必都有很高水平。以诗论为例，其中最为人传颂的有李白《古风》里的一些篇章（如“大雅久不作”）、杜甫《戏为六绝句》以及元好问的《论诗三十首》等。诗歌之外还有赋体的批评，最著名和最优秀的当属陆机的《文赋》。

评点。这是中国古代小说理论批评特有的样式，据称是受到时文也就是“八股文”的影响。古代青年士子为了科举，要研习“八股文”，书商为了牟利，就请人编纂八股文选，并由专家圈点，示以精髓。把这种方法用于小说刻印，就成了小说评点。具体做法是在书页的空白及行间增添批评性文字，再加上每回的回评或总评，就成了对一部小说的分析和评价。著名的“评点家”有明代的李贽和叶昼（评点《水浒传》），清代的金圣叹（评点《水浒传》）、张竹坡（评点《金瓶梅》）、毛宗岗父子（评点《三国演义》）、脂砚斋（评点《红楼梦》）等。

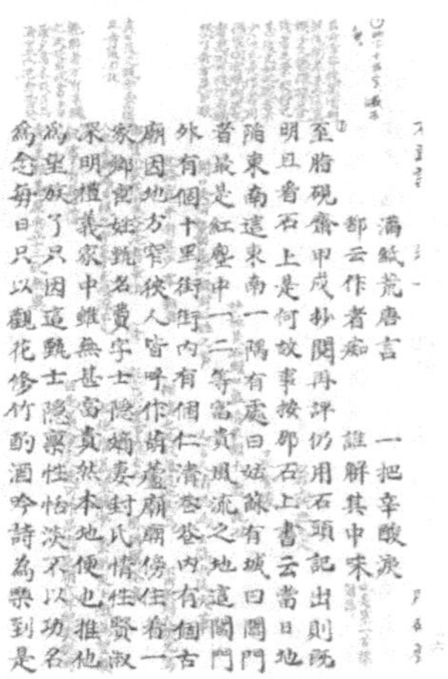

脂砚斋评点《石头记》（《红楼梦》）

艺术批评的样式若再细分，还有如语录、随笔、序跋等，但都是文章的变体，可一并而观。在当今网络时代，许多艺术批评文章不再依赖于传统的刊物或书籍，而以微博、公众号及微信朋友圈的方式传播，图文并茂且能引起公众讨论，使批评的时效性和互动性大幅增强。这虽是载体的更新，却直接影响到批评的功能，应当引起人们的关注。

④关于批评标准。此所谓“标准”，是指艺术批评所应当遵循的标准。每个从事艺术批评的人都会有自己的标准，不然其批评就没有依据，也没有底气。这个标准可以是外在的，也可以是内在的。所谓“外在”，是说艺术批评的标准通常与一定历史时期的社会和政治相关联，并受哲学、伦理、宗教、文化等多种因素制约。所谓“内在”，是说艺术批评的主体是人，而每个人都有他独特的个性、体验和观念，并由此形成他特有的趣味和准则。从事艺术批评的人有时偏重外在标准，有时偏重内在标准，有时则二者结合，都属正常。关键是要有相对正确的标准，并根据标准做出符合实际的评价。无论“外在”还是“内在”，艺术批评首先当有称其为艺术批评的标准，而这个“标准”也可以说是“底线”，或者说是批评家的自律和职业道德。批评是一件严肃而高尚的事情，应当拒绝媚俗和粗鄙，不能成为谄媚或谩骂的工具，也就是鲁迅所说的“捧杀”和“骂杀”，原话是：“其实所谓捧与骂者，不过是将称赞与攻击，换了两个不好看的字眼。指英雄为英雄，说娼妇为娼妇，表面是虽像捧与骂，实则说得刚刚合适，不能责备批评家的。批评家的错处，是在乱骂与乱捧，例如说

英雄是娼妇，举娼妇为英雄。”[①] 此类批评严格地讲不能算作艺术批评，充其量只是“祝词”（“捧杀”）和“檄文”（“骂杀”）。这两种情形在过去和现在的艺术批评里都能看到，尤以“捧杀”为多。最常见的是一部作品问世后，照例要开一个会或组一批文，请业内人士及“批评家”发表高见，而所发表的“高见”不外乎颂扬和“鼓励”之辞。由此而产生的“批评”究竟是出于情谊还是利益？其中有多少严肃批评？都很难说。总归不是艺术批评的正道，须加以防范。

⑤关于批评方法。批评方法的确立是艺术批评走向自觉和成熟的标志。应当说，只要从事艺术批评，就会运用特定的方法。这些方法可能是自觉的，也可能是不自觉的；可能是显见的，也可能是隐含的。大体上，传统的艺术批评通常不会特别标明使用了某种方法，其方法的运用是自然而然且服务于批评的目的。然而也有伴随批评而树立方法的，比如恩格斯在批评拉萨尔的《济金根》时就表明以“美学的观点和历史的观点”作为最高标准，这实际上可以理解为美学的方法和历史的方法，是后来“社会－历史批评方法”的先导。近代以来，随着艺术观念的更新以及人文社会科学的进展，艺术批评出现了各种流派及方法，其中既有从艺术批评内部生成的，也有受其他人文社会科学影响而生成的。如“形式主义”批评方法是艺术观念革新的结果，而“结构主义”及“解构主义”批评、“精神分析”批评、“神话－原型”批评等则明显是借鉴了语言学、心理学、人类学和神话学的理论。此外，还有的批评方法与社会思潮关系密切，如“女性主义”批评、“后殖民主义”批评等。这些现代批评方法的出现极大地推动了艺术批评的发展，同时也拓展了批评的疆界，强化了批评的功能。如今的艺术批评并非完全附着于艺术，而有一定的相对独立的价值意义。比如艺术批评里所表达的观念上升到思想的高度，就超越了艺术批评本身；又比如艺术批评建立起自己的体系并成为专门的学科，不仅具有实际和应用的意义，而且具有了理论和学问的价值。所有这些都在相当程度上得益于批评方法的成立。也正因为如此，人们了解艺术批评不单是为了理解艺术，更可以丰富自己的思想并提高自身的人文素养。

---

① 鲁迅：《骂杀与捧杀》，载《鲁迅全集》第五卷，人民文学出版社，1981，第585页。

六 结语：艺术何处去

“现代艺术“博物馆：法国蓬皮杜艺术中心

关于艺术，可以探讨的还有很多；在“艺术概论”或“艺术原理”的课程或教材里，也都有系统而全面的论述，我们这里只是择其要点，略说一二。将艺术理论作为专门的研究对象还是作为提高人文素养的知识，是完全不同的两件事情，我们选取的是后者。即便如此，说完这些要点或主要问题后，人们仍然会产生这样的疑惑：艺术究竟是什么？说实话，这个问题不仅历史上没人能说得清，就是今天也没有人能够或者敢于给出一个一劳永逸的定义。除了艺术本身的复杂性外，更重要的原因是艺术还在不断地随着人类社会的变化以及科技的进步而发展，未来的艺术会演变成何种形态？现在去断定或推测都还为是过早。就以计算机技术而论，它对美术、音乐、电影等艺术形式的深刻影响已经有目共睹，今后它对其他艺术形式的作用肯定会日益显著，催生新的艺术形式也是时间早晚的事情。这一切都使我们对艺术的未来充满期待，当然也就不会贸然地对它作做界定。因此，艺术仍是一个永远难以猜破的谜，是展现无限可能的精神家园，我们只要对它保持兴趣并经常用它来滋养自己的灵魂就好。如果非要做个了断，说说艺术到底是什么，那就不妨用个权宜的办法，借助美国当代艺术理论家乔治·迪基的“惯例”说。这指的是，任何一个人工制品，如果在一个特殊时代为多数人共同承认为艺术，那么它就是艺术；而且，随着惯例的发展，艺术的范围也会变化，当然，还是得有人去为“艺术”进行“指认”：“某物之所以能成其为艺术作品，就因为有人说：‘我把这件东西命名为艺术作品。’”① 但是，“惯例”又是什么？

① 朱狄：《当代西方艺术哲学》，武汉大学出版社，2007，第102页。

谁又有指认和命名权呢？是“艺术家”本人（这是个“悖论”）？理论家？还是官方或非官方的权威？稍一细想，这问题就变得复杂而且诡异起来。据说时下西方掌控“当代艺术”生杀大权的是所谓的“三M党”，即“市场”“博物馆”和“媒体”。[①] 此三“党”不但握有“当代艺术”的命名权，还掌控着“当代艺术”的定价权，并且二者是相互关联的：如果没有命名，也就没有价格；如果没有价格，也就没有成为“艺术”的意义。这样一来，“艺术”与否及其价值高下又要受权力和资本的操纵。这样的“惯例”也许并不是大多数人所期待的。在当今中国，一些所谓的“艺术”事实上已经让人感觉是走火入魔了，称之为“骗术”也许过分，但视为“装洋”却并非贬低。因为许多中国艺术家搞的那一套都是西方艺术家玩剩下的，或者中国艺术家在国内玩不转后，转而到海外去糊弄人。还是回到先前的判断，暂且将这类“先锋”或“前卫”的“艺术”看作是“后艺术”或“类艺术”，至于它们将来能否被“正名”为艺术，要留待历史去评判。况且，所谓“当代艺术”也只代表艺术的一种走向。作为“总体”的艺术，还是在各种力量之间保持着均衡，在传统的基础上创新，在经典的参照下突破；它的未来一定是艺术，而不是“后艺术”“类艺术”或“反艺术”。

拓展阅读

杨柄编《马克思恩格斯论文艺和美学》，文化艺术出版社，1982。

王岳川：《艺术本体论》，上海三联书店，1994。

〔美〕F. 大卫·马丁、李·A. 雅各布斯：《艺术导论》，包慧怡、黄少婷译，上海社会科学院出版社，2011。

〔美〕帕特里克·弗兰克：《艺术形式》，俞鹰、张妗娣译，中国人民大学出版社，2016。

〔美〕大卫·戈德布拉特、李·B. 布朗：《艺术哲学读本》，牛宏宝等译，中国人民大学出版社，2016。

---

① 河清：《“当代艺术”：世纪骗术》，上海古籍出版社，2016，第六章。

第九章　艺术（下）

这一章，说说各类艺术的基本特征，先要交代几个问题。

一是分类问题，也就是划分各类艺术的原则。许多教科书里都讲述得很细，也标明了多种“原则”，如物质形态、存在方式、审美意识等；在大原则下还有小原则，如时空、动静、视听、综合以及再现与表现等，情况比较复杂，头绪也比较繁多。我们在这里删繁就简，绕过种种理论上的辨析，直接采用约定俗成的分类，如戏剧、音乐、舞蹈、绘画、书法、雕塑、建筑等；电影因其技术和商业的特殊性、文学则因其作为语言艺术的特殊性，另当别论。

二是特征问题，也就是说，我们谈论各类艺术的“特征”，通常包含两个意思，一个是“体类特征”，一个是“审美特征”。“体类特征”只表明某种艺术“是”什么，而“审美特征”除了表明“是”什么，还要指出“好不好”，这就意味着前者只作形态区分，而后者还要作价值判断。我们在这里讲艺术种类的基本特征，主要立足于前者，是为了认清各类艺术的面貌和状况。当然，“体类”和“审美”的特征有时交织在一起，并不容易分开，那就一并而论了。

三是“衍生”问题，有的艺术种类是通过两类甚至多类艺术的融合而衍生出来的，如音乐和戏剧结合而衍生出歌剧，音乐与舞蹈结合而衍生出歌舞剧（音乐剧）等。当代中国有所谓的“大型音乐舞蹈史诗”，就是综合各类艺术而成，虽然这种艺术形式未必成为新的“种类”，却无疑促进了各个艺术种类的结合，对当今艺术创作和表演的形式产生了很大影响。除此之外，还有一种情况，那就是“当代艺术”致力于打破各类艺术界限，如所谓的“观念艺术”“装置艺术”“行为艺术”等，很难在传统的艺术种类里对号入座。如前所述，这种状况已经超出了现有的艺术概念，是所谓的“后艺术”

“类艺术”或“反艺术”。这方面情况，我们知道即可，不必深究。

四是主要特征和次要特征问题。在各类艺术中，有好几种都具有“综合”的特征，如戏剧、舞蹈和电影就包含了文学、美术（设计）、音乐和雕塑的因素，或者说是由这些艺术结合而成；就连建筑也往往包含了雕塑、绘画和音乐。这些“综合”的因素若展开讨论，会过于繁复，对此宜抓大放小，把握各类艺术主要的或本质的特征，比如戏剧的主要特征是表演和导演，舞蹈的主要特征是动作和队形，由此了解各类艺术的重点。

一　戏剧

戏剧有广、狭两层含义。广义的“戏剧”泛指世界上所有的戏剧，包括西方的话剧、歌剧，中国的戏曲，日本的能乐，印度的梵剧，以及世界各国各民族的戏剧表演形式；而狭义的戏剧通常专指话剧。这里只介绍话剧和中国戏曲的一些基本情况。

（1）话剧。话剧的前身是古希腊悲剧，经过古希腊罗马、文艺复兴、启蒙运动，以至于古典主义、浪漫主义和现实主义运动，再到20世纪各种流派，发展成为西方舞台艺术中最重要的一种，在文学创作和戏剧舞台表演两方面都取得了很高的成就。

戏剧的最基本要素是特定情境中的表演，具体表现为对话和行动。对一出完整的戏（剧）而言，行动和对话构成了情节及其冲突，这种冲突也被称为“戏剧性”，是戏剧艺术的本质和主要特征。在不同类型或风格的戏剧中，“戏剧性”的表现有所不同，因此，剧作家和理论家对它的理解和界定也不尽一致。日本戏剧理论家河竹登志夫曾下过一个定义：

> 所谓戏剧性，即是日常生活之中包含着某些本质矛盾的人与他者潜在的对立关系，随时间的流逝在现实人生里逐渐呈现视听觉上的表面化，并在强烈的紧张感中到达偏向其中某一方面的结局，这中间的一系列过程。①

---

① 〔日〕河竹登志夫：《戏剧概论》，陈秋峰、杨国华译，四川人民出版社，2018，第63页。

这个定义虽然有些拗口，却是着眼于“人”的冲突，能够揭示戏剧艺术的实质。

话剧必须经过演出才能成为真正意义上的戏剧。这需要具备两个条件。一是观众。没有观众的表演只能说是排练或彩排，而不是演出。二是距离，也即观众必须与舞台上的表演保持相当的心理距离，把所演之戏当作真实发生的事件，才能说是观看戏剧，这也就是所谓的“第四堵墙”。没有这“第四堵墙”，戏剧就无法与现实区分开来。当然，也有戏剧表演有意打破“第四堵墙”，在演出过程中和观众互动，但只是创新手法，不是传统戏剧的典型特征。

话剧《茶馆》(1958 年首演)

传统话剧具有较强的规范性，这个规范定型于文艺复兴时期的戏剧创作，到 17 世纪古典主义戏剧发展为“三一律”（即时间、地点和人物行动的一致），更趋于严格。话剧在结构上一般分为 4 幕（或有一序幕），每幕之中又可分为若干场景。这种状况到布莱希特的表现主义戏剧问世后发生了很大的改观。布莱希特的戏剧打破了情节的完整性及对生活模仿的真实性，以自由、松散的场景反映生活的各个侧面及其矛盾。同时，用歌唱、道白以及演员跳出人物而直接向观众说话等方式疏离观众与表演的关系，从而推倒“第四堵墙”，让观众清醒意识到是在“看戏”。

话剧最核心的要素是演员及其表演，如斯坦尼斯拉夫斯基所说：“舞台上唯一的君王与统治者是有才能的演员。”① “在舞台上，表演是必要的，无论外表的或内心的表演。”② 尽管戏剧可以是对生活的模仿（像亚里士多

① 〔苏〕斯坦尼斯拉夫斯基：《我的艺术生活》，瞿白音译，上海译文出版社，1984，第 507 页。

② 〔苏〕史旦尼斯拉夫斯基：《演员的自我修养》，郑君里、章泯译，三联书店，2012，第 81 页。

德说的那样），但演员的表演绝不能是单纯的模仿，而一定是对生活的艺术化表现。这就要求演员具有较强的戏剧表演能力，声音和动作也一定是经过严格的训练并根据剧情而加以发挥。有人称为“典型化”，也有人称之为“延长”，无论何谓，都须具有相当的表现力，并给观众带来审美的享受。在这方面，话剧表演和影视表演很不一样，它不能够中断，也绝不允许有所谓的“替身”或“后期录制”。正因如此，对话剧演员的要求会比影视演员更高，而不少优秀的影视演员都具有相当深厚的舞台表演基本功或者就是从戏剧舞台走上影视屏幕的，如大名鼎鼎的劳伦斯·奥利弗、卓别林、费雯丽，还有北京人民艺术剧院的一批著名表演艺术家于是之、蓝天野、郑榕、英若诚、黄宗江、朱琳、郑振瑶等，都是因为深厚的话剧表演功底而在影视作品中大放异彩。

斯坦尼斯拉夫斯基

导演也很重要。早先的戏剧内容和形式都较为简单，因而不需要专职的导演。随着戏剧情节的复杂、角色的增多以及各种辅助手段（舞台设计和音乐等）的运用，导演逐渐成为不可或缺的因素并对戏剧表演的总体效果起着决定性作用。在西方戏剧史上，导演起初是由演员尤其是那些“大演员”担当的，直到19世纪，“等到自然主义的问世，尤其是到乔治二世梅宁根公爵、安托万和斯坦尼斯拉夫斯基，才使导演的作用被列为一门学科，成为一门独立的艺术”[①]。一部剧作从文案到舞台，要靠导演充分酝酿并调动各种手法进行创造性转换。水平不同的导演会导致舞台呈现的水平有高低之分，而个性不同的导演会创造出不同的舞台艺术风格。前者如契诃夫的《海鸥》，初演失败，后经斯坦尼斯拉夫斯基导演再度上演而大获成功；后者如老舍的名剧《茶馆》，20世纪50年代由焦菊隐导演的版本和90年代后由林兆华导演的版本就体现出不同的风格。中国现当代著名

① 〔法〕帕特里斯·帕维斯：《戏剧艺术辞典》，宫宝荣、傅秋敏译，上海书店出版社，2014，第203页。

导演有焦菊隐、黄佐临、石挥、郑君里、欧阳山尊、林兆华、赖声川、孟京辉等，对中国话剧影响较大的外国导演主要是斯坦尼斯拉夫斯基和布莱希特。

戏剧演出需要一个特定的场所，通常是剧场。剧场由舞台和观众席构成。舞台在演出时具备布景、道具、灯光、音响等。剧场有“大”“小”之分，而“大”“小”之分的意义不完全在场地和空间，还在于功能。比如，小剧场就往往上演先锋或实验的作品，因而使“小剧场戏剧”也有了特殊的含义。正是因为场地的限制，话剧的观众通常不会太多，而且真正意义上的话剧也不宜于通过媒体传播，而只有在现场观看才能体会其艺术精髓。这就给话剧的发展带来一些困难，尤其是近代以来电影以及其他一些“通俗艺术”的迅速扩张，更是夺走了大量的话剧观众。因此，当代的话剧观众往往是知识水平和艺术修养较高的“小众”，而话剧也由此仍是至今保持着“高雅艺术”品位的艺术形式之一。

中国观众较为熟悉国外话剧并经常在国内舞台上演的有莎士比亚的《哈姆雷特》及其悲剧和喜剧作品、莫里哀的《伪君子》及其喜剧作品、易卜生的《玩偶之家》及其社会剧、果戈理的《钦差大臣》、迪伦马特的《老妇还乡》、契诃夫的《樱桃园》、梅特林克的《青鸟》、布莱希特的《高加索灰阑记》、尤金·奥尼尔的《毛猿》、阿瑟·米勒的《推销员之死》，以及荒诞派作品《秃头歌女》《等待戈多》等。最受观众喜爱的国内话剧当属《雷雨》和《茶馆》，且以“人艺”的版本最为经典。

（2）戏曲。通常我们用“戏曲”一词专指中国戏曲，在古代是从先秦的“俳优”，到汉代“百戏”、唐代“参军戏”、宋金“院本”、元代杂剧直至明清“传奇”（与唐代小说“传奇”是两回事）；近现代则是昆曲、京剧以及各种地方戏，而以京剧为代表。各种地方戏里影响最大的是越剧、黄梅戏、评剧和豫剧，它们与京剧并称为中国戏曲五大剧种。

中国戏曲虽然跟话剧同称为“戏剧”，但二者的形态和功能却有很大差别。中国戏曲的主导因素是音乐，也就是各种唱段或唱腔。京剧的英译名为 Chinese oprea 或 Beijing oprea 就表明它像西方的歌剧，是以“歌”为主，虽然这种“歌”与西方歌剧里的咏叹调差别很大。中国人看戏，很大程度上是“听”戏，甚至可以闭着眼睛、摇头晃脑地跟着台上演员哼唱。

梅兰芳表演京剧《贵妃醉酒》

音乐之外，其次是文学，也就是戏曲里的唱词，都是精美的诗句。再次是表演，是一种特殊风韵的舞蹈（中国古典舞就是由戏曲的“身段”发展而来，核心部分就叫“身韵”）；表演中的“武戏”吸收了中国传统武术的动作，有些高难度的技巧则类似杂技。这样看来，中国戏曲就是一种和话剧大异其趣的戏剧形式。尽管它也有“戏”，但“戏”的焦点和精华在于歌、诗、舞，而不在故事情节，甚至对话都成为歌和诗的辅助元素。中国戏曲里的对白叫作“念白”或“韵白”，是一种抑扬顿挫的吟咏，性质介乎歌与诗之间。真正懂戏的人会将一出戏看上很多遍甚至无数遍，故事人物早已烂熟于心，所着迷的是演员的“唱、念、做、打”，也就是唱腔、念白、做功和武打。这与看话剧为情节和人物所吸引是很不一样的，梅兰芳先生曾概括了京剧的特点：

> 它是一种比较突出的综合性的戏曲艺术。它不仅是一般地综合了音乐、舞蹈、美术、文学等因素的戏剧形式，而且是把歌唱、舞蹈、诗文、念白、武打、音乐伴奏以及人物造型（如扮相、穿着等）、砌末道具等紧密地、巧妙地综合在一起的特殊的戏剧形式。这种综合性的特点主要是通过演员体现出来的，因此京剧舞台艺术中以演员为中心的特点，更加突出。[①]

李泽厚先生从美学的角度总结说：

> 这是一种经过高度提炼的美的精华。千锤百炼的唱腔设计，一举手一投足的舞蹈化的程式动作，雕塑性的亮相，象征性、示意性的环

---

① 梅兰芳：《中国京剧的表演艺术》,《梅兰芳文集》，中国戏剧出版社，1962，第14页。

境布置，异常简洁明了的情节交代，高度选择的戏剧冲突（经常是能激起巨大心理反响的伦理冲突），使内容和形式交融无间，而特别突出积淀了内容要求的形式美。[①]

这里特别值得注意的是京剧表演的程式化和虚拟性。

程式化就是形式化，是对戏曲表演形式加以集中和提炼，并形成体现“美的精华”的程式。程式一经形成，就有相当的规范性和约束力，无论什么人，只要演同一出戏，就都得遵守既定的程式。这种程式首先体现在角色上，就是说，中国戏曲里的角色都有固定的身份和扮相，是所谓“行当”，主要是生、旦、净、末、丑。其次体现在唱腔上，即每段唱词都有固定的唱腔，而每个戏种里唱腔也是既定的，编剧时根据剧情需要选用即可。再次是体现在动作上，即演员表演的动作都是事先设计好的，表现生活中的动作时选用规定的动作程式就行，比如关门、推窗、上马、登舟、上楼等，都是用程式化的动作去表现。最后体现在形象的装扮上，演员都是根据所担任的角色化装，要突出的是角色的类型而不是个性，最典型的是“脸谱”，主要用于净和丑的角色，看上去就是一副经过夸张的装饰性面具。

盖叫天表演京剧《武松》（剧照）

虚拟性和程式化是相关联的，主要体现在戏曲表演的动作上，比如前面说到的关门、推窗、上马、登舟、上楼等，舞台上通常并没有实景，完全要靠演员的动作让人感到这些实景的存在。此外，虚拟性还体现在舞台调度上，就是通过人物的动作及运动去打破时空的限制，如所谓的“三五步行遍天下，六七人百万雄兵”“顷刻间千秋事业，方丈地万里江山”“眨眼间数年光阴，寸柱香千秋万代”。最典型的是戏曲舞台上表现

① 李泽厚：《美的历程》，文物出版社，1981，第 192 页。

的战争场面，统共就十几个人，或手持令旗走台步，或轮流上场表演武打，给人的感觉却是千军万马、排山倒海。这是中国戏曲特有的以虚写实，以小见大。

常香玉表演豫剧《花木兰》（剧照）

中国戏曲的程式化和虚拟性特征既缘于演出的需要，也是审美意识的积淀。从演出实际看，自古以来直到建国初期的戏曲表演都是以戏班为单位，因流动性较大，故而场地和装置条件都比较简陋，这就需要用动作及调度来拓展空间，其表演宜于虚拟而不宜于实写。又因为演出多在室外，白天采光是看老天脸色，夜晚只有简单的“照明设备”，故而动作要适度夸张并定型，以便让观众看得清楚。从审美意识看，戏曲表演的一招一式都要经过演出实践的检验。观众喜欢的，便强化并固定下来；观众不喜欢的，就去修改或替换，一来二去，保留下来的唱腔和动作就逐渐成为规范并代代相传，而一个好的演员只要掌握了基本的程式，就能用来演许多出戏。

中国戏曲以其特殊的形态及审美特征在世界戏剧之林独树一帜，但它在国外的价值却是到了20世纪中期西方表现主义戏剧兴起后才为人所重。一个重要的机缘是布莱希特在莫斯科看了梅兰芳的演出后大加赞赏，认为中国京剧艺术的表现手法与他的“间离”和“陌生化”的艺术观念不谋而合。为此，他特意撰文评价：

> 中国古典戏曲也是很懂得这种陌生化手法的，它很巧妙地运用这种手法。人们知道，中国古典戏曲大量使用象征手法。一位将军在肩膀上插着几面小旗，小旗多少象征他率领多少军队。穷人的服装也是绸缎做的，但它却由各种不同颜色的大小绸块缝制而成，这些不规则的布块意味着补钉。各种性格通过一定的脸谱简单地勾画出来。双手的一定操作表演用力打开一扇门等等。舞台在表演过程中保持原样不

> 变，但在表演的同时却把道具搬进来。所有这些久已闻名于世，然而几乎是无法照搬的。①

这位西方戏剧家和理论家用陌生和欣喜的眼光看中国古典戏曲，直感和判断都是正确的。确如所说，中国戏曲的基本特征正可以用“陌生化”去概括。

徐玉兰、王文娟表演越剧《红楼梦》（剧照）

近代以来，中国传统戏曲不断创新发展，人才和作品都颇有可观。京剧名角最著名的是“四大名旦”，即梅兰芳、张君秋、尚小云和荀慧生，须生有周信芳，武生有盖叫天；经典剧目则有《宇宙锋》《玉堂春》《长坂坡》《群英会》《打渔杀家》《打金枝》《拾玉镯》《秦香莲》《野猪林》《空城计》《霸王别姬》等。其他剧种中，新凤霞主演的评剧《刘巧儿》，常香玉主演的豫剧《花木兰》，严凤英主演的黄梅戏《天仙配》，徐玉兰和王文娟主演的越剧《红楼梦》，都深受广大人民群众喜爱，也都被搬上了银幕，成为“舞台艺术片”。然而不可否认的是，传统戏曲在当代社会正面临困境甚至可以说是危机。一个眼见的事实是，年轻一代愿意并能够“看戏”或“听戏”的人少得可怜。城市青年自不必论，各种文艺和娱乐形式极大地挤压了戏曲的空间；即便是乡村，随着大批青壮年进城务工，戏曲的市场也日渐萎缩。在人们如今的印象里，作为国粹的京剧更多的是顶着“非物质遗产”的名头，而真正能够欣赏并喜爱的人与日俱“减”。因此，如何振兴古老的戏曲艺术是摆在艺术家、理论家以及广大人民群众面前的一个很大很难的课题。

---

① 〔德〕布莱希特：《中国戏剧表演艺术中的陌生化效果》，载汪流等编《艺术特征论》，文化艺术出版社，1984，第567页。

二　音乐

音乐是声音的艺术，但不是任何声音都可以成为音乐。自然界和人类生活里有许多好听的声音，比如流水潺潺、鸟鸣啾啾，我们常比作音乐，甚至说比音乐还好听，但那毕竟不是音乐，因为它们缺少了“艺术”，而“艺术”一定是人为的“技艺”（“艺术”的本义体是“技艺”）。所以，音乐成为艺术是人的制作或创作。

那么，用人为的手段制造或创造的声音怎样才算是声音艺术呢？最基本的判断标准有两个——旋律和节奏。旋律也称“曲调”，是将不同的声音按一定秩序和规律横向地组织起来，而节奏是组织起来的声音所具有的长短和强弱。当一段持续的声音具有高低起伏的运动，并且其各个部分又有长短强弱的对比时，就可以看作是声音的艺术，也就是音乐了。

有了旋律和节奏就能创作出最基本的音乐。我猜想，原始的民歌就是先民们自然而然地哼唱出的带有节奏感的旋律。今天，我们普通人判别音乐的与否，大体也是根据旋律和节奏的有无，也就是说，人人都能够辨识出这两个要素。当然，音乐的要素并不只有旋律和节奏。如果要了解音乐的层次感和丰富性，至少还要知道和声与音色。一段旋律可以单独地呈现，也可以加上并行的（纵向的）音响，当它们同时发出和谐的声音时，就有了和声。任何音乐发出的声音都与发出声音的“材质”有关，由不同材质发出给人以不同感受的音响，就形成了所谓的“音色”。比如人发出的声音和乐器发出的声音有不同的音色，不同的人或不同的乐器发出的声音也有不同的音色，把不同乐器发出的声音混合在一起，则产生了与每一个单独乐器音色都不同的新的音色。有了和声和音色，由旋律和节奏构成的音乐就显得丰富多彩。合而观之，就如19世纪奥地利音乐美学家汉斯立克所说：

> 音乐的原始要素是和谐的声音，它的本质是节奏。……占首要地位的是没有枯竭、也永远不会枯竭的旋律，它是音乐美的基本形象（Grundgestalt）；和声带来了万姿千态的变化、转位、增强，它不断供给新颖的基础，是节奏使二者的结合生动活泼，这是音乐的命脉，而

多样化的音色添上了色彩的魅力。[①]

再往深里说，音乐的要素还有调式、调性、曲式、力度、速度，以及织体、复调、对位等。要了解这些，就需要进行专门的学习或听有声的讲座，我们在这里只着眼于常识，大致了解这样几个问题。

一是分类。音乐艺术是个大家族，包含了林林总总的各类“音乐”，须加以区分才好把握。首先是按照表达方式把整个音乐艺术划分为声乐和器乐。顾名思义，声乐是用人声表现的，如我们常说的唱歌或演唱；器乐则是用乐器表现的，如我们常说的演奏。其次，在声乐里又可以按演唱方法或风格分为美声、民族和流行（通俗）；按形式特征分为歌曲、歌剧、戏曲音乐和说唱音乐，其中歌曲按演唱形式可分为独唱、合唱、对唱、重唱、齐唱、联唱等。在器乐里，按照民族及地域可分为西洋器乐和中国器乐；按照演奏方式可分为独奏、重奏、合奏以及协奏，在西洋器乐的合奏（管弦乐曲）里又分出交响乐、交响诗、组曲、序曲、赋格曲、幻想曲、随想曲、狂想曲、协奏曲等。

再次，还有一种很盛行却也容易引起争议的分类是古典和流行，也即我们常说的“古典音乐”和“流行音乐”，这种分类既有时代的含义，也有创作方法和风格上的含义。古典也称“经典”，一般指历史上流传下来的、具有较高艺术价值的“严肃”音乐，这个意义上的古典与当代的、通俗的音乐相对立。然而，当代音乐家用经典的形式和方法创作的音乐在音乐学的意义上也类属于“古典”的范畴，比如按照传统的结构和风格谱写的交响乐，无论是由过去的音乐家还是现在的音乐家所创作，都应视之为“古典”而非“流行”或“现代”。一个著名的例子是苏联音乐家肖斯塔科维奇，他生活在当代，但其作品尤其是交响乐作品都被视为“古典”的或“古典主义”的。再则，“古典”和“流行”之间是可以转换或“漂移”的。如，曾经的古典歌曲由于广为传唱，未必不能成为流行歌曲；而当下流行的歌曲随着时间推移也有可能成为古典或经典。又如，古典乐曲

---

① 〔奥〕爱德华·汉斯立克：《论音乐的美》，杨业治译，人民音乐出版社，1980，第49页。

用通俗的方式去演奏，古典歌曲用流行的方式去演唱，显然是打破了“古典”和“流行”的界线。凡此种种，都说明“古典”和“流行”只是“大概念”，二者在很多方面相互交叉和渗透，未可一概而论。

二是表现。音乐无疑是一种表现性极强的艺术，甚至可以说是各类艺术中表现性最强的艺术。这个特点缘于它质料的特殊，即声音。声音来自于空气震动所产生的波长，人们几乎察觉不出它的物质存在，因此，音乐的效果是不经过任何中介和任何阻碍而直指人心的。历史上很多美学家都提到这一点，并因此而特别看重音乐的作用。如黑格尔说：“由于运用声音，音乐就放弃了外在形状这个因素以及它的明显的可以眼见的性质。”“所以音乐的基本任务不在于反映出客观事物而在于反映出最内在的自我，按照它的最深刻的主体性和观念性的灵魂进行自运动的性质和方式。”① 叔本华也说：“所以音乐不同于其他艺术，绝不是理念的写照，而是意志自身的写照，[尽管] 这理念也是意志的客体性。因此音乐的效果比其他艺术的效果要强烈得多，深入得多；因为其他艺术所说的只是阴影，而音乐所说的却是本质。”② 这意味着音乐从根本上讲是表现性、抽象性和精神性的，如果说其他艺术是利用某种手段来表达情感和精神，那么音乐本身就是情感和精神，因此最容易感动人心，甚至与人的心灵合二为一。

美学家们说得是否确切，姑且不论，即以我们的认知和体会而言，就能够感受到音乐的力量非同一般。如我们读诗、观舞、看画，虽然在一刹那间即可产生直观及美感，但仍需要对语言、肢体、画面加以理解和玩味，方能产生内心的反应，而音乐是不需要这一过程的，它直接与心灵共鸣。又如，音乐往往成为其他艺术增强感人力量的要素，不仅戏剧、电影和舞蹈要以音乐为重要表现手段，就是诗歌朗诵也常常配有音乐，甚至在画廊播放音乐也能增加绘画作品的感染力。再比如，各种教育和宣传方式中，音乐是最为迅捷有力的，所以重大活动或仪式上要奏乐，队伍行进时

---

① 〔德〕黑格尔：《美学》第三卷上册，朱光潜译，商务印书馆，1979，第 331、332 页。

② 〔德〕叔本华：《作为意志和表象的世界》，石冲白译，商务印书馆，1984，第 357 页。

要高唱歌曲。现如今，我们看到有人在大街上、地铁中或运动时戴着耳机，那十有八九是在听音乐，足见音乐是最为人们所喜爱的娱乐方式，而教育和宣传往往蕴含在娱乐之中。其原因或许都在于音乐艺术的“无障碍”及直接性。《荀子·乐论》称：“夫声乐之入人也深，其化人也速。”正是凭直觉感受到了音乐艺术的这一主要特征。

三是趋势。在西方音乐史上，人们一般以古典乐派及“古典音乐”为正宗；直到现在，大型音乐会演出曲目仍以古典乐派作曲家的作品或“古典音乐”为多数。但西方音乐进入20世纪后发生了较大的变化，相继出现变革甚至颠覆传统和经典的音乐流派，如以勋伯格为代表的表现主义音乐、以斯特拉文斯基为代表的新古典主义音乐、以舍费尔为代表的“具体音乐”、以约翰·凯奇和斯托克豪森为代表的“偶然音乐”等，从而使音乐的内涵和风格由古典向现代以至于“后现代”转变；音乐作品给人的感受也发生了很大的变化，从以往的和谐、激情、完整转化为分裂、冷漠和破碎，似乎让人感到了音乐发展的不祥预兆。但我们也要看到，所谓“现代”或“后现代”音乐虽然因其深刻的思想和大胆的创新产生过一定的影响，但毕竟只是音乐艺术中的一个分支或者说一小部分。它们或许为一些专家或同道所激赏，却不能改变人民大众的趣味和需求。就目前国内外的演出市场来看，古典的和流行的仍是主流。一方面是传统或经典音乐的历久弥新，百演（唱）不衰，一方面是流行的和民间的音乐新作迭出、与时俱进，这个趋势在相当长一段时间里是改变不了的。

音乐发展的另一个趋势是科技的影响，尤其是计算机技术的作用。早期的音乐演奏或演唱都是在现场，观众听到的是真实的乐声或人声。后来有了麦克风和扬声器，主要功能是将声音放大。如今的大型音乐会，除非在专门的音乐厅演出，都要用到音响和调音台，而高质量的音响设备和高水平的音响师能大大提高演奏和演唱的质量。即便在家中听立体声音响，其效果也是经过技术处理的，含有很大的技术成分。目前，录音棚已经在音乐艺术里扮演着重要角色，各类音乐表演的后期制作都是在录音棚里完成，而录音棚也尽显其“魔力”，大有“化腐朽为神奇”的妙用。不光是演出，音乐创作也因计算机技术的发达而改观。过去作曲家作曲大都是在五线谱上手写，然后在钢琴（或风琴、吉他等）上试奏；眼下，这些工作都可以通过计算机软件完成。随着人工智能的日新月异，计算机作曲恐怕只是时间问题了。所有这些都会对音乐艺术的自身形态及其未来产生深刻影响，同时也将改变音乐作用于人类生活的方式。

四是欣赏。欣赏音乐在生活中是再寻常不过的事情，几乎人人都会，并且生活中几乎人人都在自觉或不自觉地与音乐打交道。在剧院或音乐厅里聆听音乐固然是欣赏，在家庭音响或计算机上播放音乐，走路时戴着耳机听音乐，或者在公共场所听着不知从哪儿飘来的乐声，都可以说是在“欣赏”音乐。如果说音乐是各类艺术中与人们生活关系最紧密的一种，似乎并不夸张，它的确时时刻刻都渗透到了我们的生活、感官以至于灵魂之中。当然，这只是泛泛而言，并不能表达“欣赏”二字的确切意思。真正意义上的“欣赏”音乐是一件相对专门的事情，就是说，用专门的知识在专门的环境里聆听专门的对象。所谓专门的环境通常指音乐厅或在一个相对封闭的场地并借助专业的设备，特定的对象当然是指经过选择的优秀音乐作品。而专门知识，是指那些能使欣赏者把音乐当作音乐去欣赏，从而更好地理解音乐的构成并感悟音乐的魅力的音乐知识。美国作曲家科普兰曾把以下各方面知识作为欣赏音乐的要点，即节奏、旋律、和声、音色、织体、结构、曲式（乐段式、变奏曲式、赋格曲式、奏鸣曲式、自由曲式）、歌剧与音乐剧、当代音乐、电影音乐等。他还把普通人对音乐的欣赏分为 3 个阶段，即美感阶段、表达阶段和纯音乐阶段，并且特别强调“纯音乐阶段”的重要性：

> 我们大家都应当更多地在纯音乐阶段感受音乐，这一点非常重要。毕竟，人们使用的是实际的音乐素材，明智的聆听者必须准备加强自己对音乐素材及其发展情况的意识。他必须更有意识地聆听旋律、节奏、和声及音色。尤其重要的是，为了追随作曲家的思路，必须懂得一些音乐曲式的原理。聆听这一切要素就是在纯音乐的阶段欣赏音乐。①

---

① 〔美〕艾伦·科普兰：《怎样欣赏音乐》，丁少良译，人民音乐出版社，1984，第 10 页。

的确，欣赏音乐就是把音乐当作音乐去听，而且用懂得音乐的耳朵去听。想要拥有“懂得音乐的耳朵”，就需要在具备基本音乐知识的条件下，出于对音乐艺术的热爱（而不是其他目的）而经常去聆听优秀的音乐作品，尤其是那些经过历史检验、已经成为音乐经典的古典和现代作品，比如西方音乐史上的巴赫、海顿、莫扎特、贝多芬、门德尔松、勃拉姆斯、柏辽兹、肖邦、李斯特、德沃夏克、斯美塔那、格里格、西贝柳斯、穆索尔斯基、里姆斯基-科萨科夫、柴可夫斯基、圣桑、拉威尔、德彪西、勋伯格、肖斯塔科维奇、普罗柯菲耶夫、格什温等；中国古代十大名曲——《高山流水》《广陵散》《平沙落雁》《梅花三弄》《十面埋伏》《夕阳箫鼓》《渔樵问答》《胡笳十八拍》《汉宫秋月》和《阳春白雪》。还有各个历史时期的艺术歌曲、歌剧、舞剧音乐、世界各民族的民歌、近现代电影音乐、中国当代优秀乐曲及歌曲等。音乐的海洋无限宽广，音乐的魅力无比动人，而音乐的素养对每个人来说都是不可或缺的。

三　舞蹈

通俗地说，舞蹈就是跳舞，但从理论上讲，舞蹈和跳舞又不完全是一回事。跳舞的含义要宽泛得多，而舞蹈则用来特指专门的舞台表演艺术，与幼儿园里小朋友的拍手跺脚、歌厅里青年人的摇摆蹦迪以及广场上大妈们的活动健身，都不是一回事。生活中自发或即兴的“舞蹈”，从历史的角度看，是舞蹈艺术的源泉和土壤；但当舞蹈艺术独立之后，它们只是舞蹈的“泛化”或“生活化”。“泛化”或“生活化”的舞蹈在生活中随处可见，为此舞蹈学里专门设立“生活舞蹈”一大类，包括广场舞、交谊舞、街舞和健身操等，与“艺术舞蹈”并列。这里，我们所讲述舞蹈艺术，只着眼于“舞蹈艺术”或“艺术舞蹈”，即专业的舞蹈创作和表演。

从专业角度看，舞蹈艺术需要演员、作品、表演和场地这几个基本条件。

（1）演员。这里是指经过专门挑选并受过专业训练的舞蹈演员。舞蹈表演对演员的身体条件有较高要求，如对芭蕾舞演员要求“三长一小”，即身长、腿长、手长、头小，其他还有相貌、气质以及柔韧性、软开度等。这样要求，并非要在普通人群中分出三六九等，更不意味着舞蹈演员就高人一等，而是舞蹈艺术的自身要求。因为舞蹈是肢体的艺术，身体不美、不协调甚或有残缺，显然有损舞蹈艺术的表现。诚然，我们也见过残疾人（肢体残疾）表演的舞蹈，看上去也有一定的“专业性”，但那主要是为了表现残疾人的励志和拼搏，不属于舞蹈艺术的规律和主流。

进而，有良好身体条件的舞蹈演员还需要经过艰苦的专业训练，方能达到舞蹈表演的要求。舞蹈基本功的训练是辛苦而枯燥的，中国传统戏曲中所谓的“台上一分钟，台下十年功”，用在舞蹈演员身上也恰如其分。一名舞蹈演员通常从五六岁练到十五六岁（艺校或中专毕业），才能正式登台表演，其间的10年几乎每天都要进行高强度的专业训练。

舞蹈（芭蕾）演员

掌握了舞蹈表演的专业技能还不是舞蹈表演艺术的全部，要成为一名优秀的舞蹈演员，除了技能外，还必须具备较强的艺术感悟和表达能力。舞蹈艺术的本质是表现，舞蹈演员在学习阶段主要通过模仿及重复去习得技能，而舞台生涯开始之后则是用高超的技能去进行艺术表现，表现力的高下往往决定了舞蹈演员水平的高下及艺术生命的长短。我们通常称舞蹈演员为“舞者”，而称优秀的舞蹈演员为“舞蹈表演艺术家”，其间的差别既在于技巧，更在于艺术表现力，而艺术表现力主要来自演员的修养以及感悟和表达的能力。在这方面，中国当代老一辈舞蹈家白淑湘、戴爱莲、刀美兰、崔美善、贾作光、赵青等都堪称典范。

（2）作品。生活中人们做几个舞蹈动作或学生在训练时做若干舞蹈组合，都不是严格意义上的舞蹈艺术。真正的舞蹈艺术应当是专业的舞蹈演员表演专门的舞蹈作品，这些舞蹈作品大都是由专业的舞蹈编舞用专业的手法创作或改编出来的，具有较高的艺术性和技巧性，是专门为舞蹈演出或赛事而作，业余的舞蹈爱好者表演起来会有相当难度。

古今中外的舞蹈作品很多，可根据编舞的手法和表演的风格分为几大类。

一是古典舞。这在西方特指芭蕾舞，在中国除了芭蕾外，还指中国古典舞。芭蕾舞形成于欧洲宫廷，其表演规范、严格、高雅，内容多为历史和神话题材。中国古典舞是汲取中国传统戏曲、舞蹈以及武术的特征，参照芭蕾舞的训练方式并融入中国传统文化精神而创立的，讲究神形兼备、气韵生动，风格典雅而流畅，既适合表现传统题材，也可以反映现代生活。

中国古典舞《桃夭》

二是民间舞。这是产生于民间并为广大人民群众喜闻乐见的舞蹈形式。世界各国各民族都有自己的民间舞蹈，如欧洲的波尔卡、踢踏舞，拉美的伦巴、桑巴舞，东方的印度舞、朝鲜舞、日本舞等。中国各民族也有各自的民间舞蹈，人们通常称之为“民族民间舞”。民间舞往往具有强烈的生活气息且大都欢快喜庆，多与各民族的节庆活动有关。各民族的民间舞蹈都具有鲜明的风格，其舞蹈动作多与该民族的劳动、生活及风土人情相关，如汉族江南舞蹈与采茶，西北高原舞蹈与腰鼓，傣族、白族舞蹈与孔雀，蒙古族舞蹈与奔马，朝鲜族舞蹈与仙鹤，彝族舞蹈与跳杆，维吾尔族舞蹈与手鼓和盘子等，而这些舞蹈的动作又能够表现该民族或该地域的文化特质和人民性格。

邓肯表演的现代舞

三是现代舞。这是起源于20世纪欧美、旨在打破古典芭蕾舞对人体的约束而兴起的舞蹈种类，创始人是美国女舞蹈家伊莎多拉·邓肯。现代舞在舞蹈编排和动作上力求打破常规和程式，在舞蹈精神上力求表达现代人对自由和生命的渴望。舞蹈理论家约翰·马丁在评价邓肯的舞风时说：“依莎多拉闯进了这个栩栩如生的人为世界之中，她不戴首饰，不穿紧身衣，不着舞蹈鞋，她的身体显现出自由的线条，并在简单的希腊式图尼克长衫下露出赤裸裸的肉体，她的动作没有任何种类的技术可言，而只是关注来自生活而非固定规范的表现力，并且宣称对艳情的确信无疑，她那经过升华了的风格将个人的真理转换成了某种无处不在的英雄气概。"① 邓肯本人也表明，舞蹈家在表演时要"忘记你有身体"，所有动作"应该借这躯体表现魂灵的思想与情感"。② 从中可见现代舞蹈的特征和追求。

当代舞《红蓝军》

四是当代舞。这是一个新兴的舞种，准确地说应当是"中国当代舞"，是中国的舞蹈家们综合芭蕾舞、民间舞和现代舞的优长，用以表现中国当代生活和精神风貌的新型舞蹈。一般认为，这个舞种是产生于1998年首届"荷花杯"舞蹈大赛，由于一批新创作的舞蹈糅合了各个舞种的特点而难以归类，又因为这批舞蹈的内容大都反映当代生活或革命历史题材，故而有专家认为应当视为新的舞蹈种类，并命名为"当代舞"。③ 之后，"当代舞"得到舞蹈界的普遍认可，并对舞蹈创作和教学产生很大影响，成为中国舞蹈创新发展的一个重要标志。

为加深对各类舞蹈的了解，就需要多观看优秀的舞蹈作品。中国当代原创舞蹈如《荷花舞》《春江花月夜》《丰收歌》《刑场上的婚礼》《黄河》《雀之灵》《奔腾》《小溪·江河·大海》《黄土黄》《走·跑·跳》《踏歌》《扇舞丹青》《老伴》《也许是要飞翔》《守望》《千手观音》《中国妈妈》；舞剧如《红色娘子军》《白毛女》《丝路花雨》《天边的红云》《红梅赞》《云南映象》《雷和雨》《水月》等。外国芭蕾舞如《关不住的女儿》

① 〔美〕约翰·马丁：《舞蹈概论》，欧建平译，文化艺术出版社，1994，第183页。

② 〔美〕依莎多拉·邓肯：《天才舞女邓肯自传》，孙洵侯译，三联书店，2012，第20页。

③ 吕艺生等：《舞蹈学基础》，上海音乐出版社，2013，第125～129页。

《仙女》《吉赛尔》《葛蓓莉娅》《天鹅湖》《睡美人》《胡桃夹子》《罗密欧与朱丽叶》《小夜曲》《斯巴达克》《天鹅之死》《波莱罗》《多少悬在半空中》、《安娜·卡列尼娜》；现代舞如《绿桌》《女巫舞》《悲歌》《空间点》《启示录》《海滨广场》《春之祭》《穆勒咖啡厅》《莎乐美》等。[①]

（3）表演。舞蹈表演是舞蹈作品的舞台呈现，核心要素是舞蹈动作，辅之以队形、音乐、灯光、布景等。舞蹈动作是舞蹈表演的最基本元素，它不是静止和孤立的，必须在运动中呈现，而且要与其他舞蹈动作有机地组合并衔接。舞蹈表演中也会有静止的造型，但那只是个别现象，且不会停留太久，否则就成为雕塑或“摆拍”了。两个以上的舞蹈动作连接在一起并成为一个有起止的单位，被称为“舞蹈组合”。比舞蹈组合更大的单位叫“舞蹈语汇”，包括各种舞蹈组合以及舞蹈构图、舞蹈场面、舞蹈队形等要素。舞蹈动作、舞蹈组合以及舞蹈语汇一起构成了“舞蹈语言”，舞蹈表演就是用“舞蹈语言”去呈现舞蹈作品，“也可以说，舞蹈作品就是用舞蹈语言为主体建造起来的审美实体。”[②]

东北秧歌舞

这样说比较抽象，举个例子，比如东北秧歌，它有特定的招式和姿态，这是舞蹈动作；把若干个动作通过跳跃、碎步等连接起来，就成为舞蹈组合；这组合再与表演的队形、构图和场面等结合在一起，就是舞蹈语汇，所有这些并称为东北秧歌的舞蹈语言。舞蹈家们用这种舞蹈语言去塑造人物形象并表达思想情感，就是在创作和表演具有东北秧歌风味的舞蹈作品。由此可看出舞蹈语言就是舞蹈表演的“本体”。

舞蹈表演的审美特征可以列出许多，但概括起来，则无非是“力”和“美”。这里面包含两层意思。第一层意思是说，舞蹈表演在审美形态上可

① 这个目录是笔者的同事毛雅琛老师提供的。

② 隆荫培等：《舞蹈知识手册》，上海音乐出版社，1999，第13页。

以分为两类，一类以阳刚和壮美见长，故称之为“力”；一类以阴柔和优美见长，故称之为“美”。第二层意思是说，优秀的舞蹈表演既要体现出力量，也要给人以美感。舞蹈动作是对生活的提炼及形式化，一定比生活中的事件更有力度，并且这种力度能给人带来审美愉悦。也可以说，舞蹈表演是因为“力”而产生“美”，又因为“美”而给人以心理和情感的“力”（内模仿），二者是交融在一起的。我们看刚劲的舞蹈会觉得这种刚劲很美，我们看柔美的舞蹈会觉得这柔美暗含着力道，这种“力”与“美”的融合是舞蹈艺术最显著的审美特征，也是舞蹈表演所追求的境界。

（4）场地。相对于其他艺术表演或展现，舞蹈对场地有较高的要求，因为舞蹈表演里的许多动作尤其是高难度的技巧动作只能在标准的场地里完成。此外，舞蹈表演对灯光的要求也比较高，一部舞蹈作品的表演是否有灯光的配合或灯光设计水平的高低，都直接影响到演出的效果。正因为如此，舞蹈表演的场地设施及设计业已成为舞蹈艺术的内在要求和组成部分了。

（5）定义。说了上面这些，我们还没有给舞台艺术下个定义。对此，许多著名学者都有过专门的界说且言之有理，不妨引录几段，以加深对舞蹈艺术的理解。

诗人和学者闻一多先生说：

> 舞是生命情调最直接，最实质、最强烈，最尖锐，最单纯而又最充足的表现。生命的机能是动，而舞便是节奏的动，或更准确点，有节奏的移易地点的动，所以它直是生命机能的表演。①

舞蹈理论家吴晓邦先生说：

> 舞蹈是一种人体动作的艺术。凡是借着人体有组织和有规律的动作，通过作者对自然或社会生活的观察、体验和分析，然后用精炼的形式和技巧，集中地反映了某些形象鲜明的人物和故事，表现个人或

① 闻一多：《说舞》，载《闻一多全集》第一卷，三联书店，1982，第195页。

者多数人的生活、思想和感情的都可称为舞蹈。[①]

美学家李泽厚先生说：

> 舞蹈是以人体姿态、表情、造型而特别是动作过程为手段，表现人们主观情感为特性的。舞蹈以身体动作过程来展示心灵、表达情感，一方面源自日常生活中情感动作、体貌姿态的表情语言的集中、发展；另一方面则又来自对培育身体力量和精神品质的操演锻炼动作的概括、提炼。[②]

三个定义各有偏重，从不同侧面揭示了舞蹈艺术的本质特征，我们可以择善而从。

四 绘画

绘画是在二维空间里造型，通俗地说，就是在平面上描绘形象或图形。构成这个“平面”的物体或材料主要是纸、布、壁、木，但从非专业或非传统的观点看，绘画所依托的“平面”无处不在，比如街道、大地、人体以及计算机中的模板等，相应的有“涂鸦”“地景艺术”“人体彩绘”以及计算机绘画等。当然，这些“绘画”有多高的艺术性，是否能属于绘画“艺术”，又另当别论。正规的绘画史或绘画理论教科书大体上还是以画在纸上、布上、壁上以及木板上的作品为正宗，其他的多另有处置。比如“涂鸦艺术”已自立门户，“地景艺术”统归为“当代艺术”，“人体彩绘”还只是一种装饰，而计算机绘画在技术层面目前还划归为平面设计。

这里，我们从绘画的载体来了解各个画种。

（1）中国画，也叫“国画”，是画在纸上的绘画。国画所用纸张很特殊，叫作“宣纸”。这种纸既韧且润、耐久防脆，因原产于安徽宣城，故称。国画所用的笔也很特殊，叫“毛笔”，是用动物（如羊、狼、兔、鸡等）身上的毫毛制作而成。毛笔是中国古代的书写工具，用来作画是顺理

---

① 吴晓邦：《新舞蹈艺术概论》，中国戏剧出版社，1982，第1页。

② 李泽厚：《略论艺术种类》，载《美学论集》，上海文艺出版社，1980，第400页。

成章的事情；纸是中国古代的发明，用作绘画的载体是天经地义的事情。这两样东西决定了中国画的形态，即水墨。因为用毛笔写字作画的原料是墨汁，而墨汁是由和水碾墨而成，因此，中国画的本质是“水”。这种形态及其本质又决定了中国画的审美特征，即“韵”。因为水是流动的和浸染的，它不可能成为僵硬的板块，故不适合用来定型，而宜于表达情绪、心境和趣味；同时，它也不适合用来摹写（相对硬笔或油彩而言），而宜于用来抒情。这些使中国画从一开始就必定以自由抒写生命意识为审美追求，古人称这种追求及特点为“气韵生动”。

“气韵生动”的总体特征致使中国画重神轻形，重意境而轻造型，由此形成的特点叫作“写意”。这样导致的格局是：以画种论，写意画高于工笔画；以题材论，山水花鸟画高于人物风俗画；在山水画里，南宗取代北宗而成为主流；在花鸟画里，“没骨”较之“勾勒”更为画家们所喜爱并擅长。中国画里还有一种特别能够表达“写意”精神的画法叫“泼墨”，那是将整碗墨汁直接倒在画纸上，任其流淌而形成一种满纸烟云的效果，近代张大千、傅抱石、刘海粟等大家都擅长此法。这种画法的特征是：“（一）习于醉后为之，风格豪放、纵恣；（二）泼出之墨所留下的痕迹可唤起画家想象，使形象思维避免程式化；（三）在运笔取象时，会受到墨痕的形状的暗示，却又不被它所局限。”① 显然，只有中国画的材料，也就是纸和墨，才能为这种大气磅礴甚至惊世骇俗的画法提供条件。

当然，今天的中国画较之传统中国画已经发生了很大的变化，在相当程度上融会了西洋绘画的造型手段，尤其是人物画和风俗画，其成就足以和山水花鸟画分庭抗礼。但无论如何借鉴和创新，笔和纸这两样基本材质未变，中国画的精神和特质就依然保持着，并将长久地发展下去。

历代中国画有许多经典作品，可参考潘天寿先生的《中国绘画史》所附图录，有顾恺之的《女史箴图》、吴道子的《释迦降生图卷》（传）、李思训的《江帆楼阁图》（传）、王维的《伏生授经图》（传）、阎立本的《步辇图》、韩干的《照夜白图》、周昉的《簪花仕女图》、五代荆浩的《匡庐图》、巨然的《秋山问道图》、李成和王晓的《读碑窠石图》（宋摹

---

① 伍蠡甫：《中国画论研究》，北京大学出版社，1983，第63页。

本)、文同的《墨竹图》、郭熙的《早春图》、范宽的《溪山行旅图》、李公麟的《五马图卷》、李唐的《万壑松风图》、梁楷的《泼墨仙人图》、马远的《探梅图》、米友仁的《云山图》、黄公望的《天池石壁图》、王蒙的《秋山草堂图》、倪瓒的《虞山林壑图》、明徐渭的《青藤书屋图》、吕纪的《鹰鹊图》、沈周的《庐山高图》、文徵明的《溪亭客话图》、朱耷的《荷花翠鸟》、石涛的《山水》、王石谷的《溪山红树图》、王原祁的《烟浮远岫图》、吴历的《梅花山馆图》、恽南田的《五清图》等。[①] 近现代吴昌硕、黄宾虹、齐白石、张大千、徐悲鸿、傅抱石、李可染、潘天寿、关山月、吴作人、刘海粟、黄胄等也都是中国画的大师，他们的作品推陈出新、异彩纷呈，值得细细观赏。

(2) 油画，又称“西洋油画”，是画在布上的绘画。所谓“油”，是以亚麻仁油或松节油等调制的颜料，用这种颜料在亚麻布或其他专为绘画特制的布上作画，就成为油画。油画是西洋绘画的主要画种，举凡伟大的作品大都是油画，其他画在纸上的画种，如水彩、水粉、素描、速写等，都无法与之相比。油画的特点是色彩丰富、立体感强，刻画细腻、造型逼真，其主要类别有肖像画、风景画和风俗画等。

传统的西洋油画以构图、造型和写实为特征，但到了19世纪末，油画的画法和画风开始发生变化。先是风景画里的“印象派”，其画面色彩和人们眼睛惯常所见的自然界彩色有了很大差别；后来的“野兽派”更是偏向于用原色作画，而且画面构图变得不稳定，人物形象也开始变形。再往后，立体主义绘画则把人和物变成了几何图形，超现实主义绘画里则充斥着奇形怪状的图景。到了所谓的“后现代”，又出现了“甩点”“泼彩”以及“复制”等极其前卫的画法及画作。由此而成的“油画”只是材料与传统的油画相类，而美学特征（如果有的话）早已超出了“油画”的范畴。

西方绘画史上经典的油画作品有乔托的《逃往埃及》、波提切利的《维纳斯的诞生》、达·芬奇的《蒙娜莉萨》和《最后的晚餐》、米开朗琪罗的《创世纪》、拉斐尔的《西斯廷圣母》和《雅典学院》、提香的《人

---

① 潘天寿:《中国绘画史》，上海人民美术出版社，1983。

间的爱和天上的爱》、丢勒的《四使徒》、荷尔拜因的《伊斯拉莫像》、委拉斯凯兹的《教皇英诺森十世像》、伦勃朗的《杜普教授的解剖学课》、普桑的《阿尔卡迪亚的牧人》、大卫的《贺拉斯兄弟的誓言》、安格尔的《帕格尼尼像》、藉里柯的《梅杜萨之筏》、德拉克洛瓦的《自由引导人民》、康斯特勃尔的《干草车》、柯罗的《晨》、米勒的《拾穗》、库尔贝的《石工》、巴斯蒂昆－勒帕热的《垛草》、门采尔的《轧钢工厂》、马奈的《弗里－贝舍尔的酒吧间》、德加的《舞台上的舞女》、莫奈的《印象，日出》、雷诺阿的《包厢》、苏里科夫的《近卫军临刑的早晨》、列宾的《伏尔加纤夫》、列维坦的《湖》、塞尚的《有瓷杯的静物》、高更的《塔希提岛的妇女》、凡·高的《向日葵》、马蒂斯的《舞蹈》、毕加索的《格尔尼卡》等。[①]

（3）版画。在木板、石板、铜板和锌板等材料上作画，叫作版画。"版"是"制版"的意思，其中最常见的是在木板上作画，也叫"木刻"或"板画"。木刻和石版画多用刀刻，而在铜板和锌板等金属材料上作画，多用腐蚀法，因而又叫"蚀版画"。版画的一个优点就是可以直接用来翻印。做好的版画就是一个模子，能够批量复制，而且所有复制出来的作品都是"原作"，其间并无差异（当然，这种复制是有限量的，画家通常在复制几十张后便将原版损毁）。因此，版画在特定年代经常为"宣传"所用，比如中国古代佛像及佛经故事画、"绣像小说"里的插画以及抗战时期的木刻宣传画等。但这并不意味着版画缺乏"艺术"，实则版画有其特殊的艺术创作手法，尤其是木刻，其刀法、造型、构图以及套色等都具有很强的艺术性；而优秀的木刻作品跟其他画种优秀作品一样具有很高的艺术价值，在绘画乃至整个美术园地里独树一帜。鲁迅先生就非常喜爱木刻，不仅收藏了许多珍贵的木刻作品，也大力倡导木刻艺术，对中国现代木刻艺术发展起到了积极的推动作用。

（4）壁画。画在建筑物墙壁、天花板上及其他立面上的画叫作"壁画"。壁画可以用各种材料创作，西方多用油彩，中国古代多用彩墨，而现代壁画还使用陶瓷（瓷砖）、金箔、蛋彩、石蜡、丙烯和漆艺等。历史

① 参照《西洋绘画百图》，人民美术出版社，1978。略有增删。

上的西方壁画多见于教堂和宫廷，而中国壁画多见于寺观、石窟和墓穴。当代城市的大型地标性建筑，如大剧院、大会堂、博物馆、机场候机楼、地铁车站、高档宾馆等，其内部往往配有壁画，既展示艺术，也装点环境。这类壁画具有“公共艺术”的意味，为城市增加人文气息。如今，某些发达地区的农村为发展旅游观光事业，也请画家在村舍民居的墙面上作画。这些作品如果具有相当艺术水平，也应当算作壁画的一种。可见壁画这种绘画形式在当代社会是大有用武之地的。

（5）其他。除以上几种主要形式外，绘画还可以分出许多类别，如前面提到的水彩画、水粉画以及素描和速写。水彩画和水粉画的性质取决于所用颜料以及由此而来的手法，素描是以铅笔或炭笔进行精确的造型，而速写是用任何种类的“笔”（铅笔、炭笔、钢笔、毛笔以及彩笔等）对选定对象进行快速的写生。

米开朗琪罗为西斯廷教堂创作的壁画《创世纪》

中国的年画和连环画曾经广受欢迎。年画是中国百姓在年节时贴在门上或屋内的民俗画，用于辟邪、祈福，并增添节日气氛，其制作以套色木刻为多，有的也类似于中国画中的工笔画风。连环画是用系列的图画讲故事，或者说是将叙事性文学作品变成系列图画并配以少量文字。连环画可以用各种绘画形式创作，如国画（包括写意、工笔及白描）、油画、水彩画、水粉画、木刻、素描等，甚至可以用摄影或者电影画面。有的连环画因艺术精湛而具有很高的价值，如王叔晖的《西厢记》、贺友直的《山乡巨变》、刘继卣的《闹天宫》等。

在当代生活中，漫画、绘本和插画也十分流行。漫画用夸张、变形和比拟的手法去塑造形象并反映生活，总的特点是幽默诙谐、令人发笑，但也可以用来讽刺和揭露。漫画的“体制”可以是单幅，也可以是连续，甚至可以是系列。好的漫画可以改编成电影，如《蜘蛛侠》《变形金刚》等；好的电影尤其动画片也能改编成漫画，如《米老鼠和唐老鸭》《猫和老鼠》等。绘本是儿童读物，类似连环画，但故事更单纯且寓有哲理，画面更为精美且开本较大。插画是为文字作品画的插图，但优秀的插画也具有独立的审美价值，而“插画家”也可以因其作品而具有极高的声誉，如被鲁迅先生称赞过的英国插画家比亚兹莱。

五　书法

书法是中国特有的艺术。宽泛地说，世界各国各民族只要有自己的文字，就有自己的“书法”，但其他国家和民族的“书法”与中国汉民族的书法很不一样。那些“书法”是文字写得好看或美观，主要是用有规律的变化体现的装饰效果，而中国的汉字书法却变化无穷，意蕴无限，是一种艺术创造。因此，我们这里所说的“书法”是着眼于艺术创造和艺术精神，特指中国的汉字书法。

但是，对于书法究竟缘何而美，又缘何被当作一门艺术，却不太容易说清楚。因为它在形态上不像戏剧、音乐、舞蹈、绘画那样有明显的“艺术”特征，又因为传统书法的实用性很强，在艺术和非艺术之间也很难划出一条清晰的界线，所以在表述书法作为艺术种类之一的特征时，往往难以简明扼要地加以概括。

我以为，要认清书法之所以成为艺术的来由，还得着眼于书写的对象和工具。书法书写的对象是汉字，汉字是表意文字，其根源是图画，而最原始的要素是象形和指事。经过数千年的演变，汉字象形和指事的特征在逐渐淡化，许多字已经看不出所象之形和所指之事了。然而，即便是经过文字改革后的简化汉字，也还是以形和意为基本构造，而且每个汉字都不相同。这就给书写中的形式变化提供了极大的可能，而形式的变化正是审美和艺术生成的重要条件。从书写的工具看，中国的书写工具在历史早期是刻刀和甲骨，后来定型为毛笔和纸张，其中毛笔的使用在殷商时就出现端倪，但究竟是何种质料，已不可详考。到战国时代，毛笔就应当是主要的书写工具了，这从近现代出土的帛画和竹简就可以看出。毛笔是“软笔”，其可塑性较之硬笔（如欧洲历史上的鹅毛管笔）大得多，其运笔可疾可缓、笔画可粗可细、笔迹可浓可淡，且可以有棱角、有转折、有交叉、有呼应，使得一字甚至一笔有无数种写法，这也构成了成为艺术的一个重要条件：在限制中的自由。梁启超先生曾对这个特性做过通俗的解释："外国人写字，亦有好坏的区别，但是以写字作为美术看待，可以说绝对没有，因为所用工具不同。用毛笔可以讲美术，用钢笔铅笔只能讲便利，中国写字有特别的工具，就成为特别的美术。"① 著名文史学家胡小石先生也说："书之能成艺术，笔之决定性为不小也。"又说："凡用笔作出之线条，必须有血肉，有感情。易言之，即须有丰富之弹力，刚而非石，柔而非泥。"② 书法家和理论家潘伯鹰先生说："为什么我们喜爱用中国的毛笔写字呢？这是因为我们的毛笔富于弹性，伸缩的幅度极大，最便于适用在线条上的缘故。字的成形，依靠点画，即是依靠线条（点，差不多可以说是线的收缩，所以仍属于线条之内）。而线条的变化即是字形美所从出。换言之，字的生命和精彩、字的艺术性就托赖在这上面。"③ 可见书法作为"线的艺术"主要归功于毛笔。李泽厚先生更把书法由线而美的特征上升到中国古典艺术的魂灵的高度："它不是线条的整齐一律均衡对称的形式美，而是远为多样流动的自由美。行云流水，骨力追风，有柔有刚，方圆适度。……运笔的轻重、疾涩、虚实、强弱、转折顿挫、节奏韵律，净化了的线条如同音乐旋律一般，它们竟成了中国各类造型艺术和表现艺术的魂灵。"④ 当然，由笔墨使写字成为书法艺术，并非从一开始就是纯粹的审美活动，而是具有特定的社会和历史背景的。语言学家唐兰先生在分析中国文字的字体由篆向隶和草演变时曾论述道：

> 而由大篆到小篆，又都间架齐整，笔画圆浑，骨肉停匀，是后来所谓玉筯篆。在贵族社会里，时间是不很宝贵的，因之可以产生很好的艺术，书法也是有闲才能讲究的。到战国末年，贵族社会崩溃，在商人社会里，书法也不讲究了，锲刻文字笔画草率，简体跟破体盛行，就形成了隶书。

---

① 梁启超：《书法指导》，载《饮冰室合集》12，中华书局，1989，第3页。

② 胡小石：《书艺略论》，载《胡小石论文集》，上海古籍出版社，1982，第215页。

③ 潘伯鹰著，潘仲武、柴敏编《中国书法简论》（插图本），上海辞书出版社，2016，第14页。

④ 李泽厚：《美的历程》，文物出版社，1981，第43～44页。

> 隶书是草率的篆书，草书又是草率的隶书，六国末年就产生了隶书，汉初就产生了草书。隶书，草书，本都是潦草苟简，只求实用的，但行用稍久，人们又在那里面发展出书写的艺术，一波三折，失去了草率的本意，渐渐地隶书草书又都是很难学的书法了。隶书又产生了今隶，草书又产生了行书，这是现在还通行的书写技术。①

的确，书法和书法的形成与演进，同社会、历史的变化密切相关，这是我们今天欣赏和研究书法艺术所不能忘记的。

尽管如此，仍有一个问题令人困惑，那就是无论书法怎样呈现出“行云流水”的美，却都是以“整齐一律”为基础的。事实上，书法作为一门艺术的基础就是规矩、法度和模仿，没有一种艺术像书法这样如此依赖“基础”，正如有专家所说：“进入任何艺术都可以以‘法度’为依靠，但是没有哪一种艺术像书法这样严重地依赖‘法度’。”② 像行书和草书这类书体或可以说以变化流动而成为艺术，但像隶书和楷书这类以法度为美的书体不也是“艺术”吗？且其艺术价值未必就比行书和草书低。况且，凡略知书法的人都明白，行书或草书要写得好，必须有“真书”的功底，不练隶、楷而直入行、草，那多半是“鬼画符”，只能骗骗外行。这就是说，书法作为一门艺术的根基在于规矩和法度，“线的自由”是在“法度”基础上的嬗变，它的精髓和底蕴就在于“法度”。

这样看来，书法艺术实际上可以分为两类，一类是“静态”的，以隶书和楷书为代表，是美在“规矩”；一类是“动态”的，以行书和草书为代表，是美在“自由”。然而这两种美的根基都在法度，同时又相互渗透，即规矩之中有自由，自由之时讲规矩。如作为楷书典范的颜柳欧赵，看上去都规规矩矩、稳稳当当，但相互之间都不雷同，各有各的特点；汉隶里的《乙瑛碑》《史晨碑》《曹全碑》《张迁碑》，虽然都是标准的“隶书”，但仔细比较，也能看出各有各的神采，绝非一个模子刻出来的。又如草书的书写极为自由，尤其是所谓的“狂草”，普通人根本认不出“字”来，

---

① 唐兰：《中国文字学》，上海古籍出版社，1979，第 120 ~ 121 页。

② 邱振中：《书法：七个问题》，中国人民大学出版社，2011，第 123 页。

只看见龙飞凤舞的线条，但真正的草书其实极为讲究笔法和章法，而且包含了深厚的“真书”的功力。真正能写草书的书法家一定是从“真书”的学习开始，循序渐进、遍临众体，方能达到“狂草”的自由境界。若非如此，任何一个人拿起毛笔乱画，也都能够称作“书法”了。可见，“法度”与“自由”构成了书法艺术，但“法度”是根本和主导因素。

从根本上讲，书法艺术是一种“形式美”，这一特点，我们可以借用近代美学里的两种理论去理解。一是“格式塔”心理学的“异质同构”，即书法的笔画和间架形成一种力，使观赏者出现类似的心理反应（如所谓的“内模仿”），从而产生审美的愉悦。二是所谓“有意味的形式”，即作为书法的汉字虽然给人感觉是形式的变化，但这形式中包含了书写者的精神。这后一种理论尤其可以解释行书和草书的“自由美”，就是说，在灵动的线条里蕴含了书法家的个性、修养和品格以及时代、地域和文化。如王羲之的《兰亭序》，从中既可以看出书法家本人的精神，也可以感受到那个时代文人特有的气质（所谓“魏晋风度”），还可以联想起“山阴”一带（今浙江绍兴）的秀美风景；所有这些都积淀在运笔、间架和章法之中，而出自王羲之手笔的笔法、间架和章法又因为长时间的苦练而无限接近汉字形式之美的“法度”。所以，这幅书法作品最完美地融合了“法度”与“自由”、规矩与个性，并因此而成为中国书法艺术的典范。

由此，我们可以把书法艺术的美归结为“法度”和“自由”，既由“法度”而趋向“自由”，也因“自由”而显示“法度”。从其生成的逻辑看，可以说起于规矩、成于个性、美在意境。宗白华先生说：“中国书法是一种艺术，能表现人格，创造意境，和其他艺术一样，尤接近于音乐的、舞蹈的、建筑的构象美（和绘画雕塑的具象美相对）。中国乐教衰落，建筑单调，书法成了表现各时代精神的中心艺术。”① 从成就和影响看，这个判断是对的，只是不能忘记，书法艺术的根基在于“法度”，它的意境是把“法度”融化在形式中，而不是将“法度”简单地舍弃。也正因为如此，书法才能够站在中国古典艺术的最中心或者最高处。

---

① 宗白华：《书法在中国艺术史上的地位》，载《艺境》，北京大学出版社，1987，第124页。

在当代社会，书法艺术仍然十分繁荣，但这种繁荣似乎与古代的情形不太一样，一个重要原因是因为书写的工具变了。古人从小一开始写字就用毛笔，这也是在接触书法艺术了。之后的进学之道也离不开书法，比如科举取士的标准，除了文章做得好，策问答得好，还要求字写得好。以此而论，古人能够被称为书法名家的大有人在，即便当时未必声名显赫，其作品若流传到后世，自有其“书法”的价值。而在当代，人们学写字是用铅笔、钢笔、圆珠笔或时下通用的“写字笔”；到一定年岁后，连“硬笔”都很少用，主要是跟计算机键盘和手机屏幕打交道。如此一来，人们如果接触书法，就是把它当作一种技艺或课程去学习，既非水到渠成，也非自然天成。只有极少数人（多半是书画家）从小接受书法训练，并把书法当成专攻的术业，最终发展成为艺术。这种状况的弊端在于书法艺术失去了社会和民众的基础，然而也有好处，那就是书法作为一种艺术的身份更加明确了。如今人们研习书法就是在学习艺术，以此丰富自己的人文修养。每个学习书法的人未必都要成为书法家，但通过书法可以既加深涵养和提升境界，又体会艺术创作的乐趣，实在是一件两全其美的事情。

如前所述，书法是最需要反复“学习”的一门艺术，要学会欣赏它，就得接触许多书家和作品。潘伯鹰先生的《中国书法简论》卷下是专门谈论欣赏的，从标题中就可以看出他特别推荐的书体、书家及流派：“隶书的重要作用”“晋后书派鸟瞰”“二王（王羲之、王献之）”“虞欧褚薛（虞世南、欧阳询、褚遂良、薛稷）”“李孙张素”（李邕、孙过庭、张旭、怀素）“颜柳（颜真卿、柳公权）”“杨凝式与李建中”“苏黄米蔡（苏轼、黄庭坚、米芾、蔡襄）”“赵孟頫”“明清书势”。至于作品，可参照一般书法教材的介绍，如篆书有周《虢季子白盘铭》《散氏铭盘》、战国《石鼓文》、秦《峄山碑》、东汉《袁安碑》《祀三公山碑》、东吴《天发神谶碑》、李阳冰《三坟记》、邓石如《白氏草堂记》、赵之谦《许氏说文叙册》；隶书有秦《睡地虎秦简》、西汉《居延汉简》、东汉《石门颂》《礼器碑》《封龙山颂》《西狭颂》《曹全碑》《张迁碑》、伊秉绶作品、何绍基作品；楷书有钟繇《宣示表》、王献之《洛神赋十三行》、东汉《张猛龙碑》和《张黑女墓志》、智永《真书千字文》、虞世南《孔子庙堂碑》、欧阳询《九成宫醴泉铭》、褚遂良《雁塔圣教序》、颜真卿《颜勤礼碑》、赵孟頫《胆巴帖》；行书有王羲之《兰亭序》、李邕《李思训碑》、颜真卿《祭侄文稿》、杨凝式《韭花帖》、苏轼《黄州寒食诗帖》、米芾《苕溪诗帖》、黄庭坚《松风阁诗》、赵孟頫《洛神赋》、董其昌《酒德颂》、王铎《行书诗卷》；草书有王羲之《十七帖》、孙过庭《书谱》、张旭《古诗四帖》、黄庭坚《诸上座帖》、倪元璐《杜甫七言诗轴》、傅山《贺毓青丈五十二得子》、徐渭《草书白燕诗》等①，都是欣赏和临习的佳作。

六　雕塑

绘画是平面的艺术，而雕塑是立体的艺术，也即所谓的“三维空间”艺术。我们最常见的雕塑是“圆雕”，即有一定的体积，可以从各个角度去观赏的雕塑。与之相类的还有浮雕和透雕。浮雕是在平面上凸起的雕塑，也可以说是立体的绘画，如天安门广场的人民英雄纪念碑四面的雕塑，就是典型的浮雕。透雕是把浮雕的底板去掉，给人以镂空的感觉，如古代建筑常在窗户上雕刻各种图案，既不遮光，又有造型。

雕塑所用的材料很多，大型的艺术创作主要用石头（以花岗岩为优）、金属（铜、铁、钢等）、泥土（泥塑），其他装饰性雕塑还可以用木头、树根、兽骨、象牙、玉石、漆胎、贝壳以及冰块等，分别称作木雕、根雕、骨雕、牙雕、玉雕、漆雕、贝雕和冰雕等。人们通常谈论的雕塑艺术多指用石头、金属和泥土创作的中型或大型作品，其他材质的小型雕塑则多归为工艺品。

雕塑的对象有人物、动物、器物、花鸟以及抽象的形状等，其中以人物雕塑最具代表性。西方雕塑的经典作品多为人像雕塑，如古希腊亚力山德罗斯的《维纳斯》和米隆的《掷铁饼者》，米开朗琪罗的《大卫》和《摩西》、乌东的《伏尔泰》、贝尼尼的《阿波罗与达芙妮》、罗丹的《思想者》和《青铜时代》等。近现代雕塑的内容则更为广泛，尤其是表现主义和抽象主义的雕塑，其内容往往是意义不明的形状或物品，即便是人像雕塑，其造型也较现实生活中的人物有了很大的变形甚至变异，如布朗库西的《波尼嘉小姐》、让·阿尔普的《人体凝固》、亨利·摩尔的《倚坐

① 沈乐平编著《大学书法》，中国轻工业出版社，2017。

像》、贾科梅蒂的《行走的人》等。中国古代雕塑，世俗的以器物和动物为多，如商代的《司母戊方鼎》、三星堆文化的《青铜神树》、周代的《散氏盘》、东汉的《铜奔马》（《马踏飞燕》）、唐代的《昭陵六骏》，人物雕像的佳作如秦兵马俑里的兵士、唐三彩里的妇女和胡人等；宗教雕塑以佛教造像为多，尤其是释迦牟尼像，成为各个寺庙和石窟的主像，其宏大而著名者如麦积山148窟释迦牟尼坐像、云冈石窟第20窟释迦牟尼坐像、龙门石窟卢舍那像以及乐山大佛等。

丹麦哥本哈根的城市雕塑
《小美人鱼》

雕塑的功能可分为主题性、纪念性和装饰性3类，前两类多具有较强的历史和社会意义，其规模较大，无论是陈列在室内或室外，都有着“公共”的意味，使公众在获得艺术享受的同时接受精神上的感召和洗礼。当代社会，“城市雕塑”非常盛行，已成为城市规划的组成部分。“城市雕塑”大都以主题性和纪念性为主，如天安门广场的人民英雄纪念碑、王府井大街上各种老北京民俗雕像等；也有景观性和装饰性的，比如公园、园林、广场以及其他公共场所里用以美化环境并愉悦游客或行人的雕塑。特别要提到的是，军营、校园和大型企业里往往有以宣传教育为宗旨的雕塑作品甚或雕塑群，这类雕塑也以主题性和纪念性为多，其对象也多是历史人物或当代楷模，从而使部队官兵、校园师生或企业员工日复一日地接受环境的感染和熏陶，同时也使军营、校园和企业这些特殊群体集聚的地方更富有人文气息。世界著名的城市雕塑有罗姆·杜克思诺的《撒尿男孩》（比利时布鲁塞尔）、爱德华·艾瑞克森的《小美人鱼》（丹麦哥本哈根）、巴托尔迪的《自由女神像》（美国纽约）、格桑·博格勒姆的《拉什穆尔国家纪念碑》（美国南达科他州）、奥西·撒丁的《被摧毁的城市》（荷兰鹿特丹）、符切季奇的《祖国母亲》（俄罗斯伏尔加格勒）、林璎的《越战纪念碑》（美国华盛顿）等。

中国甘肃麦积山石窟的佛教造像

世界各国著名雕塑，除以上提到的，还有古巴比伦的《人首翼牛像》、古埃及的《狮身人面像》《阿布·辛贝尔神庙雕像》《纳弗尔蒂胸像》《卡培尔王子像》、古印度的《舞王湿婆》、古印度尼西亚的《婆罗浮屠》、中美洲的《奥尔梅克巨石头像》、古玛雅文化的《太阳门浮雕》、太平洋上的《复活节岛石像》、南美洲的《纳斯卡大地巨画》、古希腊的《阿西娜神像》《三女神》《胜利女神像》《波利克里托斯》《持矛者》《拉奥孔》、古罗马的《母狼》《图拉真纪念柱浮雕》、意大利安东尼奥·波拉约洛的《赫拉克勒斯和安泰俄斯》、安东尼·卡诺瓦的《丘比特与普赛克》、贝尼尼的《阿波罗与达芙妮》、法国卡尔波的《舞蹈》、罗丹的《加莱义民》《巴尔扎克》、马约尔的《地中海》、苏联穆希娜的《工人与集体农庄女庄员》、美国亚历山大·考尔德的《火烈鸟》《龙虾陷阱与鱼尾》、法国杜布菲的《可移动的风景》、意大利马里诺·马里尼的《马和骑师》、西班牙爱德华多·奇利达的《风之梳》、法国恺撒·巴尔达契尼的《大拇指》、美国克里斯托·克劳德和珍妮·克劳德的《被包裹的德国议会大厦》等。[①] 中国雕塑除上面提到的之外，还有仰韶文化的《陶俑壶》《红陶猫头鹰》《陶鹰鼎》、红山文化的《彩陶女生头像图》、商代的《四羊方尊》、三星堆文化的《青铜立人像》、周代的《人面提梁卣》《春秋牺尊》、战国时期的《青铜犀尊》、汉代霍去病墓前的石雕《马踏匈奴》、魏晋《青瓷羊》《对书俑》等，佛教造像有云冈石窟主像、龙门石窟造像、麦积山石窟造像、敦煌莫高窟雕像、唐昭陵六骏、乐山大佛像、唐三彩、北宋晋祠圣母殿侍女像、明千手观音塑像等。[②]

① 何宝民主编《外国雕塑名作欣赏》，海燕出版社，2006。

② 孙振华：《中国古代雕塑史》，中国青年出版社，2011。

七　建筑

古希腊建筑：帕特农神庙

建筑在各类艺术中是很独特的一种，原因有三。第一，其他艺术基本上是相对“纯粹”或趋于“纯粹”的，而建筑具有明显的实用性，且不能脱离实用的功能，否则就不能算作建筑。第二，其他艺术只宜于从外部观赏，而不能进入其内部，可是建筑既可以远观，也可以进入；既可以欣赏其外部形状，也可以欣赏其内部构造及装饰——通常人们观赏一座具有艺术价值的建筑物，总是由外而内且内外兼顾的。第三，建筑的“体量”明显大于其他种类的艺术（主要是与“视觉艺术”相比）。绘画如果是几米见方，就是“大幅”甚或“巨幅”了。雕塑作品要满足人在近距离观赏的要求，因而体积不能过大，只有极少数依山而凿的作品是巨型的。而建筑中的最小者也要允许一人或数人自由出入，其大者则要容纳成百上千人的居住和活动。古代建筑因受技术限制，多在平面发展，如皇宫之类的巨型建筑，常超出人的视野，须移步换形地观赏；而现代建筑多向上发展，将人的视线引向天空。前者的特征是“阔大”，后者的特征是“高大”，无论如何，在体量上都大大超过了其他艺术。由于这些原因，建筑与其他种类的艺术就有了明显的不同。此外，我们所谈论的“建筑”是以人为中心的—包括活人的居住和亡灵的安放，因此，建筑的本性也就是人的本性，评价建筑的尺度也是人的尺度。从这些特点出发，我们对建筑的理解大致要着眼于以下几个方面。

（1）建筑作为艺术。了解建筑艺术，先要知道建筑是什么。简而言之，建筑就是人类用特定的材料建造的用于居住和使用的空间。所谓“人类”，是排除了动物建造的“建筑”。动物为了生存也建造自己的巢穴，有的水平之高，为人类所不及，但动物的建造只是出于本能，并没有预设的规划，最重要的是动物不能像人类那样“按照美的规律来塑造”，马克思很早就指出过这一点，表明只有“人类”的“塑造”才能成就“建筑”艺术。所谓“材料”，包括了泥土、砖、瓦、石材、木材以及钢筋水泥等，现代建筑更多地使用玻璃、陶瓷、工程塑料以及复合材料，并且随着科技的发展还在不断更新。所谓“空间”，主要是指房屋，即由特定材料搭建起来的、与外界隔离开来的场所，当然也可以包括建筑物所附带的室外场地，如庭院、走道、车场以及休闲娱乐场地等。

哥特式建筑：巴黎圣母院

建筑作为“艺术”的部分，主要是为人视觉所感知的外观和造型，其他部分，如地基、构架以及功能性设施等，属于“工程”，基本不具备审美的意义。然而，建筑的外观和造型之美又必须以构造的安全稳定为基础，并受其限制，否则就是空中楼阁，无以实现，或者虽能实现却潜藏着危险。因此，建筑这门艺术是建立在工程技术的基础之上，也可以说是美学和力学的结合。这是建筑的第一个特性。

与此同时，建筑作为“艺术”又是以实用为基础的。世界上没有或极少有专门用于审美和艺术展览的建筑（埃菲尔铁塔可能是个例外，但后来也用作旅游观光），几乎所有建筑的建造都具有实用的目的，或居住，或办公，或经商，或举办活动，只有在实现了这些实用目的的基础之上，建筑才可以做审美的设想和设计。因此，建筑这门艺术永远是和实用融为一体的，以“功能”为内在要求。这是建筑的第二个特性。

在以上两个特征的基础之上，建筑还要追求视觉的美感。建筑“艺术”是随着人类文明的进步而产生并发展的。人类早期的建筑只具有居住和使用的功能，但在人类的文化意识和审美意识逐渐自觉之后，建筑也成为一种表达，进而成为观赏的对象。人们不但日复一日地“使用”着建筑，同时也逐渐使它担负起美化环境的功能。天长日久，建筑随着人类的活动和想象，日益生成并强化其艺术性。诚如有建筑史家指出：“是人类发展了建筑。这实际上就是构筑的科学和艺术。或者换一种富于诗意的表达方式：一个构筑物被赋予了某种知性的魔力，这种魔力使构筑物从仅仅是遮蔽物升华为一种自觉的艺术品。”①

这样看来，建筑作为“艺术”实际上包含了3个要素：坚固、实用、美观。这也就是古罗马著名建筑学家威特鲁威在他的《建筑十书》中为建筑定下的基本标准。千百年来，这3个标准仍是建筑艺术的准则。

象征主义建筑：柯布希耶设计的朗香教堂

（2）形式和象征。建筑之美，主要来自其形式和象征。就形式而言，如传统的建筑大都讲究对称，给人以稳重和愉悦的感受；又讲究比例，尤其是自觉或不自觉地符合黄金分割律，给人以和谐舒适的感受；还讲究流畅，其线条自然地延伸和交汇，给人以节奏和韵律之感，并因此被称为“凝固的音乐”。诸如此类，建筑的形式丰富多彩且变化无穷，而每一座著名的建筑也都有其独特的形式特征。就象征而言，建筑虽不直接表达意义，也不表达明确的意义，却可以传达出某种精神、情绪和理念。比如古希腊建筑常用“多立克”石柱，其特点是给人以向上升腾之感，表达出古希腊人蓬勃向上的精神面貌（如雅典帕特农神庙）；又比如欧洲哥特式建筑，以上耸的尖顶和室内的穹顶为显著特征，寓意着对天国的向往以及天国的无限（如科隆大教堂）；再比如中国古代皇家的祭坛，台基和圆形攒尖顶屋檐层层收缩上举，象征着“天”的至高无上以及人（皇帝）与天的不断接近（如北京天坛）。现代建筑家中，有人刻意发挥建筑的象征功能，致使建筑的象征色彩愈发浓厚，并因此形成了所谓的“象征主义流派”，最著名的是法国建筑家勒·柯布西耶设计的朗香教堂。其整体造型如听觉器官，沉重的屋顶令人联想到挪亚方舟，外墙立面布满大大小小的彩点窗，把各种光线引入室内，使室内产生奇异的光

① 〔英〕乔纳森·格兰西：《建筑的故事》，罗德胤、张澜译，三联书店，2015，第9页。

影效果，所有这些都使建筑弥漫着神秘的宗教气息，艺术地表达出一种超凡的精神。

（3）时代、民族和文化。建筑与时代、民族（地域）和文化有着密切联系，不同时代、民族（地域）和文化的建筑，其样式和风格会有较大差异。以时代论，西方历史上先后出现古希腊式建筑、古罗马式建筑、巴洛克式建筑、哥特式建筑、文艺复兴建筑、古典复兴建筑、浪漫主义建筑、理性主义建筑、野性主义建筑、象征主义建筑以及后现代主义建筑等。以民族或地域论，有中国式建筑、日本式建筑、意大利式建筑、英国式建筑、俄罗斯式建筑、伊斯兰式建筑、印第安式建筑等。至于文化，不同时代、不同民族和地域的建筑都有各自的文化特征。比如，西方建筑多有基督教文化的特点，而阿拉伯建筑多有伊斯兰文化的印迹。又比如，西方建筑在20世纪前总体上是体现“古典文化”风貌，而20世纪以来的建筑多体现现代或后现代文化的风格（典型的如加拿大建筑家弗兰克·盖里的毕尔巴鄂古根海姆艺术馆）。再比如中国传统民居建筑里，北方建筑与南方建筑多有文化上的差异，具体表现为北方建筑多规整而稳重，以四合院为代表；南方建筑多紧凑而灵动，以江南民居为代表。再往细看，中国各民族的建筑无不与各自的风土人情相关，如蒙古包的特色就和蒙古族人民逐水草而放牧的生活习性有关，福建土楼的形制则源于客家人迁徙东南后抵御外族的侵扰，其他如藏族的碉楼、维吾尔族的庭院、傣族的竹楼、苗族和其他西南少数民族的吊脚楼以及陕北的窑洞等，都能体现中国各民族的地域性及其风俗、文化和社会心理。此外，如果再考虑寺塔、宗庙、陵寝、牌楼和桥梁等，那么中国传统建筑还与宗教、宗法以及地理等因素相关，这里就不一一细说了。

中国民居：北京四合院

（4）环境和关系。任何建筑都极少是孤立存在的，它们总是处于一定的环境当中，无论是自然环境还是社会环境，如英国建筑史家伊恩·萨顿

有机建筑：赖特设计的“流水别墅”

所说，“是‘建造环境’的集合”。[①] 因此，建筑通常与它所处的环境存在着一定的关系，这意味着建筑艺术除了它本身的形式及象征外，它的意义和价值还体现在与周围及更大范围环境的联系中。中国古代的寺庙和园林建筑总是与山水相关，一同构成人文景观。现代城市建筑鳞次栉比，构成人们居住和活动的大环境，每有新的建筑规划和设计，总要考虑到整个建筑及整个群落的关系。最著名的是上海外滩并列的两座大厦，一座是方顶，一座是尖顶，自然形成对比和呼应。而整个外滩临江的建筑均是风格各异、多彩多姿，形成了既富有历史感又和现代意识交融的人文景观。在这个意义上，建筑也可以看作是环境艺术和关系艺术。法国建筑家柯布西耶有个著名的观点，认为建筑以其抽象性“把尘世精神化”。[②] 这个观点是很深刻的。从古至今，在一片空地上起一座建筑，就是人类精神在大自然的一次显现；而在建筑艺术上的每一次创新，也是人类精神的一次自我超越。在当代城市生活中，每当一座新的建筑尤其是“地标”建筑拔地而起，就是在向世人宣示一种新的精神，同时给周围环境赋予了新的精神，进而体现了国家和时代的精神。如北京20世纪50年代的“十大建筑”以及近年来新建的国家大剧院、“鸟巢”、APEC会议中心、中央电视台新址等，既反映了北京城市建设的变化，也展示了中华民族走向未来的精神面貌。这是建筑艺术特有的功能，其他艺术望尘莫及。

世界各国的著名建筑依类而分，宗教建筑有古希腊帕特农神庙、古罗马万神殿、拜占庭圣索菲亚大教堂、德国科隆大教堂、梵蒂冈圣彼得大教堂、意大利米兰大教堂、法国巴黎圣母院和朗香教堂、耶路撒冷圆顶清真

---

① 〔英〕伊恩·萨顿：《西方建筑》，范白丁等译，广西美术出版社，2015，第9页。

② 〔法〕勒·柯布西耶：《走向建筑》，载〔美〕大卫·戈德布拉特、李·B. 布朗《艺术哲学读本》，牛宏宝等译，中国人民大学出版社，2016，第144页。

寺、麦加大清真寺、日本法隆寺、古印度尼西亚婆罗浮屠、柬埔寨吴哥窟、中国山西悬空寺等；宫殿建筑有中国故宫、天坛祈年殿和布达拉宫，奥地利美泉宫、英国白金汉宫、法国凡尔赛宫、俄罗斯克里姆林宫、西班牙阿尔罕布拉宫、德国新天鹅堡等；城墙建筑有中国长城、罗马帝国哈德良长城等；体育建筑有古罗马斗兽场、日本代代木体育中心、中国国家体育馆（“鸟巢”）等；园林建筑有中国北京颐和园、圆明园、承德避暑山庄和苏州拙政园等；会展和剧院建筑有英国水晶宫、法国巴黎歌剧院、美国古根海姆美术馆、比利时原子球博物馆、澳大利亚悉尼歌剧院、中国国家博物馆等；行政建筑有英国议会大厦、美国国会大厦、印度昌迪加尔法院、中国人民大会堂等；住宅建筑有中国四合院和福建土楼、美国流水别墅等；纪念性建筑有古罗马图拉真广场及纪念柱、法国巴黎凯旋门和埃菲尔铁塔、美国林肯纪念堂、中国人民英雄纪念碑等；陵寝建筑群有古埃及吉萨金字塔群、印度泰姬陵、中国南京中山陵等。①

印度泰姬陵

八　小结：“艺无止境”

这是一句学艺的箴言，此处借用是为了表达两个意思，一是艺术的疆域很宽，一是艺术的道路很远。就艺术疆域的宽阔而言，除了以上所述，还有曲艺、杂技、工艺、摄影、篆刻等。在曲艺里面，有相声、小品、快板、山东快书、京韵大鼓、苏州评弹、河南坠子等；在工艺美术里，有刺绣、瓷器、漆器、内画、牙雕、铁画、烙画、壁毯、剪纸、灯笼、风筝等。许多被列为世界、国家和地方的“非物质文化遗产”技艺，也具有艺

① 参见盛文林编著《建筑艺术欣赏》（北京工业大学出版社，2014）和英国 DK 公司编著《伟大的旅程—— 一生必看的 103 个建筑》（翟娜娜译，北京美术摄影出版社，2013）。

术的性质，往往可以作为艺术品去展览、观摩。比如中国在2009年新添了25项世界非物质文化遗产，即蚕桑丝织技艺、福建南音、南京云锦、安徽宣纸、贵州侗族大歌、广东粤剧、《格萨尔》史诗、浙江龙泉青瓷、青海热贡艺术、藏戏、新疆《玛纳斯》、蒙古族呼麦、甘肃花儿、西安鼓乐、朝鲜族农乐舞、书法、篆刻、剪纸、雕版印刷、传统木结构营造技艺、端午节、妈祖信俗、羌年、木拱桥传统营造技艺、黎族传统纺染织绣技艺，其中大多数是具有"艺术"或"准艺术"的资格，能够丰富人们脑海里"艺术"这个大观念。可以想见，随着传统艺术形式的不断发掘和新兴科技手段的不断运用，艺术的领域还会不断地扩大。就艺术道路的漫长而言，各个艺术种类都在不断地探索和开拓，从而也都在朝着更高的艺术境界进取。因此，未来的艺术一定会更加多彩多姿、新颖别致。而生活在现实社会里的人一定要去亲近艺术、喜爱艺术，让艺术融入人生、美化心灵、开辟生活的崭新境界，日新又新、永无止境。

拓展阅读

顾春芳：《戏剧学导论》，北京大学出版社，2014。

王如宗编著《图解京剧艺术》，清华大学出版社，2016。

叶纯之：《音乐美学十讲》，湖南文艺出版社，2016。

吕艺生等：《舞蹈学基础》，上海音乐出版社，2013。

迟轲：《西方美术史话》，中国青年出版社，1983。

潘天寿：《中国绘画史》，上海人民美术出版社，1983。

潘伯鹰著，潘仲武、柴敏编《中国书法简论》（插图本），上海辞书出版社，2016。

〔美〕约瑟夫·曼卡、〔英〕帕特里克·巴德、〔美〕萨拉·科斯特洛：《大师雕塑1000例》，何清新等译，广西美术出版社，2012。

〔英〕乔纳森·格兰西：《建筑的故事》，罗德胤、张澜译，三联书店，2015。

第十章　电影

电影是一门新兴的艺术，它的出现得益于现代工业和科技进步，也可以说就是技术发明的产物。它的性质和以往传统的各类艺术都有关联却又有根本的不同，因而被称作“第七大艺术”（继音乐、戏剧、舞蹈、绘画、雕塑和诗歌之后）。实际上，电影最初是作为一种“技术”被发明出来的，后逐步引入各类艺术的元素和手段，方成为一门“艺术”。在这个意义上，电影可以说是在科学技术的基础上综合了以往各类艺术的手段而形成的一种新的艺术形式。正因为如此，电影发展到今天，与商业和经济的关系远比其他艺术要深，受科技进步的影响也远比其他艺术要大，故而可以和其他艺术区别开来，作为一种特殊的艺术去了解。

一　性质

如果要用下定义的方式概括表明电影是什么，那么可以说，电影是借助镜头去呈现图景，用以叙事、纪录并抒情的艺术。

但这个“定义”要补充的内容太多。

其一，电影的“科学”原理是什么？应当说是“视觉滞留”，也即外界事物的运动会在人的视网膜上短暂地留下印迹，因此，某个物体移动得足够快，便会让人感觉到连续的视觉形象。比如，一个火球缓慢地移动，人们看到的是火球；而当它快速移动时，人们看到的则是“火带”。同理，在一个背景上快速投射多个画面，人们看到的就不是数个画面，而是一个画面中形象的运动了。电影便是按照这一原理，在 1 秒钟内移动 24 格画面，就产生了与现实中人或事物运动相似的图景。在这个意义上，电影的原理也被称作“光学幻觉”。

其二，电影的“技术”手段是什么？电影的技术手段来自于照相术。

把照相机改造成能够连续拍摄照片的机器，就成为摄影机。再将拍摄好的胶片用特殊的机器放映出来，就成为电影。当今的电影拍摄已经运用数码技术，或许标志着电影技术的升级换代。

其三，电影“艺术”的本质是什么？即“摄制”。“摄”是拍摄，由导演和演员以及灯光师、音响师、化妆师、特效师等各类人员共同完成；“制”是制作，主要工作是剪辑，由导演和剪辑师及相关人员共同完成。

其四，电影艺术如何呈现的？即“播映”。它需要特定的场所或“空间”，最常见的是电影院（室内的或露天的），现代社会中的网络也成为电影播放的手段及空间。随着电影技术的发达，对播放场所要求也越来越高，而电影的效果往往也要依赖特定的播放环境才能够实现。因此，电影院仍是电影艺术呈现的主要场所。

其五，作为艺术的电影包括哪些电影种类？通常人们把电影艺术约等于故事片，几乎所有电影概论类的书籍都以故事片为主要论述对象，电影史也基本是故事片发展的历史。这样做是有道理的，因为最能够体现电影“艺术”的就是故事片。但我们也要知道，电影家庭里还有很多种类，如动画片、纪录片、新闻片、科教片、舞台艺术片等，有的种类可以达到相当高的艺术水平。动画片自不必说，其优秀者往往成为经典或“大片”；纪录片也当仁不让，比如荷兰导演伊文思、意大利导演安东尼奥尼和法国导演雅克·贝汉的作品就具有很高的价值和声誉。

以上是对电影艺术的基本性质的简要界定。在此基础上，再对电影艺术的几个主要特征或方面加以说明。

二 镜头

从观众的角度看，电影镜头就是在银幕上看到的“看上去”是由一台摄影机一次拍摄下来的画面。为什么是“看上去”呢？因为摄影师可能会“做手脚”，把两次或更多次拍摄的镜头接在起成为一个面面，而观众是看不出来的。

镜头是电影艺术的最基本材料，或者说是电影语言的最基本词汇。电影艺术的本质在于镜头，电影艺术的技巧在于镜头，电影艺术的意义也要通过镜头呈现出来。因此，把电影说成是“镜头”的艺术也大体不错，而电影艺术家们要拍摄出好的电影，就得在“镜头”上做足文章。

“镜头的艺术”首先体现在镜头本身，就是镜头呈现出的画面要讲究、有美感、有艺术性，甚至还要有“思想”。当摄影师把摄影机镜头对准拍摄对象时，他可不是随意乱拍，而一定要有设计、有构图、有取舍，类似于绘画的“取景”。从拍摄距离看，有远景、中景、近景、特写等；从拍摄角度看，有平角、仰角、俯角；从运动的方位看，有推、拉、摇、移等；还有光线、色彩、景深、跟拍以及长镜头等。将这些要素及手法巧妙运用就会使电影镜头丰富多彩，虽是对客观现实的真实再现，却也是出自特殊视角的主观和能动的反映。电影之所以成为一门艺术，奥秘即在于此。

比方说，现实中我们在一定距离内看一个人，如果没有特殊关系，大体不会有特别的感觉。但在电影镜头将此人用远景、中景、近景和特写依次呈现，就会产生一种感觉或情感上的效果。如果从仰角拍，或许产生崇高感，也可产生浮夸感；如果从俯角拍，或感到人物渺小，或感到精神升华。如果镜头把人从远处“拉”到眼前，或感到一种紧张；如果镜头把人从眼前“推”向远方，或感到一种伤感。如此等等，都是镜头的变化所产生的效果。观影时，普通观众或许不会特别注意镜头的变化，但如果观众被电影吸引住，那么镜头里的艺术一定是起了重要作用的。要对一部电影进行艺术分析，一定是把镜头当作重要的对象，而伟大的影片也往往是在镜头上大有作为，一个经典的例子是《公民凯恩》，它的很多镜头都得到高度评价，如评论家所说：

> 《公民凯恩》这部影片充满了富有创造性的大胆画面，例如凯恩富丽堂皇的私人城堡“上都”、凯恩在公众面前发表竞选演说、凯恩情妇的房门化入敌对报纸的头版照片、镜头穿过夜总会的天窗俯视痛苦的苏珊、相对的镜子映出无数个凯恩的身影，等等。在一组镜头中，画面近景是凯恩的父母即将做出改变凯恩人生的重大决定，远景则是小凯恩在雪地里玩耍；在另一组镜头中，首先出现的是苏珊在歌剧院初次登台的场面，随后镜头笔直地摇上去，只见舞台上方一个工作人员捏住了鼻子，接下来镜头转向凯恩，他立在一片死寂的观众席

上，像和谁赌气似地用力鼓掌，阴影笼罩了他的面庞。[1]

镜头运用的经典：《公民凯恩》

《公民凯恩》的经典镜头还不止上述，而电影史上经典影片里的经典镜头更是数不胜数。实际上，即便是普通观众也会自觉不自觉地因为电影里的精彩镜头而感动。比如我们看过一部好的电影，总会有几个镜头留在脑海里难以忘怀，甚至铭记终生，这就是电影镜头的魅力。这种感受就是了解电影的端倪，如果再能够利用相关的电影理论及美学去加以分析，就进入电影欣赏的境地了。

三 剪辑

单个的镜头并不能构成电影。要成为真正意义上的电影艺术，好的镜头还需要好的剪辑，只有经过剪辑，镜头才能够叙事、抒情或表现。如果说镜头是电影艺术的语汇，那么剪辑就是电影艺术的语法。电影的意义是靠剪辑产生出来的，或者说，是“剪”出来的。

“蒙太奇”的先驱：格里菲斯

剪辑是根据电影艺术的规律对摄制好的镜头进行连接和组合，通常在电影拍摄工作完成后由剪辑师与导演共同完成，属于“后期制作”。一部电影的成功与否，与剪辑水平的高下有密切关系。再好的镜头，如果剪辑不到位，就不能成为好电影。而同样的“素材”由不同的人剪辑或用不同

① 〔美〕罗杰·伊伯特：《伟大的电影》，殷宴、周博群译，广西师范大学出版社，2012，第147页。

的方式剪辑，甚至可以制成很不一样的影片。在电影史中，一部电影上映后并未见好评，但经过重新剪辑后获得成功是有先例的。

叙事性电影的剪辑除非特别的需要或追求特殊的风格（如超现实主义风格的《一条安达鲁狗》），一般都要做到自然流畅，不能枝蔓、累赘甚至出错。但从观影的感受来说，这些要求还很不够，还应当用各种手法创造出特殊的效果，给观众以快感。这里面最重要的就是节奏。总体上说，影片给人的“节奏感”不能太慢，节奏来自变化，同样的事情如果老是处于静止和单一的状态，虽然也在发展，却难免给人节奏缓慢的感觉。这就意味着，电影里单个镜头持续的时间不能太长。比如电影里表现一个人在台上演讲，如果持续了一分钟以上，观众就会觉得冗长；而要使这段讲话不至于令人乏味，就得分成若干个镜头去呈现，而且每个镜头之间都要有所区别。所以通常情况下，我们看电影里简单的动作或对话都是由许多不同的镜头连接而成，这就是剪辑的效用。从电影发展的趋势看，单个镜头的时间越来越短，这在相当程度上是为了适应现代人不断加快的生活节奏及心理节奏。电影界对单个节奏持续多长时间为宜尚无定论，通常以不超过7秒为好。也有人把电影镜头的停留时间控制在4秒以内，这样就使影片的节奏感更强，给人的感官刺激也越大。在一些动作大片的“追逐戏”里，镜头转换之快常使人目不暇接、高度紧张，而这样的剪辑也大大增强了影片的动感和吸引力。

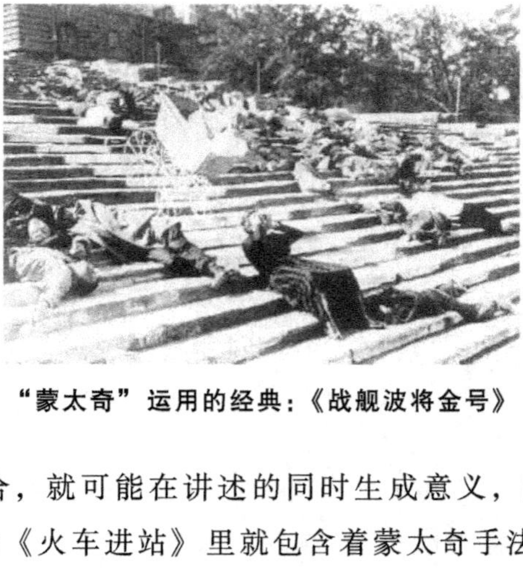

“蒙太奇”运用的经典：《战舰波将金号》

说到剪辑，就不能不提“蒙太奇”。“蒙太奇”的本义和原理就是剪辑，不过成为专有术语后，表示一种特殊的功效，那就是镜头的组合生成新的意义。最简单的例子是让两个相关的镜头先后出现，通过映衬、对比或暗示使观众产生联想，进而有新的体悟。这种功效天然地潜藏在电影之中，因为只要将镜头加以组合，就可能在讲述的同时生成意义，因此，有人认为在卢米埃尔兄弟拍的《火车进站》里就包含着蒙太奇手法，也不是没有道理。到了格里菲斯，“蒙太奇”才被作为电影剪辑的手法加以自觉运用，而使“蒙太奇”成为电影艺术的主要艺术手法并因此形成理论和流派的，是苏联的一批优秀电影导演，如普多夫金、爱森斯坦和库里肖夫等。在这个阶段，“蒙太奇”对电影创作来说已经具有无可争议的主导地位，甚至连电影本身也被称作“蒙太奇的艺术”。

关于“蒙太奇”的手法、原则以及美学规律，内容还有很多，这里不多说。其中，在苏联电影家们手里得到充分运用和强化的是隐喻和象征的功能，这与那个时代“社会主义现实主义”创作方法提倡用艺术的方式表达革命思想的要求是密切相关的。比如爱森斯坦的电影《罢工》里有这样的镜头剪辑：

1. 原野，在进行射击。
2. 屠宰场，拿着刀的手从画面的上部切下来。（特写）
3. （全景）一千五百个工人从坡路上跑下来。
4. 五十个人从地上站起来，高举双手。
5. 士兵的脸，端着枪瞄准。
6. 一头公牛全身颤抖，终于倒了下去。
7. （特写）即将死去的公牛的蹄子。
8. （特写）枪的扳机。
9. 屠宰场。公牛的头被一条绳子捆在屠宰架上。
10. 一千个工人向前冲。
11. 一队士兵就象从地里涌出来似的，出现在草丛中。
12. （特写）公牛的头，眼睛凸出。
13. （特写）公牛的头被砍下，血，一涌而出。①

这里面屠宰公牛的镜头与反动军队镇压工人的镜头交替出现，暗喻着压迫与被压迫的关系以及人民反抗统治者的合理性。这样的“蒙太奇”不仅起到暗喻的作用，同时也加强了电影的艺术表现力。像屠宰公牛这样的镜头可以给观众以极大的视觉冲击力，比单纯地展现工人遭受镇压显然更

① 〔日〕岩崎昶：《电影的理论》，陈笃忱译，中国电影出版社，1984，第98页。

能产生心理震撼。

在几位苏联电影导演的努力下，“蒙太奇”日益显露出特有的美学价值，从一种电影剪辑手法而引导出新的风格及流派，如所谓的“诗电影”。诗意何来？正缘于“蒙太奇”释放出的情感力量，如爱森斯坦所说：“我们的影片所担负的任务不仅仅是逻辑连贯的叙述，而恰恰是最大限度富于感情的、充满情感的叙述。”[①] 杰出的匈牙利电影理论家巴拉兹曾以普多夫金导演的《母亲》中的一个段落说明“蒙太奇”的诗意作用：

> 春天里，工人在大街上举行第一次革命示威游行，与游行场面并行出现的是一段描写春冰解冻的画面——先是一泓细流，然后变成一条小河、一股急流、一片波涛汹涌的洪水。流水的镜头被反复切入游行的场面，而观众就必然会把这两个平行发展的段落联系起来：在阳光下闪闪发光的溶溶春水像是一个光明的希望，而在工人的眼睛里也同样闪烁着希望的光芒。工人的充满信心和希望的面孔映现在布满阳光的水潭里。在不同的画面之间探求这种相互关系是一个必然的自发的过程。因此，不管导演的主观意图如何，一部影片里的各种画面一经接触，便会引起互为因果的联想过程，就像两个充电的物体一经接触便会引起火花一样。这是一种天生的力量，而电影制作者，如果他是一个艺术家，他就必须紧紧掌握住这个力量，并根据他的需要去运用它并具体实现它。[②]

这段话用实例说明了“蒙太奇”之所以能够产生意义并表达诗意的缘由。它产生于不同画面之间关联所引发的联想，也可以看作是用某种诗意的画面去表达某种思想和情怀，用中国传统诗学的术语来说，是“以景写情”或“化景物为情思”，这也就是“蒙太奇”给电影叙事带来的诗意表现的效果。

当然，用“蒙太奇”手法表达或强化某种思想只是电影这种剪辑手法的功能之一。从美学的规律看，“蒙太奇”之所以重要，还是因为适合了

---

① 〔俄〕爱森斯坦：《蒙太奇论》，富澜译，中国电影出版社，2003，第277页。

② 〔匈〕巴拉兹·贝拉：《电影美学》，何力译，中国电影出版社，2003，第127页。

诗意蒙太奇：苏联电影《母亲》

电影艺术的“镜头”和“运动”的本质。电影是由许多镜头组合起来向前“运动”的，让这种组合及其“运动”具有更多的内涵和更强的表现力，也就是在强化电影的艺术性。这有些像结构主义诗学的原理，把“纵组合”里的语词放到“横组合”里面，从而使“隐喻”多于“转喻”（雅各布森），而“隐喻”正是诗性的来源。正因为如此，才会有那么多的电影人会为“蒙太奇”而着迷，并从实践和理论两个方面对它进行探索和深化。

四　“长镜头”

“蒙太奇”手法在电影艺术上取得了很大成功，“蒙太奇”理论在电影界也产生了很大影响。但当它辉煌过后，就有人提出了质疑，进而从根本上否定了“蒙太奇”作为电影艺术的本质，并用“长镜头”取而代之，它的主要倡导者是作为电影理论家的法国人巴赞。

所谓“长镜头”是指对一个场景或一场戏进行较长的、连续的拍摄，从而真实、完整地表现客观世界。巴赞认为，电影的本性是对客观世界的复原，应摒弃戏剧式的按因果关系的省略手法，从而完整和自然地再现现实，不割断事物发生的时间和空间。而蒙太奇将简单结构强加于变化的世界，从而扭曲了它的意义，这样的剪辑不仅破坏了客观世界的完整性，而且弱化甚至剥夺了观众理解电影的能动性，因为这是“剪辑师替我们从真实生活中作选择，而我们毫不思索地接受了，却被剥夺了特权”。[①] 所以，电影剪辑不能过于讲究“形式”并凸显意义，而要尽可能还原客观世界的生活，把选择和评判的权利交给观众，这也就是“长镜头”所具有的功

① 〔美〕路易斯·贾内梯：《认识电影》，焦雄屏译，世界图书出版公司，2007，第152页。

效。它可以从一个客观的视角不间断地跟拍一个事件的某一过程，让观众不受引导和暗示，自主地感知影片所呈现的现实生活。电影的本质是“真实”，但“蒙太奇”追求的是“心理主义”的真实，它营造出人为的幻象。而“长镜头”以及“景深镜头”表现的是“空间真实”，它不需要要复杂的镜头剪辑，从而创造出一种新的电影形式，“一种不用将世界切割为碎片，也能讲述复杂故事的形式，一种无需破坏人与环境的整体性也能表露人物与事物背后隐藏的丰富意味的形式。”①

那么“长镜头”该有多长才合适呢？似乎也没有绝对的标准。如果通常镜头的转换是以秒来记录的话，那么超过1分钟的镜头就可以视为“长镜头”，许多影片里的“长镜头”能达到四五分钟，也不少见。从审美心理的角度看，观众对一个镜头看上四五分钟确实会觉得冗长，但如果知道所观看的是一部写实风格的影片，而且从朴实的镜头中也看出了意味，那么对“长镜头”就会有一种亲切感。比如，我国电影《秋菊打官司》的开头是3分多钟的乡镇马路上人群熙熙攘攘的场面，伊朗影片《天堂里的孩子》的开头也是3分多钟的老鞋匠双手修鞋的特写，这样的“长镜头”颇耐人寻味，也很值得一看。电影史上将“长镜头”作为重要表现手段的有“新现实主义”和“新浪潮”电影。“新现实主义”着意反映社会底层普通人的生活，力求还原真实生活及人们精神世界的本来状况，“长镜头”的运用更能体现一种朴素自然的风格。“新浪潮”电影受到“新现实主义”的影响，更强调电影手法的客观性，着力探索用“长镜头”挖掘人物内心世界的独特方式。这些都让人们进一步了解了“长镜头”在电影艺术中的新的表现功能。著

新现实主义影片《偷自行车的人》

① 〔法〕巴赞：《电影是什么?》，载〔美〕达德利·安德鲁《经典电影理论导论》，李伟峰译，北京联合出版公司，2018，第135页。

名的“新现实主义”影片有《罗马，不设防的城市》《偷自行车的人》等，“新浪潮”影片有《四百击》《筋疲力尽》等。

五　声音

电影因声音产生的问题要从默片和有声片的争论说起。

早期的电影是无声的，故事内容和人物对话都由字幕显示，后来由于技术的进步，电影胶片可以把画面和声音合成到一起，才出现了有声片。然而，开始的时候观众对有声电影并不买账，他们习惯了默片，对电影里的人物居然能够说话感到十分诧异。同时，一些电影导演也认为有声影片降低了电影的艺术性，因为原来要靠表演呈现的东西现在用话语就可以说明白，使得演员的表演更加容易，而观众也不会再像从前那样专注于演员的表演了。此外，有声电影还对商业利益产生了不利影响。此前，默片在不同语言的国家和地区发行时，只需翻译字幕即可，而有声影片则需要人工配音，使成本大大提高。基于这些原因，有声电影出现后曾受到默片的顽强抵抗，但没过多久，观众就感受到有声电影的诸多好处而逐渐扭转了态度，养成了边看边听的习惯，默片时代也就随之结束了。这一过程在美国歌舞片《雨中曲》中有所体现。今天，除研究电影史外，已很少有人再去看默片。电影不能没有声音，这不仅是为了让观众听见对话，而且还有其他方面的原因；正是这些原因使得声音成为电影艺术的重要组成部分。

首先，电影里的声音都经过艺术处理，就是人们听上去跟生活没有什么不同的声音也是经过后期制作，并非原始的录音。重要的是，电影里的声音可以根据表现的需要而加以控制。比如在一个紧张的剧情里，把其他声音都屏蔽掉，只留下心跳的声音；或者表现体育比赛，把观众的呼喊声都去掉，只留下某位运动员的呼吸声。这时候，声音显然是用来渲染气氛或刻画心理。

其次，电影里的有些声音在现实生活中并不存在，或者即便存在，也需要对它进行加工，这就是所谓的“音效”。电影里的大多数声音都是人工制作的，属于“音效”的范畴，即便是从自然或社会环境中采集来的声音也得做加工处理，根据影片的需要用在该用的地方。影片里的声音与“声音源”往往并不吻合，比如我们在一个集市的远景中能听见嘈杂的人声，但实际生活中这么远的距离是听不见声音的。又比如在一个悬疑的情节中，观众能听见特别清晰的“吱吱”开门声，这显然是为了制造恐怖气氛而压低或屏蔽了其他声音。再比如战场上本该是炮声隆隆、杀声震天，可在电影里为了表现某种主观的意识却出现了静音。如此等等，都是利用声音产生效果，这是“音效”更加宽泛的含义。

再次是混音。电影里的许多场面尤其是大场面中会同时出现各种声音，这就需要音响师在后期制作中通过技术手段把各种声音混录在一起，并使之与画面完美地结合。比如在一个战争场面中，士兵的呼喊声、枪炮的射击声、战车的轰鸣声，有时还需加上自然界的风声、雨声和雷声等，这些声音协同出现，或有强有弱，或有先有后，或有远有近，都需要利用“混音”的制作而达到特定的效果。

最后是电影音乐。电影音乐出现得很早，甚至“默片”时代就有：“在称为无声的时代，每个电影场都有一位钢琴演奏者或一个乐队，负责按一首专门写好的乐谱，或按影片公司往往非常明确地提供的指示，用音响为画面伴奏。”[①] 待有声电影出现后，音乐很快进入，并且发挥越来越重要的作用。如今的电影极少没有音乐，而为电影配乐也成为专门的“艺术”，甚至在音乐领域中出现了“电影音乐”一类，足见其成就和影响。

电影音乐：《英雄儿女》中女主人公王芳在战地演唱《英雄赞歌》

音乐在电影中的作用很多，如深化主题、抒发情感、推动情节、渲染气氛或刻画人物等，无论如何，电影音乐都是为电影服务的。美国音乐家科普兰把电影音乐服务于电影的作用归纳为五项，即“为时间和地点创造更令人信服的气氛”“潜在的心理上的提炼—— 一个人物的内心世界或一种场合的看不见的含义”“起中性的填补背景的作用”“建立连续

① 〔法〕马塞尔·马尔丹：《电影作为语言》，吴岳添、赵家鹤译，中国社会科学出版社，第116页。

感”以及“为建立一个场面的戏剧性高潮奠定基础，并使之圆满结束”。[①]与此相应，音乐家为电影配乐也是一项专业性很强的工作，有其自身的规律和流程。如今，电影和音乐已经很难分离，人们观看一部电影时，若从头到尾都没有听见音乐，就会产生一种若有所失的感觉；而一部电影的音乐若是写得好，则会给人留下深刻印象，甚至多年后已经忘记了电影，但音乐却永久地留在了心中。与此相关的是，电影音乐尤其是电影歌曲，较之通常的音乐和歌曲似乎更易于写好并流行。这恐怕是因为电影为音乐提供了故事、人物或者说是形象和动机，而电影音乐又大多通俗易懂且随电影一同流传开来。当然也有一些不同的情况，一种是有些电影音乐直接采用现成的经典音乐作为配乐，比如《太空漫游》就使用了约翰·施特劳斯的《蓝色多瑙河》和理查·施特劳斯的《查拉图斯特拉如是说》等，收到很好的效果。另一种是有些电影极少或根本不用音乐，比如伊朗电影《一次别离》，除了结尾的字幕滚动，全片都不用音乐，给电影带来一种极为朴实和严肃的风格。但这毕竟是特例或另类，对绝大多数电影而言，音乐都必不可少且能起到增色作用。

六　故事

电影的种类很多，但以故事片为主。观众去电影院看电影就是去看故事片，而观看之前会有一个心理期待：“看”一个故事；电影人创作电影也有一个不言自明的目的或前提：讲好一个故事，至于最终是否能够讲好，那就看创作者的水平了。

就“故事”而言，有些问题要加以注意，这关系到对电影欣赏和理解。

其一，电影讲的“故事”和文学讲的“故事”有所不同。通常，人们会以为文学是电影的基础，电影的“故事”来自文学的故事，这种认识大体不错。电影人要讲故事，首先要用大脑想出故事或用文字写出故事，甚至有的故事就是从文学作品改编而来，但电影人和文学家讲故事的方式很不一样。电影人在拍摄电影时往往把文学故事拆分开来，使之成为分镜头

① 〔美〕艾伦·科普兰：《怎样欣赏音乐》，丁少良译，人民音乐出版社，1984，第 172 ~ 173 页。

的脚本，然后根据电影艺术的逻辑用镜头及剪辑去讲述。也正因如此，我们看一部根据文学名著改编的电影时会觉得电影与原著颇有差别：有时貌合神离，有时甚至南辕北辙，而不少经典小说确实很难被拍成同样经典的电影，比如中国的《红楼梦》至今仍没有在电影艺术中大放光芒。

其二，既然电影是用特殊手段——镜头和剪辑——讲故事，那么观众看电影就不能只看“故事”，还要看讲故事的手段，唯有如此才能说是看电影而不是看故事。人们看完电影后通常能够记住并谈论的首先是电影里的人物和情节，其次是片中火爆的场面和特效，再次是影星的阵容和表演。再往深里去，若非专业人士或具有一定的电影理论素养，能够说的就不多了。其实真正意义上的看电影是需要从影片中看出“电影艺术”来的。电影市场上经常会有烂片赚大钱，相当程度上就是钻了这个空子，讲一个让观众过瘾的故事，却失去了电影本身的精华。

其三，电影所讲的“故事”本身也有深浅和雅俗之分。绝大多数电影所讲的故事都可以看懂并具有相当的吸引力，否则就会使观众失去兴趣；而没有观众的兴趣，电影就失去了生长的基础。但是纵观电影史，我们也不难发现，的确有不少电影不太容易看懂，而看不懂的原因主要是没把故事看明白，不知道故事讲什么，当然也就不知道电影在讲什么。更重要的问题在于，这些常人看不懂的电影往往在电影史上有着很高的地位，被视作某个流派或某种风格的代表作。这种现象就导致了一种分化和矛盾：一类电影是通俗的和面向大众的，在电影产业里占主导地位；另一类电影是高雅的（也可以说是严肃的、深刻的）和面向“小众”的，常常成为电影艺术里的“先锋”或“前卫”，被称作“艺术电影”或“小众电影”，它们在电影产业里所占比例不大，对普通观众也没有太大影响，更多的是当作专家评论的对象或电影学教材里的案例。这种“大众”与“小众”的矛盾，根源是电影的商业性和艺术性之间的矛盾。在各类艺术中，没有哪一种艺术

兼顾艺术和商业的
奥斯卡金像奖

像电影这样依赖于资本和市场。拍一部电影所需的资金是庞大的，如果没有盈利甚或不能回本，电影这个产业就难以为继。好莱坞就不乏某部影片投入巨大、水平也高，却因为没有赚得票房而败走麦城，甚至导致电影厂破产的事例。因此，电影必须在相当程度上遵循市场规律，并迎合广大观众的趣味。然而，换个角度看，电影毕竟是一门艺术，真正创作出电影的应当是艺术家。艺术家把电影当作艺术来创作就必须遵循艺术规律，必须用艺术化的电影去赢得观众，否则，观众看腻了烂片，也会对电影失去兴趣。这就需要电影界的投资人和艺术家达成某种“妥协”，当然也可以说是共识，就是把商业利益和艺术追求兼顾起来，让达到这一标准的影片成为电影市场的主流和电影观众的最爱，同时也给一部分“小众”的艺术电影留下尝试和发展的空间。这种态度很明显地体现在所谓“大片”和一年一度的奥斯卡金像奖的评选上。“大片”之“大”，主要是制作成本大，动辄上亿甚至数亿；同时也指影响大，在全球同时或先后上映，并在票房和口碑上都获得成功。奥斯卡金像奖虽然是表彰电影艺术所取得的成就，但在相当程度上顾及了观赏性，最终使获奖影片带着“奥斯卡”的光环再去吸金。为此，它的“故事”就不能过于晦涩，而要让各个层次的观众都能够看懂并喜欢。

七 导演

电影产生早期，从拍摄到制作到放映的所有工作，只需一两个人就可以完成，比如卢米埃尔兄弟和梅里爱就都是自己拍摄、自己制作、自己放映。但随着电影技术的发展及其产业化趋势，完成一部电影就需要多人协作，其中还要有一个核心团队，并且各项工作还会牵涉到其他行业的人们。单以“核心团队”而言，就有诸如摄影师、音响师、美工师、剪辑师、化妆师、特效师以及音乐家等。这么多人一同工作，如何统一调度呢？这就需要有一个“核心团队”的核心人物，通常是导演。

电影导演是电影创作的总指挥。影片最终会以怎样的面貌呈现？会达到什么水平？演员在拍摄过程中如何表演？剪辑及后期制作遵循怎样的原则并体现怎样的风格？所有这些都由导演确定。从这个意义来看，一部影片的成功与否，导演起着至关重要的作用。正因为如此，电影艺术对导演就有着很高的要求，包括对电影艺术的理解、对各类艺术的修养、创意能力和创新精神以及对社会和人生的认识等。就此而言，导演应是具有综合素质的电影艺术家。当代中国的著名电影导演往往也担任大型晚会或庆典活动的总导演，原因当在于此。

但历史上对导演的地位也曾有过质疑，原因之一是创作一部电影需要各个领域里的诸多艺术家，他们都有自己的才华和个性，并对影片做出独特的贡献，有一些甚至是导演未能预见的。原因之二是电影的制片商及大公司的股东往往对影片的创作产生影响，在有些事情上甚至能够左右导演，比如投资规模和遴选主要演员等。的确，电影创作既具有“集体性”，又具有“商业性”，是各种力量的汇合。但尽管如此，导演的核心地位和主导作用还是不能否认的，这关系到一部电影是否能够实现最初设定的目标。在创作过程中，导演或许会受到外界影响而对创作计划做出些许调整和改变，但总体还是要按照自己的思路及预定的目标去进行。因此，电影史上虽对导演是否应成为中心的问题有过争议，但最终还是认可了导演的核心作用及其“电影创作者”的身份。这对电影艺术的进步十分重要。正如有专家指出：“提高导演的地位，使他成为影片摄制工作的关键人物，并不是贬低其他任何为影片进行工作的艺术家或技术人员，而是意味着必须把专家们的贡献放在适当的地位。如果否认创造性艺术家在制片工作中起决定性作用，那就等于说影片是没有艺术的产品。”[①] 也就是说，电影的“艺术”主要来自导演的创造性工作。

八　演员

演员的职能是扮演影片里的角色，既要把角色演“像”演活，又要能挖掘片中人物的内心世界。通常情况下，男女主角的戏份更多，难度也更大。在这个基础上，演员也可以分出不同类型，比如有的偏于本色、有的偏于技巧，有的以魅力动人、有的以功力感人，有的只演“正面”、有的专攻“反派”，如此等等。正因为有那么多的不同气质、不同个性及不同

---

① 〔美〕斯坦利·梭罗门：《电影的观念》，齐宇译，中国电影出版社，1983，第71页。

表演类型的演员，电影银幕上才能够出现形形色色的让人拍案叫绝的人物形象。

电影演员中有一个非常引人注目的现象，叫作“影星”。什么样的演员能够成为“影星”似乎并没有固定的标准。大致说来，“影星”与否取决于演员的条件、成就和影响。如果一个电影演员相貌气质俱佳，又因为饰演某部电影中的某个角色而走红，赢得大批观众喜爱甚至追捧，就可以算是“影星”了。自有“影星”以来，电影和演员的关系就发生了巨大的变化，彼时是演员依靠电影而生存，但此时经常是电影依靠影星而活命，因为影星能够带来大量的观众和票房。好莱坞历史上就不乏制片厂靠着某位影星而免于破产的事例。

当然，“羊毛出在羊身上”，最终埋单的还是广大的电影观众。影星的出现给社会上许许多多的人——尤其是少男少女们——编织了一个个梦，造出了一个个“神”，用以满足人们发自心底的幻想和欲望，如有专家所分析的：“明星直接或间接反映了观众的需求、欲望和焦虑。他们是梦的食粮，让我们可以有最深的幻想和迷恋。他们像远古时的神祇，被人崇拜、倾慕、景仰，就如神化的图征。”[①] 客观地说，这也不是什么坏事。人人都有梦想，在年少或年轻时做做“影星梦”也是人之常情，只要不走极端，应该可以理解，况且，有那么多人做明星梦，对电影事业也有好处。但问题是，做梦和被梦的都需要原则和底线，不宜有损道德和法律。西方就曾发生过追星着迷而最终演化出刑事案件的，比如某个男青年为引起某女影星的注意，竟做出刺杀总统的惊天之举。影星一旦成为大众偶像，也应当顾及其本人的社会影响，尤其是不能给青少年做出坏的榜样。不少影星在这方面都做出了正面的表率，并因此得到全社会的尊重，比如那位美若天仙的奥黛丽·赫本，晚年从事公益活动，致力于拯救贫困和饥饿中的非洲儿童，被全世界的影迷深深怀念。而有的大牌影星甚至还没有成为大牌的影星，戏里戏外就表现出双面人生，因各种不端甚至违法行为——如偷税、吸毒、酒驾等——而成为社会风气的污染源，应当受到社会各界尤

---

① 〔美〕路易斯·贾内梯：《认识电影》，焦雄屏译，世界图书出版公司，2007，第228页。

其是广大影迷的鄙夷和唾弃。

九 动作

电影在其发展进程中很自然地走上了类型化的道路，其原因还在于观众。一是普通观众看电影不喜欢含混，要明确知道所看的故事属于哪一类；二是不同口味的观众喜欢不同的故事类型，在观看之前需要加以选择；三是有些故事的内容和结构符合观众的心理需要，故而可以反复运用，最终成为类型。因此，各种电影便划分为种种类型，如动作、奇幻、喜剧、伦理、恐怖、冒险、爱情、警匪、科幻、战争、灾难、温情、史诗、实验、悬疑、音乐、黑帮、纪录、公路、意识流、惊悚、西部、人物、飞车、家庭、超级英雄等。其实，稍加思索就不难发现，这种分类并不严格，也不合逻辑，完全是依据电影艺术自身的实际情况。好在观众并不计较类型划分是否合理，而理论家们也接受这种约定成俗的概念，并把它上升为“电影类型研究”。

功夫片：李小龙的《猛龙过江》

种种类型中以“动作”最出风头、最受青睐。现今的所谓“大片”里，多半属于“动作”——当然，这个“动作”要包含许多相关题材及类型，如战争、冒险、恐怖、灾难、飞车，以及在我们中国和华人世界里独领风骚的“武打”或“武侠”等。之所以如此，缘于“动作”具有刺激性，既符合观众的心理需要，也符合电影的表现手段。西方马克思主义批评家本雅明当年曾把电影和文学进行比较，说文学的效用在于“趣味”，而电影的效用在于“震惊”。[①] 的确，电影因其视觉和运动的特点，表现“动作”当然是长项，并且可以运用技术手段使“动作”神乎

① 〔德〕本雅明：《可技术复制时代的艺术作品》，载《经验与贫乏》，王炳均、杨劲译，百花文艺出版社，1999，第 287 页。

其神，让观众热血沸腾甚至摩拳擦掌。于是乎，那些风靡世界的大片似乎万变不离其宗，都离不开“打”，陆地打、水里打、空中打、太空打、火车上打、飞机里打、山洞里打、公路上打，以至于梦境里打（如《盗梦空间》）、虚拟空间里打（如《黑客帝国》），甚至不怕“关公战秦琼”，隔着时空去打，愈打愈玄、愈打愈奇。这一切都是为了把观众吸引进电影院，让观众口袋里的钞票源源不断地流入电影公司以及导演、演员的腰包。事到如今，“动作”好像已经成为“大片”的代名词，观众们如果看完“大片”后没有过一把“打斗”的瘾，多少是会有些失望的。这种状况当然不能说不好，但也会引出一些隐忧，那就是有些影片在动作设计和包装方面实在很高明，却遮掩不住空洞的内容。这种动作片加速了电影娱乐化的进程，却减损了电影应有的艺术性。长此以往，对电影事业的健康发展也未必全是好事，值得电影人思量。毕竟，动作如焰火，打完就散，看完易忘，只有那些包含深刻内涵并散发诗意光辉的影片才能成为观众心中永久的回忆。

十　观影

要了解电影，就得多看电影，否则，有关电影的知识说得太多也没有意义。但这里面有个令人困惑的问题：电影那么多，哪些值得看，哪些不值得看呢？世界电影已经走过了 120 多年的历史，问世的影片汗牛充栋，里面也未免泥沙俱下、鱼龙混杂。据权威的电影史学家判断，在整个电影大家庭里，“充斥着大量资质平庸、粗制滥造、无人问津的烂片。在任何一个历史阶段，全世界每年出产的电影只有不超过 5% 值得一看，而这可能还是乐观的估计。”[①] 这意味着，如果我们不加选择地走进电影院，很可能会上当，既浪费了时间，也败坏了心情。当然，就历史上的影片而言，情况会好些，就是说，经过历史的删汰，我们已经大约知道哪些电影是优秀的、经典的并值得一看的。因此，我们可以借助电影史的著述以及严肃的评论来决定观影的去取，在这个基础上，再根据个人的兴趣和需要选择

---

① 〔英〕菲利普·肯普主编《电影通史》，王扬译，中央编译出版社，2013，第 11 页。

观赏的影片，大体不会误入歧途。这里，提供一份50部外国经典电影的目录，可作为选择的参考。

1. 《战舰波将金号》(1925，苏联)，导演：爱森斯坦。黑白无声片，在电影史上有很重要的位置，是一部艺术性很高的主旋律影片，画面经典、情绪激昂。

2. 《一夜风流》(1934，美国)，导演：卡普拉。好莱坞类型片中爱情喜剧的著名代表作，有机地结合了滑稽和讽刺，由克拉克·盖博出演。

3. 《关山飞渡》(1938，美国)，导演：约翰·福特。好莱坞类型片中西部片的重要代表作，美国的西部片并非反映真实的历史，而是美国人的民族性格和精神倾向的展示。

4. 《公民凯恩》(1941，美国)，导演：奥逊·威尔斯。好莱坞难得一见的艺术片，虽然有点晦涩，却是美国第一部现代主义杰作。

5. 《操行零分》(1932，法国)，导演：让·维果。法国诗意现实主义杰作，虽然是黑白片，但情绪饱满、情调诗意，讲述的是争取自由的故事，只有40多分钟，却别有韵味。

6. 《七个机会》(1925，美国)，导演：巴斯德·基顿。杰出的默片喜剧，很有想象力。

7. 《夏伯阳》(1934，苏联)，导演：瓦西里耶夫兄弟。主旋律作品，苏联社会主义现实主义创作的里程碑。

8. 《雁南飞》(1957，苏联)，导演：卡拉托佐夫。讲述卫国战争的影片，也是杰出的社会主义现实主义代表作。

9. 《伊万的童年》(1962，苏联)，导演：塔科夫斯基。深刻的反战电影，角度独特、情绪饱满、发人深省。画面极为诗意，是塔科夫斯基影片中最好懂的一部。

10. 《第四十一个》(1956，苏联)，导演：丘赫莱依。讲述了苏联内战中一个红军姑娘和一个白军男子相爱了，他们本来在孤岛上相处得很好，但一旦介入战争，两人只能势不两立。

11. 《偷自行车的人》(1948，意大利)，导演：德·西卡。电影史上的高峰，新现实主义代表作，故事很简单，但看了很扎心。

12.《风烛泪》又名《温比尔托·D》（1951，意大利），导演：德·西卡。也是新现实主义的优秀作品，是一个老年人老无所依的故事，看了也很辛酸。

13.《奇遇》（1960，意大利），导演：安东尼奥尼。画面极为考究，情节相对晦涩，但非常诗意。

14.《罗生门》（1951，日本），导演：黑泽明。不可错过，形式与内涵的完美统一。

15.《七武士》（1954，日本），导演：黑泽明。极具艺术价值的商业片典范，故事有趣、人物生动，非常好看，就是稍微有点长，可以分两次看完。

16.《雨月物语》（1953，日本），导演：沟口健二。虽然有点神神叨叨，但却是集中体现日本幽玄之美的影片，值得一看。

17.《东京物语》（1953，日本），导演：小津安二郎。细节大师，都是日本普通家庭的家长里短，却韵味十足，将人情刻画得入木三分。

18.《楢山节考》（1984，日本），导演：今村昌平。用一个残忍的故事讲透了人的生死。

19.《四百击》（1959，法国），导演：特吕弗。青少年问题电影，笔触细腻、故事揪心，“新浪潮”电影的代表作。

20.《广岛之恋》（1959，法国），导演：阿伦·雷乃。法国“左岸派”代表作，杰出的反战电影，虽然演员很美，但情节比较晦涩。

21.《出租车司机》（1976，美国），导演：马丁·斯科塞斯。杰出的反越战电影，德·尼罗的表演非常精彩。

22.《午夜牛郎》（1969，美国），导演：施莱辛格。杰出的现实主义影片，深刻揭示了人性和社会的阴暗，达斯汀·霍夫曼的表演很精彩。

23.《飞跃疯人院》（1975，美国），导演：福尔曼。辛辣地讽刺了社会阴暗面，是艺术电影和好莱坞商业电影的有机结合，既好看又深刻。

24.《教父》（1972，美国），导演：科波拉。大名鼎鼎的黑帮电影。

25.《唐人街》（1974，美国），导演：波兰斯基。情节复杂的怀旧侦探片，剧作经典范例。

26.《巴黎最后的探戈》（1972，法国），导演：贝托鲁奇。一部惊世骇俗的影片，充满魅力和争议。

27.《望乡》（1974，日本），导演：熊井启。日本左翼电影的深刻反思，难得的杰作。

28.《铁皮鼓》（1979，德国），导演：施隆多夫。改编自君特·格拉斯的小说，象征意味十足，但有些镜头让人看了不舒服，例如精神有毛病后狂吃生鱼。

29.《办公室的故事》（1977，苏联），导演：梁赞诺夫。有趣的喜剧片，诙谐幽默，让人看了觉得很温暖。

30.《秋天的马拉松》（1979，苏联），导演：达涅里亚。讲述了男人中年危机的故事。

31.《两个人的车站》（1983，苏联），导演：梁赞诺夫。讲述了一对中年人美好的爱情故事，温馨又从容。

32.《莫斯科不相信眼泪》（1979，苏联），导演：缅邵夫。很好看的女性成长电影，人物都很生动，娓娓道来，主角终于得到幸福。

33.《克莱默夫妇》（1979，美国）导演：本顿。好莱坞电影“向右转”的标志之一，反映单亲问题的杰作。

34.《莫扎特传》（1984，美国），导演：福尔曼。既展示了天才的狂躁，也挖掘了庸才的辛酸，深刻反映人性的一部杰作。

35.《美国往事》（1984，美国），导演：莱昂内。杰出的美国黑帮片。

36.《看得见风景的房间》（1985，美国），导演：伊沃里。虽是美国拍摄，却是风味纯正的英国式爱情片，角色俊美、情调浪漫。

37.《纯金属外壳》（1987，美国），导演：库布里克。讲述越战的影片，冲劲十足又意味深长。

38.《天堂电影院》（1988，意大利），导演：托尔托列。细腻的故事、柔和的情节。

39.《性·谎言·录像带》(1988，美国)，导演：索德伯格。独立影片打入主流市场的典范之作，洋溢着质朴的美感，演员表演细腻。

40.《与狼共舞》(1990，美国)，导演：科斯特纳。史诗般的影片，可看性强，但也充满了美国人对自己的粉饰。

41.《沉默的羔羊》(1991，美国) 导演：乔·德米。悬疑心理破案片，很有悬念，但稍微有点惊悚，朱迪·福斯特和霍普金斯的表演非常好。

42.《闻香识女人》(1992，美国)，导演：布雷斯特。讲述了老者与少年互相拯救的故事，阿尔·帕西诺演技精湛。

43.《两颗绝望的心》又名《离开拉斯维加斯》(1996，美国)，导演：费米斯。一个悲伤又美好的爱情故事，既揭露了黑暗，又歌颂了伟大的真情，很揪心。

44.《燃情岁月》(1994，美国)，导演：兹威克。风景壮观优美、人物情感丰沛，命运多舛、令人叹息，布拉德·皮特出演。

45.《夜访吸血鬼》(1994，美国)，导演：尼尔·乔丹。经典的吸血鬼片，浓郁的哥特风格，俊男美女，做得很商业，也有一定的思考。

46.《剪刀手爱德华》(1990，美国)，导演：提姆·波顿。一部感人的奇幻爱情剧，德普和薇诺娜·赖德演出。

47.《搏击俱乐部》(1999，美国)，导演：戴维·芬奇。炫酷的反物质文化影片，演出精彩。

48.《西伯利亚的理发师》(1999，俄罗斯)，导演：米哈尔科夫。一个美国人和俄国人的爱情悲剧，展示了美丽的俄国风情。

49.《被嫌弃的松子的一生》(2006，日本)，导演：中岛哲也。一部极具风格化的表现主义影片，反映了松子的悲惨命运，色彩绚烂、情绪饱满。

50.《地下》(1995，南斯拉夫)，导演：库斯图里卡。一部充满想象的精彩影片，张扬的个性、荒诞的情节、深刻的主题。①

① 这个目录是我的同事支娜博士开列的，评点也是她撰写的。

好影片当然不止这些，类似的推荐目录也有不少，喜欢电影的人们可以各取所需、择善而从。中国近百年电影史上也出现过许多优秀影片，比如中华人民共和国成立以前的《渔光曲》《桃李劫》《一江春水向东流》《马路天使》《万家灯火》《乌鸦与麻雀》《十字街头》等，中华人民共和国成立后的《白毛女》《南征北战》《早春二月》《青春之歌》《林家铺子》《英雄儿女》《红色娘子军》《五朵金花》《红高粱》《血战台儿庄》《秋菊打官司》《霸王别姬》等，还有中国台湾和香港地区的许多优秀影片，都值得我们观看和欣赏。不管怎样，看好的电影有助于提高人们的电影鉴赏能力，进而提高人文素养。

十一　结语：未来的电影

关于电影，可说的还有许多，比如场面、布景、特效、时间、空间、景深、变焦以及编剧、流派等。其中那些专门的、理论性或技术性很强的知识，普通人不一定非得掌握。我们介绍的概念和问题是基于对电影这门艺术的一般了解，为了更好地去观赏电影，从而丰富自身的人文素养。如今，电影已经成为普通人生活中的一项重要内容，也可以看作是人们生活中的一个亲密伙伴，但这项内容或这个伙伴尽管益处多多，却也并非全然有益而无害。因此，需要作为电影观众的我们用一种超出一般“观看”的鉴赏眼光去对待这项内容或这个伙伴，进而也就需要对电影艺术的基本知识有所了解。

《早春二月》被认为是新中国最优秀的故事影片之一

可以想见，电影还将伴随人们的生活和人类社会的进程而发展下去，而且未来的电影还将随着科技和艺术的进步出现新的变化。别的不说，仅就观看电影的方式而言，恐怕在不远的将来就会发生革命性的转变，有人预言，我们的下一代人看我们今天看电影的方式就和我们今天看我们前辈在小剧院或露天影院看电影的方式一样。这话未必是无端的猜测，现今可见的观影场所及方式，如所谓的“超大银幕”“动感球幕”以及“水幕”“环幕”、三D等电影，再过十几或几十年，一定会有更加先进的技术取而代之，电影也会以令今人意想不到的方式融入人们的生活。不唯观影，拍摄电影的方式和拍摄出来的影片也会随着数字技术的发展而呈现出全新的面目和效果，时下的计算机制作特效技术就已经给我们透露了这方面的消息。为此，我们期待着电影的未来，也期待着未来的电影使我们的生活更加富有诗意。毕竟，人类的生活不能没有电影，就如绘本画家几米所说：“我无法想象如何生活在没有电影的世界里。”① 亦如电影大师黑泽明所说：“减去电影，我的生活大概就成了零。”② 这既是电影人的感叹，也是普通人的心声。是啊，如果没有电影，生活会多么乏味；而为了生活不乏味，看电影并且懂电影，不是很必要吗？

拓展阅读

〔美〕吉姆·派珀：《看电影的门道》，曹怡平译，北京联合出版社，2016。

〔美〕路易斯·贾内梯：《认识电影》，焦雄屏译，世界图书出版公司，2007。

〔美〕罗杰·伊伯特：《伟大的电影》，殷宴、周博群译，广西师范大学出版社，2012。

〔英〕大卫·帕金森：《电影的历史》，王晓丹译，广西美术出版社，2015。

中国电影图史编辑委员会编《中国电影图史》，中国传媒大学出版社，2007。

---

① 幾米：《时光电影院》，海豚出版社，2012。

② 黑泽明：《蛤蟆的油》，李正伦译，南海出版公司，2014，第4页。

第十一章　文学

把文学也单列一章，既因为它和其他“艺术”有明显差异，也因为它和所谓的“人文素养”的关系更近，也就是说，我们每个人都是在文学“语境”里成长的，这个“语境”就是语言的环境。人生活在语言当中，须臾离不开语言。语言很多时候是用来交流和实践的工具，但在交流和实践活动中，语言随时都有可能转换其功能，由实用转向审美。这时候，语言就成为一种“艺术”。这种“艺术”和语言一起伴随着每个人的一生，时刻滋养着人的精神，是“人文素养”永不枯竭的源泉。

一　文学作为“艺术”

从大的概念看，文学应当是“艺术”的一个门类，与戏剧、音乐、舞蹈、绘画、雕塑、建筑以及电影等并列，共同构成艺术的大家族。但实际情况是，文学通常与“艺术”相提并论，成为平行的关系。如我们常说“文学艺术”或“文艺”，给人感觉是文学的分量等于其他各类艺术的总和。又比如，当代中国的“作协”（作家协会）和“文联”（“文学艺术家联合会”）是平起平坐的，显然赋予文学特殊的地位。再比如，中国的学位制度在很长时间里将“文学”看作一个门类，而各艺术种类则是“文学”之内的学科，如戏剧学、音乐学、舞蹈学等，所授予的是“文学”学位。这个意义上的“文学”略同于“人文学”，但普通人多理解为“文学艺术”的文学。只是到了近些年，经过各艺术院校的不断争取，“艺术”才升格为与“文学”并列的门类。这种“不平等”的关系道理何在？好像没人说得清楚。有一种说法是因为文学的“材料”特殊，其他艺术种类的材料都有物质形态，而文学的材料也即语言是一种“精神表象”，故各自为阵。这观点好像不太令人信服，至少音乐的材料跟其他艺术种类也有巨大的差异，但我们并不把音乐和其他艺术并称为“音乐－艺术”。也有人认为文学具有强烈的“意识形态”性质，宜其在对其他艺术产生统领和主导作用，这理由似乎也较为勉强。从历史上看，俄苏和西方文艺理论一向看重文学，这或许对我国近现代文艺观中推崇文学的地位有很大影响。比如别林斯基认为文学的材料（语言）包含着其他各类艺术的特性，所以是“最高艺术体裁”。他说：

> 诗歌（即文学）是最高的艺术体裁。一切其他艺术，在其创作活动中，或多或少总要被它赖以显现的素材所束缚，所局限。……诗歌用流畅的人类语言来表达，这语言既是音响，又是图画，又是明确的、清楚地说出的概念。因此，诗歌包含着其他艺术的一切因素，仿佛把其他艺术分别拥有的各种手段都毕备于一身了。[①]

这也成为人们后来把文学当作各类艺术之母的一个重要理由。苏联美学家鲍列夫也以文学为“至尊”，却是从另外一个角度去加以证明。他认为一切文化和艺术都因语言而产生，“这就是说，艺术文化建立在语言的基础之上：文学对各门艺术施加决定性（体系性）的影响，其他艺术创造的艺术形象都需要通过文学语义场来理解。对任何艺术作品的欣赏都需有一定的文学修养和文学阅读量，都要求欣赏者具有为该种艺术的作品‘附加’文学基础或判别这一基础或用这一基础去对照该种艺术所提供的艺术篇章的能力。”[②] 这里面的道理是，艺术以文化为基础，文化以语言为基础，要创造并理解艺术，当然离不开语言；而文学以语言为材料，得天独厚，理应成为其他各个艺术种类的基础。这个观点在西方解释学中也能看到，比如海德格尔认为语言是人“存在”的最基本方式，人存在于世界当中，也就等于人存在于语言当中。进而，他认为语言本身就包含着诗意，而其他艺术之所以成为艺术，也因为具有了语言的诗意，即所谓：“如果

---

① 〔俄〕别林斯基：《诗歌的分类和分科》，《别林斯基选集》第三卷，满涛译，上海译文出版社，1980，第 1～2 页。

② 〔苏〕鲍列夫：《美学》，乔修业、常谢枫译，中国文联出版公司，1986，第 465 页。

全部艺术在本质上是诗意的，那么，建筑、绘画、雕刻和音乐艺术，必须回归于这种诗意。”也因为如此，“语言作品，狭义的诗歌，在艺术领域中占据着特殊的位置。”[①] 又比如伽达默尔认为，一切艺术都必须经过解释才有意义，而一切解释都是用语言去解释：“语言的解释就是一般解释的形式。因此，即使要解释的东西不具有语言的性质，并非本文，而是一件绘画品或音乐作品，那里也还是存在着解释。”[②] 也就是说，各类非语言艺术形式必须经过解释方有意义，而解释必定是语言的解释，因此，以语言为材料的文学就理当是一切艺术之所以生成意义的基础。凡此种种，都是主张作为“语言艺术”的文学应优于或高于其他艺术。

今天看来，非要说文学高于其他艺术种类，肯定会遭到大多“艺术”家们的强烈反对，也未必符合实情。而当代文学的处境似乎更有反其道而行的趋向，也即，在艺术家族里的位置逐渐从中心向边缘挪动，地位大不如前。在中国，一个显见的事实是，文学书籍和刊物的印数大幅滑落，阅读文学作品的人数持续递减，优秀的文学作品往往要依托其他艺术形式的帮衬才能“出名”。如一部好的小说往往要靠拍成影视作品后才能为公众认知并认可，典型的如《亮剑》，小说出版后默默无闻，到根据小说改编的电视连续剧红遍大江南北，小说才随之一起出名并不断加印。这里面既有社会的原因，也有文学本身的原因。无论如何，文学“高高在上”的时代一去不复返了。其实，文学面临的这种困境或者说是“危机”在20世纪90年代就被人察觉到了，且有对“失去了轰动效应之后”的思考。到如今，文学“去中心化”的状况比那个时候理论家们的担忧还要严重得多。

但这并不意味着文学没有价值了，更不意味着文学处于“濒死”的境地，倒不如把这种趋势看作是文学的“转身”或“再生”。这样说是有根据的。仔细想想，如今哪一种艺术少得了文学？戏剧需要剧作、影视需要

---

① 〔德〕海德格尔：《艺术作品的本源》，载《诗·语言·思》，彭富春译，戴晖校，文化艺术出版社，1991，第68页。

② 〔德〕汉斯-格奥尔格·伽达默尔：《真理与方法》，洪汉鼎译，上海译文出版社，1999，第508页。

脚本、歌曲需要作词、舞蹈需要构思、书法需要辞章、大型综艺晚会需要策划（文案），即便是和语言看似无关的艺术种类，如绘画、雕塑、建筑等，当它们在艺术家头脑中酝酿时，不可能不伴随着语言文字的描述和构想。这还只是就艺术本身而言。从更大的范围看，文学已经深深地渗透进我们的生活。但凡有些文化修养的人，说话（尤其是正式场合说话）总会自觉或不自觉地讲究些文采，如曾子所说“出辞气，斯远鄙倍矣”（《论语·泰伯》），甚至可以说，离开文学，我们很多事情就办不好，如孔子所说：“言之无文，行而不远”（《左传·襄公二十五年》）。比如朋友间书信往来、发微博甚至微信聊天，出现些“文学语言”也是家常便饭。又比如重要的讲话或报告总得把文章写好，如孔子所谓的“辞达”，而“辞达”也就是文学性，是由文从字顺进而到行云流水，如苏轼所谓“文理自然，姿态横生”（《答谢民师书》）。再比如逢年过节时家家户户都要贴对联，对联之妙在“偶”（对偶）和“韵”（声韵），按清代学者阮元所说，“偶”和“韵”就是“文”的本原（《文言说》），所以写对联当然也就是作“文”了。如此等等，文学在人们的生活中无处不在，更不要说一名艺术家具备相应的文学修养乃是天经地义的事情了。这样看来，文学并没有沉沦，而是仍然保持着基础性的地位，虽然不再像从前那样独占鳌头，却更加脚踏实地。我们很难想象，如果没有了文学，整个艺术家园会是怎样地失落；也很难想象，没有了文学，戏剧戏曲和电影电视还能如此风光？因此，我们还得重视并了解文学，把它当作人文素养的一个重要方面。

那么，文学如此重要，是不是一定要位居各类艺术之上，并且与“艺术”并称呢？那也未必。我个人以为，区分艺术种类的依据是作品所用材料及存在方式，如戏剧的话语（表演）、音乐的声响、舞蹈的肢体、绘画的线条和色彩、雕塑的青铜、泥土或石头等。而文学以语言为材料和存在方式，是“语言的艺术”，这与表演的艺术、声响的艺术、线条和色彩的艺术、肢体的艺术以及青铜、泥土或石头的艺术没有高下之分，它们都统领在“艺术”这个大的概念之下，各司其职且相辅相成。这样一来，我们就清楚了文学在艺术家族中的定位和定性：它的定位是“艺术种类之一”，它的定性是“语言的艺术”。

由此出发，以下将简略介绍有关文学的知识。理论方面的内容可参照前面有关艺术理论的介绍——文学理论和艺术理论在总体上是相通的。我们把重点在各体文学，这个“体”是文学体裁，是对文学作品的形态和样式的类分。对此，也有种种不同的说法。为叙述方便起见，我们选择最常见的“四分法”——把文学分为诗歌、小说、散文和戏剧文学——再加上“报告文学”或“传记文学”。所举之例主要是中国古代文学，一是因为篇幅所限，二是因为西方“人文学”著述讲到文学时都以西方文学为例，中国文学均付阙如；我们在此讨论同一话题，自然要立足于本国文学。

二　诗歌

一般认为，诗歌在文学众体里是最先成形的，其源头要追溯到远古时期的劳作和仪式。劳作需要协同，故有人带领喊号子，因为整齐划一、抑扬顿挫，一来二去，就成了诗歌。起先诗与歌是合一的，犹如今天的歌曲；之后，诗歌的语言部分被文字记录下来，渐渐和曲调分离，当作案头的读物或吟诵的课本，就成为文学领域的“诗”了。仪式里诗歌的命运也与此类同，开始与歌舞合为一体，由神职人员带领大家演唱；后来转为文字记载，也就成了独立的诗。

与其他文学体裁不同，诗歌受语言文字的限制较大，这使它具有了很强的“民族性”。一篇小说或散文若翻译成另一种语言，只要译者水平相当，其意思及艺术性大体是可以传达的，但一首诗歌若翻译成其他语言，无论译者水平多高，都很难保证不走样。有人甚至说，诗歌就是“在翻译中丧失掉的东西”。[①] 正因为如此，我们读本民族语言的诗会比读外语的诗要感到亲切、有味，而中国古典诗歌翻译为西方国家的语言文字也会失去很多甚至是多半的精华。照此看来，中国人谈诗或读诗宜于以本民族语言诗歌尤其是经过历史检验的中国古典诗歌为例。[②]

以中国古典诗歌为例，诗的文体特征应当是“句”和“意”。句指句

---

① 英国诗人弗罗斯脱语，参见钱锺书《汉译第一首英语诗〈人生颂〉及有关二三事》,《七缀集》，上海古籍出版社，1985，第125页。

② 这里说的“中国古典诗歌”是指汉语言古典诗歌，不包括其他少数民族语言的古典诗歌。

式，意指内涵，二者当中，以句式更为重要。内涵决定诗的高下，而句式决定诗的“是否”（当然这种区分只是相对的）。这与前面讲艺术本质时说到的情感与形式的关系是一致的。

汉语言是单音节方块字且有声调，这决定了中国古典诗歌的句式体现为“韵”和“偶”。“韵”指上下两句的末字是相同或相近的韵母，由此产生声音上的美感；“偶”指上句和下句在句法和字义上要两两相对，由此产生结构上的美感，这是中国古典诗歌最原始和最基础的特征，是判定诗歌与否最基本的标准。以《诗经·小雅·采薇》为例：

> 昔我往矣，杨柳依依。今我来思，雨雪霏霏。

“昔”和“今”，“往”和“来”，“杨柳”和“雨雪”，“依依”和“霏霏”，都成对。“矣”“依”“思”“霏”同韵（“霏”上古韵同“衣”）。四句诗看上去赏心悦目，读起来朗朗上口。这样的句子，我们一眼望去，便可断定为诗。

但是，有了“句”和“意”，虽可成诗，却未必是好诗。要想把诗作好，还得运用“手法”，中国最古老且生命力最强的诗歌创作手法是“比兴”。分而言之，“比”是比喻，如古人所谓：“以彼物比此物。”“兴”是起兴，如古人所谓：“先言他物以引起所咏之物。”合而观之，则“比兴”又可以当作诗歌以形象抒写情感的方法，如刘勰所说“拟容取心”（《文心雕龙·比兴》），而在创作实际中，诗的“比”和“兴”常常很难分开，且以“兼义”更有韵味。且看两个人们最为熟知的句例：

> 关关雎鸠，在河之洲。窈窕淑女，君子好逑。（《诗经·周南·关雎》）
>
> 桃之夭夭，灼灼其华。之子于归，宜其室家。（《诗经·周南·桃夭》）

第一段以水鸟雌雄相守比喻对美好爱情的向往，同时引出所咏之事，是比中有兴。第二段以桃花盛开引出嫁女的喜事，同时暗喻出嫁女子欢悦的心情，是兴中有比。两段诗都意象鲜明、情感真挚，可见“比兴”手法是诗歌艺术的“妙招”，宜其千百年来为历代诗人沿用而不衰。

诗歌艺术要随历史而发展，相应地，古老的形式和手法也会逐步由简单而复杂，由古朴而雅致。到后来，韵和偶的特征深化为声律，而比兴手法则催生出境界。声律大约是到了南朝齐梁年间，诗人和批评家们在理论上加以总结所得，其结果使中国古代诗歌出现了“古体”和“律体”的分流。“古诗”不必严格遵守声律的规定，而律诗则有一套完备的声律体系，如“四声八病”以及“拗救”等；这些专业性很强的问题，此处按下不表。境界之说大约是在齐梁至初唐年间逐渐得到发展，并影响着诗歌创作的实际。其作为创作手法的要义是“情景交融”，作为审美特征的要义则是“意在言外”。由此，声律和境界促使中国古典诗歌走向成熟，并在盛唐时期达到高峰。与此同时，声律和境界也成为中国古典诗歌最稳定的特征，无论之后在体式上如何变化，这两个特征都不可抹杀，直到近代白话诗登场。

了解了中国古典诗歌的基本特征，我们再来看它的大致流变和基本形态。

从中国第一部诗歌总集《诗经》看，古代诗歌最早的体式是以四言为主，如上所举的《关雎》和《桃夭》之例。这是当时的“正体”或“雅体”，给人以庄重之感。

《诗经》汇编的主要是北方诗歌[①]，而南方诗歌的风貌大有不同，这一点可以从屈原的作品中看出来。屈原是战国时期诗人，他的作品主要是在南方也即楚地民歌的基础上创作出来的，其体式以杂言为主，诗句的字数较多，诗歌篇幅较大，更有利于抒发情感和表达思想。屈原的代表作是《离骚》，故后人将北方诗歌和南方诗歌概括地并称为“诗骚”；又将受屈原影响而以杂言创作的后代作品称为“楚辞”。且看《离骚》的头一段：

> 帝高阳之苗裔兮，朕皇考曰伯庸。
> 摄提贞于孟陬兮，惟庚寅吾以降。

---

① 《诗经》也有“南国”的诗歌，如《周南》《召南》，但那时的“南国”“泛指洛阳以南直到江汉的广大地域”，最“南”也只到湖北北部。参见余冠英注译《诗经选》，人民文学出版社，1979。

皇览揆余初度兮，肇锡余以嘉名：
名余曰正则兮，字余曰灵均。
纷吾既有此内美兮，又重之以修能。
扈江离与辟芷兮，纫秋兰以为佩。
汩余若将不及兮，恐年岁之不吾与。
朝搴阰之木兰兮，夕揽洲之宿莽。
日月忽其不淹兮，春与秋其代序。
惟草木之零落兮，恐美人之迟暮。
不抚壮而弃秽兮，何不改乎此度？
乘骐骥以驰骋兮，来吾道夫先路！

屈原对诗歌句式的扩张在中国诗歌史上的意义极大，如“楚辞学”专家马茂元先生说：“虽然在《楚辞》的时代，诗歌的式样还没有定型。但屈原的出现，完全打破了四言诗接近僵化的局面，为诗国开拓了宽阔的领域，替五、七言诗塑造了胚模，给后人以无穷的启发，这是谁也不能否认的。”① 之后，五言诗便率先登场了。

五言诗具体何时出现已经难以考证。② 传说武帝时，苏武与李陵以五言诗互赠，但据后人考证，苏、李之作为伪。但武帝时设有“乐府”机构，专门收集民间诗歌并有专人加以整理，其间即有五言诗句。流传后世的《古诗十九首》均以五言写成，作者虽然佚名，但为汉代人是确信无疑的。五言诗虽说只较四言诗多一字，但表现力已大大增强，形式上也更加流动自然，便于吟咏。所以南朝齐梁时期的诗论家钟嵘说：“五言居文词之要，是众作之有滋味者也。”（《诗品序》）且看《古诗十九首》之一《行行重行行》：

行行重行行，与君生别离。

---

① 马茂元选注《楚辞选》“前言”，人民文学出版社，1958，第51～52页。

② 关于五言诗起源，说法很多，罗根泽先生撰《五言诗起源说评录》一文加以评述，认为五言诗的起源“在西汉末年成帝时（公元前三二年—公元七年）”，载《罗根泽古典文学论文集》，上海古籍出版社，1985，第155页。

相去万余里，各在天一涯；
道路阻且长，会面安可知？
胡马依北风，越鸟巢南枝。
相去日已远，衣带日已缓；
浮云蔽白日，游子不顾反。
思君令人老，岁月忽已晚。
弃捐勿复道，努力加餐饭。

七言诗产生于汉末，较之五言诗更加舒展、流丽并富于变化。现存最早的完整的七言诗是曹丕的两首《燕歌行》。据郭沫若先生说，曹丕的七言诗是采用了东汉以来的民间谣谚和镜铭的句式，但仍“是一种新形式的创始”。[①] 其一云：

秋风萧瑟天气凉，草木摇落露为霜，群燕辞归雁南翔。
念君客游思断肠，慊慊思归恋故乡，君何淹留寄他方？
贱妾茕茕守空房，忧来思君不敢忘，不觉泪下沾衣裳。
援琴鸣弦发清商，短歌微吟不能长。
明月皎皎照我床，星汉西流夜未央。
牵牛织女遥相望，尔独何辜限河梁！

七言诗出现后，诗歌就朝着两个方向发展了：一类篇幅长短不限，抒情叙事较为自由，是后来所谓的“歌行”；另一类逐渐固定为 8 句，且在声律和对偶上有明确规定，是后来的律诗。七言律诗为“七律”，五言律诗为“五律”。律诗定型后，中国古典诗歌便形成了两大分野：合乎格律者为“律体”，不合格律者为“古体”。诗人创作，非律即古，要明确区分开来。我们看一首被推为“唐人七言律诗第一”（严羽《沧浪诗话》）的作品，崔颢的《黄鹤楼》：

昔人已乘黄鹤去，此地空余黄鹤楼。

---

① 郭沫若：《论曹植》，载《郭沫若古典文学论文集》，上海古籍出版社，1985，第 540 页。

黄鹤一去不复返，白云千载空悠悠。
晴川历历汉阳树，芳草萋萋鹦鹉洲。
日暮乡关何处是？烟波江上使人愁。

与之相对的是“绝句”。有人认为“绝”的意思是“截”。七言诗截掉一半，只留四句，是为“七绝”；五言诗截去一半，只留四句，是为“五绝”。讲究格律的为“律绝”，不讲格律的为“古绝”。律绝如杜甫的《绝句四首》之三：

两个黄鹂鸣翠柳，一行白鹭上青天。
窗含西岭千秋雪，门泊东吴万里船。

古绝如李白的《早发白帝城》：

朝辞白帝彩云间，千里江陵一日还。
两岸猿声啼不住，轻舟已过万重山。

绝句虽篇幅短小，但数量众多，成就亦高，且深受历代读者喜爱。其原因，一是容易记诵，二是凝练精粹，如诗词学家沈祖棻所说，是“以最经济的手段来表达最完整的意境或感情见长”①，因而也最能体现诗歌艺术的美学特征。

律诗在唐代臻乎完美，至宋代便走下坡路了。宋诗虽常与唐诗相提并论（所谓“诗分唐宋”），却不能分庭抗礼。因此，宋代诗人就另辟蹊径，开发出一种新的诗歌体式——词。

词的源头很早，可以追溯到隋唐流行的曲子词，而曲子词的“曲子”是所谓“燕乐”，从西域传入。词之成体，有多种因缘，远的有“六代乐府之流变”，近的有“唐人律绝所嬗化”，还有“俚巷风谣渐见采于辞人才士”等，是“众望所归”。② 唐代诗人中有不少染指于词，如李白、白居易、刘禹锡等，但直到晚唐五代，词作为一种新的诗体才成熟起来，而它

---

① 沈祖棻：《唐人七绝浅释》，上海古籍出版社，1981，第 3 页。

② 参见刘永济《词论》“缘起第二”，上海古籍出版社，1981。

的兴盛和高峰是在两宋，因此“宋词”也差不多成了词的代名词。

唐宋的词是入乐的，犹如今天的歌曲。词的曲牌是固定的，歌词可以重新填写，但要按照既定的格式。因为要适合音乐，词句就不一定要整齐划一，所以，为歌曲填写的词句是长短不一的（词的另一个名称就叫“长短句”）。在宋代，为歌曲填词的大多是有才情的文人（如著名的词人柳永就专门为青楼歌伎填词），因而所填之词多半是锦心绣口、文采斐然，有很高的文学价值。当人们把这些歌词作为文学作品来阅读或吟诵，词就脱离了音乐，而在文学家族里登堂入室了。这时候的词虽没有了音乐，却仍有乐感，它来自语言的韵律。因此，词和律诗相仿，也有自己的格律，这是有志填词的人要注意并研习的。[①]

我们来看一首托名李白的《菩萨蛮》，被称为“百代词曲之祖”，但据宋人考证，应该产生于晚唐或五代。

> 平林漠漠烟如织，寒山一带伤心碧。暝色入高楼，有人楼上愁。玉阶空伫立，宿鸟归飞急。何处是归程？长亭更短亭。

任何事物有盛即有衰。词在宋代达到高峰，婉约和豪放两派揽尽词苑春色，而宋代过后，词的创作也开始僵化，少了生机和活力，取而代之的是曲。曲盛于元代，所以又称“元曲”，分为散曲和杂剧。杂剧属于戏剧，此处不谈。散曲由词演化而来[②]，原本也是歌曲。散曲又分套数和小令，套数是多个宫调曲子联为一体，成为“诸宫调”，犹如今天的“清唱剧”或歌剧的音乐会版；小令则是单独的曲子，与唱腔（音乐）分离，便成为诗歌了。元曲（小令）里最有名的莫过于马致远的《天净沙·秋思》：

> 枯藤老树昏鸦，
> 小桥流水人家，
> 古道西风瘦马。

① 关于词的格律，可参见龙榆生《唐宋词格律》，上海古籍出版社，1978。

② 关于散曲的起源，通常认为有三个方面，即“词调的转变”“词句的语体化”和“诸宫调的繁兴”，参见梁乙真《元明散曲小史》，商务印书馆，1934。

夕阳西下，
断肠人在天涯。

马致远的散曲及小令在当时和后代都具有极高的声誉。明王世贞《曲藻》说："元人称为第一，诚不虚也。"近人任讷《曲谱》称其"设景造境，都超绝寰宇，曲中之青莲（李白）也"。吴梅《中国戏曲概论》说："《天净沙》小令，纯是天籁，仿佛唐人绝句。"刘大杰《中国文学发展史》说："他在元代散曲的地位，正如李白之于唐诗，苏轼之于宋词，都是代表了那一个时代的浪漫派的大诗人。"[①] 足见马致远及散曲这种诗歌形式在中国诗歌史上的重要地位。

中国古典诗歌发展到元曲，便在体式上走完了全部路程，明清两代没有体式上的创新，虽然有成就的诗人也不少，也曾出现声势不小的流派和回光返照的"中兴"，但都是在"古典"的圈子里打转，"原创"和"经典"的意义不大。直到 19 世纪末，文坛出现白话文运动，诗歌体式才开始出现松动的迹象，如黄遵宪倡导的"我手写我口"。真正的变革发生在"五四"新文化运动，待白话诗登上历史舞台，文学创作上的"诗歌"一席遂为"新诗"所取代。但中国古典诗歌并未因此而销声匿迹，不如说它仍然活着，且活得不错，至少体现在这几个方面。其一，现实中写"古体"或"旧体"诗歌的还大有人在，且颇有成就和影响，且不说毛泽东、周恩来、朱德、陈毅等老一辈无产阶级革命家写古诗词得心应手，还有大批的专家学者、作家、艺术家以至于普通知识分子，都喜爱并擅长"古体"或"旧体"诗歌，且"披沙简金，往往见宝"（钟嵘《诗品》评潘岳语）有不少"清词丽句"。其二，中国古典诗歌对当代艺术创作的影响巨大，如歌曲的歌词、戏剧的对白、舞蹈的意境、绘画的主题、书法的素材等，都能看到古典诗词直接或间接的作用；就是"新诗"也有不少是借鉴古典诗歌的句法和境界。其三，古典诗歌在当代青少年教育中仍然发挥着重要作用，且不说入选中小学教材的作品，就是在相关素质教育中，古典

---

① 谭正璧编著《元曲六大家略传》，上海古典文学出版社，1957，第 260 ~ 263 页。

诗歌也占相当比重，比如从幼儿园就开始背诵的“古诗”，还有方兴未艾的各种古诗词吟诵活动及大赛。凡此种种，都远非“新诗”或白话诗所能比拟。无怪乎郑振铎先生在半个多世纪前曾感慨“新诗”创作的不足，说：“现在还没有产生一首令人一念永远不忘的好诗，可见新诗创作中还是存在一些问题的。”① 这个问题或许不怨诗人，很可能是古典诗歌的情感表达和语言形式与中国人的心理结构有着深深的契合，在相当时间内是很难被其他模式所取代的。而所有这些都表明，中国古典诗歌的历史虽已终结，但它的精神却仍然潜藏在中华民族的文化传统之中，滋养着一代又一代的人和“文”，如同龚自珍的诗句：“落红不是无情物，化作春泥更护花”（《己亥杂诗》）。

三　小说

按鲁迅先生的说法，诗歌起源于劳动，小说起源于休息：“人在劳动时，既用歌吟以自娱，借它忘却劳苦了，则到休息时，亦必要寻一种事情以消遣闲暇。”② 这个“事情”便是讲故事，也就是小说的源头。从这里面也可以看出，早期小说的内容是轻松的，具有很强的娱乐功能。还有，作为小说讲述形式的“讲故事”用后来的文学理论术语说，是“叙事”，也就是说，小说属于“叙事文学”。

在西方，包括小说在内的叙事文学是以神话和史诗为渊源的，而中国的情况不大一样。中国上古时期也有不少神话，但儒家思想对神异的东西相当排斥，如所谓“子不语怪、力、乱、神”（《论语·述而》）。因而上古神话传说对文学艺术的影响较小（楚文化略有不同）。促使中国古代小说萌芽并生长的是街谈巷议和野史稗乘，如《汉书·艺文志》所谓：“小说家流，盖出于稗官，街谈巷语，道听途说者之所造也。”这些民间流传的“段子”不仅深受百姓喜爱，也传到朝廷命官的耳里。那时候，皇帝身

① 郑振铎《中国古典文学中的诗歌传统》，载《郑振铎古典文学论文集》，上海古籍出版社，1984，第 203 页。

② 鲁迅：《中国小说的历史的变迁》，载《鲁迅全集》第九卷，人民文学出版社，1981，第 302 页。

汉代说书俑

边有一种人叫“俳优”，专门给皇帝演“小品”、讲笑话，总归要让皇帝高兴。于是，就有人将民间“段子”汇集成册，以供不时之需。当然，早期“小说”的概念与后世小说很不一样，它属于“九流十家”中的“小说家”，内容十分驳杂。但有一点是相同的，那就是可以虚构，不必较真，所谓“小说家言”几乎就是“不经之谈”的同义语。这种“不经之谈”虽不登大雅之堂，但作为茶余饭后的谈资，也无伤大雅。因此，它没有遭到封建礼教的过分压制，反而成为后世小说长河的源头活水。

魏晋时期出现了两种可以看作小说雏形的文体，一是志怪，二是志人，我们今天分别称之为“志怪小说”和“志人小说”。“志怪小说”，顾名思义，是讲神怪故事的，它的兴起是受了当时求仙风气的影响。所记故事虽荒诞离奇，但著述者却信誓旦旦地强调绝非虚言，而有的作品情节已相当曲折，很合乎“小说”（fiction）一语的本义。比如著名的“阳羡书生”，讲述了一个叫许彦的人在路上遇见一名书生，书生钻进他手提的鹅笼里搭脚，鹅笼不觉大，书生也不觉小。途中休息，书生出了鹅笼，从口中吐出酒菜，又吐出一女子陪饮。书生醉卧，女子也吐出一男子陪饮。女子醉卧，男子又吐出一女子陪饮。一会儿书生将醒，各人都将所吐之人收回。书生也将所吐之女子和饭菜餐具收回，送一铜盘给许彦，告别上路。专家认为，这个故事不但是神仙思想的产物，同时也受到印度佛教的影响。“志人小说”以《世说新语》为代表，记载了东汉末年至东晋王侯将相和文人名士的佚事。因为所记之人都非同一般，他们的事迹也多出人意表，所以人物大都有鲜明的个性，而且对人物行动、言语的描写也简洁传神。诚如后人所评：“读其言语，晋人面目气韵恍惚生动，而简约玄澹，真致不穷，古今绝唱也”（胡应麟《少室山房笔丛》）。我们看其中两例。

过江诸人，每至美日，辄相邀新亭，藉卉饮宴。周侯中坐而叹曰："风景不殊，正自有山河之异！"皆相视流泪。唯王丞相愀然变色曰："当共勠力王室，克复神州，何至作楚囚相对？"（《世说新语·言语》）

魏武将见匈奴使，自以形陋，不足雄远国，使崔季圭代，帝自捉刀立床头。既毕，令间谍问曰："魏王何如？"匈奴使答曰："魏王雅望非常，然床头捉刀人，此乃英雄也。"魏武闻之，追杀此使。（《世说新语·容止》）

有形象、有刻画、有对话、有冲突，而且留有想象的空间，这都是小说艺术的特征。

唐代的小说叫作"传奇"，本来是承接了魏晋小说的传统，多为"幻设之文"，也即所谓的"非奇不传"，但二者在创作动机上有所不同。魏晋作者把奇幻之事当作实录，而唐人明知是假却有意为之，用今天的话说就是有意识地虚构。所以后人评价说，中国的小说"至唐人乃作意好奇"（胡应麟《少室山房笔丛》）。这应当是把唐代传奇当作中国小说成熟的标志。

传奇在唐代的流行和小说在唐代的成熟与科举很有关系。那时候士子进京赶考，先要想办法借声名显赫的"大人物"引荐，最好能够把自己的作品呈献给主考官，如果得到好评，就为后面的考试埋下伏笔，此行径时称"温卷"。士子们所呈献的多为"传奇"之作，因为这类作品"文备众体，可见史才、诗笔、议论"（赵彦卫《云麓漫钞》），足以展示考生的学识和才华。一来二去，传奇这种文体的身价也被抬高，在文人圈里流行开来。又有好"奇"者技痒难熬，不为考试也舞文弄墨，于是传奇的写作就成为时尚，也留下许多传世的佳作，比如沈既济的《枕中记》、陈鸿的《长恨歌传》、元稹的《莺莺传》、李公佐的《南柯太守传》等。[①]

唐代的传奇是用文言写成，也都是文人圈里的产物，其思想和格调也是文人式的，与普通百姓没多大关系，但百姓生活中也有类似的"小说"作品，一是"变文"，一是说书。变文是佛教的衍生品。佛教徒为了向文

---

① 参见汪辟疆校录《唐人小说》，上海古籍出版社，1978。

化水平较低的百姓宣传佛教思想，把佛经里有关佛祖的事迹以及因果报应的故事变成通俗的文字写出或宣讲，就成为“变文”，亦称为“俗讲”。说书就是讲故事，是乡村和市井里的大众娱乐方式，唐代李商隐的诗中就有孩童听书的描写：“或笑张飞胡，或笑邓艾吃。”（《骄儿》）这显然是“三国”故事里的内容。到了宋代，商业经济发达，市民生活丰富，说书行当也随之兴旺起来，市井和瓦舍都有林林总总的书场，成为大众的休闲娱乐之地。那时候说书叫“说话”，说书的人叫作“说话人”。一个故事讲过了还要再讲，为了方便记忆，说书人便把故事梗概记录下来，这就是所谓的“话本”，原意是“说话人的底本”。

宋张择端《清明上河图》中的书场

话本的内容主要分为讲史、讲经和“小说”等大类。“讲史”主要讲的是往代历史，如三国和隋唐五代等，间或也讲本朝历史，如水浒故事，后来的《三国演义》《隋唐演义》和《水浒传》都发源于此。“讲经”是用通俗的语言演说佛经。“小说”的内容比较庞杂，“如烟粉、灵怪、传奇、公案、朴刀、杆棒”等（吴自牧《梦粱录》），已然是市井生活的万花筒。

宋代的话本开启了中国古代历史演义小说和白话短篇小说两大门派，但当时的小说是以“讲”为主，文字的作品只起到辅助作用。现今能够见到的宋代话本中“讲史”和“小说”的残篇都还比较简略朴素。到了明代，有不少科举失意的文人流入市井并热衷于“通俗文艺”，经他们整理或再创作的话本在内容和形式上都有了很大改观，成为真正意义上的文学作品，最具代表性的是所谓的“拟话本”和历史演义小说。

所谓“拟话本”，是明代文人仿照宋代话本的体制和风格写的故事，主要功能由说书转向了案头，是供有一定文化修养的人阅读的文本，代表作品有冯梦龙编的“三言”（《醒世恒言》《喻世明言》和《警世通言》）和凌蒙初编的“两拍”（《初刻拍案惊奇》《二刻拍案惊奇》）；历史演义小说则以罗贯中的《三国演义》为代表，与《水浒传》《西游记》《金瓶梅》并称为四大“奇书”。其中《三国演义》讲历史，旨在“正统”；《水浒传》讲侠义，旨在“尽忠”；《西游记》讲神魔，旨在“摄神”；《金瓶梅》讲世情，旨在“劝诫”。当然，实际产生的效果可能与作者所标榜的相去甚远，尤其是《水浒传》和《金瓶梅》，曾背上了“诲盗”和“诲淫”的恶名，后来多次被列为“禁书”。

中国古代小说发展到明代已经是众体皆备，洋洋大观了，往后再没有出现新的小说文体，倒是在既有文体上有了新的突破，短篇和长篇小说都出现了新的高峰，这就是蒲松龄的《聊斋志异》和曹雪芹的《红楼梦》。

《聊斋志异》是一部文言短篇小说集，其渊源可上溯到魏晋的志怪、志人以及唐代的传奇，但思想和艺术却提高了很多。它以鬼狐的世界来反映社会人生，内容丰富、形象鲜明、情节曲折、刻画细腻、想象奇特、语言精练，把传统的文言短篇小说提升到了一个新的高度。蒲松龄一生潦倒，科举失意后以乡村教书为生，传说他设茶棚于村口，有路人歇脚喝茶，能讲故事者免茶费，可见《聊斋志异》有着民间文艺的基础，其中著名的作品有《促织》《画皮》《婴宁》《小谢》等。我们看其中一个篇幅极短的作品，类似于今日的所谓“小小说”。

> 明末，济属多盗。邑各置兵，捕得辄杀之。章丘盗尤多。有一兵佩刀甚利，杀辄导款。一日，捕盗十余名，押赴市曹。内一盗识兵，逡巡告曰：“闻君刀最快，斩首无二割。求杀我！”兵曰：“诺。其谨依我，无离也。”盗从之刑处，出刀挥之，豁然头落。数步之外，犹圆转而大赞曰：“好快刀！”（《快刀》）

《红楼梦》是中国最伟大的长篇小说，迄今没有作品能够望其项背。正因为伟大，所以它的好处也说不完、道不尽。西方有谚语：说不完的莎士比亚；对中国文学来讲，《红楼梦》也当得起这个评价。至20世纪初，对《红楼梦》的研究已成为专门的学问，即所谓的“《红》学”。和我们一般人所想不同，“《红》学”的主要内容并非是研究思想艺术，而是对作者作品的考证。有人将“《红》学”分为3个分支，即“家世”“版本”和“探佚”。家世，是考证作者生平及其世系。经胡适等人考证，曹雪芹确有其人，其祖上在清人入关前是所谓“包衣”（意为“奴才”，即入旗的汉人）；其祖父做过江宁织造，数次接待皇帝南巡；其本人前半生生活丰足，后半生穷愁潦倒等。版本，是考证《红楼梦》印行之前各手抄本以及早期印本的来由和异同。《红楼梦》写成之初，只在朋友圈里借阅并传抄，因此各抄本的文字颇有异同，这就出现了何是何非、孰优孰劣的问题，需要专家勘比校验；早期印本依据不同抄本，因而也需要离考订和校勘。探佚，是说曹雪芹只写了 80 回便去世了，后 40 回乃是后人续写（一般认为是高鹗）。但有专家认为曹雪芹对后 40 回也写有部分篇章，至少是写有大纲的，即便找不到手稿，也可以根据前 80 回的线索及作者的思想去推测。如此等等，“《红》学”还有诸多悬而未决的问题。普通读者当然不必为此做专门的功课，但了解一些《红楼梦》研究的状况和成果对我们理解这部伟大作品还是有帮助的。

程十发画《儒林外史》插图

附带要提一下吴敬梓的《儒林外史》，因为这部长篇小说与《红楼梦》产生于同一时代，却完全被后者的光芒所笼罩；又因为写的是文人圈里的故事且结构松散，以至于受人关注和喜爱的程度也远不如《红楼梦》。然而这部小说也有自己特色和韵味，并且随着时间的推移日益为广大读者——尤其是具有相当文化水平的读者——所看重。比如钱玄同先生就认为《儒林外史》最适合青年学生阅读，其中一个重要的理由就是“没有一句淫秽语”，这不仅高出以往许多诗、词、戏曲和小说，甚至高出《水浒传》和《红楼梦》。[①] 这个特点与后来的中国小说相比，仍然是十分宝贵的品格。

中国古代小说的数量很大，但真正优秀的并不多见。以明清两代为

① 钱玄同：《儒林外史新叙》，载《儒林外史》（会校会评本），上海古籍出版社，1984，第 785 页。

例，各种“野史”风行民间，形成了通俗小说的洋洋大观，但能够在文学史上留名的只是极少部分。近人孙楷第先生编有《中国通俗小说书目》，收有各类小说名目及版本千余种，其中绝大多数，今天的读者别说没看过，就连听也没听说过。[①] 至于文言小说，仅以历代笔记及丛刊而言，就浩如烟海，但这些作品的内容十分庞杂，大都不在文学阅读的范围之内。尽管如此，我们也有充分的理由为中国古代小说取得的成就而自豪。判断一个国家小说创作成就的高下通常主要是看长篇，就此而论，中国古代至少有6部经得起时间检验且能够深入人心的作品，如美籍学者夏志清先生所说：“最苛求的现代读者，至少对那个传统中的一部作品——《红楼梦》——持赞许态度；而大多数读者，一定会将《三国演义》《水浒传》《西游记》《金瓶梅》和《儒林外史》这五部也归入中国小说的古典名作之列。”[②] 的确，这几部古典小说到今天还有广大的读者，还在不断印行，还有许多人在研究，即便放在世界小说之林，也未必逊色。日本汉学家盐谷温称赞《水浒传》：“其结构底雄大，文字底刚健，人物描写底精细，不独为中国小说之冠冕，且足以雄飞于世界底文坛哩！”[③] 美国汉学家浦安迪（Andrew H. Plaks）认为《三国演义》《水浒传》《西游记》《金瓶梅》“在结构和修辞方面的一系列共同特征显示出它们的作者具有强烈的文类意识”。[④] 这表明，即便用西方小说的观念去衡量，明代出现的“四大奇书”也是自觉和出色的“小说杰作”。可见小说一体在中国传统文学中虽不是“主项”，却也并非“弱项”。

四　散文

散文是文学众体里范围最宽的一种，凡其他体裁装不进去的，大都可以往“散文”里塞，因此在“散文”的家庭里，兄弟姐妹和堂亲表亲是最

---

① 参见孙楷第《中国通俗小说书目》，人民文学出版社，1982。

② 〔美〕夏志清：《中国古典小说导论》，胡益民等译，安徽文艺出版社，1988，第1页。

③ 〔日〕盐谷温：《中国文学概论讲话》，孙俍工译，开明书店，1929，第416页。

④ 〔美〕浦安迪：《明代小说四大奇书》，沈亨寿译，三联书店，2006，第1页。

多的。散文又是文学众体里与实际生活关系最近的一种，如果不是专门从事创作的人，平素不一定会去写诗、小说和剧本，但只要写文章，稍不留神就可能是在“舞文弄墨”，而历史上的很多散文名篇事实上就是在不经意间写出来的。散文还是文学众体里渗透力最强的一种，诗歌、小说、剧本中都可以看到散文的影子，比如古典诗歌里的“以文为诗”和现代新兴的“散文诗”，小说因散文笔法而产生的“诗化”效果，以及戏剧剧作里篇幅较长的独白等。

中国古代并没有“散文”这个概念，只有“文”或“文章”。这两个概念早先的含义很广，涵盖文化、著作、典籍、礼仪、制度等多种意义，即便用来特指语言文字作品，也包罗万象，把各种功用和形式的“文”都纳入其中。后来，人们渐渐意识到文采之“文”和质朴之“文”有所不同，于是便赋予“文”以特殊的意义，这就是南朝梁昭明太子萧统所说的“综辑辞采”“错比文华”，“事出于沉思，义归乎翰藻。”（《文选序》）简言之，就是情感要深挚，语言要漂亮。这样的语言作品就可视之为“文”，略同于我们今天所说的“美文”，并且包括了诗、赋、铭、诔等韵文在内。此后，古人对文学之“文”的界定基本就采用或参照这个标准了，即使是反对这种说法的人在为文或评文时也是暗地里依循着这个标准。无论如何称谓，比如文章、文辞、散文（狭义的）、骈文、古文甚至时文（“八股”），之所以成“文”，都少不了文情之深和文辞之美。刘勰著《文心雕龙》主要也是研究这个意义上的“文”，其中《情采》一篇更是系统地阐述了“文”的本质。

> 圣贤书辞，总称文章，非采而何？夫水性虚而沦漪结，木体实而花萼振，文附质也。虎豹无文，则鞟同犬羊；犀兕有皮，而色资丹漆，质待文也。若乃综述性灵，敷写器象，镂心鸟迹之中，织辞鱼网之上，其为彪炳，缛采名矣。故立文之道，其理有三：一曰形文，五色是也；二曰声文，五音是也；三曰情文，五性是也。五色杂而成黼黻，五音比而成韶夏，五性发而为辞章，神理之数也。

刘勰认为，“文”是万事万物的根本属性，无论是植物、动物还是人，都既有“质”也有“文”，语言自不例外。照这么看，只要下笔，就得有文采，只有这样才合乎语言文字的本性。但也要注意，不能以“文”害“情”，徒有其表，这样的结果是“繁采寡情，味之必厌”，反而违背了语言文字的本性。显然，刘勰是力倡为文须“文”，只要与“情”融为一体，就是好文。按这个观点，天下一切语言作品都可以成“文”，并且只要成“文”，也就是文学作品。事实也是这样，中国古代的任何一种语言文字作品都可能成为文学，有韵和偶的自不必说，其他各种形态的语言文字作品大都可以在“文”苑里有一席之地。仅《文选》目录所列，可以归为“散文”的，就有“诏、册、令、教、表、上书、启、弹事、笺、奏记、书、檄、对问、设论、辞、序、颂赞、符命、史论、史述赞、论、连珠、箴、铭、诔、哀、碑文、墓志、行状、吊、祭文”等，遍及社会生活的方方面面。现今编选的历朝历代散文选也是各种类别的文章都有，哲学的、历史的、伦理的、政论的、军事的，以至于书信简牍、笔记序跋等。可以说，人们无论做什么事情，只要和文字打交道，就有可能“创作”出散文。从这个意义上看，散文的天地非常宽阔，几近于无限，而区分“散文”与“非散文”的标准不在于体式，而在于美感。

那么这种“美感”又是缘何而来呢？历史上各家的意见不太一致，有的认为是“骈偶”（如六朝骈文），有的认为是“文气”（如韩愈所谓的“文以气为主”），有的认为是“性灵”（如“公安派”所谓的“独抒性灵”），有的认为是“义法”（如“桐城派”所谓的“义理、考据、辞章”）。我个人以为，刘勰的概括最为简洁明了，就是“情采”，但不要简单地把“情”理解为感情，“采”理解为辞藻。散文固然可以抒发感情，但有的作品并没有明显的情感流露，或者主要不是用来抒情的，我们读起来仍觉得很美。此时的“情”很可能是一种微妙的感受或意绪，这种“情”用中国古代文论中的一个术语可以贴切地表达，那就是“气”，也就是曹丕说的“体气”、韩愈说的“文气”、刘大櫆说的“神气”和许多人都说到的“气势”。文章有“气”，便有了情感力量，就是散文作品。“采”也一样，固然可以是华美的文辞，但许多散文写得朴素甚至古朴，读来也是津津有味、口舌生香。这时的“采”应该是来自语言的运用，从内涵看是增强文字的意蕴，从形式看是句式和句法的错综。这个特征可以用西方文论里的结构主义“诗学”观去说明，那就是语言表达有纵横两个向度或者“轴”。纵向的轴表明语义，同一个意思可以选择多个词汇去表达；对此，日常用语和文学用语的选择是各有所好的，而散文语言应当选择最有意蕴和美感的“那一个”词汇。横向的轴表明语法，普通语言遵循语法即可，但文学语言须在此基础上灵活运用甚至偏离语法，是所谓“修辞”，并由此形成语言的形式之美。照这么理解，“情采”的意思就扩充了许多，而且需要扩充，因为刘勰面对的古代汉语（文言）的“情采”特征容易辨认，而现代汉语（白话）是对古代汉语的“解放”，其“情采”特征自然与以往有所不同。这是我们用“情采”界定散文时要充分考虑到的。

推开来看，中国古代散文的“情采”的定义似乎也适用于外国（主要指西方国家）散文，就是说，外国散文也需表达情感，也需讲究语言文字，其中有3类散文特点突出，影响很大。第一种是论理的散文，也可以说是思想家的散文，以柏拉图的《理想国》为代表和典范。其特征是将情感、逻辑和辞采融合在一起，从而也将哲学和文学结合在一起，在思想史和文学史上都成为经典。培根的论说文也属此类。第二种是演讲的散文，其源头是古罗马时期的“雄辩术”，当然再往前可以追溯到苏格拉底在雅典广场与他人的辩论。这类散文是面对听众的现场演说，既要说理，也要有强烈的感染力，人们熟知的林肯在葛底斯堡的演讲和马丁·路德·金的《我有一个梦》都是此类散文的名篇。第三种是随笔式散文，也可以称作“随笔”。这类散文写得比较轻松自在，有游记、笔记、杂感、格言等，著名的有法国蒙田的《随笔集》、英国兰姆的《伊利亚随笔》，美国梭罗的《瓦尔登湖》，俄国屠格涅夫的《猎人笔记》等；还有些哲学性很强的散文，如尼采的《查拉图斯特拉如是说》、加缪的《西西弗神话》，似也有“随笔”的性质。中西散文因语言和文化的不同而有明显差异，但二者距离似乎不像中国古代诗歌与西方诗歌之间那么远。一些名篇被翻译成汉语后仍不失其原汁原味，故而是可以和中国古代散文加以比较和欣赏的。

中国古代散文名篇不计其数，古人为了初学便利，经常编纂各类“选本”，意在撷取各家精华。但各选家往往有自己的偏好，有的重“文章”、有的重“经世”、有的重“理学”、有的重“古文”，其中较为折中且流传最广的是清人吴楚材、吴调侯选编的《古文观止》。近现代以来，各种古代散文选本也很多，以20世纪60～80年代人民教育出版社出版的《古代散文选》较好。体例为原文、题解、作者介绍和注释，选家和注家是隋树森、张中行等老一辈古典文学专家，质量较高，文笔也好。①

流行很广的散文选本《古文观止》

五　剧作

“四分法”里有所谓的“戏剧文学”，不如称之为“剧本”或“剧作”更为简便，因为“戏剧文学”是为戏剧创作的，是“一剧之本”，创作“戏剧文学”的人通常被称为“剧作家”而不是“戏剧文学家”。

我们说剧作是为戏剧表演而作，但并不意味它只能服务于舞台，至少还能供人们阅读。这样看来，剧作就具有双重功能，既用于戏剧表演，也用于案头披阅。这里主要谈论后一种功能。

中国古代剧作，以元杂剧成就最高。此前当然也有剧作，但很少被完整地保留下来。元代，中国戏剧异军突起并达到高峰，但舞台表演那部分已经基本看不见了，只有剧作能够存留下来，使后人可以想见当时戏剧创作的盛况。所以，我们谈论元杂剧，主要是把它当作一种文学现象去看待。

元代剧作的成就集中体现为“关、白、郑、马”和王实甫的作品。“关”指关汉卿，代表作是《窦娥冤》；“白”指白朴，代表作是《梧桐雨》；“郑”指郑光祖，代表作是《倩女离魂》；“马”指马致远，代表作是《汉宫秋》。王实甫以创作《西厢记》而闻名，但《西厢记》并非其原创，先前已有董解元的诸宫调《西厢记》，王实甫是在此基础上改编的，所以文学史上有“王《西厢》”和“董《西厢》”之别。当然，经过改编

① 隋树森等：《古代散文选》，人民教育出版社，上册，1962；中册，1963；下册，1980。

的“王《西厢》”的艺术成就更高，成为中国古代剧作的典范。

元杂剧的结构通常为“四折一楔子”，相当于今天的四幕话剧加一个序幕，但王实甫的《西厢记》打破了这种结构，它有5本21折，因此表现力也大为增强。

元杂剧的剧作以唱词为主，唱词实际上也就是诗，其中许多篇什都有很高的艺术水平，单独看就是很好的诗歌。以此而论，中国古代剧作的本性是“诗”，一旦它脱离了舞台，就完全可以当作文学作品去读。比如王实甫《西厢记》里这一首《正宫·端正好》：

> 碧云天，黄花地，西风紧，北雁南飞。晓来谁染霜林醉？总是离人泪。

王叔晖创作的连环画《西厢记》

这几句诗历来脍炙人口，与任何优秀的古典诗歌相比都不会相差太多，无愧于“化工”的赞誉（李贽《焚书·杂说》语）。

对于元杂剧的文学价值，王国维曾有评价说：“元曲之佳处何在？一言以蔽之，曰自然而已矣。古今之大文学，无不以自然胜，而莫著于元曲。盖元剧之作者，其人均非有名位学问也；其作剧也，非有藏之名山、传之其人之意也。彼以意兴之所至为之，以自娱娱人。关目之拙劣，所不问也；思想之卑陋，所不讳也；人物之矛盾，所不顾也。彼但摹写其胸中之感想与时代之情状，而真挚之理与秀杰之气时流露于其间。故谓元曲为中国最自然之文学，无不可也。”[①] 这表明元杂剧因其文学价值而在中国文学史上享有很高的地位。

元杂剧兴盛于北方，而中国南方也有自己的戏曲，统称为“南戏”。

---

① 王国维：《宋元戏曲史》，载《王国维全集》第三卷，浙江教育出版社、广东教育出版社，2009，第113页。

元朝末年，杂剧逐渐衰落，南戏却仍在广大的南方地区蓬勃发展；到了明代，南戏又称作“传奇”，吸引许多文人墨客纷纷染指，出现了不少有名的剧作家和作品。南戏代表作是高明的《琵琶记》，还有所谓的“荆、刘、拜、杀”，即《荆钗记》《白兔记》（《刘知远白兔记》）《拜月亭》《杀狗记》。“南戏”及“传奇”的篇幅较杂剧大幅度增加，短的有二、三十出，长的可达50多出，因此故事情节也更加曲折和复杂。至于南戏的文学价值，与杂剧相仿，如王国维所说：“故元代南北二戏，佳处略同，唯北剧悲壮沈雄，南戏清柔曲折，此外殆无区别，此由地方之风气及曲之体制使然。”①

明代最伟大的剧作家是汤显祖，他的代表作是“临川四梦”，即《还魂记》《紫钗记》《南柯记》《邯郸记》，其中《还魂记》也即《牡丹亭》的成就最高，影响最大。作品讲述南安太守杜宝之女杜丽娘天生丽质，幽居闺阁并随师读书。一日因诵读《诗经·周南·关雎》而感伤，遂往花园寻春，回后昏昏入睡，梦见一书生持半枝垂柳前来求爱，两人在牡丹亭畔幽会。醒后愁闷，一病不起，弥留之际要求母亲把她葬在花园的梅树下，并嘱咐丫环春香将其自画像藏在太湖石底。3年后，书生柳梦梅赴京应试，借宿梅花观，在太湖石下拾得杜丽娘画像，亦在梦中与杜丽娘游魂幽会。之后，柳梦梅掘墓开棺，杜丽娘起死回生，两人结为夫妻。这是一个“愿天下有情人皆成眷属”的大团圆故事。作品有强烈的浪漫色彩，既表现在情节的离奇上，如梦里相会、死而复生等，也表现在大胆的“唯情主义”上，如作者自述：“如丽娘者，乃可谓之有情人耳。情不知所起，一往而深，生者可以死，死可以生”（《牡丹亭记题词》）。当然，还有一个和中国古代优秀剧作相同的特点，那就是文辞优美、诗意盎然，如杜丽娘伤春的咏叹：

> 原来姹紫嫣红开遍，似这般都付与断井颓垣。良辰美景奈何天，赏心乐事谁家院？……朝飞暮卷，云霞翠轩；雨丝风片，烟波画船

---

① 王国维：《宋元戏曲史》，载《王国维全集》第三卷，浙江教育出版社、广东教育出版社，2009，第136页。

——锦屏人忒看的这韶光贱！（《牡丹亭·惊梦》）

真是绝妙好词，难怪林黛玉听了戏子的吟唱，怦然心动，暗叹：“原来戏上也有好文章”（《红楼梦》二十三回“牡丹亭艳曲警芳心”）。

清代也出了两部著名的剧作，洪升的《长生殿》和孔尚任的《桃花扇》。两部剧作都是“历史+爱情”的题材，《长生殿》写唐玄宗和杨贵妃的生离死别，《桃花扇》写侯方域（明末名士）与李香君（江南名妓）的死别生离，其情节、情感和语言都属上乘，是中国古代剧作最后的辉煌。清代学者梁廷枏在《藤花亭曲话》中说：“《桃花扇》笔意疏爽，写南朝人物，字字绘影绘声。至文辞之妙，其艳处似临风桃蕊，其哀处似着雨梨花，固是一时杰构。”又有清人李慈铭的《荀学斋日记》称赞《长升殿》：“词亦曲折尽情，首尾完密，点染不俗。国朝人乐府，唯此与《桃花扇》足以并立。”① 可见这两部剧作的文学性在清代文人中间得到了高度评价。

到了近代，西方话剧（“文明戏”）开始传入，并随着新文化运动的潮流很快占据了戏剧舞台。虽然传统戏曲仍在上演且有广泛的群众基础，但它的剧作却似乎淡出了文学领域。一个显见的事实是，各种现、当代文学史论述“戏剧文学”时，主要以话剧剧本为对象，很少涉及戏曲的剧作。这里面有一个“正统”观念的问题。显然，文学里戏剧的“正统”授予了话剧，而戏曲则被搁置一旁，尽管它在“艺术”的大概念中仍占有重要位置。

六 报告文学和传记

报告文学是一种新兴的文学样式，但是否够格成为“体裁”，还没有一个权威的说法。

报告文学的前身是新闻报道，而当人们把新闻报道写得充分、丰满且有较强的文学性时，就成为报告文学了。一般认为，报告文学的开山之作是美国记者约翰·里德写于20世纪初的《震撼世界的十天》，之后有捷克

① 周贻白：《中国戏曲发展史纲要》，上海古籍出版社，1979，第388页。

作家伏契克写于20世纪40年代的《绞刑架下的报告》，这两部作品都传入中国并产生过很大影响。

优秀的报告文学都与时代密切关联，并对社会思潮产生积极作用。中国最典型的事例莫过于徐迟先生发表在1978年的《人民文学》1月号头条的《哥德巴赫猜想》，那正是改革开放露出曙光的时刻。这部歌颂数学家陈景润事迹的报告文学及时地报道了“科学的春天”来临的消息，并对广大人民群众尤其是知识分子和青年学生产生了巨大的鼓舞。其他优秀作品也是如此，如王石、房树民的《为了六十一个阶级兄弟》、理由的《扬眉剑出鞘》、钱钢的《唐山大地震》等。

作家徐迟（左）和数学家陈景润（右）

但是，报告文学创作也有一些令人困惑的问题，并引发不少争论，其中最大的争议就是允不允许虚构。报告文学的生命在于真实，这是它与小说的根本区别，但如果一点虚构都没有，其文学性由何而来？仅靠文字表达是不够的。如果没有文学性，那么报告文学也就无以在文学领域立足，而且它的可读性和影响力也会大大降低。这类问题似乎至今也没有个了断，报告文学的作家们大都以自己的标准去把握虚构的有无或多少。我个人的意见是，报告文学写人写事，可以渲染，却不宜虚构。作家可以用生花妙笔把某人或某事描写得绘声绘色，却不能给所写之人或事增加原本没有的东西，也就是说，可以锦上添花，不能无中生有。至于“实”和“虚”，也即“事”与“文”之间的“度”如何把握，那就要检验报告文学作家的手眼了。

报告文学的特点除了真实性外，还有实时性，也即报告文学是报道当下或当代的人物及事件。如果写过去或历史上的人物及事件，那就是历史或传记了。

事实上，传记或传记文学是随着历史著作而来的。中国是史学大国，历史著作成熟得很早，而且从一开始就是“人”和“事”并重，也就是在记事的同时注重对人物的刻画。在《左传》《国语》和《战国策》里面，我们都能看到精彩的人物描写，而且文学意味非常明显。这一特色到了司马迁写《史记》时达到了新的高度。《史记》开创了历史著作的“纪传体”，“纪”和“传”都是以人物为中心，实际上也就是为历史人物写传记，而且往往要写出人物的性格、心理和风采。《史记》的文学水平之高，不仅令后世史学家望洋兴叹，就是文学家也深深折腰，如鲁迅先生感叹：“固不失为史家之绝唱，无韵之《离骚》矣。”[①] 比如描写被困垓下的项羽：

> 项王军壁垓下，兵少食尽，汉军及诸侯兵围之数重。夜闻汉军四面皆楚歌，项王乃大惊曰：“汉皆已得楚乎？是何楚人之多也！”项王则夜起，饮帐中。有美人名虞，常幸从；骏马名骓，常骑之。于是项王乃悲歌慷慨，自为诗曰：“力拔山兮气盖世，时不利兮骓不逝。骓不逝兮可奈何，虞兮虞兮奈若何！”（《史记·项羽本纪》）

真可谓声情并茂、呼之欲出，无怪乎画家和诗人郑板桥把它当作《史记》里最精彩的段落之一，说：“即如《史记》百三十篇中，以《项羽本纪》为最。而《项羽本纪》中，又以巨鹿之战、鸿门之宴、垓下之会为最。反复诵观，可欣可泣，在此数段耳。”（《郑板桥集·潍县署中寄舍弟墨第一书》）像这样的描写，在《史记》的“记”和“传”里随处可见，从而使一大批历史人物栩栩如生，留下了鲜活的“传记”。据此，我们把《史记》当作中国传记文学的巅峰之作并不为过。至于个中原委，著名古典文学专家王季思先生曾谈过3点：一是正史或“官史”的性质使作品“在对历史人物事件有所褒贬时，不免有所文饰，有所夸张”；二是“多数史家具有较高的文学修养”；三是“有些优秀的历史著作吸收了野史、小说的材料，带有民间传说的色彩”。[②] 中国古代历史著作能够成为文学作

---

① 鲁迅：《汉文学史纲要》，载《鲁迅全集》第九卷，人民文学出版社，1981，第420页。

② 王季思：《历史著作与文学作品》，载《玉轮轩古典文学论集》，中华书局，1982，第205页。

品，原因大致如此。

当然，历史和文学的结合也难免导致历史和文学的“打架”，就是说，文学的描写时常偏离了历史的真实，尤其体现在那些看上去像是“小说家言”的描写。司马迁《史记》的可信度应当非常高了，但也曾遭到过后人的质疑，比如上举的项羽和美人在营帐中饮酒作歌，谁曾亲眼见过？司马迁又是从哪儿听来的？因此，在历史著作中，文学性越强的地方往往也越容易让人生疑。这就给史传文学带来一个很大的难题：如何保证所写人物及事件真实可靠？近现代以来，随着史传文学及各类传记铺天盖地地涌现，人们越发感到这一文体内部的鱼龙混杂、真假难辨。原本传记文学的主要功能是记载历史，因此“传主”主要是历史人物，而时下传记的功能似乎转向了消遣、娱乐甚至猎奇，“传主”多有明星（歌星、影星、球星）和大腕（富豪和名流）。当传记文学失却了“历史”的功能，恐怕这一文体就变味甚至变质了；如果传记文学连真实性的原则一并丧失，那就完全没有必要在文学家族里分门别户，直接并入小说就行了。

因此，说真话就是传记文学的生命线。在西方，写“自传”（传记文学的一种）而诚实的典范莫过于卢梭的《忏悔录》，作者毫不掩饰地写下了自己的“恶行”，比如曾经的偷窃、阴暗心理、对女性的始乱终弃等，但读者仍觉得他不够诚实，因为没有写出他曾经把私生子送进育婴院。后来，著名传记作家安德烈·莫洛亚为卢梭辩解说：“卢梭在人类思想存在的缺点所许可的限度里说出了真话——他的真话。”[①] 这句话应当成为传记文学真实性的一个合乎情理的标准。

七　文学和我们

在各类艺术中，文学与我们的关系最为密切，也最容易为我们所接触。看电影要去影院、看戏要去剧院、看画展要去美术馆、听音乐会要去音乐厅……，其他艺术的观赏都需要一个特定的场所（当然也可以不要，人们可以在计算机和手机上实现，但那样的方式与真正的艺术欣赏隔了一

---

① 《安德烈·莫洛亚为一九四九年法国勃达斯版的〈忏悔录〉写的序言》，远方译，载卢梭《忏悔录》第二部，人民文学出版社，1982，第835页。

层)，而文学欣赏却没有场所的限制，人们可以在任何场所实现文学阅读，而且最多的可能是在家中。其他的地方，如图书馆、书店、办公室、咖啡厅或茶室、公交车、地铁、飞机以至于街头巷尾，都可以是文学阅读的场所。因此可以说，我们的生活里文学无处不在；加之前面说过的人们和语言文字打交道时潜在的文学性，更可以说我们生活在文学的环境和“气场”中。既然如此，我们就须珍视文学、善用文学，让文学为我们的人生增光添彩。那么我们该从文学里汲取什么呢？我想大致有这么几项。

一是文学里的社会生活。就反映生活的广阔而言，文学在各类艺术中首屈一指：凡是在人类社会存在的，都可以在文学作品里呈现出来。我们每个人的见闻都是有限的，但通过文学作品，我们就能接触到几近无限的社会生活。当然最重要的是，我们接触世界是通过“文学”这样一种审美方式，这与读历史和社会的教科书大异其趣。当年孔子谈论学《诗》的好处时说：“可以兴，可以观”（《论语·阳货》）。后人解释“兴”是“感发志意”，“观”是“观风俗之盛衰”。我以为，这两句话要合起来看，即正因为《诗》能够引发人们的“兴”趣，才能够吸引人们由此去了解和认识社会。“兴”和“观”是同一件事的两个方面，也是文学反映生活的特殊效用。在电影、电视及网络出现之前，文学是世人打量世界的最重要窗口之一，所谓“秀才不出门，能知天下事”，靠的就是文学和“文学化”的书籍。通过这个窗口看到的不仅是生活本身，还是生活的本质；不仅是生活的实录，还是生活的“风景”，美轮美奂、动人心魄，实在是生活的“万花筒”和别样“教科书”。由此而论，认识文学就是认识生活，敬重文学就是敬重生活，热爱文学就是热爱生活。

二是文学里的精神世界。从根本上讲，文学是精神性的。一部文学作品无论是怎样的体裁和题材，若没有传达出某种精神，就不能算作文学。中国古代文论中有“言外之意”和“得意妄言”之说，就是表明阅读文学作品最终要进入那个超出作品本身的精神世界。从读者看，如果没有感悟到作品的精神境界，就不是真正的阅读；从创作看，如果不能触动读者的精神，就不能说是写出了好作品，甚至不能说是写出了“文学”作品。因此，我们每读一部文学作品，都要有一份精神上的收获，要在文学作品描写或象征的精神世界里漫游、采撷，以丰富我们自己的精神生活，提升我们自己的精神境界。天长日久，潜移默化，我们的精神世界也会在文学作品的熏陶之下变得丰美而优雅。

三是文学里的人格力量。文学是“人学”，优秀的文学作品里一定会充盈着动人的人格力量。这种人格力量可能来自作者本人，然而更多的是来自作品里的情感和形象。有的文学家不仅作品写得好，人格也劲健而崇高，其人与文合二为一，共同构成了彪炳青史的人格力量。比如中国文学史上的屈原（“虽九死其犹未悔”）、司马迁（“发愤著书”）、陶渊明（“不为五斗米折腰”）、李白（“天子呼来不上船”）、杜甫（“大庇天下寒士俱欢颜”）、韩愈（“欲为圣明除弊事，肯将衰朽惜残年”）、岳飞（“壮志饥餐胡虏肉，笑谈渴饮匈奴血”）、文天祥（“人生自古谁无死，留取丹心照汗青”）、鲁迅（“横眉冷对千夫指，俯首甘为孺子牛”）等，我们怀着景仰的心情去阅读他们的作品，并把他们的人和文一并当作楷模。有的文学家人品有亏，但作品高尚，最典型的如西晋潘岳。他巴结权贵、钩心斗角，却写得一手声情并茂的好文章，被金代诗人元如问嘲讽为：“高情千古《闲居赋》，争信安仁拜路尘”（《论诗三十首》）。对此，我们也不能因人废文，而要从作品中去寻找积极的人格力量。无论如何，我们都需经常阅读优秀的尤其是经典的文学作品，与作品中情感和形象交流，使自身得到心灵的净化和精神的洗礼，为养成健全而高尚的人格而汲取力量。

四是文学里的“语言艺术”。这个问题可以从两个层面去看。第一个层面，语言是人们生活中必不可少的“工具”。仅以人与人之间的交流而论，语言的优劣会影响到情感和友谊。有一句俗语叫作“出口成章”，是赞许一个人的语言能力。虽说并不要求人人如此，但把话说好，把文章写好，却是促进人际关系友善与和谐的积极因素。第二个层面，语言不仅是生活的“工具”，还是生活的“本质”，因为每个人都生活在语言当中，没有语言，人们就无法正常生活。而语言的好坏是否会影响生活的质量呢？回答应当是肯定的。如果人人都生活在优美的语言环境中，自然也会更多地感受到生活的诗意。所谓“优美的语言环境”很大程度上要借重作为“语言艺术”的文学，而人们通过阅读文学作品去美化自己的语言，实际也就是美化了自己的生活。

八 结语："无限的清单"

这是意大利学者翁贝托·艾柯的一部美学著作的书名，其实更适用于文学。古今中外，文学作品知多少？恐怕没有人能算得清。回首过去，已浩如烟海；展望未来，仍无穷无尽。这很能让人想起庄子那句著名的感叹："吾生也有涯，而知也无涯。"（《庄子·养生主》）面对这宏富得望不到边际的精神财富，我们该怎么办呢？当然不能只是发发感慨而已，而是要去接近它、阅读它、理解它、运用它，最终化作我们的人文素养和人格理想。至于能读多少，读些什么？那倒是因人而异并量力而行的。我个人认为，对于并非从事文学研究的普通人来说，还是从经典读起，而且最好是从本国的经典读起。有不少文学大家曾经为青年人开过"阅读"或"必读"书目，如胡适先生为青年学生所开的"真正之最低限度必读书目"就包括："《四书》《易经》《书经》《诗经》《礼记》《左传》《老子》《墨子》《庄子》《荀子》《韩非子》《战国策》《史记》《汉书》《后汉书》《三国志》《资治通鉴》（或《通鉴纪事本末》）《宋元明史纪事本末》《楚辞》《文选》《李太白集》《杜工部集》《韩昌黎集》《柳河东集》《白香山集》，其他词曲集随所好选读数种。"[①] 这里面大多是文学作品或可以当作文学去读的作品。今天看去，别说普通读者，就是从事文学工作的人，要把这些读完并读通，也不是件容易的事情。但我们不能望而却步，而要持之以恒，尽可能对本国文学经典有大致的了解。如有余力，再拓展到外国作品，如"荷马史诗"、但丁的《神曲》、莎士比亚戏剧、塞万提斯的《堂吉诃德》、薄伽丘的《十日谈》、拉伯雷的《巨人传》、乔叟的《坎特伯雷故事集》、"湖畔派"诗歌、雪莱和拜伦的诗歌、雨果的《巴黎圣母院》和《悲惨世界》、歌德的《浮士德》和《少年维特之烦恼》、席勒的《阴谋与爱情》、司汤达的《红与黑》、福楼拜的《包法利夫人》、巴尔扎克的长篇小说、莫泊桑的中短篇小说、狄更斯的《大卫·科波菲尔》和《双城记》、夏洛蒂·勃朗特的《简·爱》、爱米莉·勃朗特的《呼啸山

① 胡适：《一个最低限度的国学书目》，载《胡适文存》二集，黄山书社，1996，第105页。

庄》、安徒生的童话、易卜生的剧作、普希金诗歌和小说、果戈理的《死魂灵》、屠格涅夫的小说和散文、莱蒙托夫的《当代英雄》和诗歌、契诃夫的短篇小说、陀斯妥耶夫斯的《卡拉马佐夫兄弟》和《罪与罚》、托尔斯泰的《战争与和平》和《安娜·卡列尼娜》、高尔基的《母亲》、肖洛霍夫的《静静的顿河》、欧·亨利的短篇小说、杰克·伦敦的中短篇小说、马克·吐温的《哈克贝利·芬历险记》和《汤姆·索亚历险记》、麦尔维尔的《白鲸记》、海明威的《永别了，武器》和《老人与海》、马尔克斯的《百年孤独》、泰戈尔的诗歌、川端康城的《雪国》和《伊豆的舞女》，还有世界各国以及中国现、当代文学作品等，无边的书海在等着我们去畅游，无限的清单在等待我们去打量。总之，开卷有益、多多益善；对于“无限的清单”，我们哪怕浮光掠影地浏览一下，也会感到莫大的收获和喜悦。

拓展阅读

刘大杰：《中国文学发展史》，上海古籍出版社，1982。

陆侃如、冯沅君：《中国诗史》，作家出版社，1956。

《鲁迅全集》第九卷，人民文学出版社，1981。

周贻白：《中国戏剧史讲座》，中国戏剧出版社，1958。

陈柱：《中国散文史》，东方出版社，1996。

〔英〕伯拉威尔：《马克思和世界文学》，梅绍武等译，三联书店，1980。

第十二章　哲学

哲学是一门关于思想的学问。我们通常称某人“懂哲学”，大体指此人“有思想”。纵观人类文明发展进程，哲学伴随思想而生，推动思想发展，并成为思想的精髓和实质。

曾经，哲学是一切学问的母体。当人类与自然分离，开始探究自然的奥秘并追问自身的来由时，哲学就开始了，科学也开始了。就如捷克哲学家扬·索克尔所说：“我们所说的科学实际上大都来自原初的哲学问题。”①正因为如此，科学上的重大成就往往就是在回答最古老的哲学问题，如牛顿的《自然哲学的数学原理》是回答“自然规律”的问题，达尔文的《物种起源》回答了“人的由来”的问题。正因如此，许多学问的基础与核心都在于哲学，如“政治哲学”之于政治学、“宗教哲学”之于宗教学、“艺术哲学”之于美学、“道德哲学”之于伦理学、“法哲学”之于法学以及“逻辑语言学”之于语言学等，这意味着哲学是各类人文和社会科学之所以成立的基石。

由此而论，哲学也是“人文学”的核心和基础，而哲学思想当然也是人文素养的重要组成部分。一方面，哲学能够深化人的思想，开拓人生境界；另一方面，哲学也是人们打开各个人文学科大门的钥匙。

然而，哲学的范围十分宽广且相当一部分内容十分艰深，普通人穷其毕生精力也未必能够总揽全貌并窥其堂奥。为此，一个简便的办法是看大观念和大问题。② 此类观念或问题往往与人生和人性有密切关系，并对人

---

① 〔捷〕扬·索克尔：《小哲学》，何文忠、竺琦玫译，北京大学出版社，2018，第6页。

② 〔美〕罗伯特·所罗门、凯思林·希金斯《大问题——简明哲学 （转下页注）

生活具有指导意义，也是我们在此介绍哲学的着眼点。先从“哲学”的思想概念说起。

一 关于“哲学”

哲学是什么？这是一个很大也很难回答的问题。在各种哲学概论和辞书类的书籍中都有关于“哲学”的定义，对哲学的性质和范围做出解释，多言之成理，或至少是一家之言。如《不列颠百科全书》的解释，“哲学一词起源于希腊语 philosophia，拉丁语亦为同一词形，由此传于后世，原意是‘爱智’，引申为对一些基本信念的基础进行检查，并对用来表达这些信念的基本概念进行分析。”① 又如《中国大百科全书》“哲学卷”的解释，“哲学是世界观的理论形式，是关于自然界、社会和人类思维及其发展的最一般规律的学问。”② 但正如许多专家所指出的，要对“哲学”做出精确和标准的定义很困难，甚至不可能。因为虽说哲学是一种客观存在，但对哲学的理解却是一种主观的认识，要受文化、时代、阶级甚至主体的个性的影响，这也是大多数人文学科共同的特性。因此，了解哲学未必非要从定义着手，尤其是对抱着“学以致用”的普通人来讲，不妨绕过定义，从哲学的作用去认识哲学。

那么，对普通人来说，哲学的作用何在呢？就其大者而言，至少体现在这样几个方面。

（1）增长智慧。在西方，哲学是伴随着对智慧的追求而诞生的。如前所引，哲学的意思在古希腊语中就是“爱智”，而谈论哲学的人叫作“智者”，比如苏格拉底。苏格拉底是古希腊最有智慧的思想家和整个西方哲学的奠基人，他一生中的大部分时间都在雅典广场上与人交谈，从相互的

(接上页注②)导论》（张卜天译，广西师范大学出版社，2014）就以“大问题”为要点介绍哲学基本知识，如“生活”“上帝”“实在”“真理”“自我”“自由”“道德”“正义”“美”等，可参看。

① 《不列颠百科全书》国际中文版 13 卷，中国大百科全书出版，1999，第 227 页。

② 《中国大百科全书·哲学》（Ⅰ），中国大百科全书出版社，1987，第 1 页。

诘难和争辩中迸发出闪光的思想，而且他也明确表示，他的谈话并不能传授给人们某种技艺或知识，而旨在诱导出人们心中本就潜藏着的智慧。尽管苏格拉底未曾创建包括政治、伦理、科学、艺术等在内的各门学问，却用思辨的方法为这些学问的建立和发展奠定了哲学基础。在他之后，古希腊的思想家们无论观点如何，都传承了“爱智”的宗旨，推动着思想的进步，也成就了对整个西方文化产生深远影响的古希腊文明。

中国思想的起源和进步也是“爱智”的结果，最具代表性的事例是《易》的产生。在中国古代早期典籍中，《易》最具有哲学意味和思想性质。相传周文王被囚羑里时，“仰观天文，俯察地理”，推演出《易》之六十四卦。这六十四卦是由阴阳二爻交错排比而来，被认为是穷尽了自然和社会的一切事理，是后世所有哲学和伦理之“道”的源头，集中体现了中华民族的古老智慧。同苏格拉底一样，周文王并未创立专门的学问，却为后世的“诸子”和“百家”奠定了哲学思想的基础。而在“诸子”和“百家”中，最深刻且最具思辨性的思想就是“阴阳”的哲学观。这种智慧是一个民族哲学思想的结晶，也孕育了一个民族的智慧，代代相传、生生不息。

当今，哲学仍是人类社会智慧的重要源泉，在人文科学、社会科学和自然科学的各个领域都能看见由哲学闪烁出的智慧光芒；也可以说，哲学的身影在人文科学、社会科学和自然科学的各个领域无处不在。推而广之，个人的智慧也与哲学密切相关。从大处讲，哲学造就了每个人的世界观和方法论；从小处讲，每一件事情的成功或失败，其经验总结多能够上升到哲学层面。不信就看看时下许多谈论人生的书籍，大多是作者对人生经验所做的哲学思考，其书名往往就显露出智慧的光芒，如《写在人生的边上》（钱锺书）、《人生就是放下》（星云大师）、《一切都是最好的安排》（加措活佛）、《苦才是人生》（索达吉堪布）等。由此可见，古往今来，哲学与思想的进步如影随形。在这个意义上，我们可以说哲学增长了人类智慧，当然也可以说哲学就是人类智慧。

（2）培育精神。人类生活既有物质的，也有精神的。精神生活通常分为三个方面，即“知”“情”“意”；相应地，用于培育这三方面精神的学科则是哲学、艺术和伦理，其中“知”的方面又特别重要。一个人的思维以及心智、观念、见解等都是“知”的体现，也都需要哲学去培育。“情”

和“意”固然在人的精神生活中也很重要，但如果思维出了问题，恐怕情感和意志再好，也不能正常运作，甚至会产生相反的作用。而思维层次的高低在相当程度上决定了一个人的思想水平，这对人的成长起着至关重要的作用。因此，用哲学培育精神就应当成为每个人的人生中的重要一课。西方的许多国家都在高中开设哲学课程，一些著名哲学家还当过中学哲学课教师，如萨特、维特根斯坦等，而我国的中学教育似乎还未将哲学独立出来。我们强调“德、智、体、美”，“德”有德育课，体有体育课，美有艺术课，唯独“智”没有相对应的课程，或者包含在其他课程（如“政治”）当中。也许人们把数理化当作了“智育”课程，但这种认识及做法显然是有偏差的，因为“智”不仅是聪明才智，不仅体现在学习的能力和成效，而是心灵的净化和精神的升华。我们应当相信，一个人若是在高中阶段打下哲学的底子，对以后的人格和心智有很大益处。

从更高的层面看，各个人文学科里的精神产品往往需要哲学思想去提升其质量。哲学本身自不待言，其他如史学著作，若有哲学思想，自然更胜一筹。司马迁的《史记》之所以伟大，不单是因为其“信史”及文采，更因为“究天人之际，通古今之变”的哲思。又如文艺创作，举凡古今中外所有伟大的文学艺术作品，又有哪一部不能做出哲学的解读呢?《红楼梦》之所以高于所有其他的中国古典小说，除了“写法”上的缘由外，还得益于它所蕴含的对人生的透彻理解以及由此而来的哲学观。曾有哲学家指出，任何一部专业书籍，其作者往往会在书的最后进行总结并与读者分享该书的意义，而“当他或她这样做时，他/她就已经超出了他/她所扮演的某一领域专家的角色。他/她正在做哲学”①。当然，前提是这本书本身具有哲学的蕴涵。放眼看去，所有优秀的艺术作品——如果足够优秀的话——没有哪一部（件）不具有哲学的意义，比如贝多芬的《命运》（交响乐）、凡·高的《麦田里的乌鸦》（油画）、皮娜·鲍什的《春之祭》（现代舞）、梅特林克的《青鸟》（诗剧）等，尤其是罗丹的那座《思想者》雕塑，本身就在表达人类执着于哲学思考的本性。凡此俱可见，哲学

① 〔美〕詹姆斯·克里斯蒂安：《像哲学家一样思考》，赫忠慧译，北京大学出版社，2015，第8页。

是人类精神的重要来源，并且培育着人类精神向更高、更深处生长。19 世纪德国浪漫派诗人诺瓦利斯把哲学定义为“怀着乡愁的冲动到处寻找精神家园”[①]。正指出了哲学与人类精神的内在关联。

（3）树立信仰。人类信仰有两大来源：一是宗教，二是哲学；当然也可以来自伦理，但能够成为信仰的伦理道德观一定有着哲学的基础和内涵。古希腊人的信仰起先是来自神话及诸神，之后便为哲学所取代；对后世西方文明产生深远影响的“自由”“民主”和“正义”等观念都源于哲学，并最终成为信仰，与来自基督教神学对上帝的信仰一同构成了最高的精神追求。基督教神学在其发展进程中也逐渐形成了严密的宗教哲学体系，一些重要的神学家，如普罗提诺、奥古斯丁、阿奎那等，都是杰出的哲学家；也就是说，宗教作为信仰，除了其自身的神性及权威之外，也有赖于哲学的体系和观念。中国古代的信仰较少玄虚和神秘色彩，而多指向实际生活，但表达信仰的重要命题或论断并非单纯的道德观念，而是多经过哲学的思考和提炼。比如《易》中的“乾”“坤”，既是卦象，也是中华民族最古老的信仰，具体表述为“天行健，君子以自强不息”和“地势坤，君子以厚德载物”。这看上去是道德标准，却是对无数生活经验及心理积淀的浓缩，且具有极强的象征意味，当属于“道德哲学”。其他如孔子所说的“仁”和孟子所说的“义”等，都应作如是观。如果缺少了这种哲学内涵，儒家的人生观恐怕很难成为历朝历代中国人所尊崇的信仰。

当代中国，人民群众大都有各自的信仰，其中马克思主义占据主导地位，而马克思主义思想的基石则是马克思主义哲学，也就是辩证唯物主义和历史唯物主义，以及建立在此基础上的关于人的本质和人类社会发展规律的论述。以此为信仰的人们理当了解马克思主义哲学的基本观念，并以此造就自身的世界观、人生观和价值观。只有从哲学高度建立的信仰，才是既具有牢固基础又具有超越意义的信仰，这是哲学对人类信仰的特殊作用。18 世纪英国哲学家休谟力推哲学为人类心灵的向导，借以排除种种迷信，他说：

---

① 又翻译为“哲学本是乡愁——处处为家的欲求”。见《诺瓦利斯作品选集》，林克译，重庆大学出版社，2012，第 271 页。

> 人类的心灵既然几乎是不可能像动物的心灵一样，停止在构成日常交际和行动的题材的那个狭隘的对象范围以内，所以我们就只应当慎重考虑如何选择我们的向导，并应当选择最稳妥、最惬意的向导。在这一方面，我要大胆地推荐哲学，而且毫不犹豫地选取哲学，舍弃各种各样的迷信。①

休谟的话在今天听来仍具有相当的启示作用。不同于种种迷信及世俗的观念，哲学是以理性和智慧把人的心灵引向崇高的境界，从而也就树立起正大光明的信仰。

（4）反观生活。通常情况下，人们对自己所经历的生活是习焉不察的，认为理所当然或理当如此。比如某位职场人士每天要经历起床、吃饭、上班、坐班、下班、休息以及操持家务、应酬亲友、教育子女等，年复一年，日复一日，除了偶尔出游、观光，人生大部分时间就在重复中度过，直至生命结束。诸如此类，许多人终其一生，并没有对日常生活加以反观或反思，但对哲学家来说，这样的生活是有问题的。苏格拉底说过一句非常有名的话："没有经过考察的生活是不值得去过的。"这句话里包含了一个被后世解释学和存在哲学揭示出来的重要命题，即生活的本质不在生活本身，而在生活着的人对生活的体验；没有了人们从生活中体验出的"意义"，生活本身也就没有了意义。因此，人们要审视自己的生活，从而发现生活的意义，否则一辈子就稀里糊涂地混过去，没有"觉悟"。俗话所说"活明白了"，其实就是通过自省和反观，明白了生活的意义，而哲学就是帮助人们审视自己的生活，并发现其中的意义和价值。也因为如此，多有哲学家着眼于"生活"而为哲学下定义，尤其是中国的哲学家，如胡适说："凡研究人生切要问题，从根本上着想、要寻一个根本的解决：这种学问，叫作哲学。"② 冯友兰认为哲学"就是对于人生的有系统的反思的思想"。③ 张世英认为"哲学应是以进入人与世界融为一体的高远境界为

---

① 〔英〕休谟：《人性论》上，关文运译，郑之骧校，商务印书馆，1980，第302页。

② 胡适：《中国哲学史大纲》卷上，商务印书馆，1987，影印本，第1页。

③ 冯友兰：《中国哲学简史》，涂又光译，北京大学出版社，2013，第2页。

目标之学”。[①] 都把认识生活并解决生活中的问题当作哲学的任务和属性。当然，这些定义里已经包含了西方哲学家所强调的对概念、范畴以及所谓“普遍性”的研究，但关注的重点是人以及人在“现世”所经历的生活。

的确，哲学与人生是脱不开干系的。在西方，哲学就是起源于对自然（广义的）的“惊讶”，而且像苏格拉底、柏拉图和亚里士多德这样的大思想家，都在他们的哲学思想里对人的生活加以严肃的探讨。之后的哲学发展与生活的关系时远时近，但到了 19 世纪至 20 世纪的存在主义思想，则又大幅度回归人的生活本身。中国古代哲学从一开始就致力于解决生活中的实际问题，由此产生的思想观念也都成为对生活提出的规范、指南甚至理想。如所谓的“仁”是建立在人与人交往及关系的基础之上，而所谓的“道”，既有“天道”，也有“人道”，最终归为“天人合一”。直到今天，哲学家们讲哲学时的落脚点也往往在人的生活，既有以人生为出发点的哲学研究，也有形形色色关于“哲学与人生”的讲座和书籍。这样做是有道理的，道理就在于人必须对自己的生活进行反观和审视，这既是照亮生活并使之显露出意义所必须，也是感受生活并使之生成意义所必需。现实中，大多数人或许会觉得自己的生活平淡无奇甚至乏善可陈，但经过反观或反思后，原本平淡的生活就未必平淡乏味了。这就像中国古代禅宗思想所讲的：“担水劈柴，无非妙道”，关键在于人的审视与否。宋代禅师青原惟信讲过一段话：

> 老僧三十年前未参禅时，见山是山，见水是水。及至后来，亲见知识，有个入处，见山不是山，见水不是水。而今得个休歇处，依前见山只是山，见水只是水。（普济《五灯会元》卷十七“青原惟信禅师”）

抛却其禅宗的玄机不论，这段话能够启发我们：同样的生活，经过审视，便有所不同；再经过审视，虽然看上去相同，却在更高的境界有所不同。举个最简单的例子，比如吃饭。每个人都要吃饭，但并不是每个人都要问为什么吃饭，而亚里士多德说：“有些人吃饭是为了活着，有些人活

---

① 张世英：《哲学导论》，北京大学出版社，2002，第 9 页。

着是为了吃饭。”这句话里就有了哲学的意义，或者说是揭示出吃饭的哲学意义。再复杂一些，佛家的吃饭是“斋饭”，用素食表达内心的清静和对生命的尊重；基督教教徒吃饭前要感恩，又有所谓的“圣餐”，都是表示对上帝的敬畏。这些虽是宗教习俗或戒律，却都对“吃饭”这件日常之事进行了审视，显然不能与普通的饮食等而视之。经过了此类被赋予宗教意义的吃饭，再回到日常生活的一日三餐，虽然内容和形式照旧，但吃饭的人的内心感受却发生了变化，从而进入了一种“依前见饭只是饭，见菜只是菜”的境界。钱锺书先生说：“平常非即惯常。譬如人莫不饮食，而知味者则鲜。”① 吃饭而能“知味”，便是超越，而“平常”高于“惯常”，差别正在反观与否。

这样看来，生活是一种客观存在，但生活的质量和意义却来自主观的体验和认识。能够体验并认识生活，才能说是人的生活。曾子说：“吾日三省吾身”（《论语·学而》）。虽是道德箴言，却大有哲学意蕴。而唯有从哲学（包括伦理学以及美学）的角度对生活加以反观和沉思，方能知晓生活的意义、人生的意义以至于生命的意义。当然，也许有人会说：我认真并反复地反观和沉思，却仍然找不到生活、人生以及生命的意义。对此的回答是：认真并反复地反观和沉思本身就是一种意义，或者说，抱着这样的态度去生活一定是有分量、有价值和有意义的。哲学之“用”，正在于此。

二　关于“世界”

亚里士多德说：“古今来人们开始哲理探索，都应起于对自然万物的惊异；他们先是惊异于种种迷惑的现象，逐渐积累一点一滴的解释，对一些较重大的问题，例如日月与星的运行以及宇宙之创生，作成说明。”② 这表明哲学是从对世界的惊奇和追问开始的。由此产生的问题主要包括：世界是否真实地存在？世界的本质是什么？世界是如何产生的？以及世界是如何运动的？这里面最主要、最根本的问题是“实在”，即世界的终极性质是什么。

---

① 钱锺书：《谈艺录》，中华书局，1984，第 289 页。

② 〔古希腊〕亚里士多德：《形而上学》，吴寿彭译，商务印书馆，1959，第 5 页。

（1）理念和“四因”。在古希腊，苏格拉底之前的哲学家多认为世界是实存的和真实的，并指出其构成的基本元素，或是水（泰勒斯），或是火（赫拉克利特），或是“原子”（德谟克利特），或是数（毕达哥拉斯）。到柏拉图，开始怀疑世界的真实存在；在他看来，人们所感知的世界是不真实的和虚幻的，并且是低下的，它只是对某种理念的摹写。理念是世界的本原和模式，世界是按照理念的样子被创造出来的。我们看见的只是世界的幻象，而世界的真相在于理念。这种“真相”只有少数人尤其是哲学家能够看清，哲学家及其哲学任务就是要向世人揭示“真相”，从而认清世界的来由和本质。具体的方法则是所谓的“灵魂的回忆”，就是哲学家能够通过对知识的追求而回忆起灵魂对理念的印象，从而认识到一个真实的世界，并把这个理念的世界传达给世人，指导世人建设人间的“理想国”。

亚里士多德对世界的看法与老师相背。他认为，世界作为一种真实的存在是不容置疑的。作为客观存在，世界的构成有 4 个动因，即形式因（是什么）、材料因（用什么）、动力因（谁来做）和目的因（为什么）。比如一幢楼房，建造之先就规定了它是房屋（形式），建造时要用砖瓦或钢筋水泥（材料），建造者是建筑师和建筑工人（动力），建成之后供人居住（目的）。这是人类生活中作为人的产品的“世界”，但对于自然界以至于整个宇宙间的这个“世界”来说，问题就来了，关键在于作为“动力因”的建造者是谁？这一点，亚里士多德并没有讲明，从而也就为后世的唯心主义以及神学的解释留下了后门，出现了“造物主”“第一推动”或“上帝之手”等说法。连古典时代最伟大的科学家牛顿在完满地解释了宇宙的构成之后，也不得不把终极动力归为“第一推动”，也就是“上帝”。

（2）创世。在《圣经·旧约》里，世界被说成上帝所创（“创世记”）。中世纪神学将古希腊之后的“新柏拉图主义”与基督教神学相融合，用经院哲学论证了上帝创造世界和人的“伟业”。这一论断在整个西方影响至深，直到 19 世纪末，历经了哥白尼的“日心说”和达尔文的进化论，都没能彻底撼动上帝作为“造物主”的至高无上的地位。进入 20 世纪后，随着物理学和天文学的发展，科学的视野不断向时间和空间的极致延展。迄今为止，已经探索到了世界（宇宙）的来由和起点，那就是发生在137亿或138亿年前的一次“大爆炸”。这说的是，在宇宙未有之前，无穷大的能量聚集在一个无穷小的“奇点”之上，一刹那间（数十亿分之一秒）“奇点”爆炸开来，于是宇宙诞生了。从那一刻起，有了宇宙以及空间和时间；之后的亿万年间，宇宙里由尘埃到星云，到恒星，到行星，才有了我们生存其间的银河系、太阳系和地球。这一科学学说里没有上帝的位置，也没有给唯心主义留下否认世界作为物质存在的余地。至于有人问道：“大爆炸”缘何产生？“大爆炸”之前的世界是什么样子？这些问题已经超出了当今科学的界限，或者说，属于科学正在努力探求的领域。目前有“多维宇宙”“重叠宇宙”以及“宇宙创造宇宙”等猜想试图解释宇宙的过去和未来，但仅仅是假说而已，而“黑洞”研究、“暗能量”研究和“夸克”及“希格斯粒子”的研究或许会为解决这个难题找到路径，但还有很长的路要走。这个问题的解决，尚有待于科学研究的重大突破。

“宇宙大爆炸”是基于爱因斯坦的广义相对论

（3）“绝对精神”。在世界本原问题上，还要提到黑格尔。他继承了柏拉图的学说，并用辩证法考察了“世界”发展的规律，认为整个世界都是“绝对精神”（也即“理念”）辩证发展的结果。“绝对精神”是先验的和“自在”的，它先是派生出一个存在，由这个存在再派生出一个对立面，二者经过矛盾斗争，“扬弃”了各自缺陷之后，合为一体，成为更高层级的存在。这个存在较之最初的存在已经发生了质变，成为全新的存在，这一过程概括起来就是“正—反—合”。黑格尔认为，整个世界就是

黑格尔：“绝对精神”

由无数个“正—反—合”发展而来的，从低级到高级，从无机物到有机物，从植物到动物到人，从社会到国家到心灵，最后回归绝对精神，其标志就是黑格尔本人的哲学。

（4）物质和精神。正如马克思所指出的，黑格尔的哲学是“头足倒立”的。它意识到了世界是在矛盾斗争中发展，却把所谓“绝对精神”放在第一位，这恰恰看错并颠倒了世界的本原。尽管如此，黑格尔由辩证法把握世界运动的规律却是其哲学思想的深刻和精辟之处。马克思主义哲学要做的是把黑格尔颠倒了的世界重新颠倒过来，并用历史和逻辑相统一的方法去认识世界发展的动力和规律，由此形成了马克思主义哲学的世界观和方法论。首先，我们所感知的世界是实际存在的，其客观性毋庸置疑。物质决定精神，存在决定意识，“理念”也好，“太一”也好，“绝对精神”也好，甚至是“上帝”也好，无非是客观世界在人类精神中的反映，不可能先于物质世界产生，更不可能创造出物质世界。如果非要说世界是由“理念”“太一”“绝对精神”或“上帝”创造出的，那无异于是说人类用自己的意识创造出的幻象来创造自己，显然是自欺欺人。其次，世界是以辩证的方式发展的，其动力是矛盾和斗争，自然界如此，人类社会也是如此。以人类社会为例，最先出现的是原始社会，从中萌生出奴隶制社会，经过以阶级斗争为主的矛盾斗争，后者取代前者，也可以说是“扬弃”了前者。之后的封建社会、资本主义社会、社会主义社会依然是在矛盾斗争中发展并依次取而代之，直至共产主义社会。在共产主义社会，阶级和分工都被消灭，全人类进入最高的社会形态，历史也进入了最高和最后的阶段。

马克思主义哲学描绘出整个“世界”的图景，确立了正确把握世界的“世界观”。最基本的观点是确定了世界的物质性，也就是说，我们生存的世界是物质存在，是真实的、原初的和根本的（与唯心主义不同），并且是可以认知的（与不可知论不同）。所谓“实在”或“终极性质”只能是物质性的，不可能是精神性（否认“理念说”和“目的论”）和超自然的（否认“上帝”）。当代物理学尤其是量子物理学已经通过强大的电子对撞机对质子和电子进行轰击，以探究物质的本原，相信有一天会解开“物质之谜”，而随着“物质之谜”的破解，精神现象的奥秘也极有可能大白于天下。可见物质的第一性是为科学所证明的，而物质决定精神也应当是科学的世界观。因此，马克思主义的历史唯物主义和辩证唯物主义仍是我们认识“世界”的基石和出发点，当然也是我们展望“世界”未来的指南。

三　关于“认识”

确定了世界的“实在”，如何认识世界甚或能否认识世界，也是一个问题，并且是哲学里的大问题。有关学说就是人们常说的“认识论”，又因这个问题关系到人类知识的来源，故而也称“知识论”。

（1）“灵魂回忆”和理性。柏拉图认为眼见的世界只是幻象，既然如此，认识的对象就不应该是人们感知到的世界，而是隐藏在世界背后的“理念”。认识的方法则是通过知识，因为爱知识而爱智慧，又因为爱智慧而接近灵魂，并由灵魂唤起对理念的回忆，最终进入一种至真、至善、至美的境地。这是人类认识的最高境界，也是人类幸福的最高境界，它达到了真、善、美的统一。

亚里士多德褪去了柏拉图学说的情感和神秘色彩，强调理性和推理是认识世界的主要方式。就认识论或知识论而言，他的学说在两个方面对后世影响极大。一是逻辑推理，最有名的论证方法是“三段论”，即“大前提”“小前提”和“结论”，如人都是要死的（大前提），苏格拉底是人（小前提），所以苏格拉底会死（结论）。亚里士多德创立的逻辑学成为后世西方哲学的重要工具，由形式逻辑到辩证逻辑，再发展到近代的“逻辑哲学”（维特根斯坦）和“数理哲学”（罗素），逻辑学既是西方哲学的基石，也演化出重要的流派。二是知识分类。此前各类知识混杂在一起成为笼统的学习对象，亚里士多德对各类知识加以分门别类，设立系统而又各自独立的学问，从而使人类对各类知识的把握更加精密和准确。仅从其本人研究的知识门类看，就包括伦理学、形而上学、心理学、经济学、神学、政治学、修辞学、教育学以及诗学等，这已经为后世西方人文和社会科学确立了基本的框架和系统，有力地促进了学术的进步。

（2）不可知论。怀疑论者认为人所感知的一切都是不真实、不确定和不可知的。笛卡尔认为，要认识外部世界，必须找到一个确信无疑的起点作为整个认识的前提。这个起点和前提只能是正在认识和思考的主体，因

笛卡尔："我思，故我在"

为眼睛看见的不一定是真（如同一事物，不同角度看见的并不相同，此时所见和彼时所见也有所不同），身体接触到的也未必为真（每个人对事物的感觉是不一样的），而唯有"思考"这件事情是不可否认的，否则就没有了认识活动。这就是那个著名的论断："我思，故我在。"它的意思是，只有确认了正在沉思的"我"，对世界的认识才是可能的，至于世界是否可以被认识，却仍然不能确定。就笛卡尔的哲学而言，不如说对世界本体的认识仍然是不可能的，尽管其学说用了若干个沉思及数学模型去建立认识的基础，却也并没有说出世界的"实在"是什么。这种怀疑主义和不可知论发展到极致就是贝克莱主教的观点："存在就是被感知。"这指的是，所谓"世界"，只能是被心灵观照后的"世界"，未经人的主观感知的"世界"对人来说并不存在，也不可理喻。以往人们都将贝克莱的观点归为主观唯心主义，称其否认客观世界的存在。其实不然。贝克莱观点的重心在于认识论和知识论，也就是说，未被感知的事物是不可能被认识并成为"观念"的，当然也就不能成为知识，因而也就相当于未曾"存在"。这听上去很像是中国古代哲学里"心学"的观点，也就是王阳明所说："尔未观看此花时，此花与尔同归于寂。尔来看花时，则此花之颜色，一时明白起来。便知此花不在尔心外"（《传习录》）。当然，也许有人会问，世界之大，一定会有未被人感知的事物存在，这些事物难道都不存在吗？对此，贝克莱的回答是：人类当然不可能感知所有的世界，但还有个全知全能的上帝，有他在，就没有什么不被感知；也就是说，不为人所感知的事物仍会"存在于一种永恒精神的心中"。[①] 这听上去颇像诡辩，但别忘了，贝克莱本人就是信奉上帝的主教。从宗教哲学的角度看，

① 〔英〕乔治·贝克莱：《人类知识原理》，关文运译，商务印书馆，1973，第 22 页。

这个由上帝感知而成为“事实”的存在也就无异于上帝的创造物了。假如这个论断隐含在贝克莱的哲学思想里，那么将它认作主观唯心论者倒也没错。

(3) 经验论。经验主义哲学家对世界的态度是二元的和犹疑地，就是说，他们认为世界既可以认识，又不能认识；或者说有的可以认识，有的不能认识。最具代表性的是洛克，他坚信人的思想观念来自经验，说：“我们底一切知识都是建立在经验上的，而且最后是导源于经验的。”[①] 他把心灵看作一张白纸，能够反映由外界而来的种种印象。印象的集合构成了观念，观念的联想则形成思维及判断，这就是人类“理解力”，即认识能力的来由。当然也有些对象是不能够在心灵形成印象的，如“自我”“实在”和“上帝”，这些对象都在人的认识能力之外，可信而不可知。此外他还提出“第一性”和“第二性”之说。这讲的是，任何事物都具有两种性质，一种是可以确定的，如体积、形状、重量、数量以及运动和静止等，都是客观存在。一种是不能确定的，如颜色、声音、气味和味道等，这些是需要主体的体验才能够产生，不属于事物本身所有。人们对“第一性”的特征可以认识，但对“第二性”的特征却无法认识。比如颜色是事物吸收光线里的某些光谱而反射出另一些光谱而产生的，又经过人的视网膜过滤以及大脑的处理，这些性质并非为事物所固有，当然也就说不上“客观认识”了。

洛克的经验主义及联想主义理论在后世遭到许多诟病，被认为是机械的认识论或“砖和泥的心理学”，在哲学领域的地位被康德哲学所取代，在心理学领域的地位则被“完形”心理学所取代。

(4) 先验能力。在认识论问题上具有划时代意义的思想当属康德哲学。康德综合了英国经验主义（洛克和休谟等）和大陆理性主义（斯宾诺莎和莱布尼茨等）的哲学观，对人的认识能力（所谓“纯粹理性”）作了分析和批判，提出了“先天知识”和“先天综合判断”等说法，从而把对人类精神及思维的考察大大推进了一步，被视为哲学史上的“哥白尼革命”。

康德关于“纯粹理性”的批判十分抽象和烦琐，其要义在于，人类之

---

① 〔英〕约翰·洛克：《人类理解论》，关文运译，商务印书馆，1959，第68页。

所以能够认识外界的事物，绝不是单纯地接受，而必定是依靠其先天具有的能力加以综合和判断。比如，人类心中必须先天地具有时间和空间的直观形式，才能知觉到外界的事物；如果没有这种直观形式，从外界接收到的信息必定是混乱和扭曲的，不能为心灵所感知。这种先天的直观能力虽是主观的，但康德坚决否认自己的理论是唯心主义，而是肯定外界物体的客观存在，不过人们对这物体的认识只限于该物映入人的感官"表象"，而非物体自身，即所谓：

> 作为我们的感官对象而存在于我们之外的物是已有的，只是这些物本身可能是什么样子，我们一点也不知道，我们只知道它们的现象，也就是当它们作用于我们的感官时在我们之内所产生的表象。①

进一层看，由时间和空间的直观能力得到的还只是现象，要使现象成为知识，还得有理智的介入，这也是人心所先天具有的能力，康德称之为"悟性"：

> 盖经验自身即为包括悟性之一类知识；而悟性则具有此种规律，即我必须豫行假定，在对象授予我之前，此种规律即存在我之内部，盖即先天的存在者。此等规律在先天的概念中表现经验之一切对象，必然与此等先天的概念相合，且必须与之一致。②

康德："先验能力"

这就是说，外在事物之所以能够成为人的经验并被人认识，首先取决于人的内心所具有的一些先天的知识及能力，如概

① 〔德〕康德：《任何一种能够作为科学出现的未来形而上学导论》，庞景仁译，商务印书馆，1978，第 50 页。

② 〔德〕康德：《纯粹理性批判》，蓝公武译，商务印书馆，1960，第 13 页。"悟性"亦译为"知性"，参见邓晓芒译本（人民出版社，2004）。

念、范畴以及根据“因果律”进行综合判断等。当然，康德关于认识和知识的论述比这里介绍的要复杂得多，而我们也不必对那些东西做全面和深入的了解。要知道的是，康德开辟了哲学研究的全新领域，即所谓“主体性”，这包括了人的思维、情感和意志，而哲学研究最终的归宿是人，或者说是人的精神世界。在这方面，康德由人的先天能力探究认识和知识的可能的确具有革命性意义。问题在于，这“先天能力”由何而来？是生理的还是心理的？是遗传还是天赋？稍不留神就又回到上帝那里，或者陷入不可知论，康德的哲学虽苦心孤诣地力求“纯粹”，却仍然无法把上帝排除在外。我国学者李泽厚曾对这点予以再批判，认为人的“先天能力”来自人类进化过程中由社会实践而形成的心理积淀。[①] 这样就从马克思主义历史唯物主义给康德认识论以补充或纠正。

（5）直觉。康德阐明了人的认识能力，但他并不认为这种能力无所不能，不如说，他发现了人的认识能力是受限的，具体而言，就是人类感官只能认识事物呈现的情况，而不能认识事物本身。康德称这个“本身”为“物自体”，它隐藏在事物背后，永远不会露面。这令人联想起柏拉图所说的理念，也有人猜测这是康德给上帝留下的位置。康德之后，有些哲学家解答了这个问题。他们认为，隐藏在事物背后的或是“理念”，或是“精神”，它们不但可以被认识，而且必须被认识。认识的途径可以通过知性的分析，但更有效的方法是“直觉”。这种“直觉”是舍弃一切的逻辑分析，在片刻间就和“理念”或“绝对精神”达到默契，而这种默契最典型地体现在审美和艺术之中：无论是创作还是欣赏，人们都可以通过审美对象或艺术形象而“直觉地”把握“理念”或“绝对精神”。黑格尔所说的“美是理念的感性显现”就包含了这层意思，而将直觉当作重要的认识能力宣扬的是19世纪受浪漫主义思潮影响的哲学家，比如谢林。起初，他受审美和艺术创作的启发，认为哲学家只有通过直觉方能窥见“绝对精神”，进而又认为，就向世人展示“绝对客观性”（即“绝对精神”）而言，艺术因其具有“美感的直观”的特性，其作用是高于哲学的，因为“哲学虽然可以企及最崇高的事物，但仿佛仅仅是引导一少部分人达到这一点；艺

① 李泽厚：《批判哲学的批判——康德述评》，人民出版社，1979。

术则按照人的本来面貌引导全部的人到达这一境地，即认识最崇高的事物”[①]。后来，他把整个宇宙看作艺术作品，认为要认识宇宙的奥秘，就必须运用艺术家所特有的直觉能力，而哲学的认识论也必须让位给艺术的直觉，甚至整个哲学也必定为艺术所取代。“因此，最高的人类职能是艺术，而不是哲学知识。在艺术作品中，主体和客体、理想和实在、形式和质料、精神和自然以及自由和必然是同一的，或相互渗透；在这里，达到了哲学所追求的谐和，谐和出现在人的眼前，为人所见、所闻和接触。自然本身是一伟大的诗篇，艺术揭示了她的秘密。”[②] 确如所论，直觉是人类认识世界尤其是精神世界的一种重要方式。所谓“直觉”，其实并不神秘，凡有过艺术欣赏经验的人多少能够体会得到，它是以形象和情感将人的思想带入更高境界的特殊认识方式。就像谢林所论述的那样，在艺术作品的感召下，人的思想可以在瞬间感触到“绝对精神”或“宇宙奥秘”。比如，我们听贝多芬《第九交响曲》里的合唱《欢乐颂》，很快就能体会到一种崇高的人类精神，即便合唱队用我们听不懂的语言演唱，单凭音乐就可以产生心灵甚至灵魂的震颤。再比如，我们观看一个现代舞蹈，从舞蹈演员用以表达痛苦、迷惘和挣扎的肢体动作即可体会到强烈的生命意识，而无须再就语言去加以描述。这说明，由直觉把握事物（对象）的本质（“理念”或“绝对精神”）是可能的，并且很多时候非得通过直觉不可。西方哲学里的“直觉”说在中国古代诗论里颇有知音，如清代批评家叶燮论诗歌的性质说：“诗之至处，妙在含蓄无垠，思致微渺，其寄托在可言不可言之间，其指归在可解不可解之会，言在此而意在彼，当泯端倪离形象，绝议论而穷思维，引人入于冥

柏格森：意识的“延绵”

---

① 〔德〕谢林：《先验唯心论体系》，梁志学、石泉译，商务印书馆，1976，第278页。

② 〔美〕梯利：《西方哲学史》，葛力译，商务印书馆，1995，第499页。

漠恍惚之境，所以为至也。”（《原诗》）这段话正可以用来描述“直觉”，那就是从对形象的感受中直观“至理”。

（6）延绵。“直觉”说的产生背景是浪漫主义艺术，反过来又对艺术创作和艺术理论产生深远影响，是哲学史上具有代表性的“诗性哲学”。这一观念在20世纪哲学里也有反响，如柏格森把“直觉”看作认识世界和自我的最根本方式。他反对传统的时空观，认为前人（尤其是康德）为人类意识确定的时间概念是人为的和机械的，其实只是变相的空间，是使“我们的意识被并排置列，如同在空间一样，以便构成一个无连续性的众多体”。[①] 而人类意识本身是不可以分割的，它只能是延绵不断的过程。就是说，人类的“自我”（意识）就是“延绵”，而世界是由人的意识去把握的，因此，必须由“延绵”的“自我”去看待世界，才能够把握世界的本质。用这种方式看到的世界绝不是静止和固定的，而只能是流动的、变化的并超出因果关系，是永远存在于时间流逝中的世界。柏格森的这个观念给文学创作以极大启示，直接结果就是“意识流”小说的登场。“意识流”小说以心理描写为主体，刻意表现人的意识（包括“无意识”）的流动。为了真实地还原意识的本来面目，甚至取消了段落和标点，营造出由纯粹的意识流动（“延绵”）构成的世界。最能体现这一效果的是爱尔兰作家乔伊斯的长篇小说《尤利西斯》，而法国作家普鲁斯特最著名的长篇小说就叫《追忆逝去的时间》（通译名为《追忆似水年华》）。

（7）“本质直观”。20世纪，西方哲学在认识论问题上具有变革性意义的学说还有现象学的“本质直观”，创立者是德国哲学家埃德蒙德·胡塞尔。他认为事物的本质（也即康德所说的“物自体”）是可以认识的，但需要通过特别的方法。首先，事物的本质不在事物本身，而在人的意识；而人的意识绝不是虚空，它一定是面对外界事物的意识，这乃是“意向性”使然。因此，对于事物的本质，只能通过意识去认识。其次，人对事物的意识难免会受到各种干扰，因而使事物的本来面目处于被遮蔽的状态。要认识事物的本质，就必须通过特定的方法排除掉人的意识的各种关联，用特殊的语言描述出事物的本质。胡塞尔称这项工作为“悬置”或

---

① 〔法〕柏格森：《时间与自由意志》，吴士栋译，商务印书馆，1958，第61页。

胡塞尔："本质直观"

"放入括号"。通过"悬置"或"放入括号"，意识中的对象成为纯粹的现象，人的认识也进入到所谓的"澄明之境"，这便是"现象学"的来由，用胡塞尔自己的话说："我们的现象学不应当是一门关于实在现象的本质科学，而应当是一门关于被先验还原了的现象的本质科学。"① 当然，现象学的"描述"方法非常复杂，鲜有人能够达到目的，甚至连胡塞尔本人也被认为走进了"死胡同"，未必能验证他自己的学说。因此，我们普通人大可不必纠缠其中，只需知道这一哲学流派给哲学认识论打开的新思路即可。

（8）实践。纵观西方哲学史上形形色色的关于认识论的论述，虽不乏精彩和深刻，却有一个很大的不足，那就是大都没有把"实践"考虑进去，而刻意追寻所谓"纯粹"的认识或意识。事实上，人类对世界的认识从来就不那么"纯粹"，它不光是凭借感官和大脑，还要靠行动；不仅是静观，还要有"操作"。一方面，作为人类认识能力的生理基础的感官和大脑是从长期社会实践中进化而来的，其根本在于实践；另一方面，人对客观世界的认识只有通过实践去加以检验，才能够成为"真知"，这也就是我们常说的"实践是检验真理的唯一标准"。脱离了实践，且不说人的认识无从形成，就是认识的结果也可能是虚假甚至错误的。在这方面，马克思主义哲学强调实践的重要性并以历史唯物主义和辩证唯物主义作为理论基础，是对西方哲学史上的认识论的重要矫正，也是我们今天认识世界并改造世界的指导思想。

值得一提的是，中国传统哲学思想里的认识论从一开始就强调"联系实际"，从而也就将"实践"纳入了认识范畴。先秦诸子中的儒家、墨家和法家都主张人的认识与实际生活密切相关，既要从生活中来，也要到生活中去；只有在生活中产生了积极作用的认识，才能够成为"真知"或

① 〔德〕胡塞尔：《纯粹现象学通论》，李幼蒸译，商务印书馆，1992，第45页。

"道"。墨子的"三表说"在这方面最具代表性，语见《墨子·非命上》：

> 故言必有三表。何谓三表？子墨子言曰：有本之者，有原之者，有用之者。于何本之？上本之于古者圣王之事；于何原之？下原察百姓耳目之实；于何用之？废以刑政，观其中国家百姓人民之利，此所谓言有三表也。

墨子："三表法"

这可以理解为，一种思想观念既要依循传统，又要源于生活，更要放到实际的事务中去加以检验，有此"三表"，即可以证明思想观念的是与非。显然，这种"致知"的方法很具有"社会实践"意味，而后世中国古代哲学思想里的"认识论"在很大程度上继承了这一传统，并最终形成了最具有中国特色的认识方法和认识论，那就是"知行合一"。

四　关于"存在"

哲学有两个大的维度，一个指向远方，探究世界的本质和来由，回应人们对自然的惊讶和疑惑；一个就在眼前，揭示生活的状态和真相，指引人们认识生活、面对生活并把握生活。在近现代哲学中，后一个维度的内容越来越受到重视，提出并加以讨论的问题包括人是什么、生活是什么以及存在是什么等。哲学家们力图用哲学的方法辨析人的本性，对人的生存境况做出评判，进而告诉人们该怎样生活。各种思想和各个流派中最受关注也最有争议的是所谓"存在主义"。当然，"存在主义"与其说是哲学流派，不如说是思想的源流，其中各家既有历史的间隔，观点也未必相同，只是哲学史家看出其中一以贯之的线索，即对人的"本质"的反思和对人的生存状态的关注，故而归为同一"主义"。其中影响较大的有克尔凯郭尔、尼采、海德格尔和萨特等（这里略去同样影响较大的宗教思想家，如雅斯贝尔斯、马塞尔；还有文学家，如陀思妥耶夫斯基、加缪等）；重要的观念则有“焦虑”“超人”“此在”“自由”等，这些观念的内涵和它的字面意思以及人们通常的理解都有很大不同。

克尔凯郭尔：“那个个人”

（1）“焦虑”。存在主义哲学与个人的情绪和体验关系密切，而且这种个人情绪经常是来自对生活及信仰的惶恐和不安，这一点很明显地体现在存在主义的先导、丹麦思想家索伦·克尔凯郭尔身上。克尔凯郭尔家境富足、衣食无忧，却天性忧郁，对社会、生活以及自己的信仰充满了疑问。他笃信宗教，却又认为宗教信仰不是崇拜偶像，而是一种“主观性真理”，是个体对其生存境况有真实感受后的情感投入。他不相信这个世界上有普遍思想和真理，而只看重真实存在的个人及其对“存在”的体验，这种体验从根本上讲是“战栗与不安”，这感受既来自对上帝的敬仰，也来自对俗世的畏惧。他的哲学思考指向一个目标：如何成为一个真实的自我？为此，人生要经历三个阶段。第一是美学阶段，人们按照本能和情感行事，受感官欲求的支配，不受道德标准约束。第二是伦理阶段，人们接受道德准则的限制，担负起理性和伦理赋予的责任。第三是宗教阶段，这是伦理阶段的飞跃，人把自己献给上帝，但此时人与上帝的关系不是客观的和理性的，而是一种个体的和主观的联系，最终献身给上帝的人还是“某个人”，而不是某种被异化了的概念。人的存在始终是个体的存在，宗教信仰也只能是个体的、主观的和情感的信仰，而不是当时社会上普遍存在的群体和理性的认同。与“个体”对立的是所谓“群众”，克尔凯郭尔反复声明，“群众”乃是虚妄，“因为它使得个人成为完全不知悔改及不负责任的东西，或者至少由于把责任切成了碎片而大量削减了个人的责任感。”[①] 所以不可能成为人从上帝那里获得真理的中介，真正能从上帝

① 〔丹〕克尔凯郭尔：《“那个个人”》，载〔美〕W. 考夫曼编著《存在主义》，陈鼓应等译，商务印书馆，1987，第91页。

那里获得真理的只有个体的和真实的个人。他给自己拟定的墓志铭就是："那个个人"。

克尔凯郭尔的思想来自于对他所处时代的不满，既不满日益僵化的宗教，也不满整个社会的庸俗气息，认为在这样一种宗教和时代的氛围里，个人失去了意义，精神失去了活力，从而生活也没有了"存在"感。因此，克尔凯郭尔力求用他充满困惑和矛盾的思想表达重新确立生存的方式及信仰的诉求，也试图重新解释人的来由和归宿。在这方面，尼采比他走得更远。

尼采："上帝死了"

（2）超人。尼采是西方哲学史上最具争议的思想家之一，一方面是因为他表达思想的方式，即那种片段的、格言式而又跳跃奔放的散文（或散文诗）体，另一方面也因为他的思想本身就离经叛道且惊世骇俗，给后人的发挥、滥用甚至曲解留下了空间。不管怎样，尼采留下的思想在今天看来仍卓尔不群，在他那个时代想必更是平地惊雷了。就像其本人所期许的那样："我等待第一次发出的闪电。"[①] 他思想中最为人所熟知的是这样几个论断。一是"上帝死了"。尼采认为基督教神学发展到他的时代，已经失去了拯救人心的作用，理应舍去。二是"酒神精神"。尼采认为，历史上人们对古希腊艺术及精神的赞美多集中在其静穆和谐的特征，即所谓的"日神精神"，这是有偏差的。更能体现古希腊艺术之伟大的其实是"酒神精神"，那是生命意志的冲动，虽然经历痛苦甚至走向死亡，却彰显了人的伟大和生命的永恒。三是"主人道德"。尼采反对普遍一律的道德原则，鄙视被众人视为美德的柔顺、谦卑和怜悯，认为那是"奴隶道德"，而真正值得拥有的是打破道德约束而属于强者的"主人道德"。四是"权力意

① 〔德〕尼采：《伞松与闪电》，载《尼采诗选》，钱春绮译，北岳文艺出版社，2003，第 65 页。

志”。尼采继承了叔本华的观念，以意志作为世界和人的本性，但他不像叔本华那样悲观地把意志当作痛苦的根源，而是认为应当将生命意志彻底解放，使之成为强大动力，去支配生活和他人，否则，人就会沦落为任人宰割的“畜群”。五是“超人”。尼采看到他那个时代的“群众”已经沦落为“畜群”，期盼着有超人出现来拯救世界。这个“超人”具有强大的意志力和破坏力，具有超越善与恶的道德原则之上的优秀品质，能凌驾于旧时代而成为新价值的创造者和旧世界的破坏者，如尼采自己所做的注解：“超人，是用来形容一种至高卓绝之人的用语，这种人同‘现代’人、‘善良’人、基督徒和其他虚无主义者完全相反。”①

尼采的思想极富冲击力，单就命题及文字表述而言，就令人不安，不仅他那个时代的人感到诧异，就是今天看去，也未必觉得妥当。比如，对信奉基督教的人说“上帝死了”，无异于灭顶之灾。所谓的“主人道德”与我们通常的道德观念也大相径庭，容易让人联想到压迫或奴役的观念（至少是精神上的）。最引起争议的是“权力意志”，看上去像是在宣扬极权或暴政，因此在汉语里有译成“强力意志”，也有译为“冲撞意志”，以免引起误解。除此之外，尼采的一些思想和言论曾为法西斯所利用，借以宣扬种族优越论和“强权即公理”（据说这是因为他妹妹对他的遗稿进行了篡改）。这些都使尼采的思想在其身后命运多舛。但无论如何，尼采都是思想史上具有转折意义的人物，他围绕“重估一切价值”所做的工作使整个西方哲学从古典走入了近代，而他提出的许多论断，如果不去考虑矫枉过正的用心及其本人所患精神病症，对于认识人的本质和潜能还是很有帮助的。我们在当代文化中也可以感受到尼采思想的影响。好莱坞大片中有形形色色的“超人”，如超人、蜘蛛侠、蝙蝠侠、“美国队长”等，虽与尼采笔下“超人”的性质不同，却也不是完全没有瓜葛，比如超高的智慧、超凡的能力和超远的境界，担当拯救社会或人类的使命等。更值得一提的是，尼采的思想对中国近现代文化和思想产生过重要影响。王国维在早年关于哲学和教育的文章里曾介绍过尼采的学说，又曾借尼采之言进行

① 〔德〕尼采：《权力意志——重估一切价值的尝试》，张念东、凌素心译，商务印书馆，1991，第42～43页。

文学批评，如《人间词话》所说："尼采谓一切文学余爱以血书者。后主之词，真所谓以血书者也。"这些都可见尼采对中国现代思想的影响。

海德格尔："存在与时间"

（3）"此在"。"此在"是海德格尔哲学的核心概念，汉语译名看上去简单，实则颇不容易理解，专家们往往要从英语、德语乃至希腊和拉丁语的词根及变格中去勘验。[①]大体上，海德格尔是在倡导一种"转向"，即转到柏拉图哲学之前。他认为，自从柏拉图寻找世界本体并以"理念"界定世界以来，哲学即被概念所困，反而遗忘了现象，而用概念所界定的事物并非事物的真实情况。事物的本质只能在其所显示的"现象"之中，而不是用来说明事物的概念所能表明的。比如我们说到桌子，脑海里呈现的是"桌子"这个概念，却忽略了桌子这个对象在此时此刻的本来面目，它的形状、质地、功能、摆放的方式及其与周围环境的关系等，而桌子的"本质"正在于它所处的状态及其"现象"中。同理，人的本质也在人的生存状态之中，而不在于"人"这个概念。这就是"此在"的意思，也可以理解为"在世界中"。这样，对人的本质的考察就要从人在日常生活中的状态入手。那么人的日常生活又是一种怎样的状态呢？海德格尔认为，人生活在世界中，与各种事物关联，要与各种事物打交道，必定会产生一种"操心"。这种"操心"实际上是由对自身状况担忧而产生的焦虑，因为人是非自愿地被"抛入"这个世界的，而进入世界后，人虽有选择的自由，却陷入日常事务，淹没在平庸的生活之中，这是一种非本真的状态，叫作"沉沦"。是什么将人从"沉沦"中唤醒呢？是时间。人生活在时间之中，知道难免一死，从而意识到自己每一瞬间都是向死而生，由此会感觉到莫名的"畏"。也正是这种"畏"，使人察觉自己生存在当

① 叶秀山：《思·史·诗——现象学和存在哲学研究》，人民出版社，1988，第153~170页。

下，这便是“此在”，也就是人的本质。可以说，意识到“此在”，也就意识到了人的本质。这不是某种概念或界定，而是一种由时间引发的生存状态。因此，人的本质在时间之中，不会凝固，而始终在变化；也可以说，人的本性就是在时间之中展开，它只是现象，而并非“本质”。哲学的任务就是要使人从“沉沦”的状态中觉醒过来，把禁锢和遮蔽人性的东西去掉，在时间的流逝中发现真正的自我。海德格尔最重要的哲学著作就叫《存在与时间》。

海德格尔的哲学十分晦涩艰深，以至于研究者的评述往往出现歧义。上面简单的介绍只是参照哲学史家的解释，未必符合论者的本意。但即便如此，海德格尔的哲学仍引起学术界极大的关注，并对20世纪思想产生重大影响。究其原因，恐怕还是在于这种由现象学发展而来的哲学扭转了整个西方哲学的理性主义（“逻各斯主义”），并对人的本质加以新的理解。也就是说，人的本质不是概念，而是存在，是由于对时间体验而生成的“此在”。这里面传达出的信息是，人是自由的，是人而非外在的规定或关系创造了他自己。正如有评论家所指出的：“如果谁善于看到平淡无奇的日常生活的另一头，认识到他那脆弱的境遇，即被无故地抛入世界，并注定要以一死告终，那么他便会由此产生焦虑的感觉。哲学家的责任是把这一境遇承担下来，对此境遇的焦虑将把他提高到真正的存在。”① 存在主义哲学要做的就是发现这一“事实”，揭示存在的意义，从而告诉人们要在有限的生命中去选择并造就自己的本质。这层意思在萨特的哲学中被更明晰而坚定地表达出来。

（4）“自由”。萨特的一生相当传奇。他参加过二战并做过战俘，曾信奉马克思主义而后又宣称放弃，获得诺贝尔文学奖却拒绝领奖（理由是不接受任何来自官方的奖项），他从事思想研究的同时创作了许多文学作品，他与女作家西蒙·德·波伏娃相伴终生却未曾结婚。他是思想家、文学家和政治活动家，他的思想并不容易理解，但他本人却受到法国人民的爱戴，逝世后巴黎几十万民众沿街为他送葬。之所以如此，重要的原因在于

① 〔法〕保罗·富尔基埃：《存在主义》，潘培庆、郝珉译，上海译文出版社，1988，第52页。

他哲学思想里的一个核心观念——“自由”。

萨特所提倡的“自由”与我们通常的理解不同，它来自存在主义哲学对人的本质的理解。萨特有句名言“存在先于本质”，这说的是一个人来到（被“抛入”）这个世界，并没有预先设定的所谓“本质”，他（她）只是一种天然的、不受任何限制的“存在”，只有当他（她）面临生活的境遇作出选择并行动起来后，才会具有所谓的“本质”。这就是说，人的本质是由行动及其目的所赋予的，在此之前，人只是“存在”而没有“本质”。这个意思很容易让人联想起老子的“婴孩”说、李贽的“童心”说及尼采的“赤子”说。当人处在“婴孩”“童心”或“赤子”的状态，是一片混沌，无所谓“本质”，甚至都不可以称之为“人”（人们在生活中很少称婴儿为“人”）。之后，随着“婴孩”或“赤子”心智的发展，知道要这要那，才逐渐有了“人”的本质，而“要什么”在很大程度上决定了“是什么”或“成为什么”。《红楼梦》里写过贾宝玉在婴孩时，家人让他“抓周”，结果在众多物品中抓出女孩用的脂粉之类的东西。小说家用这个情节表明贾宝玉“天性风流”并预示他的人生发展。如果去掉宿命论的因素，这个事例也能形象地说明选择造就了“本质”以及“存在先于本质”。

萨特：“存在先于本质”

在萨特的哲学里，“存在先于本质”只是一个前提，它要证明的是人的“自由”的本性和天职。既然人的本质取决于选择，那么想成为什么样的人就是人自身的权利，而不是外界或他人强加到他（她）身上的事情。也就是说，“本质”是人自己决定的，人在这方面具有绝对的权利。然而这样一来，就出现了一个令人疑惑的问题：难道每个人都可以随心所欲地做出任何选择而不受任何约束吗？极端言之，难道人也可以选择毫无原因地杀人而声明这是自由选择的权利或天职吗？当然不是。萨特对他标榜的“自由”做出了限定，那就是“责任”。一个人在选择时要考虑到他的责任，不仅要对他（她）自己负责，还要对他人乃至全社会的人负责。由此而来的自由不仅是个人的自由，也是他人的自由，也就是说："只要我承担责任，我就非得同时把别人的自由当作自己的自由追求不可。我不能把自由当作我的目的，除非我把别人的自由同样当作自己的目的。"① 从这一点看，萨特所期许的自由并不是绝对属于个人的，而是与他人甚至整个人类的自由休戚相关的，只不过做出限定的权利在选择者自己而非外在的力量——无论是道德、法律、公众舆论或者上帝。

萨特如此设定"自由"和"责任"的关系是煞费苦心的。他继承了先前的存在主义思想，反对用宗教、道德甚至哲学对人的本质做出规定，而把"自由"作为人的本质属性，但他不会没想到人的自由若是不加限制会出现怎样的迷茫和混乱，甚至会导致怎样的后果。所以，他又设定了对自由加以调控的"责任"，从而把控制自由的选择权交给了选择者自己。这样一来，人的选择就能具有最大限度的自由，既能调解与法律、道德以及公众舆论的矛盾，又能保证其自身的"绝对性"。但问题就这么简单吗？恐怕不会。在任何社会里，把选择的权利毫无限制地交给个人，让个人为其绝对自由的选择负责，都是不实际和不负责的，甚至要冒很大的风险。远的不说，就看现今西方世界面临的日益严峻的反恐形势，也不能放任选择的自由。比如，一个孩子自由地选择上网，自由地选择登陆恐怖组织的网站，自由地信奉恐惧组织的教义，自由地加入恐怖组织，最后自由地成为恐怖事件的牺牲品。这一切都是"自由"的选择，结果却选择了一条反人类的毁灭之路。在走上这条不归路的过程中，"此人"未必没有想过他（她）的责任，甚至以为是在为他（她）所在集体或"民族"的许多人的"自由"而选择并负责，但结果却是对谁也负不了责。这类事例也许是极端的，却能够表明"自由"的选择绝对不是绝对的，也能够表明萨特的"自由"观在思想上独领风骚，在现实中却未必可行。在这一问题上，或许另一位存在主义思想家雅斯贝尔斯的见解更加合乎情理。他把人看作"生成着的存在"，认为"人与动物不同，他

---

① 〔法〕让－保罗·萨特：《存在主义是一种人道主义》，周熙良、汤永宽译，上海译文出版社，1988，第27页。

并不是世代相因地一成不变地保持原状的生命形式。他得打破自己的原有状态，不断在新的境遇中获得重生。每一个人的新生并没有一种预定的道路，它不过是一个崭新的开端而已”。在这一过程中，“人们都承认自己要受到种族、性别、时代、文化、社会和经济状况的制约。”① 这样一来，人的本质就是人凭借自己的意识和行动在一定的自然和社会条件下创造出来的。由此解释“存在先于本质”的论断似乎更有说服力，也更具有社会和历史的内涵。

萨特对人及其存在做出“自由”的界说，主要是一种哲学观念。这一性质还可以参照相关的命题去理解。一是“自在”和“自为”。萨特认为，人跟“物”是有区别的，“物”是“自在”的，它就在那里，不能有自主的行动；而人是“自为”的，他有意识，能够自主地行动，因而可以也必须做出自由的选择。二是“他人就是地狱”。这说的是，人有意识，能够用自己的眼光看待外界，在人的注视之下，包括“他人”在内的一切外界事物都是对象，也都成了“物”。我看他人如此，他人看我也是如此，因此，人与人的关系就成了人与“物”之间的关系，类似于古希腊神话中女妖美杜莎把人“看”成石像。在这种关系中，他人也就成了地狱。三是“恶心”。与其他存在主义思想家和文学家一样，萨特认为这个世界是不真实的和荒谬的，本真的东西被遮蔽起来，目之所见都是颠倒、混乱和虚假的，这种荒谬感令人晕眩或“恶心”（萨特一部小说的名字）。从以上几个命题及观念可知，在萨特眼中，生活中的人陷入了被动、异化和荒谬的境地，在这种境地里的人被外界强加的关系及所谓的“本质”所限，并不是“自为”的人，而更像是“自在”的物。哲学家的使命就是要把人从这样悲惨的命运中解放出来，让人通过自由的选择恢复人的本性和尊严。正因为如此，萨特坚称：“存在主义是一种人道主义。”

（5）合规律性的“自由”。萨特的思想极有个性，不仅是对西方经典哲学的反叛，和以往的存在主义也有诸多差异。其深刻和独到之处多为同时及身后的思想家所赏识并宣扬，但其内在的矛盾和显见的偏执也为有识

① 〔德〕雅斯贝尔斯：《人是什么》，载熊伟主编《存在主义哲学资料选辑》，刘小枫译，商务印书馆，1997，第719页。

之士所察觉。比如，所谓“选择”的自由排除了宗教和道德，但当论及“责任”时，又顾及公众的良心，这实际上是引进了伦理。又比如，这个世界上人与人、人与物的关系显然不像萨特所说的那么糟糕，如果人人都把“他人”看成地狱，就不会有总体上的安宁与和平。最重要的是萨特张扬的“选择”乃是意识和想象的“行为”，其本身是虚空的，并没有实际的目的和行动，就像萨特哲学的代表作所标明的：“存在与虚无”。由此而论定的所谓人的存在及其本质就只能是抽象的和虚空的，也只能在想象和意识的领域成就人的本质。这里面显然缺少一个重要的环节，那就是“实践”。按照马克思主义的观念，人的本质从来就不是抽象的，当然也不是先验的。人是社会实践的产物，人的本质也来自社会实践的过程。就总体而言，人的本质是人在漫长社会实践中进化的成果；就个体而言，人的本质是人进入社会后，经由各种生活经历，在社会关系中形成的。正是在这个意义上，马克思认定人是社会关系的总和。20 世纪，有国家曾经发现所谓的“狼孩”，也就是婴孩出生不久即被抛弃，后来为狼群所接受并在狼群中长大，待被发现并回归到人类社会后，其心智及习性完全如狼，并无所谓的“人性”，更谈不上“人的本质”。可见，让一个人在没有任何外界关联的情况下去自主或自由地选择自己的本质，那只能是空想。人的本质既非天生也非先验，这一点萨特没错。问题在于，人的本质不可能产生于“虚无”的想象和意识之中，而一定是在生活和实践中生成，是人与自然、人与社会以及人与人之间相互接触、沟通和影响的结晶，这是从“存在”到“本质”的必经历程。在这一过程中，人通过实践认识到事物的规律、生活的规律以至于历史的规律，从而可以按照客观规律去实现自己的目的，进入自由的境界。

五 结语：“澄明之境”

在西方，哲学在很长历史时期里都是“显学”，引导或激励着其他学科的发展。这种情形一直持续到 20 世纪，从现代思潮到“后现代”思潮，出现了一些大哲学家，如现象学的胡塞尔、存在主义的海德格尔和萨特、实用主义的杜威和皮尔士、分析哲学的维特根斯坦、符号学的卡西尔、解释学的伽达默尔、解构主义哲学的德里达以及西方马克思主义的卢卡奇、马尔库塞、哈贝马斯等。与此同时，哲学也日益与其他学科相互交融，催生出新的思想，如结构主义就涉及哲学、语言学、心理学、神话学以及人类学等多个学科，但无论哪个学科里的结构主义最终都上升为哲学思想，当然也可以说必定具有深厚的哲学底蕴。这种大趋势足以说明哲学这门古老的学科在人类思想史上历久弥新，仍然保持强劲的势头，也说明哲学对整个人类社会尤其是人的精神生活具有不可替代的价值和意义。当代中国的哲学发展也相当可观，而且中国当代哲学以马克思主义为思想基础，从传统思想里汲取养分，形成了自己鲜明的特色。然而，具体到目前大学教育中的人文学科，哲学的境遇也有些许尴尬，表现在哲学专业的冷清以及青年一代对哲学的兴趣的递减。原因很简单，就是商品经济和消费社会造成的功利心理，简而言之就是“哲学无用”，也就是没有实际的功用，比如说不能帮助谋生，不能帮助挣钱，也不能帮助创业等。这种状况令很多哲学家或从事哲学研究的教育家们痛心疾首，纷纷批驳“哲学无用论”。其理由也很简单，哲学虽不一定有实际的功用，却对人的精神和人格的培养有不可或缺的作用。的确，哲学在各人文学科里可能最不具备功利性，亚里士多德就曾指出过，称哲学家是“为求知而从事学术，并无任何实用的目的”，并因此认定哲学“是为学术自身而成立的唯一学术”。[①] 然而，正是因为没有或者缺少功利的作用和实际目的，哲学对人的生活所起的作用就更高、更深也更纯粹，前提是我们每个人在物质生活之外（之上）都有对精神生活的追求。这就又回到了开头的话题，哲学的本性是给人以智慧，而得到智慧的人，生活一定更加优美，更加空灵，因为哲学赋予的智慧能够擦亮人的双眼，让人们从普通生活中看出不普通的意义，从眼前生活的实际看到未来生活的远景，从庸庸碌碌的尘世看到超越尘世的境界，这便是当代哲学家经常提起并崇尚的“澄明之境”。在“澄明之境”中，人们清除了杂念，抛却了利欲，精神更加纯净，灵魂更加健康，就像古希腊思想家德谟克里特所说的：“医学治

① 〔古希腊〕亚里士多德：《形而上学》，吴寿彭译，商务印书馆，1959，第5页。

好身体的毛病，哲学解除灵魂的烦恼。”① 中国古代的一位大思想家荀子的著作中有一篇《解蔽》，这个篇名也很恰切地表达出这个意思，“蔽”是无知和蒙昧，也就是各种烦恼的根源。哲学的作用就是“解蔽”，为了“解蔽”，就必须学习哲学。

拓展阅读

张世英：《哲学导论》，北京大学出版社，2002。

胡军：《哲学是什么》，北京大学出版社，2015。

傅佩荣：《哲学与人生》，东方出版社，2012。

〔挪〕乔斯坦·贾德：《苏菲的世界》，萧宝森译，作家出版社，1996。

〔美〕詹姆斯·克里斯蒂安：《像哲学家一样思考》，赫忠慧译，北京大学出版社，2015。

① 〔古希腊〕德谟克里特：《著作残篇》，载北京大学哲学系外国哲学史教研室编译《西方哲学原著选读》上卷，商务印书馆，1981，第 52 页。

第十三章　伦理

“伦理”和“道德”这两个概念常常连在一起，在日常话语中既可并用和互换，但也有差别。比如我们谈论社会上的“道德”问题，也可以说成是社会上的“伦理”问题，意思差不太多；但我们评价一个人有“道德”时，就不能说成是有“伦理”，二者相去甚远。

就汉语语义而言，“伦理”和“道德”虽指向略同，但各有偏重。在古代思想里，“道”是“天道”或“人道”，表示自然或社会的规律和原因；“德”是“天道”或“人道”的显现或实现，即所谓：“德者，得也”。而“伦”指“人伦”或“伦常”，是人与人及社会间的区别、等级和秩序，“理”是“道理”或“学理”，更早的意思是治理，即所谓：“理，治玉也。”在实际的运用中，“道德”更偏重实际和实践，而“伦理”则更偏重学术和研究，故而有“伦理学”之称。当然，“伦理学”的名称是近代才有的，是用汉语里近义词为引进的西方学问命名的结果。现代社会中“伦理”一语广泛流传，与“道德”并行不悖。

“伦理”和“道德”的学术背景都是“伦理学”。在西方，伦理学由哲学衍生出来并成为哲学的分支，具体而言，就是从哲学的角度去研究道德问题，因而也称为“道德哲学”。[①] 伦理学在今天已经成为独立的学问及学科，但它的思想和方法的基础仍在哲学，而哲学史的著作中也经常包含着伦理学，尤其是中国哲学，更是和伦理学密不可分。

显然，伦理学具有鲜明的“人文”特征，与人的生活、成长和修养休戚相关。一方面，它包含着人们必须了解并掌握的伦理道德知识及规范；另一方面，它指引人们养成高尚而纯正的人格，在理论和实践上都具有很

---

① 张应杭：《伦理学概论》，浙江大学出版社，2009，第 1 页。

强的指导作用。这里，我们以中西伦理学为背景，对若干重要问题加以简要介绍。

一　“德性”

(1) 相关的概念还有美德、至善和幸福等。这个观念起源于古希腊，在苏格拉底思想中成熟起来。苏格拉底认为人的本性应该向善，这种善不是一般的善行，而归属于灵魂，是所谓“灵魂善”。它与知识密切相关，也可以说就灵魂而言，知识成就善，而无知就是恶。知识可以使灵魂尽可能趋向于善，而灵魂的善给人的生活带来幸福。与此相反，对权力、享乐和财富的追求是无知的表现，也是“灵魂善”的天敌，不可能使人得到真正的幸福。

柏拉图继承了他老师的“灵魂善”的观点并有所发展。他认为灵魂里有三个部分：理性、激情和欲望，就好比一辆马车，激情和欲望这两匹马朝着相反的方向奔跑，而理性则要成为一个好的驭手，驾驭好两匹马，使之朝着正确的方向前行。这里面的意思是，一个人要凭借理性控制激情和欲望，才能够获得内心的和谐与宁静，从而走上追求至善和幸福的人生道路，并最终实现生活的“理念”。

亚里士多德在他的知识体系中建立起伦理学，这成为是西方伦理学的创始。其中的核心问题是探求并解释作为人类行为最终追求的善，这也就意味着善是人类生活的最高标准和最终目的。他认为，人的本质是理性，因此，按照理性去生活，就是人性的根本要求。由于理性，人在生活中就应当控制住那些非理性的动机，而对思想和行动做出合理的选择。这是美德或德性的来由，而幸福生活就是“灵魂按照美德或德性活动”的结果。

那么怎样去选择才是合理的呢？亚里士多德提出了一个著名的“中道”观点，其意义有点像中国古代的“中庸”之道和所谓的“允执其中”，即在两种对立或相反的品性之间折中而取，既无太过，也无不及。比如，取懦弱和鲁莽之“中”，就是勇敢；取吝啬和挥霍之“中”，就是慷慨；取禁欲和纵欲之“中”，就是节制；取损己和损人之“中”，就是正义，如此等等。显然，所谓“中道”也就是正道。在亚里士多德看来，恪守“中道”就能过上合理的和自足的生活，就是善的体现，也就能达到灵魂的幸福。在种种的“中道”里，亚里士多德认为有四种主要的德性——勇敢、节制、正义和智慧——构成了灵魂的善，是人的美德的体现，也是幸福生活的源泉。

“哲学王”：古罗马皇帝奥勒留

（2）由古希腊哲学奠定的“德性”及“至善”的伦理观念对后世影响很大，并一直不断地被讨论和发展着，但各家对“灵魂善”该包括哪些内容的看法不太一致。神学家们往往把至善引向对上帝的信仰，文学家们在作品里塑造出道德典范，哲学家们致力于对德性作出分析和论证，其他如政治家、科学家、社会活动家等，也根据自己的体验和认识提出以德性为目标的人生准则。比如罗马帝国有一位喜爱哲学并被称作“哲学王”或“帝王哲学家”的皇帝马可·奥勒留，曾呼吁人们“保持朴素、善良、纯洁、严肃、不做作、爱正义、崇敬神灵、和善、温柔、致力于所有恰当的行为吧”①，又将自己毕生实践的美德归为四项：

> 智慧：学习什么是好什么是坏，包括什么是有益的什么是有害的，哪些关注是高尚的哪些是有辱人格的。正义：做到诚实和公平，使你总能尊重自己；不要自大，把你想象得超出你所是的样子；但千万也不要看轻自己，认为自己什么都不是。坚韧：发展力量，勇敢地承受“命运暴虐的毒箭”（莎士比亚后来所言）。节制：控制激情，抑制过激行为，学习在所有的生活中取得平衡。②

---

① 〔古罗马〕马可·奥勒留、安东尼：《沉思录》，何怀宏译，三联书店，2002，第 66 页。

② 〔美〕詹姆斯·克里斯蒂安：《像哲学家一样思考》，赫忠慧译，北京大学出版社，2015，第 24 页。

再比如美国政治家和科学家富兰克林提出的所谓“人生十三美德”：

1. 节制——进食不可过多，饮酒切勿过量。

2. 静默——对人对己若无益，切勿开口。

3. 有序——各种物品必居其所，每件事务必行其时。

4. 决心——决心做该做之事，既下决心务必行动。

5. 节俭——对人对己若无益，切勿花费；亦决不浪费。

6. 勤勉——分秒必争；始终埋头于有益之事；杜绝一切无谓之举。

7. 真诚——杜绝有害的虚假与欺骗行为；思想无害而公正，言谈亦然。

8. 公正——对人不伤害不冤枉，勿忘你的应尽义务。

9. 中庸——避免极端；切勿追求“受害多大，报复多大”。

10. 清洁——决不容忍身体、衣着或住处的任何污秽。

11. 平静——不为琐事而烦恼，不为一般事故或不可避免的事故而烦扰。

12. 贞洁——若非健康和繁育子嗣之需，少行房事；决不因纵欲而致呆滞、虚弱，或损害自己或他人平静与声誉。

13. 谦卑——效法耶稣和苏格拉底。①

这样的“箴言”还有许多，在世界各国哲人和大家的著述里能够看到，都是对德性、至善以及人生幸福等重大伦理问题思考并践行的结晶。这些箴言或忠告也时常对现实中人们的生活态度起着引导作用，就像古罗马斯多亚学派思想家塞涅卡所劝诫的那样：“来吧，让美德领路，每一步就会平安无事。”②

（3）中国古代伦理思想也很注重德性和美德，有关论述极多，但以孔

① 〔美〕雅克·P. 蒂洛、基思·W. 克拉斯曼：《伦理学与生活》，程立显、刘建等译，世界图书出版公司，2008，第 79 页。

② 〔古罗马〕塞涅卡：《论幸福生活》，载《强者的温柔——塞涅卡伦理文选》，包利民等译，中国社会科学出版社，2005，第 356 页。

子学说影响最大。孔子思想的核心观念是“仁”，这被看作是人的最高美德或德性的终极目标。在实际生活中，仁有种种表现和要求，比如“爱人”：“樊迟问仁，子曰：爱人”（《论语·颜渊》）。这是要求人们在生活中互敬互爱，助人为乐。比如“循礼”：“颜渊问仁，子曰：克己复礼为仁，一日克己复礼，天下归仁焉。为人由己，而由人乎哉？颜渊曰：请问其目？子曰：非礼勿视，非礼勿听，非礼勿言，非礼勿动。颜渊曰：回虽不敏，请事斯语矣！”（《论语·颜渊》）这是要求人们以儒家之礼约束自己，循以自律。比如“忠恕”：“子贡问曰：有一言而可以终身行之者乎？子曰：其恕乎？己所不欲，勿施于人”（《论语·卫灵公》）。又：“子曰：参乎！吾道一以贯之。曾子曰：唯！子出，门人问曰：何谓也？曾子曰：夫子之道，忠恕而已矣”（《论语·里仁》）。这里面，“忠是尽己之心以助人，恕是不以己之所恶施于人。”[①] 比如“恭、宽、信、敏、惠”：“子张问仁于孔子。孔子曰：能行五者于天下者为仁矣。请问之？曰：恭、宽、信、敏、惠”（《论语·阳货》）。这说的是“庄重、宽厚、诚实、勤敏、慈惠”五种美德。[②] 其他比如“勇敢”：“子曰：仁者必有勇”（《论语·宪问》）。比如“真诚”：“巧言令色，鲜矣仁!”（《论语·学而》）比如“刚毅”：“刚毅木讷近仁”（《论语·子路》）。等。可以说“仁”的概念包含了一个人在思想和品行上应当具有的所有美德，宜其成为最高的道德和人格理想。能够达到“仁”的境界的人，就是所谓的“君子”。“君子”就是有道德的人，而要成为君子，则须时时刻刻以“仁”要求自己：“君子去仁，恶乎成名？君子无终食之间违仁，造次必于是，颠沛必于是”（《论语·里仁》）。甚至不惜为“仁”而献出生命：“志士仁人，无求生以害仁；有杀身以成仁”（《论语·卫灵公》）。足

“圣人”孔子

---

① 张岱年：《中国哲学大纲》，中国社会科学出版社，1982，第259页。

② 用杨伯峻先生解释，见《论语译注》，中华书局，1980，第183页。

见“仁”是超越生死之上的道德法则，是君子立身的必由之路，有关论述当然就是儒家思想所建立的最重要的“德性”论。孔子之后，关于德性和美德还有种种论述，如孟子讲“恻隐之心”“浩然之气”和“义利之辨”，墨子讲“兼爱”，荀子讲“制天”，以及《中庸》讲“诚”，《易传》讲“刚健”“笃实”“中正”等，都从不同角度涉及了人性之善及道德理想，虽然观点不尽相同甚至相左，却都是对中国传统思想里“德性”论的丰富和发展。概括起来都可以归本于“仁”，也就是说，中国古代最具影响力和生命力的“德性”就是由孔子确立的“仁”的道德观，发展到今天，仍然是中华民族人格理想和伦理观念的要旨。

二 道德的根源

（1）首先要明确的是，道德属于人，发生在人与人的交往之间，与人无关的事情谈不上道德。比如纯粹的科学技术和经济学里的统计数字，若不与人产生联系，就与道德无关，或可称之为“非道德”（不是“不道德”）。又比如自然界发生的事情，包括环境气候、植物的生长、动物的行为等，若与人无关，也没有道德的意义，它们属于“超道德”。现今有些纪录片刻意表现动物杀戮的场景并配以富于情感的解说，那是在表达人类的道德观（或许是“不道德观”），而与动物无关。前面讲到中国古代最重要的道德观念“仁”，其字形的意思是“二人”，恰能表达道德起源于人与人之间的关系这个根本属性。

西方思想史上关于道德的起源有主观、客观和神授等种种意见。“主观说”认为道德的源头在理念，经由灵魂而来到人的心中，代表者如柏拉图。“客观说”认为道德是实际生活提出的要求，也是人对生活加以反思的结果，代表者如亚里士多德。“神授说”认为道德乃上帝所授，是上帝与人之间的“契约”，也是人要获得幸福生活所必须遵守的，代表者如《圣经·旧约》所记耶和华为犹太人定下的“十诫”。无论何种观点，都认定了道德是由内而外，由“心”而“物”的。也就是说，道德观念是在人的内心形成的，起于“天性”，成于“人格”，作用于生活实践。从这一点看，道德的起因在于人心，属于人的本性，我们今天称之为“人性”。中国古代思想家就是由人性去探讨道德起源的，具体有“性善论”“性恶论”

“性无善恶论”以及“性超善恶论”等，其中以“性善论”和“性恶论”影响较大。

（2）“性善论”的代表是孟子，他认为善是人的天性，以善为根基的道德观在人出生之时就潜藏在内心，绝非外界输入。他说：

> 恻隐之心，人皆有之；羞恶之心，人皆有之；恭敬之心，人皆有之；是非之心，人皆有之。恻隐之心，仁也；羞恶之心，义也；恭敬之心，礼也；是非之心，智也。仁义礼智，非由外铄我也，我固有之也，弗思耳矣（《孟子·告子上》）

对于“恻隐之心”，孟子还特意举例说明：

> 所以谓人皆有不忍人之心者，今人乍见孺子将入于井，皆有怵惕有恻隐之心非所以内交于孺子之父母也，非所以要誉于乡党朋友也，非恶其声而然也。（《孟子·公孙丑上》）

这说的是，当一个人看见有小孩快要掉进井里时，会情不自禁地伸手相救，并不是因为和孩子父母相识，也不是为了沽名钓誉，而是出于发自内心的同情心。这种同情心与生俱来、油然而生、人人皆有、纯属天性。其他的善心也与此相仿，是“不学而能”的“良能”，“不虑而知”的“良知”（《孟子·尽心上》）进而，孟子还认为这种“良能”和“良知”是人之所以为人的本性：“由是观之，无恻隐之心，非人也；无羞恶之心，非人也；无辞让之心，非人也；无是非之心，非人也”（《孟子·公孙丑上》）。可见，人与非人的区别就在于性善与否。当然，这并不意味着善心就一定能够成为美德。孟子在指出性善的同时，也强调人性之善只是端倪，要成为君子的品德，还需要加以培养，即所谓：“凡有四端于我者，知皆扩而充之矣，若火之始然，泉之始达。苟能充之，足以保四海；苟不充之，不足以事父母”（《孟子·公孙丑上》）。这表明所谓“恻隐之心”等四端还只是潜质，有待于人们将它落实到思想和行动中去。而儒家提倡的人生准则和修身之道就是为了把性善的潜质转化为至善的实质。

孟子的说法不是没有道理，西方也有类似的观点。比如18世纪英国思想家亚当·斯密就认为“怜悯”和“同情”乃是人的“本性”：“我们常为他人的悲哀而感伤，这是显而易见的事实，不需要用什么实例来证明。这种情感同人性中所有其它的原始感情一样，决不只是品行高尚的人才具备，虽然他们在这方面的感受可能最敏锐。最大的恶棍，极其严重的违犯社会法律的人，也不会全然丧失同情心。”① 但问题是，无论孟子还是亚当·斯密，都是先入为主地提出“公设”，其观点和例证不具有绝对的普遍性。现实中确有很多人甚至可以说绝大多数人是怀有“恻隐之心”的，不假思索地对处于危难中的同类甚至异类（如动物、植物）施以救援，但面对同样的情形，也有无动于衷、麻木不仁，甚至见死不救、落井下石的。当然，按孟子的理论，也可以说这类人原本存在的善心因为环境的影响而丢失了，但如何证明此类人原本就有善心呢？甚至人们可以把问题倒过来思考：任何人都不存在先天的“恻隐之心”，之所以行善，恰是后天的养成，而与生俱来的人性是恶，比如荀子就是这么认为的。

（3）同为儒家，荀子对人性的看法与孟子正好相反。他认为人生来就好利多欲，故其性属于恶，这就是著名的“性恶”之说：

> 人之性恶，其善也伪也。今人之性，生而有好利焉，顺是，故争夺生而辞让亡焉；生而有疾恶焉，顺是，故残贼生而忠信亡焉；生而有耳目之欲，有好声色焉，顺是，故淫乱生而礼义文理亡焉。然则从人之性，顺人之情，必出于争夺，合于犯分乱理，而归于暴。故必将有师法之化，礼义之道，然后出于辞让，合于文理，而归于治。用此观之，人之性恶明矣，其善也伪也。（《荀子·性恶》）

这是说，人的天性是趋利好争的，所谓“辞让”“忠信”“礼义”等向善的品行只能是后天教育的结果。也正因为人的本性为恶，所以必须由后天的礼法加以矫正和规范，使之从“恶人”转化为“善人”，以至于“君子”甚至“圣人”。这是一个“伪”的过程，“伪”即“人为”，也就是教育、培养和矫正。人之所以为人（成人），须经过“人为”的努力，如果顺其天性生长，则无异于放纵各种“恶性”生长，最终将导致“争夺”“残贼”“淫乱”等恶行。

---

① 〔英〕亚当·斯密：《道德情操论》，蒋自强等译，商务印书馆，1997，第5页。

除了孟子的“性善论”和荀子的“性恶论”之外，先秦诸子中还有“性无善恶”和“性超善恶”诸说，因对中国传统伦理思想影响不大，故不赘述。而孟子和荀子在人性问题上的异见究竟孰是孰非？似乎也很难确定。从中国古代深入人心的道德观来看，应当是孟子之说占了上风，最有利的证明就是《三字经》开头那句“人之初，性本善”。但这种观点实际上很有问题，而且与人生的经验不太相符。生活中我们看刚出生的婴儿，固然有安静平和的，却也有许多哭闹不停的。稍大一点就会有打闹、抢夺、撕扯、推搡等种种行为，这些行为用不着人教且也未必受谁影响，当为“天性”。我们虽然不能把幼儿这类与生俱来的行为定性为“恶”，却也不能说成是“善”。事实上，孟子也不认为人的天性全都是善，曾说：“人之所以异于禽兽者几希，庶民去之，君子存之”（《孟子·离娄下》），又说：“人之有道也。饱食、暖衣、逸居而无教，则近于禽兽”（《孟子·滕文公上》）。可见人的天性里确有与禽兽无异的基本欲望，这当然不能看作是“善”。至少孟子所谓的“性善”并不包括人性的全部，而只是其中一部分，当然也可以说，那些非善的成分并不属于人性。无论如何，“性善”的判断没有充足的根据，不能够当作道德的起源。

（4）借助当代心理学去考察，人的天性可能是善，可能是恶，也可能是非善非恶。比如精神分析心理学以无意识里的欲望作为人的本质，其观点偏向于“性恶”；人本主义心理学强调欲望的合理性，其观点或许偏向“性善”；而行为主义心理学认为无论人的天性如何，都可以通过后天的培养而塑造成想要成为的人，其观点则偏向“非善非恶”。我个人认为，这个问题的关键在一个“端”字。“端”是端倪、可能或潜质，先天存在于每个人心中，而潜在的可能会演化成怎样的结果则依赖于后天的环境和教习。这也就是说，每个人从出生起，心中都潜藏着向善或趋恶的动因，并且有的人向善的可能较大，有的人趋恶的可能较大。在以后的各个成长阶段，因环境和教育或此消彼长，或并驾齐驱，或分道扬镳。也许有人要质问，这不是先天或遗传的论调吗？是的，我觉得有这种可能，不然就不能解释为什么有的人从幼儿起就喜欢打架、欺负人，并且学坏特别快，也不能解释同样的家庭背景和教育环境出来的孩子竟然会走上“善”和“恶”的不同道路。17 世纪法国思想家拉罗什福科说：“人们的天性似乎在每个人出生之时，就确定出了此人的善行和恶行的界限。”① 19 世纪英国心理学家高尔顿的观点更为激进，他认为人心之恶有生物学基础，遗传而来，很难改变，就像人们在监狱里看到的那样：“很少在囚犯中看到有痛心失望的情景；他们睡眠从未被不安之梦搅扰过。”② 这话或许偏激，却不是完全没有道理。犯罪学的案例中就多有人从小走上犯罪道路且不可逆，几进监狱后最终伏法。当然，列举这样的观点并不是否认后天教育的重要性，更不存在人性的歧视，不如说后天教育是主要的因素。先天的“善”之端必须经由后天的养成，方能成为善心、善行以至于成就“善人”；而先天的“恶”之端也主要是因为后天教育的缺乏甚至缺失，才成为恶习和恶行以至于成就“恶棍”。但即便如此，人天性里的“善”“恶”之端也不可不察。孔子之所以要“因材施教”，除了弟子们才性各有不同外，恐怕也不排除“善”“恶”之端的不同，不然他老人家也不会发出“朽木不可雕也”的感叹了。

（5）古人从人心和人性探寻道德的根源，所得到的其实仍然是“流”而非“源”。不错，道德在于人心并属于人性，但在人心和人性的背后还有更为深远的动因。概括起来，进化、理性和实践这三个条件最为重要，也就是说，道德是人从动物进化而来后产生的，产生的条件是理性，而理性来自于社会实践。前面说过，自然界及动物是“超道德”的，动物可以有群体，群体里或已有等级甚至“结构”，但都是建立在本能的基础之上，不存在理性的法则。人从动物进化过来后，逐渐能够理性地保护自身的利益，因而学会在人与人之间建立“合理”的关系，由此就有了“伦理”（秩序）。这种“伦理”在社会实践中不断运用并检验和修正，固定为“契约”或“礼法”，便形成了道德规范。进而，这种道德规范为群体、部落以及种族和国家的绝大多数人所自觉接受，也就有了道德意识。这种道德意识最终又融会在人的思想和人格之中，体现在人的行为方式之上，再经由思想家们的总结和阐说，就成为一个时代、民族或国家的伦理道德。

---

① 〔法〕拉罗什福科：《道德箴言录》，王水译，上海三联书店，2008，第 39 页。

② 〔美〕加德纳·墨菲、约瑟夫·柯瓦奇：《近代心理学历史导引》，林方、王景和译，商务印书馆，1980，第 192 页。

所有这些都凝聚于人心，发端于人性，却植根于历史和社会的土壤之中。从历史发展的大趋势看，“人心向善”是占主导地位并对人性之恶起着抑制和转变作用的。新儒家的代表熊十力先生主张“性善”，认为善是“真源”（本体），恶是“小己”，又认为“性善性恶，二说相反也，而善统治恶，乃反而相成”[①]。虽说性善论并不可靠，但看到善是矛盾对立中的主导一面，却是合乎人类道德发展规律的。

三 道德的标准

谈论道德的标准是一件很麻烦的事情。一方面，有些标准似乎不言自明，得到社会上所有人的认同；另一方面，有些标准又往往引起异议，在不同境域里甚至会出现截然不同的评价。这与法律有鲜明的差别。法律条文都是“硬性”的，虽然可以解释，甚至赋予法官某种程度的“自由裁量”的权限，但执行起来不会有太大出入，尤其不可以因时间、属地的不同而轻易改变，即便有定罪和量刑上的差异，总的态势却是趋同的。而道德规范则是“软性”的，甚至是不稳定的，看似无可争议的道德标准，由于“时过”或“境迁”，可能就失去效应甚至转向反面。因此，道德的标准在伦理学中是被讨论最多的问题之一，各种“主义”和“流派”也大多因此而生。有不少理论家试图在各家观点之中做出调停或折中，拿出具有“公信力”的准则，但结果多差强人意，无论在理论上还是实践中都很难做到“绝对”正确。大致说来，争议的焦点主要体现在以下几个方面。

（1）相对和绝对。伦理学史上多有人持相对主义观点，认为世界范围内很难存在所有人都接受的道德观念。在实际生活中，各个民族又因其特定的历史、文化和宗教，常会在一些重要道德问题上存在差异。其情形或如尼采所说：“许多这一民族以为善者，在另一民族中却以为是可笑与可鄙，我这样感觉。又看到许多凡这里以为恶的，在另一地却加以紫金色的荣光。”[②]

认为伦理道德应当有若干绝对标准的观点及派别，被称为“客观主

① 熊十力：《原儒》，中国人民大学出版社，2006，第8页。

② 〔德〕尼采：《苏鲁支语录》，徐梵澄译，商务印书馆，1992，第54页。

义”。这派学说认为，不同的文化固然会导致不同的道德标准，但这不是道德观的主流，人们不能因此而陷入“多元论”或“相对主义”的道德观，而是要找出最大公约数，就是任何人在任何情况下都必须遵守的道德原则，类似于《旧约》里上帝与希伯来人签订的“十诫”，如“不可杀人”“不可偷盗”“不可奸淫”等。但这里面也有问题，除了“不可奸淫”一条外，其他的都很难成为绝对的原则，比如“不可杀人”。历史上和现实中杀人的人多如牛毛，但未必都是不道德的，除非加上“不可无缘无故杀人”“不可滥杀无辜的人”或“不可违背正义杀人”等限定，但这仍是有些模糊的说法，现实生活中很难把握，由谁去确认“缘故”“无辜”和“正义”呢？还有生活中讲得很多的“不可说谎”，我们在现实中可以认定诚实是美德，但诚实的人未必完全不说谎，而有时候说谎也未必有损诚实的美德，比如为了某种正义的事业而欺骗敌人，这种“谎言”较之通常的“诚实”可能是更大的美德。更常见的是生活中经常出现的所谓“善意的谎言”，诸如为了生命而对身患绝症的病人隐瞒病情，为了孝敬而对年迈的父母隐瞒自己的窘境，为了安抚而对家人隐瞒事业上的挫折等，都不宜视之为不道德。因此，要把“不可说谎”定为绝对的道德标准是十分困难的。

斯图亚特·密尔：利益至上的功利主义伦理学

（2）目的和义务。这在伦理学上被视为结果论和非结果论的区别。结果论的伦理学主张以事情要达到的目的来判断该事情道德与否，具有很强的功利主义色彩。事实上，西方思想史上就有“功利主义”派别，其伦理观就是以最大限度满足个人利益为人生目的。道德的作用是为了人生幸福，而幸福就是最大的个人利益，如斯图亚特·密尔所说：“被接受为道德基础的这条信念，功利，或者最大幸福原理，认为当行为倾向于增进幸福的时候，它是相应正确的；导致幸福的反面的时候，它是错误的。我们说的幸福，就是意味着愉快，以及痛苦的消除；不幸福，就是痛苦，以及愉快的丧失。”[①] 按照这种观点，道德标准就要依据目的而定，要看事情的结果是否给人带来利益或幸福感。显然，此“利益”或“幸福”在两个方面容易授人以口实。一是个人利益或幸福的标准何在？其本身都是符合道德要求的吗？是否在道德、法律或哲学的层面加以限定？不然像贪欲、赌瘾等明显与普遍人性相违的恶习也会披上道德的外衣。功利主义伦理学对此有过辩解，密尔就提出过“理性权衡”的观点，就是说，功利即利便，“利便有大小之分，有纯洁度的不同，有些利便本身隐含着更大的不利便，这就不是真正的利便。”[②] 比如赌博可以给人带来快乐，但这快乐来自欲望的满足，是低度的和不纯的，并且隐含着风险及其带来痛苦的可能。因此，此类行为所产生的“快乐”就需要用理性的态度加以权衡，排除在真正的幸福之外。然而在实际生活中，这种“理性权衡”也难有客观的标准，比如同是上了年岁的“大妈”，有的以打麻将和跳广场舞为快乐和幸福，有的以读书写作为快乐幸福，怎样分辨二者之间的“利便”之大小和“纯洁度”之高低呢？二是个人利益的满足是否应当考虑到他人的利益？当“利己”和“利他”出现矛盾时该如何处置？尤其是“实际”的利益总是有限的，自己多得一份，他人就少得一份，也就意味着自己的愉快很可能是建立在别人的痛苦之上（比如历史上有名“二桃杀三士”）。由此得到的“幸福”可以说是道德的吗？这与人们喜闻乐见的“助人为乐”和“毫不利己，专门利人”的道德观相比，显然是有差距的。当然，功利主义伦理学对此也有补充说明，如把道德界定为“满足全社会大多数人的利益”，即判别一个人的行为道德与否，不仅要看是否对“个人”的幸福有利，还要看是否对“群体”的利益有利。比如我想靠赚钱获得幸福生活，但如果是以侵害他人或社会的利益而获取财富，那么就是不道德的。这样解释看似合情合理，但在社会实践中，真正不损害他人利益而使自己获益还真不容易，尤其是有关商品经济的行为，靠损害他人利益而获得自

---

① 〔英〕斯图亚特·密尔：《功利主义》，载〔美〕布尔克《西方伦理学史》，黄慰愿译，华东师范大学出版社，2016，第 239 页。

② 王润生：《西方功利主义伦理学》，中国社会科学出版社，1986，第 50 页。

身利益的更是司空见惯。一些国际知名度和信誉度很高的商家及品牌都爆出有违道德的丑闻，如“大众”数据造假和“脸书”信息泄露等，其他因逐利而失德的行径在商品经济中更是见怪不怪。正因如此，“无商不奸”的习语至今仍口口相传。可见要把“功利”与“道德”融合在一起，实在是不太容易。这也是功利主义伦理学难以自圆其说的原因。

非结果论的伦理学强调义务和责任，把一些重要的道德要求当成绝对的命令，不能怀疑，也不能违抗，每个人都要发自内心并不折不扣地去履行。几乎所有的宗教伦理学都主张非结果论或义务论，因为道德的要求是神的意旨，不容商量也不许犹疑，否则就会受到惩罚或得到报应（如所谓的“善有善报，恶有恶报”）。思想家里力主“义务”和“非结果”的代表是康德。他从理性出发，认为道德律先天存在于人们心中，是所谓的“定言命令”，它不同于“假言命令”，没有“如果”或“假设”，是必须无条件服从的。这个道德律的根本就是“善”或“善良意志”，是人之所以为人的前提，每个人都必须无条件地服从，无论其目的和利益如何。也就是说：“善良意志之所以是善的，不是由于它所导致或完成的东西，也不是它对达到某个预定目标的效用，而仅仅是因为这个意愿，就是说，它自身就是善的。”[①] 这有些类似于中国传统思想中的“良知”或宋代理学中的“天理”，是人人心中都有而且必须加以实现的；若不是这样，则是人的“理性”出了问题或者“良心”被埋没了，要好好地反思并自省。这个理论观点看上去很严密和崇高，但实践起来也不是没有问题。毕竟“善”或“善良意志”是个较虚的概念，要落实到具体的行动中和原则上去才有意义，这就又遇到前面提到的矛盾，诸如“不可偷窃”“不可说谎”“不可杀人”等，能算作“善良意志”吗？如果算，那么在具有更高的道德及“理性”（合理性）的背景下，是否可以违背这些原则？康德对这些问题的分析，在理论上可能逻辑严密，天衣无缝，但并不能够完满地解决现实中出现的问题。最典型的事例是“撒谎”。康德用他的理论证明“不可撒谎”是绝对的命令，在任何情况下都不能违背，但明眼人一看，就能发现他的

---

① 载〔美〕S. E. 斯通普夫、J. 菲泽：《西方哲学史——从苏格拉底到萨特及其后》，匡宏等译，世界图书出版公司，2009，第 282 页。

证明站不住脚。比如有人举例反驳说："试想某人正在试图从谋杀者的手里逃脱，并且告诉你，他要回家藏起来。然后，这个谋杀者来了，问你那个人在哪儿。你认为如果你们说了真话，你就是在帮这个谋杀者，而且假设这个谋杀者跑对了方向，而你只是保持沉默，结果是一样的。你应该做什么？我们可以把它称为'咨询的谋杀者'的案例。在这种情况下，我们大多数人会认为，你应当撒谎。毕竟，撒谎和挽救生命，哪个更重要？"[①]事实上，任何人在这种情境下都可以真切感受到"撒谎"的合理性和必要性。在文艺作品里，我们也能看到这种境遇下"撒谎"所显示的是勇敢、正义甚至牺牲。可见绝对的"不可撒谎"是不成立的，也可见康德主张的"义务论"很难令人信服。"撒谎"如此，"偷窃"也一样，如果某人为了阻止一起严重的恐怖行动而去偷窃敌方情报，能说这种"偷窃"行为不道德吗？

（3）"境遇"和"显见"。如上所述，要在人类社会建立绝对的道德标准是很困难的，一些看似至高无上的道德准则，在解决实际生活中遇到的各种问题时也难免遇到困境。这就促使人们在道德标准的问题上采取更加务实的方法，使理论能够符合实践，比如中国古代思想里有"经"和"权"的说法，"经"是不变，"权"是变通。任何道德标准在实际运用中都要恪守其基本要求，然而也要根据具体情况做出权变。仍以"不可杀人"为例，中国农村经常发生妻子不堪家暴而杀死丈夫的事件，也经常出现杀夫的妻子归案后大批村民联名写信请求宽恕杀人者的情况。道德的天平在此时出现了倾斜，显然与"不可杀人"以及由此而来的"杀人偿命"的准则相背，但它却有一定的合理性，并对最终的法律判决起到一定影响。再比如现实中有因"正当防卫"而导致的"杀人"，也往往得到社会舆论的广泛同情。这些都可以看作是道德准则在特殊境遇中的变通。这种情况在西方现代伦理学中被归为"伦理境遇主义"，即相对客观的伦理标准在特定的境遇里可以做适当调整，使其更具实用性和实效性。

但"文化相对主义"不能漫无边际，或者说以"境遇"判别道德

---

① 〔美〕詹姆斯·雷切尔斯、斯图尔特·雷切尔斯：《道德的理由》，杨宗元译，中国人民大学出版社，2014，第129页。

与否要有所节制，不然道德观念就成为言人人殊的意见，如所谓的“公说公有理，婆说婆有理”，没有最基本的标准。鉴于此，有专家根据道德观念本身轻重及其相互间的关系排出先后次序，这就是著名的“显见义务论”。

“显见义务论”是美国伦理学家罗斯提出的。所谓“显见”，是指一眼看去就能感觉到是最重要的道德义务，从而在进行道德选择时必须优先考虑。罗斯列出7种“显见义务”，即：“忠诚、补偿、感恩、公正、慈善、自我改善、勿作恶”，并指出当“显见义务”之间发生冲突时，要确定何种义务具有优先地位，如此便能够应对生活中的各类伦理问题，但对于如何确定“优先”，罗斯并没有展开论述。因此，又有人在此基础上确定了10种“核心道德”，并逐条分析当“核心道德”发生冲突时，孰轻孰重以及何者为先、何者其次。[①] 也有人为道德选择的秩序定下了5项原则，即“生命价值原则、善良（正当）原则、公正（公平）原则、说实话或诚实原则、个人自由原则”，根据逻辑和经验的优先性把这5项原则分为主类（前两项）和次类（后三项），然后再考虑到境遇和背景，以确定处置具体问题的道德标准。[②] 这样一来，就可以将相对和绝对、目的和义务结合起来，为人类生活中的道德实践提供一个既有理论根据又有可操作性的标准体系。当然，这个标准体系也并非完善，甚至可以说仍解决不了在道德问题上的主要矛盾。比如说把“生命价值”放在第一位并不错，但在历史上及现实中，有不少人因为某种正义事业或伟大理想而献出生命，就不能说不符合道德观念。当然，这种“超越生命”的道德观也并不适合用来要求每一个普通人，不如说对一些特殊身份或职业的人做出“激励”是恰当的，如军人、共产党员等。再比如，“善良”原则也十分重要，可以作为最根本的道德法则之一。但是不是需要在任何情况下都要优先履行“善良”的原则呢？假如明知行善会带来不好的结果，是否还要把“善良”放

---

① 〔美〕路易斯·波伊曼、詹姆斯·菲泽：《给善恶一个答案——身边的伦理学》，王江伟译，中信出版社，2017，第66～70页。

② 〔美〕雅克·P. 蒂洛、基思·W. 克拉斯曼：《伦理学与生活》，程立显、刘建等译，世界图书出版公司，2008，第147～158页。

在第一位呢？中国古代有一则“农夫与蛇”的寓言，就是告诫人们不要无条件地对任何对象和事情行善。宗教中所宣扬的绝对的善（如佛教的“慈悲”和基督教的“爱人”）对于“来世”或所谓的“末日审判”或许有用（其实也是不可证明的），但在现实生活中未必行得通。凡此都表明，“显见义务论”也不能彻底解决道德观念所遇到的矛盾及困境。而如何在更高的层面破解难题？恐怕仍是有待伦理学进一步研究的课题。

四　道德问题

伦理学中有一些道德问题因其对现实生活的重要性而常常被重点讨论。所谓的“重要性”，既是指这些问题为人们在生活中经常遇见或不可避免，也是指这些问题容易引起人们的思考和争议。这里列举几个时常引起社会关注甚至热议的道德问题。

（1）自由。这里特指个人自由。按马克思主义观点，人是社会关系的总和。因此，个人的自由必须放到社会关系中去考察才有意义；也由于这个原因，每个人的自由都是相对和受限的，而所受限制主要来自法律和道德。其中，自由与法律的界线比较明确，越过了界限就会受到惩罚甚至付出失去自由的代价，但自由与道德的界限却并不明晰，越过了也未必会付出实际的代价。法学里有句名言，叫作：“法无禁止即自由。”这句话若是放在伦理学中，很可能成为做坏事的“幌子”。比如说，某人因攫取个人利益而损害了他人的利益，或者某人为了个人的兴致而损害了公众利益，假如没有触犯法律条文或行政规定（也可能是钻了法律的空子），该人的行为就属于“自由”的范围，虽然可能受到道德上的非议，却不必付出实际的代价。尤其当行为实施者是某个“群体”时，道德上的非议就更显得无足轻重，近年来由“广场舞”引发的议论就属此类。

歌德说过：“一个人只要宣称自己是自由的，就会同时感到他是受制约的。如果他敢于宣称自己是受约束的，他就会感到自己是自由的。”① 的确，自由和限制原本就是一对辩证关系，法律如此，道德也是如此。当代

---

① 〔德〕歌德：《歌德的格言和感想集》，程代熙、张惠民译，中国社会科学出版社，1982，第49页。

社会的每个自由人必定要符合最基本的道德规范，否则就可能对自由加以滥用。在这方面，公众舆论和行政管理当发挥更大的作用。如果公众舆论和行政管理做了相当努力仍达不到效果，那就要考虑立法，而法律是可以根据道德建设的需求来做出补充和调整的。

（2）生死。这是个偏义复词，意思主要在“死”。如果将生命价值作为道德选择的首要原则，那么生死问题也就是最大的道德问题，但这个问题也往往引起争议，理论上和实际上的都有。前面说过，“不可杀人”的原则在实际运用中会遇到问题，比如为正义事业而杀人或为挽救无辜生命而杀人，于是有人加以限定：“不要杀害无辜的人”。但一个士兵要参加战斗，倒在枪弹、火炮或导弹下的不仅是敌人，而且很可能会有无辜的人，他的行为或许是为了正义，但在道德层面该如何评判呢？这种问题在指挥官身上更为突出，最典型的例子是美国总统杜鲁门下令向日本本土投放原子弹。它的大背景是反法西斯的正义战争，理由是挽救更多人的生命——包括如果要在日本本土作战可能牺牲的百万盟军官兵和因战争延续而导致的平民伤亡。但原子弹是一种“无差别”大规模杀伤性武器，不可避免地会造成大量平民伤亡，于是就产生了是否必须使用原子弹以及此举是否有充足的道德上的理由的争议。绝大多数意见是肯定的，少数专家和日本政府的态度并不能改变这一历史事件的正义性质。除此之外，在死刑和安乐死等问题上，伦理道德的矛盾冲突也很严重。世界上许多国家和地区废除了死刑，但也有许多国家和地区保留死刑。废除和保留都有理由，前者认为生命是人的最高价值和最高权力，不可剥夺；后者则认为犯有“死罪”尤其是害人性命的人必须以命相抵，这也是对生命价值和权利的尊重。意见双方在这个问题上各执一词，究竟是“不杀”道德还是“杀”道德，并没有一致的标准。至于安乐死，少数发达国家已经实施，但更多的国家还是谨慎对待，处于研究的探讨阶段。相关的伦理问题是，个人是否有权利处置自己的生命？帮助实施安乐死的人又该担负怎样的责任（是助人还是谋杀）等。诸如此类，其他还有堕胎、自杀等，都是引起伦理道德上巨大争议的问题。

（3）诚信。通常情况下，人们都会把诚信当作一种美德，绝大多数人也会把诚信当作是约束并完善自身的道德标准。但在特殊的境遇中，诚信往往被忽略甚至有意地遗忘，原因则往往是利益的驱使。这中间包含着一种选择：是为利益丧失良心，还是为良心放弃利益？当然也可以说包含着一种考验：在利益面前能否保持人格的完善？做出何种选择或是否经受住考验，取决于人的价值观：是注重物质利益还是注重精神境界？或者说是注重欲望还是注重良知？选择的标准很明确，当然是以良心和良知为先，在此基础上获取的利益是合理的利益，否则就是不合理的利益。这也就是说，诚信应当是人与人交往的准则，当出现利益关系时，应当本着诚信的原则去处理；当出现利益诱惑时，更应当以诚信的原则去律己。当然这说的只是道德标准，实际生活中的情况恐怕没有这么理想。在当代中国，诚信的缺失已经成为较为严重的社会问题。最引人注目也最令人痛恨的诈骗、造假以及老赖等现象久禁不绝，且仍有蔓延的趋势，这对中国的道德和法制建设都提出了严峻的挑战。遏止这种现象，一方面需要法律的严惩，另一方面也需要道德的重建。诚信在中国一直是传统道德观念的核心要素，《易传》“文言”说：“修辞立其诚。”孟子说：“诚者，天之道也，思诚者，人之道也”（《孟子·离娄上》）。荀子说：“君子养心莫善于诚，至诚则无它事矣”（《荀子·不苟》）。可见“诚”是人性的根本，君子的至善。这个意义上的“诚”主要是讲“反躬”，即扪心自问，不能欺骗自己。在这个基础上，儒家思想还要求君子推己及人，对自己诚，对他人当然也要诚。更重要的是，荀子讲过“顺命，以慎其独者也”《荀子·不苟》的话，这在《中庸》里发展成为“慎独”的思想，即：“是故君子戒慎乎其所不睹，恐惧乎其所不闻。莫见乎隐，莫显乎微。故君子慎其独也。”这是说，君子的德性不仅体现在众目睽睽之下，也要体现在幽居独处之时。这意味着道德修养不是做给人看的，是要真正成为人的天性。就诚信而言，所遇到的困难不也是这样吗？在公众场合，也许是一个守信用、重然诺的彬彬君子，但一有机会匿名或“隐身”，也许就换了一副面孔并打起另一种算盘。最能说明这个问题的是网络及电信诈骗，因为骗子在网络和电信世界里是匿名和“隐身”的。这固然是为了逃避打击，同时也是为了把羞耻心降到最低限度，尤其是那些欺骗情感或所谓“骗色”的行径，多半是把自己的真实身份给隐去。当然，还有许多公然践踏诚信原则的行为，比如“老赖”，对社会公德造成极大损伤，需要法律和道德双管齐下，在严加惩处的同时要昭告世人，以利于诚信的道德风尚在全社会得到弘扬。

（4）职业。完整地说是“职业道德”，可以分三个层次来看。第一个是普通的或日常生活的层次，指各行各业的人在从事其工作时要恪守基本道德及其行业规矩，尤其是那些关系到人的身体健康和生命安全的行当，更要严格遵守职业道德。第二个层次的职业道德是针对特殊行业的特殊人物，这些职业因为特殊的性质及其从业者的公众影响力，其道德水平往往会受到更多的关注并产生较大的影响，故而公众舆论也对其有更高的要求。第三个层次的职业道德是随着科学尤其是医学科学的发展而凸显出来的，比如遗传基因研究、干细胞研究及动物克隆技术等。破解遗传基因密码固然对是为人体健康着想，但对遗传基因的修复和复制很可能会改变甚至再造一个人，这就引发了伦理问题。同理，克隆技术在动物身上成熟之后，是否会用于“造人”？也是一个重大的伦理问题。目前已有国家立法禁止进行克隆人的试验，就是基于这项技术将来可能面临的道德上的风险。凡此种种，每一种职业和各种职业的每一个层面都有特定的道德要求，有些被写入法律，有些成为行规，有些只能寄希望于从业者的良心。人类社会的大多数成人都有各自所从事的职业，每个人的职业又与其他人的生活相关，关系到整个社会生活的安定与幸福，因此，就需要全社会的从业者共同来遵守并维护各个行业里的职业道德。

（5）自然。自然本身无所谓道德，但与人类社会产生关系后就出现伦理道德问题了。这种道德虽可名曰“自然道德”，但实质却是人类的道德，是人类社会处置人与自然的关系过程中出现的道德问题。“自然道德”的问题主要体现在两个方面：一是环境，二是动物。

地球资源遭破坏的景象

环境问题是近代以来人类社会面临的巨大挑战。古时候，人们对自身所栖居的环境认识有限，以为世界无边，资源无限，因而并没有所谓“环境意识”以及由此而来的担忧。工业革命后，发达国家对自然资源的开发成百倍、千倍增长，后发国家也当仁不让。与此同时，随着科技的进步和信息的发达，人们发现供自己生存的这个地球并不大（“地球村”），资源也有限，过度开发以及由此引起的破坏很可能把人类自身逼入绝境。于是，有识之士开始呼吁环保和节约。但与全世界经济发展的巨大需要和人类自身不可遏止的欲望相比，环保和节约的吁求以及所达成的若干协议仍显得乏力。要在这方面有所作为，不能光靠各个国家和民族的道德观念，应寄希望于世界各国、各民族达成共识，也就是所谓“全球伦理”。在这个基础上再去协商并立法，才有可能减缓以至停止环境和资源的耗损，不然人类的未来就一定是荒凉和恐怖的。

人与动物之间的关系更为复杂，甚至可以说有着无法在理论上加以化解的矛盾。一方面，人类需要消灭动物（不是“灭绝”）才得以生存和延续；另一方面，人类随着文明程度的提高，也日益意识到保护动物的必要性，并产生了动物保护主义。就目前情况而论，动物保护主义的主张和行动如果针对野生的和稀有的动物，还不会引来太多的异议，一旦涉及家养的动物尤其是供人类食用的家畜，问题就复杂了。比如，有人宰杀并食用“国家级保护动物”会受到道德谴责和法律制裁，但宰杀并食用家养动物就没有道德问题了吗？比如，韩国就发生的围绕食用狗的问题的争议，一面是动物保护主义者和青年学生认为狗是人类的朋友，不应当被宰杀并食用，另一面是“狗农”及养殖团体认为不能剥夺他们屠狗并贩卖狗肉的生计。两派意见都有道理，但要找到决定“杀还是不杀”的道德依据却不是一件容易的事情。其实问题涉及的何止是狗，其他动物如猪、牛、鸡、鸭、鱼等，又何尝没有伦理问题？且不说宰杀是否“人道”，就是用科技手段对家养动物进行配种、繁殖、催化等行为也很难说是善待“生命”，除非我们把动物的生命和人的生命截然划分开来或认定其不属于“生命”。这里面的道德问题实在纠结，很难理清。当年英国文豪萧伯纳宣扬保护动物，当被问及如何看待为吃肉而杀猪时，他无言以对，只好说希望下刀快些，以减少动物的痛苦。今天我们能够做到的似乎也只能是不滥杀和虐待动物，其他的问题还真不好解答。

五 几种关系

人类社会中的道德并非孤立的存在，总是与其他意识形态或文化形态交织在一起，而其他的意识形态或文化形态也把道德作为重要的内容或成分，并在发挥其自身效用的同时发挥着道德的作用。因此，要认识道德的性质，就需要将它放到与其他意识形态或文化形态的对比和关联中去考察，当然还要考虑到时代的发展。具体说来，大致有这么几个方面。

（1）道德与法律。法律是在道德的基础上建立起来的，并且在相当程度上起着维护道德的作用。所以人们认定，正确的法律判决是伸张了“正义”。如果不是这样，法律本身就出现了问题，诚如《正义论》的作者罗尔斯所说：“某些法律和制度，不管它们如何有效率和有条理，只要它们不正义，就必须加以改造或废除。”[①] 可见道德是法律的重要根据。但法律与道德也有明显的区别。首先，许多道德纷争不在法律管辖的范围之内。如两人争吵甚至动手，如果不致人“轻微”以上伤情，法律是不管的（参看电影《秋菊打官司》）。其次，法律的判决不一定都符合道德。最典型的是群众见义勇为追捕盗窃或抢劫犯罪嫌疑人而致伤或致死案，常判定“好人”承担相应的刑事或民事责任。其判决或有法律依据，却往往在道德层面引起争议。再次，有些法律裁决未必因为道德问题，比如当事双方并无争议情况下而要求司法或行政部门做出的证明或约定（如公证）。目前，许多国家及行业的司法实践中都会引入道德作为补充。中国的法院对许多性质并不严重的民事纠纷往往以调解的方式解决，也即“晓之以理，动之以情”，以道德的力量感化双方。国际奥委会和国际足联也都设有“道德委员会”，其做出的裁决在协会内部具有法律效应，比如对服用禁药的运动员实行停赛或禁赛或解除某位违反体育道德的官员在协会内的职务等。大体上，在人类生活中，道德和法律一同构建着社会秩序。法律是刚性的、外在的和他律的，是事后的惩处；道德是柔性的、内在的和自律的，是事先的预防，各有其效，相辅相成。

---

① 〔美〕约翰·罗尔斯：《正义论》，何怀宏等译，中国社会科学出版社，1988，第3页。

（2）道德与政治。道德和政治是互相作用的，按亚里士多德所说，政治的目标就是塑造公民美德，而能否做到这一点也是检验施政好坏的重要标志：“立法者通过塑造公民的习惯而使他们变好。这是所有立法者心中的目标。如果一个立法者做不到这一点，他也就实现不了他的目标。好政体同坏政体的区别也就在于能否做到这点。”① 大体上，政治清明会使社会道德朝好的方向发展，而良好的道德风气也有利于政治的建设与改进。在中国古代社会，政治与道德的关系十分紧密，自汉代以后，儒家的伦理道德观念一直是统治者施政的主要依据。儒家思想崇尚“仁政”，即以“仁义礼智”为政治的根本，对百姓施以仁慈的政治管理，但这种理想在历朝历代都很难得到真正的实现。相反，多数时候倒是儒家思想所反对的“苛政”大行其道。之所以如此，一个重要原因就是封建社会存在着阶级压迫，由此造成的社会关系当然是不道德的，或者说统治阶级对被统治阶级压迫使其政治必定是不道德的。

晋商的典范：日升昌票号

（3）道德与经济。这里说的“经济”不是经济学，而是指人们在经济生活中的交往及表现出的思想意识。经济学本身无所谓“道德”或“非道德”（除非某人为了不可告人的目的而蓄意歪曲或编造经济学），但人们生活中的经济往来却与道德密切相关。经济活动是为了牟利，但牟利的手段必须受到制约。以正当手段取得合法利益是道德的，为了目的不计手段则是不道德的，当然，以所谓的“合法”手段（如钻法律空子）获取暴利或非法利益也是不道德的（如当前国内被重点打击的“套路贷”）。西方经济活动中的道德水平主要体现为契约精神，而在中国古代，除了契约精神，还体现为“君子”风度，即崇尚互让互惠，反对见利忘义。这种

① 〔古希腊〕亚里士多德：《尼各马可伦理学》，廖申白译注，商务印书馆，2003，第36页。

道德观来自儒家思想的“义利”之辨，孔子说“君子喻于义，小人喻于利”（《论语·里仁》），明确重义轻利为君子美德。孟子在与梁惠王面谈时大胆进言：“何必曰利？亦有仁义而已矣”（《孟子·梁惠王》）。荀子承孔子之说，以义利区分君子和小人“为事利，争货财，唯利之见，是贾盗之勇也。义之所在，不倾于权，不顾其利，重死而义不挠，是士君子之勇也。”这种重利轻义的道德观对古人的经济生活产生了深远影响，普通人的经济往来如此，生意人的经商活动也是如此。以义取利的叫作“儒商”，唯利是图的叫作“奸商”。清代以来，徽商、晋商大行其道且颇得美名，一个重要原因就是其重要人物都是“君子”，在“义利”的取舍上具备了操守和风范。这种经济生活中的道德观在今天也应当提倡。

（4）道德与宗教。世界各民族的宗教都旨在约束人的行为，升华人的精神，与伦理道德的关系十分密切，有些民族和国家的道德与法律都是从宗教派生出来的。具体到不同的宗教和宗教发展的不同时代，宗教对教徒、信众以及社会所产生的道德作用或强或弱。比如基督教和伊斯兰教强调对神的绝对服从，其道德规范是强制性的，并伴有相应的惩戒；而佛教（大乘佛教）则更注重教徒的自身修炼，对普通信众的要求更是宽松。在西方中世纪时代，宗教对人的道德要求过于严苛，以至于压抑人性，并引发各种形式的对人的压制和迫害，这样的“道德”实际上是不道德的。近代以来，西方宗教的道德作用主要靠精神上的引领和教徒的发自内心的信仰。除此之外，宗教的道德标准若是过高过严，非但大多数教徒实现不了，反而使事情走向反面，露出其虚假甚至虚伪的一面。这种现象在西方和中国历史上都出现过，薄伽丘的小说《十日谈》和中国古代短篇小说集《三言》《两拍》里的一些作品都对这种现象进行过揭露和嘲讽。当代社会里某些“高僧”曾经道貌岸然，却最终因龌龊行径遭人唾弃，也是教训。

（5）道德与文学。道德与文学的关系既不即不离，又若即若离。不即不离，是说文学从产生之日起，就与道德密切相关，并对社会生活产生道德作用。这一特征在中国传统文学中表现得尤为明显。最早成集的《诗经》（其实还有更早的文学）就有很强的伦理色彩，反映出社会生活中的道德观念，所以统治者用它来“观风俗之盛衰”；之后的中国文学基本上是以儒家道德观念为思想基础，走着“文以载道”的道路。若即若离，是说文学的发展往往与道德观念产生矛盾，有时道德观念太强、说教气息太浓，会减损文学的艺术性，因此，文学创作往往有意识地疏离与道德的关系。中国古代占主导地位的文学思想是“诗言志”，强调文学的道德作用，但也出现了“诗缘情”的文学观，偏重文学的情感性质和审美特征。在整个中国文学史中，“言志”和“言情”始终处于既对立又互补的状态，分分合合，合合分分，使文学创作在审美和道德之间保持着平衡。

总体说来，文学与道德的关系有这样一些状况。一是作品的道德观念是好的，艺术表达也恰如其分，大多数优秀的文学作品都是如此。二是作品道德观念是好的，但艺术表达较差，这类作品往往在文学史上地位不高或被淘汰出文学史，如中国文学史上的“玄言诗”和“理学诗”等。三是作品道德观念是坏的，但艺术价值较高。平心而论，明目张胆地在文学作品里宣扬恶的道德的作品实不多见，而大多数“坏”的道德观是以隐蔽的方式进行宣扬，比如中国古代许多淫秽小说都是打着劝善惩恶和因果报应的旗号，其中有些作品的叙事和语言都不乏精彩，但文学史是将其排除在外的。四是作品的道德观念在当时看来是“坏”的，但放到历史进程中去就可以看出其进步意义，如孔子斥责“郑声淫”，但那些描写男女爱情的诗歌日后都成为《诗经》里最受人喜爱的作品。五是作品的道德观念存在争议，但不妨碍其文学价值。在这方面，尤其以描写女性“婚外恋”或“出轨”的作品为著，比如福楼拜的《包法利夫人》和托尔斯泰的《安娜·卡列尼娜》问世时都有过争议并受到抨击，而英国作家劳伦斯的小说《查太莱夫人的情人》出版后甚至被诉诸法律，但这些作品日后都成为世界文学中的经典。此外还有一种情况，就是作家刻意以一种“反道德”的面目出现，其作品也与当下或传统的道德相背离，比如19世纪风行欧洲的唯美主义文学，主张文学创作要唯“美”、唯“情”是尚，超乎道德之上，代表人物及作品如王尔德的剧作《莎乐美》和波德莱尔的诗集《恶之花》等。凡此种种，都可以看出文学与道德存在着多样而复杂的联系，但无论如何，文学作品所表达的道德观念都应当是正确而进步的，这是它对人类社会的精神生活产生积极作用的必要条件。应当说，一个社会的道德观念的建立，文学能够起到很大的作用，这在历史上体现得甚为明显，许多道德观念都是通过文学作品来加以传播并得到强化，比如中国古代思想里的“忠”和“义”，在民间的传播就多得益于诸如《三国演义》和《水浒传》之类的通俗小说。当今社会，文学对道德建设的作用仍不可忽视。不唯文学，其他艺术形式也是如此，而且随着社会生活的变化，其他艺术所起到的道德作用较文学有过之而无不及，最为显著的就是影视。影视作品因为视觉的感染力和冲击力，能够更为迅捷地影响观众尤其是青少年观众的道德观，这就需要从业者把正确的精神导向作为一个严肃的问题去认真对待。

（6）道德和性别。这里说的“性别”特指女性，它不仅是生理学或人类学上的标记，而且还成为历史进程中的文化现象，具有很强的意识形态性质。其思想背景有所谓的“女性主义”或“女权主义”，虽涉及政治、宗教、艺术和审美等领域，其实质却在伦理道德。无论在中国还是西方，母系社会过后，伦理道德的建立都是以男性及男人生活为标准，女性则被视作另类或所谓的“第二性”。这种身份是被强加的，多少带有歧视和偏见，如法国著名的女性主义思想波伏娃所说：“一个人之为女人，与其说是‘天生’的，不如说是‘形成’的。……唯独因为有旁人插入干涉，一个人才会被注定为‘第二性’，或‘另一性’。”[1] 西方历史上，像亚里士多德这样的大思想家就从“自然属性”出发而对女性多有贬抑，想必他的伦理学及其宣扬的“美德”并没有女性的位置。之后，对女性的轻视议论也时隐时现，如卢梭、尼采等思想家以及托马斯·阿奎那和圣·奥古斯丁等神学家，都发表过损害女性甚至有辱女性的言论。中国伦理学的“男性意识”或者说“男尊女卑”更加明显，孔子所谓“唯女子与小人为难养也”（《论语·阳货》）就已经将女性边缘化，后代的儒学更是将女性矮化甚至丑化，不但在政治和文化上将女性屏蔽起来，在伦理道德上也造成了男女之间极大的不平等。最为荒诞的是还专门为女性立下了许多非人性的道德标准，诸如“烈女”“节妇”之类。这些标准没有任何理论或实际的根据，完全是人为的和肆意的，也是残酷的和不人道的。

---

① 〔法〕波娃：《第二性——女人》，桑竹影、南姗译，湖南文艺出版社，1986，第23页。

（7）道德与时代。道德观念是在历史中生成，也在历史中发展。其中有些观念逾千百年而不变或较少变化，比如被当作美德、至善或基本义务的爱、仁慈、诚实、公平等，虽可能因境遇而有所变通，或因时代而增添新的内容，但在各个时代都被作为道德标准，具有相当稳定性和普泛性。而有些较为具体或针对性较强的道德观念及标准则会随着时代的发展而变化，甚至出现反转。比如，中国封建社会的许多道德观念尤其是针对特定对象的道德观念，已经为历史所淘汰，最典型的就是专就女性规定的道德标准，诸如“三从四德”之类，与新时代的价值观格格不入，理应抛弃。还有一些道德观念虽是传统美德，应该发扬和倡导，但也要对其内涵加以甄别，去伪存真、吐故纳新，不能盲目地崇古和照搬。比如作为儒家思想核心道德观念的“忠”“孝”，在当代社会仍被作为美德来提倡，但必须对其中的封建伦理加以删除。我们要忠于朋友、家庭、职业，以至于忠于党、忠于人民、忠于国家等，但不能搞“君君、臣臣、父父、子子”或“君叫臣死，臣不得不死”那一套；我们要孝敬父母和前辈，但不必再去遵从“父母在，不远游”以及“为尊者讳”的古训。如今有些自诩为弘扬“国学”的人打着传统的旗号为青少年办这个“堂”那个“塾”的，学古人装扮、行古人礼仪，实在是舍本逐末、抱残守缺。即便是在现代社会，道德观念也会随着时代发展而变化。20 世纪 80 年代初，改革开放刚刚开始，不少青年人赶时髦，穿喇叭裤、唱流行歌曲，男女青年在大街上牵手甚至相拥，曾被一些“道德之士”认为有伤风化，甚至是伤风败俗，予以道德上的批评甚至谴责。但时过境迁，青年人种种时髦的举动早已成了正当的时尚，根本不会引起道德上的非议。可见，道德观念也是开放的和发展的。今天我们面临的任务是既要弘扬传统美德，又要给传统道德观念注入时代精神，重建中华民族伦理思想和道德体系，从而使社会主义核心价值观发扬光大、深入人心。

六　结语：道德中国

中国是礼仪之邦，有着深厚的道德思想传统。几千年来，中华民族这个大家庭在很大程度上是依靠伦理道德来维系的，而社会的和谐也离不开“人同此心，心同此理”的道德要求和实践。然而近代以来，中国传统道德经历了数次冲击，加之社会形态和结构的变化，旧的道德观念逐渐失去了原有的对社会人心的影响力和约束力，与人们日常生活及人际关系渐行渐远。尤其是改革开放以来，由于商品经济的冲击，道德建设也出现了种种困境，其结果是社会上有违伦理道德的消极现象沉渣泛起，比如诈骗的层出不穷和花样翻新、造假的屡禁不止和愈演愈烈以及“老赖”的厚颜无耻和肆无忌惮，其他有损公德的不良和不轨行为也触目惊心，如讹人、碰瓷、医闹、路怒、骗婚、“人肉”等。这些现象当然不是社会主流，却是极为有害的“病毒”，如不加以查杀，就会不断蔓延，侵害整个社会的健康肌体，甚至影响社会的和谐、稳定。解决问题的办法应当是法律和道德并用，法律用以惩戒和震慑，道德用以教育和引导。从长远看，道德的作用更加重要，是“源头活水”。一个人如果在其成长过程中一直受良好的道德教育及影响，并将美德和良知种植在心中，成为守法公民和道德公民的可能性就会大大增加。当然，这不仅是个人教育的问题，还需要整个社会建立起良好的道德教育机制，营造良好的道德感染氛围，使道德意识成为每个人的人文素养及理想人格的有机组成部分。如此，中国就不愧为传沿至今的文明古国和礼仪之邦。

拓展阅读

何怀宏：《伦理学是什么》，北京大学出版社，2015。

张岱年：《中国哲学大纲》，中国社会科学出版社，1982。

北京师范大学伦理学与道德教育研究所编《伦理学经典著作选读》，北京师范大学出版社，2010。

〔美〕詹姆斯·雷切尔斯、斯图尔特·雷切尔斯：《道德的理由》，杨宗元译，中国人民大学出版社，2014。

后　记

这本书的来由，是我给研究生讲授《马克思主义文艺理论》课程；开始是文学专业研究生，后来扩展到戏剧、音乐、舞蹈、美术等各个专业研究生，并且各专业研究生还分为“创作”类和“学术”类。因此，我也随对象的变化而不断充实和调整授课内容。在这一过程中，我又感到可以利用这个平台向学生们介绍些相关人文学科的知识，比如哲学、美学、伦理学以及心理学等等，一来因为文艺理论跟这些学科相互交融，二来也因为研究生学员没有更多的时间和精力去学习相关人文学科的知识，而这些知识对于人才培养来说又是相当重要的。出于这样的考虑，我就在本课程里增设了一些专题。这些专题，既是“文艺理论”的展开，也是对相关人文学科的压缩和简介。这样做的目的以及“人文学”课题的成因，本书“引言”里都说过了。书的空间比课堂要大，希望这本以“人文学”为名目的课题在成书后能对大学人文教育或通识教育起到些促进作用；甚至能够对大学“人文学”学科建设有所促动。

当然，也如“引言”所说，本书对大学人文教育或者“人文学”学科建设所能起到的作用，还不能乐观。一是为个人学识、精力和时间所限；更重要的是，要想成为一种教育或一门学科，还需要有更多的专家学者去做更加深入、广泛的研讨，并就理论体系、核心观念以及内容范围等重要问题达成基本的共识。我能做的，只是探探路、推推门而已；还有很多必要的东西，有的是没有想到，有的是想到了却无法达到。目前呈现的，只是一片刚刚开垦的田地，地里种了些苗，也浇了些水，至于是否能够长成庄稼、结出果实，心里完全没底；但我十分希望有更多的人来关注，来耕耘这片田地，让“人文学”在大学基础教育中站稳脚跟并有所作为。

由于本书来自授课，所以各方面内容并不十分均衡，也有一些交叉和重复。前半部分以大观念为题，后半部分以学科及专业为题，这在逻辑上并不一致。但如前所说，受条件所限，目前也没能想出更好的构架，只能期望以后随着研究的深入，能够建立一个更加合理并有内在逻辑的体系。还有，本书的来由是“文艺理论”，但在介绍各艺术门类知识时却做了大幅度的压缩。这是因为，有关“文艺理论”的教材或读物很多，且许多知识已经成为“常识”或“共享”了，在课堂讲授无妨，而写进书里却未免重复、累赘，所以这方面内容只是根据个人心得点到为止。读者若想做进一步了解，随手翻翻相关的“概论”或“教程”就行。

这本书成能够完成，首先要感谢这么些年来听我讲课的研究生们，尤其是2007年开始招收的专业艺术硕士（MFA）研究生们，他们都是有相当的艺术创作经验和成就的艺术家或教育工作者，有的还是我的同事。他们十分珍惜学习的机会，听课和作业都十分认真，并给我很多启示。俗话说：“教学相长”，我在跟他们一同学习的过程中，受到很多的启发和鼓励；有些教学内容，就是一同完成的，比如讲授各艺术门类知识时的现场示范和讲解，经常是由听课的同学担当。还有不少同学写的结课考试论文，具有相当高的水平，或在相关刊物上发表，或成为毕业论文的雏形。

本书写作过程中，得到许多友人无私的帮助，这里不能一一尽述，只好一并致谢。但有些十分重要的帮助是不能不提的，因为这些帮助关系到我个人有没有条件“开题”并“结项”。这些帮助是：谷海慧教授提供戏剧方面资料；林国宏讲师提供音乐方面资料；毛雅琛讲师提供舞蹈方面资料；王波编辑提供电影方面资料；谢鹏干事提供时政方面资料；傅雪峰馆长和李晓宁馆员提供有关图书、音像资料；王永生工程师提供电脑技术支持；李诗原教授、刘国利参谋、孟慧馨参谋和武岑干事协助课题立项；欧阳国仁副教授、张廷森副教授和魏小薇女士协助出版社事宜；研究生周雨青担任我的助手；研究生张欢、杨曙光协助资料工作。

希望得到各位读者的批评指正！

作者2019年7月于北京

图书在版编目(CIP)数据

马克思主义人文学导引 / 张方著. --北京：社会科学文献出版社，2020.5（2021.8 重印）
ISBN 978-7-5201-5477-2

Ⅰ. ①马… Ⅱ. ①张… Ⅲ. ①马克思主义-人文科学-理论研究 Ⅳ. ①A811.6

中国版本图书馆 CIP 数据核字（2019）第 192283 号

马克思主义人文学导引

著　　者 / 张　方

出 版 人 / 王利民
责任编辑 / 范　迎

出　　版 / 社会科学文献出版社 · 人文分社（010）59367215
地址：北京市北三环中路甲 29 号院华龙大厦　邮编：100029
网址：www.ssap.com.cn
发　　行 / 市场营销中心（010）59367081　59367083
印　　装 / 北京虎彩文化传播有限公司

规　　格 / 开　本：787mm × 1092　mm　1/16
印　张：25.75　字　数：408 千字
版　　次 / 2020 年 5 月第 1 版　2021 年 8 月第 2 次印刷
书　　号 / ISBN 978-7-5201-5477-2
定　　价 / 216.00 元